本书获教育部人文社会科学研究项目(09Y)(751004)基金资助,并入选 2014 年安徽省高校优秀青年人才支持计划。

文史哲研究丛刊

唐代的私学与文学

童岳敏 著

上海古籍出版社

图书在版编目(CIP)数据

唐代的私学与文学／童岳敏著.—上海：上海古籍出版社，2014.10
（文史哲研究丛刊）
ISBN 978−7−5325−7366−0

Ⅰ.①唐… Ⅱ.①童… Ⅲ.①私塾—教育史—研究—中国—唐代②中国文学—古典文学研究—唐代 Ⅳ.①G629.299②I206.2

中国版本图书馆 CIP 数据核字(2014)第 171532 号

文史哲研究丛刊
唐代的私学与文学
童岳敏 著

上海世纪出版股份有限公司
上 海 古 籍 出 版 社 出版
（上海瑞金二路 272 号　邮政编码 200020）
（1）网址：www.guji.com.cn
（2）E−mail:guji1@guji.com.cn
（3）易文网网址：www.ewen.co
上海世纪出版股份有限公司发行中心发行经销
上海惠顿实业印刷有限公司印刷
开本 890×1240　1/32　印张 13.5　插页 2　字数 350,000
2014 年 10 月第 1 版　2014 年 10 月第 1 次印刷
印数：1—1,300
ISBN 978−7−5325−7366−0
Ⅰ·2844　定价：52.00 元
如有质量问题,请与承印公司联系

目　　录

序

罗时进

　　唐代文学研究是近三十年来最具有学科自觉意识的领域，研究者众多，研究力量分布大致平衡，无论发现问题或解决问题，与中国文学史研究的各阶段相比，都具有明显的领先态势。在重要作家、重要文本、重要问题的研究上，几乎没有"前不见古人"、"孤调曲微茫"的现象。这自然是一件好事，但对今天年轻一代研究者来说，也是一种压力。最大的困惑是，在具有全新开创意义的选题几乎无法发现之后，要找到具有一定创新价值的选题亦非易事。

　　如何应对这一问题，我的看法是要扩大研究领域，在大文化的视野中思考文学研究价值观，并在此基础上发现新问题，确立新的研究对象。当然这涉及到"文学立场"的问题，亦即对文学研究的"本体性"的认识。

　　文学研究必须坚持文学的立场，这是应该可以形成共识的。但"文学立场"是否就是以文学家和文本为中心，以文学的审美性阐发为指归的所谓"纯文学"研究呢？进一步说，这种"纯文学"研究是否就意味着文学研究的"本体性"呢？相信在古代文学研究界对此赞同的并不多。因为这种"立场"有两个基本问题：一是文学家是具体的历史发展、社会结构、地域空间、文化思潮、家族环境中的文学家，离开成长与生活的环境以及具体的创作生态，是无法抽象说明某个"文学家"的。二是"文学"从来就没有"纯"过，它总是受政治权力、社会意识形态、商品化思潮的影响,在中国经验中,这种影响尤其明显。另外,所谓文学的审美性阐发往往将"表现了什么意义"的意义置于"怎样写作品"之上,同时对文学表达思维和方式的重视超过了对文学语境和人文关怀的重视,结果这样的审美性阐发往往成为审美的空壳。作家研究也好,文本研究也好,因为缺少社会文化语境和人文取向而平浅单薄,令人乏味。

这种情况正说明了文学研究吸纳不同知识体系的学术资源,借鉴不同学科领域的研究方法的必要,说明了将文学家成长、文学创作环境、文学创作过程作为研究对象的必要,尤其表明将文学创作作为各种社会关系的人文性反映进行研究,具有充分的正当性。其实,在唐代文学研究中,老一辈学者一直倡导文史结合,所谓文史结合,深入下去看,正是立足于"文学创作作为各种社会关系的人文性反映"。这是一个很好的观念,也是一个很好的传统,应该将其发扬光大。正是在这一意义上,可以看出童岳敏博士将唐代的私学与文学结合起来研究,是非常必要的。

教育和文学发展的关系,应是唐代文学研究的重要课题之一。道理很简单,教育是文化传承最主要的渠道和手段,唐代文学家之成为文学家,是接受某种教育的结果,所有的文学作品之产生,既有个性化的色彩,也有社会化的烙印。而无论其个性化,或社会化,都是各种"关系"和"过程"之"和",其与教育的关联性非常深刻。而唐诗,这一唐代文学的瑰葩,无疑也是各种教育活动蒸陶的成果。试看元稹的《献荥阳公诗五十韵》:

　　　　郑驿骑翩翩,丘门子弟贤。文翁开学日,正礼聘途年。骏骨黄金买,英髦绛帐延。

　　　　趋风皆蹀足,侍坐各差肩。解榻招徐稚,登楼引仲宣。凤攒题字扇,鱼落讲经筵。

　　　　盛气河包济,贞姿岳柱天。皋夔当五百,邹鲁重三千。科斗翻腾取，关雎教授先。

　　篆垂朝露滴，诗缀夜珠联。逸礼多心匠，焚书旧口传。陈遵修尺牍，阮瑀让飞笺。

　　中的颜初启，抽毫踵未旋。森罗万木合，属对百花全。词海跳波涌，文星拂坐悬。

　　戴冯遥避席，祖逖后施鞭。西蜀凌云赋，东阳咏月篇。劲芟鳌足断，精贯虱心穿。

　　浩汗神弥王，鹓刍兴欲仙。冰壶通皓雪，绮树眇晴烟。驱驾雷霆走，铺陈锦绣鲜。

　　清机登突奥，流韵溢山川。……

　　这是一个极为生动的教学现场的回忆，从中可以看出在绛帐之中，有德性的教导，有经史的解读，有诗学的指授，有创作的实践，多少倚马万言、雕龙七步的才学之士正是在这样的现场中成长起来，成为唐代文坛生气勃勃的一代。如果缺少了对这一"关系"和"过程"考察的视角，对唐代文学发展和兴盛的实况，我们必定缺少相当程度的了解和理解。

　　我国古代的教育，有官学和私学之分，其中私学问题的复杂性远远大于官学，而对文学家培育、成长以及对文学创作的影响，私学的重要性亦自不在官学之下，这在唐代尤为突出。从大的方面说，这与唐代官学自盛唐后期即衰微不振而统治者也在观念和制度上扶持私学有关；具体言之，则又和蒙学迪训、私家讲学、家学传承、寺观教育、隐读山林的文化传统相关。至于《选》学和《春秋》学的兴盛，直接影响了科举和学术的发展，对私学发展亦有激扬之助。有唐一代，弦歌之音，诵读之声，于官学稀微而私学琅琅，则私学之于唐代文化之发展，之于唐代文学之隆兴，实在厥功甚伟，能不引起学者们高度重视吗？

　　唐代私学与文学发展关系，学界较早就已关注，陈寅恪、吕思勉、严耕望、程千帆、傅璇琮、周勋初、陈尚君、高明士等先生都曾论及，具有开启先河之巨功。童岳敏博士在前贤和时彦研究的基础上，做了进一步的探讨。在我看来，岳敏在这一问题研究上的突出成绩在以下数端：一是系统性。这是一次对"唐代私学与文学"关系全面而系统的研究，作者在前人的基础上，进行了详尽的梳理，与近些年有关论文相比，自有先河后海之势了。在唐代文学研究中，这份努力当会受到瞩目和肯定。二是深入性。对问题的深入研究，必须建立在对文献资料的充分挖掘基础上，岳敏生性勤朴，对原始文献有一种"穷究"的偏爱，极愿进行知识考古式的劳动，查阅了大量的历史学史料、文学史料、教育学（包括科举）史料，故讨论问题时笔致深入，且颇多发覆之见。三是融通性。在多学科交叉中研究问题，往往成在一个"跨"字上，败也在"跨"字上，而成败的关键就在于是否真正融通不同的学科。对本课题来说，当对社会史、文学史、科举史、教育制度等诸方面有相当的了解和涵贯，方可著笔。岳敏自知其难，知难而进，力求精能之境，虽难于至此，但登上了会通之阶，在唐代文学跨学科研究上，做出了相当可贵的贡献。

　　除了以上几点外，也许近几年较为集中地研究地域和家族文学的缘故，我对岳敏课题中这一方面的内容很感兴趣。记得当时提示过岳敏应注意蒙学、塾学、家学、家风在唐代私学与文学关系研究中的重要性，重视文本与文学环境的有机联系，显然他重视了这个问题，而且花相当大的功夫来挖掘文献，达理致知。就蒙学而言，论文从父母传授、兄弟传习、受学外家三个父母来阐述，颇为新颖独到，而外家之学，所举舅氏之功，在目前唐代文学界尚少有人注意。显然岳敏是有心、用心的，这也使得本章节具有了特色，有助于对唐代家学教育，以至中国古代家学教育进行某些特殊性的了解。在全书最后，他将大量的相关文献史料整理成"唐代文学家族稽考"作为附录，对学界进一步深入研究当有启迪作用。

　　岳敏是我的"老学生"了,攻读硕士时就从我学习。说实话当时很难说有多少学术感悟,但他身上有天然的西江地域传统文化因子,加之具有勤勉深思的素质,硕士阶段几年中力学自强,进步令人欣喜。毕业后他到一所高校任教,不久提出回来继续深造,我是非常支持的。在考虑毕业论文选题时,有意识地让他做一个有一定难度的课题,岳敏欣然接受。无论当时是否意识到这一挑战的严峻,他在这一课题上的严肃认真的态度,坚韧不拔的努力,至今令我深怀记忆。一个身心疲惫的写作过程是所有博士研究生都要经历的,岳敏的这一过程非常深刻,也非常生动。他的付出在毕业论文答辩中得到了回报,王水照、董乃斌、王英志等先生都给予了高度评价。到安徽高校工作后,他就本课题不断地进行补充、修改,已经发表了一些颇有质量的论文,并且获得了多项高层次的基金项目,作为导师,我为他感到高兴。

　　很多年前,钱仲联师为我的著作赐序时有"君富于青春"、"当如积薪后来居上"之语,那是先生过高的期勉。这里我权且借来作为岳敏书序的结尾赠言,希望岳敏对这一课题继续丰富、完善、提高,同时拾级登峰,崖岸更高,在新的学术领域中开拓创新,取得丰硕的成果。

　　　　　　　　　　　　　　　　壬辰年初春序于吴门

引　言

作为古典文学研究领域中的显学之一,二十世纪以来,唐代文学研究成果卓著。无论是史料考证、典籍整理、作家与作品研究,还是各类文体及文学现象的剖析厘定,其深度与广度足以为其他文学研究领域所借鉴。随着唐代政治、经济、文化、社会诸领域研究的深入,唐代文学研究的外延性,即与其他学科的交叉研究成了新的学术热点。王水照先生曾言:"随着文学研究的日益深入多样化,对文学的本体特征及其边界的认识反而有些模糊起来,但这正酝酿着突破的契机。许多学者感到,单纯从文学到文学的研究策略处处显得捉襟见肘,似已难乎为继,而越来越关注于从相关学科的交叉点上来寻找文学研究的生长点,以扩展学科发展的空间。……其中,从地缘、血缘、学缘等关系上研究古代文学就是常取的视角,这对更具包容性、多元并存的学术格局的形成,是一种有力的促进,也是对传统'出文入史'、文史结合的学术传统的宏扬。"①罗时进先生在《唐代文学研究再拓展的空间》中也持同样的看法②,指出当前唐代文学研究已经形成很强的自足性,呈现出相当高的饱和度,其中一个重要的再认识及拓展空间在于唐代文学

---

① 李浩《唐代三大地域文学士族研究》中王水照序,中华书局,2002 年版,第 5 页至第 6 页。

② 罗时进《唐代文学研究再拓展的空间》,《文学遗产》,2007 年,第 2 期。

与其他学科的多维支撑与交叉研究。

那么,面对前人已取得的学术成果,我们该如何去拓展新的研究领域呢？陈寅恪先生在《陈垣敦煌劫余录序》中说:"一时代之学术,必有其新材料与新问题。取用此材料,以研求问题,则为此时代学术之新潮流。治学之士,得预于此潮流者,谓之预流。"①随着考古文献资料特别是敦煌遗物及石刻文献的整理发掘,唐代文学研究开拓出一些新的研究领域,这方面的成果已是斐然可观。而另一方面,更多的学者则从大的文化背景来审视唐代文学的传承嬗变。其中以"文史互证"的研究方法将文学置身于政治、社会、科举等文化层面来探讨文人的生活方式、思维信仰以及创作状态,进而厘清文学与其他学科的互动关系,已是唐代文学研究多元化拓展的方向之一。如傅璇琮先生的《唐代诗人丛考》、《唐代科举与文学》等著作引领着文史结合研究的风气,具有"破冰"意义和"引擎"作用,此后陈尚君、董乃斌、余恕诚、孙逊、李浩、戴伟华、李芳民、李德辉、景遐东诸先生在氏族、民俗、城市、地域、园林、幕府、寺庙、交通、文馆、乐舞、书画艺术与唐代文学关系研究方面多有论述,也具有一定的示范意义。仅以教育、科举与文学研究为例,上世纪八十年代初期,程千帆先生《唐代进士行卷与文学》就详细阐述了进士行卷对诗歌、古文、传奇小说的促进作用。此后,傅璇琮先生《唐代的科举与文学》,则进一步以科举制度为中介,从更为广阔的社会背景来考察唐代文学的生存环境和文人士子的文化心态。受傅先生研究理路的启发,一些赓续之作也陆续产生,如王勋臣先生的《唐代铨选与文学》,不但剖析了唐代的铨选制度,还详细地论述了守选制、铨选制对唐人隐读、幕僚生活的影响。又如陈飞先生的《唐诗与科举》,从唐代科举士子的诗歌创作中来勾勒探讨他们的价值取向与心态信仰等内容,此外陈氏还著有《唐代试策考述》,主

---

① 陈寅恪《金明馆丛稿二编》,上海古籍出版社,1980年版,第236页。

要研究唐代的试策制度和试策文体等相关问题,绪言中曾云:"这个课题的酝酿和成立,却与文学界关于唐代政治制度的研究有关,或者更具体地说,是受了'唐代科举与文学'问题研究的影响与启发,进而对这一研究主题进行继承、发展、突破和转换,从而成为新的研究课题——'唐代官人文学'下的一个专题研究。"①可见,在教育、科举与文学研究的宏大课题之下,尚可延伸出许多新的学术热点。本书即沿此思路,拟以唐代的私学为研究切入点,从私家讲学、蒙学家训以及隐读修业等私学层面来探讨教育与文学的互动关系,其中涉及到文学发展嬗变的学术背景、文学的地域性、家族性等内容。此外,文人的文化心态研究也是侧重点之一。

一、选题的设定及相关研究成果的回顾

何谓私学? 首先,从"私"字着眼,私者,对公而言谓之私。《尚书·周官》云:"以公灭私,民其允怀。"孔颖达疏曰:"以公平之心灭己之私欲。"换言之,私者即非官方的意思。"学"者,盖意指范围有两端,其一为学习,接受教育,如《广雅·释诂三》:"学,效也。"《玉篇·子部》:"学,受教也。"其二指学术或学派。《韩非子·显学》:"世之显学,儒、墨也。"因此,"私"与"学"之组合,也应包括教育与学术两方面的内涵,故从广义的层面辨析,非官方的学术传承应属于私学的范畴。如吴霓认为:"一般意义上的私学概念,应是不由政府主持,不纳入国家正规学校制度之内,由私人或私人集团(包括社会集团)来主持、经营、管理的教育活动,属于私学的范畴。它既包括了在固定教育场所产生之前的游动四方的私人讲学,又包括以一个学术大师为核心的私人学派。当然,也包括与官学对应的、有固定教育场所的正式的私学学校类型,这种正式的私学学校

① 陈飞《唐代试策考述》,中华书局,2002年版,第1页。

类型，正是私学历史发展的必然阶段。"①就古代的教育而言，若从体制构成与办学途径来看，当然有官学、私学之分②。官学者，凡国家政权机构创办的各种教育形式皆可谓之官学，主要有中央与地方两大类型。而私学，即是与官学相对应的一种民间教育，包括私家讲学、家学、蒙学等类型。

我国古代私学的发展呈现出起伏不定的状态，春秋战国时期，私学兴盛，百家争鸣。魏晋南北朝时，私学出现多元格局，私家讲学昌盛，家族教育异军突起。宋元以降，私学主要形式为书院、家塾、义塾等，随着封建专制的加强，私学也多受到官学体系的管辖，其式微之势已是必然。相比较而言，唐代私学形式多样，内容丰富，具有广泛的社会性，正处于私学教育的传承转捩时期。其主要形式除了传统的私家讲学、家学、佛寺教育，还有书院学堂教育以及为了科举考试带有自学性质的隐读山林。

作为古代教育的重要支柱之一，私学不仅仅是官学的补充，同时也与历代的科举制度、学术文化以及士风和文风都有着密切的联系，是文化传承的重要纽带。但有关私学的研究，大部分都从教育、文化层面阐释私学的体系类型及其社会学意义，很少与文学联

---

①　吴霓《中国古代私学发展诸问题研究》，中国社会科学出版社，1996 年版，第 2 页。

②　李国钧、王炳照先生认为，一个国家或政府的教育制度，其实际的构成方式，就是要根据教育系统的存在性予以划分，而不能只简单地将其归纳为官学、私学之类（李国钧、王炳照《中国教育制度通史·总序》第 2 页），虽然这种观点就教育的组织形态而言有一定的现实针对性，但一般而言，与中央、地方学校教育相比，民间教育的客观存在是毋庸置疑的，其教育形式更为松散，无固定教育场所、学规，也无特定的教材，其类型多样，内容丰富，若加以概括的话，我们可以谓之"私学"。其实在古代，也有私学之名，如《史记·秦始皇本纪》云："是以诸侯并作，语皆道古以害今，饰虚言以乱实，人善其所私学，以非上之所立。"《后汉书·舆服下》云："自博士以下至小史私学弟子，皆一梁。"又如唐玄宗开元二十一年敕曰："许百姓任立私学，欲其寄州县学受业者，亦听。"（《唐会要》卷三十五《学校》）而这里所提及的私学就是与中央、地方州县的官学相对而言的。

系起来。同样，文学的研究，也很少从私学的角度予以探析。特别是唐代，以私学为切入点研究文学至今尚无专门的、系统性的研究成果。本书涉及唐代的私学及唐代的文学两个领域研究，主要拟从私学的方面来认识唐代文学的发生与发展、特点与价值，这将是选题研究价值之所在。相关的唐代文学研究，领域广，成果众多，在此不予以胪列。现将有关唐代私学研究的成果枚举如下。

　　1. 总论：二十世纪以来，从总体上关注唐代私学并具有现代意义的学术研究并不多，顾树森先生《中国历代教育制度》虽已论述私学的一些类型，但内容略显单一零碎①。毛礼锐、沈灌群主编的《中国教育通史》则在顾著的基础上从文教政策、官学、私学以及取士制度等方面探究了古代教育体制的变迁。其中唐代私学部分，着重介绍了私家讲学及家学。此后，李国钧、王炳照主编的《中国教育制度通史》不管是从内容，还是从体系方面来说，更为全面完整②。唐代部分是宋大川先生执笔，内容与他的《唐代教育体制研究》基本一致。在论及唐代私学教育的类型与特点时，认为唐代私学继承了以往私学的优点，又有自己的创造性，教育形式与内容均发生了巨大变化，并将唐代私学教育体制分成隐居读书、私家讲学、塾学、家学、佛寺儒学五大类型。其中有关隐居读书的探究颇有建树。如根据科举与仕途的标准将其分成四种类型，并从隐居读书的地点、目的、士子的身份以及效益等方面将其特征归纳为三点，即教育性、社会性及开放性。此外，宋氏还梳理出唐代私学兴盛原因：

　　　　武周时期频繁的封禅祭祀，使许多学生时常被充作斋郎，无法安心读书。于是，大批书生士子隐遁山林，为私学的发展提供了一定的条件。开元、天宝时社会变革的酝酿和安史之

---

① 顾树森《中国历代教育制度》，江苏教育出版社，1981年版。
② 李国钧、王炳照主编《中国教育制度通史》，山东教育出版社，2000年版。

乱后中央集权制的削弱，唐代社会发生了很大的变化，官学教育拘于政治和经济的因素而趑趄不前，使得大批的书生士子流向民间私学。同时，社会风气的浸润，重进士轻明经的观念在中唐以后更为盛行。官学注重儒经的章句，讲究师承；私学的教育内容活泼多样，提倡个人的领悟。于是，士大夫率先不令子弟入官学受教，越来越多的人受业于私学。①

宋大川先生认为唐代私学的兴盛，在于士子的隐遁山林、官学的衰微以及科考观念的转变。这无疑是正确的，但对这些现象产生的背景及原因没有作进一步的分析。其中将士子隐遁山林归因于武则天的封禅祭祀，则略显牵强。唐代文士的隐遁，有时代政治的因素，也是科考体制制约的结果，同时还受到唐人隐逸风气的影响，在时空分布上也还具有一定的地域性②。

此外，唐代私学整体概括性研究尚有一些单篇论文，如高明士的《唐代私学的发展》③，文中将唐代私学分为私家讲学、家学、寺观教学、读书山林四种类型，并详细地论述了唐代私学的地域分布、私学的教材、学规以及教法等内容。朱利民、王尚林的《唐代私学考》④，认为唐代私学就是在野文官、闲居故里的经学大师开办的私塾或聚徒读书讲学。主要有书院、乡学、聚徒讲学三种形式。其中统计出唐人书院共二十八所，较有影响的是皇寮书院、松洲书院、义门书院及梧桐书院。另外，文中将私学的生存优势归纳为以下五点：

第一，私学既是教育和教学机关，又是学术研究机关。学

---

① 宋大川《唐代教育体制研究》，山西教育出版社，1998 年版，第 391 页。
② 参见严耕望《唐人习业山林寺院之风尚》，《唐史研究丛稿》，香港新亚研究所，1969 年版，第 414 页。
③ 《台湾大学文史哲学报》，1971 年，第 20 期。
④ 《人文杂志》，1993 年，第 3 期。

术研究是私学教育和教学的基础，而私学教育和教学又是学术研究成果传播和发展的必要条件。

第二，私学主要招收庶民子弟，没有官学那种严格的、扭曲人性的管理和森严的等级制度。私学宗旨注重实际，有利于人才的良性发展。

第三，私学讲授的内容不限于四书、五经，还兼及文学和史学。

第四，私学教育实行全方位的门户开放的方针，受业者不受地域和学派的制约。

第五，科学技术的传授在私学教育内容中占有一席之地。

唐代私学教育内容丰富，形式多样，而且教育层次具有广泛的社会性。上述概括侧重于私学自身的特性，但却没有进一步探究私学兴盛的外在因素。文中第一点提及私学的教育性与学术研究型的特点，这与官学相比，应无多大优势，官学中弘文馆、崇文馆等皆是学术性较强的机构。再者，上述第三点及第五点讲到私学教育中的史学、科学技术的讲授，这也不应是私学的优势。譬如在国子监中，即有律学、算学、书学及医学等。据《大唐六典》、《新唐书》与《唐令拾遗》等史籍的记载来看，算学专业课包括《九章算术》、《海岛算经》、《孙子算经》、《五曹算经》、《缀术》及《缉古算术》等内容，而医学就类型而言，就有医师科、针师科、按摩科、咒禁科、药园局等。又如掖庭局中也有书法、算术及众艺的教授，包括儒家经典、诗词、律令以及围棋等。总之，官学教育门类齐全，体系完整，私学是无法比拟的，更无优势可言。

另外，吴争春、唐晓涛的《唐代私学发展的阶段性特点》中提及唐代私学的发展有三个阶段[①]，即高祖至高宗时期：传统私人讲学

---

① 《玉林师范学院学报》，2003年，第2期。

的延续;武则天至玄宗时期:经学私人讲学的衰落与私塾的兴起;安史之乱后至唐亡:读书山林寺院风尚的盛行与家族书院的兴盛。论文纵向地以历史学的角度探讨唐代私学发展历时性,将其分成三阶段进行论述。客观上还原私学发展的面貌,观点新颖,但未免有粗疏简单化之嫌。

2. 分论:主要是对唐代私学各类型的分析。如:顾向明《唐代太湖地区家学初探》(《历史教育问题》,1991,5)、《试论唐代江南旧士族及其家学渊源》(《山东师范大学学报》,2003,4)、《关于唐代江南士族兴衰问题的考察》(《文史哲》,2005,4);刘海峰《唐代乡村学校与教育的普及》(《教育评论》,1990,2);黄云鹤《唐宋时期下层士人与地方私学》(《社会科学战线》,2002,3);万军杰《试析唐代的乡里村学》(《史学月刊》,2003,5);姚崇新《唐代西州的私学与教材》(《西域研究》,2005,1);宋大川《略论唐代佛寺的儒学教育》(《世界宗教研究》,1984,4)、《略论唐代士人的隐居读书》(《史学月刊》,1989,2);景遐东《唐代江南地区私学的教育述论》(《沙河师范高等专科学校学报》,2005,2);高国藩《敦煌写本〈太公家教〉初探》(《敦煌学辑刊》,1984,1);周丕显《敦煌"童蒙"、"家训"写本之考察》(《敦煌学辑刊》,1993,1);邹志勇《唐代蒙学述略》(《山西大学学报》,2001,6)。

上述论著从家学、乡里村学、蒙学、佛寺教育以及隐居读书等类型探究了唐代私学的内涵特性。如顾向明的系列论文不仅总结了江南地区吴姓、侨姓等文化世家家学传承的具体内容,还详细辨析了家学与科举及家族政治地位兴衰的关系。刘海峰、万军杰、黄云鹤及姚崇新的论文则对私学中民间教育特别是乡里村学的分布、教材以及教学内容等方面进行全面地梳理。高国藩、周丕显、邹志勇等进一步辨析了唐代蒙学体制、特点,特别是敦煌地区的私学教育情况。

3. 从教育学、历史学、社会学等角度阐述唐代私学的文化意蕴。有吴争春、唐晓涛《唐代私学与科举制度》(《玉林师范学院学报》,2003,1);侯力《唐代家学与科举应试教育》(《湘潭师范学院学报》,1998,1);刘海峰《"韩门弟子"与中唐科举》(《漳州师院学报》,1997,3)等。这些论文重点分析了私学与科举及教育之间的关系,特别是乡贡、进士试及应试教育对私学的影响与促进作用。另外,傅永聚、马林涛的《论唐代的母训文化》(《烟台师范学院学报》,2000,3);赵跟喜《敦煌唐宋时期的女子教育初探》(《敦煌研究》,2006,2);僧海霞《从敦煌文书看唐代下层社会女子家教》(《许昌学院学报》,2005,6);赵红《从〈女论语〉和〈女孝经〉看唐代的母训文化》则关注私学教育中特殊的文化现象:即女子教育和教学中的相关问题。又李浩《唐代三大地域文学士族研究》第十一章《寡母教孤:对唐代士族教育的一个突出现象的考察与分析》中不仅考察寡母及孤子的族姓情况,还从教育心理学的角度分析他们的心理特性。认为这些特性主要包括角色换位、痛苦补偿及攀比摹拟等心理状态①。另外,吴霓《中国古代私学发展诸问题研究》中详细论述了古代私学的类型演变,并从选士制度、区域文化的变迁及家族化的特性等层面对私学进行了全方位的历史定位分析。该书中还特别提及古代私学的域外影响,内容新颖,发前人所未发②。

4. 私学的文学性解读。如查屏球《唐学与唐诗——中晚唐诗风的一种文化考察》,该书从安史之乱前后官学、私学之争的背景切入,详细考察了啖、赵、陆《春秋》学派的传承过程及其对中晚唐诗风演变的作用③。并从这一角度阐释构成中晚唐诗歌风格的文化要素与其在文化思想史上的意义。景遐东《江南文化与唐代文

---

① 李浩《唐代三大地域文学士族研究》,中华书局,2002年版。
② 吴霓《中国古代私学发展诸问题研究》,中国社会科学出版社,1996年版。
③ 查屏球《唐学与唐诗——中晚唐诗风的一种文化考察》,商务印书馆,2000年版。

学研究》第四章《私学兴盛与江南家族诗人群体》中梳理了江南私学兴盛的教育背景及学术渊源。从大量的史料中勾稽出江南家族诗人群体的地理分布与构成情况。其中对家学中文学性因素的解读颇多创新之处①。戴军博士的学位论文《唐代寺院教育与文学》除了对唐代官学衰微的原因曾有具体的考辨归纳之外，还重点地论述寺院教育的自然环境与人文环境。但文中有关寺院教育与文士读书山林寺院及寺学的关系甄别尚有许多值得商榷的地方②。如其序言中说："寺院教育往往采取自学形式，偶尔也会有名士讲学，在寺院学习的士人大都是为了考取功名。随着唐代官学的衰落和佛教势力的扩张，在寺院学习的士人日趋增多，本文试图探讨这一文化现象，揭示寺院教育兴盛之原因，勾勒寺院的教育环境，描绘在寺院学习的士人生活状况以及寺院教育与唐代文学的关系。"其实，从论文第三章的叙述来看，士人的寺院读书学习更多的应属于文人隐居读书的范畴。而寺院教育则应如宋大川《唐代教育体制研究》中所言的寺院的儒学教育或寺学、义学。另外，康震《唐代私学教育的文学性特征》③、胡大雷《中古时期家族对儿童的"文学"教育》④、蒋方《〈诗经〉学在三至九世纪的传播与接受》⑤、赵小华《论唐代家训文化及其文学意义——以初盛唐士大夫为中心的考察》⑥等论文也从私学的角度对一些文学现象予以探析。但

　　①　景遐东《江南文化与唐代文学研究》，人民文学出版社，2005 年版。

　　②　戴军博士学位论文《唐代寺院教育与文学》，中国社会科学院研究生院，2003 年。

　　③　康震《唐代私学教育的文学性特征》，《陕西师范大学学报》，2006 年，第 6 期。

　　④　胡大雷《中古时期家族对儿童的"文学"教育》，《梧州学院学报》，2008 年，第 1 期。

　　⑤　蒋方《〈诗经〉学在三至九世纪的传播与接受》，《湖北大学学报》，2010 年，第 4 期。

　　⑥　赵小华《论唐代家训文化及其文学意义——以初盛唐士大夫为中心的考察》，《贵州社会科学》，2010 年，第 7 期。

总体而言，这方面研究成果不多，尚缺乏全面的、系统深入的阐释。

二、研究方法、研究思路及基本内容

唐代的私学与文学研究，属于教育与文学两门学科的交叉拓展。本书即从教育特别是私学的角度来剖析唐代的文学现象。其中涉及到河汾之学、《文选》学、《春秋》学派、家训文化、文学家族的地域分布及家族文化、书院教育、蒙学、文士隐读修业等方面，涵盖了经学、史学以及教育学、地理学等内容，这些文化现象与文学的互动影响将是研究的核心问题。就研究的方法论来看，主要体现为传统的"文史结合"互证研究的赓续传承，通过对私学不同类型的考释描述，寻绎相关史实的合理解释，并尝试从"空间学术"、"区域文化"等泛史学的范畴解释相应的文学现象。具体而言，本项研究既关注文学生成演化的外部环境之私学影响诸因素，又要梳理相关的文学现象，努力寻求两者之间的交叉融合点。落实到具体的研究内容上，所采取的研究方法则各有侧重，譬如对私学的演化及唐代私学文化背景的辨析，基本上属于史实的考据归纳，必须从大量的文献典籍中勾稽有关的历史资料，并对由此形成的史学现象作出合理的解释。当然，这种分析、归纳、总结的研究理路与方法也在私家讲学、家训叙录及文人隐读山林的研究中得到了延续。另外，书中将大量的运用个案分析及比较研究，如唐代《文选》学的影响，就将以历代学者对杜甫《宗武生日》中"熟精《文选》理"的不同阐释作为研究个案，深入分析唐人对六朝文学的接受，又如古文运动，书中将从《春秋》学派、家学传承及师承关系等私学层面予以详细的论述。而在唐代文学家族的研究中，拟采用比较分析的办法，有不同地域比较分析，也有不同时间段的文学现象的比较。譬如文学家族的区域特征及其分析，其中江南、关中、山东的文学家族的特性就不一样,初唐的家族文化与中晚唐的家族文化也有不同,这些研究,皆可通过比较来突出它们艺文的不同之处。再者,书中也拟采用列表图例法及数字统计法,通过计量分析列之于图表,更具有直观性与说服力,如文人隐读修业的情况将绘制成表格,以便分析。在唐代士族宰相的科举出身情况、文学家族的地域分布等方面,将有一定的数字统计,进而作详细的比较论证。

研究理路大体如是:首先简单回溯唐前私学的变迁,再重点阐释唐代私学的类型及其兴盛的政治文化背景。在唐代私学得到充分论述的框架下,从不同的私学类型,即私家讲学、家学、书院、初级教育以及隐读山林等方面论述对文学的影响,其中古文运动的私学性阐释作为个案自成章节①。总体上看,本书的内容安排应属于总分的结构类型。

基于上述的认识与理解,我们的逻辑架构与主要内容如下。

一、引言部分。从学科领域的创新性阐述唐代私学与文学研究的选题角度及缘由,揭示相应的理论与实际应用价值。对以往的学术研究作简单的回顾,并介绍研究方法及思路,概括各章节的主要内容要点。

二、第一章"唐代私学的概述"与第二章"唐代私学兴盛的政治文化背景"。主要论述四个问题:一是唐代以前私学的发展及演化;二是唐代的私学概况;三是官学的衰微及其原因;四是科举制度与唐代私学。私学的滥觞始于春秋战国时期,儒、墨、道、法等百家争鸣,为后世私学典范。秦代无学术,汉代私学有所恢复,教育形式多演化,但私学也呈现出儒学化的趋势。魏晋南北朝时,私

---

①　唐代的私学类型主要有私家讲学、家族教育、隐读修业、书院、初级教育及佛寺教育等。其中,前几类与文学关系密切,在书中基本上自成章节。佛寺教育主要指儒学教育及义学。儒学教育多以敦煌寺学为代表,内地较少,义学主要是宗教层面的学术传承,这两方面与文学的关系有待进一步梳理,文中没有独立成章。但在第七章文人寄寺修学的论述中对寺院教育的文学性进行了相应的阐述,谨此说明。

学的兴盛体现为私家讲学的多样性及家学教育的兴起，隋代国祚短暂，私学教育承前启后。唐代私学，形式多样，内容丰富。如私家讲学，延续了两汉以来的特点，即以传统经学的传授为主，中唐时期啖、赵、陆的《春秋》新学，会同三传，突破传统的经学导向，具有很强的批评精神与政治导向作用。此外，私家讲学也同样注重文学的传授，当然，这种重文风气的形成与唐代科场文化的影响有密切的关系。如果说魏晋南北朝时期家族门风之优美实基于学业的因袭，那么，唐代家族兴盛的保障也在于家风化育与家学之传承。其中家风化育得力于童稚的蒙学阶段。唐人的蒙学除传统的父母传授之外，尚有兄弟之间的学习及外家之学，这一方面保证家族文化链的赓续，同时也在一定程度上也丰富家族的学术传统，补充其新的文化因子。唐代家学传承，除以儒学、史学见著的外，以文学知名的家族也同样不少，他们的文学创作彰显出家族的文化底蕴与特性，但在传承的基础上，因外部环境与个人禀性的不同，家族的创作也有变异的一面。唐代的佛寺教育主要指寺院里的儒学教育，从遗留的敦煌文献来看，当地的僧寺有许多寺学，讲授的内容以儒经、史籍及辞赋诗歌为主，相当于内地的私塾蒙学的启蒙教育。而书院教育则源自地方士子的读书治学。除了上述这些私学类型，唐代的私学还有私塾乡学及文士的隐居读书等，如果说私塾乡学延续了魏晋以来的传统，那么，隐读修业则是唐代私学中最显著的特色之一，主要有避世隐居、隐读以伺征辟及隐读以伺科考三大类型。

　　唐代私学兴盛，除了私学自身发展的因素外，更主要的原因在于唐代政治文化因素的促进作用。若要全面分析，可从两方面进行阐述。其一为官学的衰微。唐代官学教育衰微，体现为学风的僵化败坏以及学官地位与素质的下降。再者，官学教育与科考的矛盾造成养士与选士的脱节，也是导致官学衰微的重要原因之一。其二，唐代科举制度的完善也深深地影响到私学，如科举制度允许出身私学的乡贡参加科考,是私学发展壮大的前提,而诗文取士的科考方式也同样引导着私学的发展方向。唐代的科举选士,允许私学乡贡的参加,一方面为国家的人才选拔拓宽了来源,另一方面也为私学的发展提供了更为广阔的舞台。总之,科举选士的推行,为私学的发展开拓了空间,乡贡荐士的形式打破了豪门阶层对政权的垄断,同时,私学教育在科场取士新的导向下能及时更新自己的教育内容与形式,与僵化的官学教育相比,私学教育更灵活、更具吸引力,自然也就更具竞争力。

三、第三章"私人讲学与文学"。与汉魏以来专注章句注疏的师承讲授相比,唐代的私家讲学更具有创新的学术个性,在思想文化层面对传统的儒家观念会产生一定的冲击,如河汾之学、《文选》学以及《春秋》学派等,不仅带来新的政治指向与文学批评,对当时的文学观的嬗变也有着深层的影响。王通河汾设教,企图通过续经的形式来振兴儒学,以"穷理尽性"的修行实行"行道复礼"的伦理观。体现在作家论、风格论等文学批评的层面上,王通经世致用的文学态度具有明显的实用、功利的色彩,这也影响至唐初史家、政治家的文学观的建构。另外,从家族的角度来看,王绩、王勃等人的文学追求既有家学因素,又呈多样化的趋势。隋唐时期《文选》学兴盛一时,就学术传承而言,萧该导其源,曹、李师徒于江淮、汴郑等地激流扬波,发扬光大,形成庞大的学术规模与绵延不断的知识递承。在科考领域,以齐梁诗风为准绳。正是这学术与科场文化的双重背景,扩大了《文选》被诠释与接受的空间,为唐人的诗文创作提供了可资借鉴的文学体式与范型。如杜甫"熟精《文选》理"、"续儿诵《文选》",李白的"三拟《文选》"等即为明证。啖助、赵匡及陆质等的《春秋》学派在中唐的兴起,是唐代学风新变的体现。务实通变的经学革新具有经世致用的时代意义,在权德舆等人的科场文化导向影响及永贞党人的大力推广下,《春秋》学术"学以干政"的批判精神不仅引起了世风的重塑,也深深地影响到元、白等讽喻诗人的文学创作。从新变意义的角度来看,虽然《春秋》学派与元、白等的创作属于不同的学术文化领域,但批判精神与政治指向是殊途同归的。

四、第四章"唐代的家学与文学"。在唐代,学术文化呈家族化趋势,而士族家学也有着深刻的门第背景。唐人对门第的推崇主要体现为重门阀及讲家风、守家法等方面,当然,为了垂范士林,世家大族皆重视家风化育及家法的传承。另外,唐人也重视谱牒的修撰及讲究婚媾关系,这是六朝门第观念的延续,一方面是为了梳理家族的源流根脉,另一方面则为科举、仕宦等提供关系网络的保障。此外,唐代的家学还受到科举制度的影响,具有应举的时代性特点。即家学中重视儒家经典,也积极研习诗赋、征文射策。不管是士族还是寒门,唐代的家学教育多以科举仕进为导向,而能否进士擢第往往成了家族教育成功与否的标志。

家训是家学的重要组成部分,在宗法的社会里,家训也是士大夫修身持家、教育子女重要途径之一。从类型划分来看,唐代的家训可分成帝王家训、士大夫家训及女训等,这些家训提倡崇俭务农、修心养性,注重孝悌恭默等伦理道德的遵循及为文之术的绍述,而女训更多强调母仪母教的垂范意义。唐人的家训篇什,若从文学特性来剖析,还是较充分地反映了文人的人生信仰及诗文的创作理念,在一定程度上也涉及到具体的风格与特征。其中的训谕诗文不仅再现了文人的思想信仰与科举观念,还有普遍的劝学崇文意识。而有些家训所摄涵的文学观是极为明显的。另外,文人创作的训谕诗文,其自身的艺术价值也值得肯定。

唐代的文学家族,就地域性而言,多集中于两京地区与江南东道,而陇右、剑南、黔中等地区处边隅荒芜之地,文化相对落后,文学家族较少。在文学家族的人员构成上,或父子,或祖孙几代,或兄弟多人。从时间段上看,唐初文学家族多文化世家,除诗文传家外,还擅长经学、史学,而后期一些出身寒门的文学家族则无深厚的文化根基。另外，唐代文学家族的文化属性则丰富多彩，如家族中拥有大量的庋藏，家学内容呈多样化的趋势，既有经学、史学、文学，也有书法、绘画等技艺的传承。在家族的文学实践方面，主要体现为文人创作时的崇宗意识，家族内部的文学研究与交流，郡斋诗文集会的家族化现象以及对家集的编撰等内容。此外，文学家族的家学中尚有变异性的特点，特别是外家之学的传承，既丰富了家族原有的文化传统，又增强其社会适应性，为家族的兴盛提供强有力的文化保证。

五、第五章"唐代古文运动的私学性阐释"。本章拟从私学的角度来阐述古文运动的学术背景及家学渊源和师承关系，这些内容的梳理与考察，将为探究古文运动中文学观念的传承嬗变提供有迹可循的线索。

其一，唐代古文运动与《春秋》学派的关系考辨。韩、柳等人的古文运动，提倡儒学复兴，致力于文章的经世致用。《春秋》学派则摒弃章句之学，主张学以致用。就文化导向而言，两者皆有相同的批判精神。若从群体构成及学术思想等角度来看，两者之间的互动关系体现为：早期古文家的崇儒重教为《春秋》学派的兴起提供了学术契机，而《春秋》学派经陆质发扬光大后，其学术精神深深影响到中晚唐古文家的创作。当然，《春秋》致治之学影响到中晚唐古文家的学术风格及其古文创作。虽然古文运动由于各种原因并没有取得决定性的胜利，但他们以复古革新为旗帜，致力于经世之文的创作，与《春秋》学派求革新的学术精神是相辅相成的，为疮痍满目的时代注入了新的气息。

其二，唐代古文运动的家学渊源及师承关系。从区域文化渊源来看，中唐的古文运动，背后有着浓厚的北方区域文化传统，而山东士族文化则是其核心根源。就家学的传承类型而言，主要有家族内的传授与外家之学，后者不仅可以弥补因家族变故而产生的家学断层，同时也丰富了家族原有的文化传统。此外，通过对古文运动师承关系的考辨，发现早期古文运动存在着以元德秀、萧颖士、独孤及为中心的师友创作群体，他们所倡导的宗经说、文气说、人文说为韩、柳所继承。但韩门弟子的形成具有一定的功利色彩，缺乏传统文化中经世务实及批判精神，这也导致古文运动后期走向偃旗息鼓。

六、第六章"唐代的书院、初级教育与文学"。宋代以后，书院教育成了私学的主要形式，但作为读书治学或私家讲习的场所，其源头可追溯到唐代书院的讲习应举。唐代书院的兴起有着传统的因素与现实背景，与朝廷修书、藏书的丽正殿、集贤殿书院相比，唐代私人书院更多的是治学肄业的地方。这些书院或书堂环境清幽，富于典藏，便于士子应举苦读。此外，受隐逸风气及佛、道方外之术的影响，许多文士将书院设于山林寺院，所以，除了一般的治学读书之外，一些文人也有礼佛炼丹之举。唐代的书院初为文士读书求学的场所，后则逐渐演变为聚徒教学的教育机构，如松洲书院、桂岩书院、华林书院及江州陈氏的义门书院等。唐五代的书院虽然在规模和数量上还处于初始阶段，但它的教学形式对宋以后的书院影响极大，后世一些规模颇大的书院，皆源自晚唐五代或更早，如衡阳石鼓书院为唐元和年间李宽读书处，而白鹿洞书院的原址也是李渤、李涉的治学之所。

作为社会基层的教育，唐代的初级教育主要有私塾、乡里村学及家塾等形式。其最显著的特征即启蒙性，另外，唐代的初级教育，层次性广，具有广泛的社会性。再者，教育内容的丰富多样化也是其重要的特征之一。从私塾蒙训的教学来看，现存的启蒙性著作，主要有识字蒙学类与经史文辞类。在敦煌遗书中，除了一般的蒙学读本之外，尚有一些诗文抄本，如《秦妇吟》、《渔父歌》、《沧浪赋》、《燕子赋》等。可见，在唐代训蒙教育中，诗文的学习是占有重要的地位。对这些训蒙著述从文学层面加以探究，主要体现为：1. 蒙学视野中的咏史、咏物之作。童蒙讽诵的咏史、咏物教材，即有知识性,又通俗浅切,有益于童蒙的吟诵与仿习。另外,这类教材所涵盖的知识面广,在一定程度上具有类书的性质与体制。2.《兔园策府》及一些初学类诗格所蕴涵的诗文观。在敦煌遗书中有学士郎的许多《诗格》抄本,这一类诗格、文格,虽然有些过于琐屑俗陋,被人讥讽为"三家村"之语,但一些具体的写作法则的规定对童蒙的诗文仿习来讲,还是具有一定的参考意义。3. 蒙学、私塾等初级教育对唐代诗歌的普及与传播。从接受的角度而言,私塾蒙学对唐诗的传播也起着极大的推动作用。一些著名诗人如元稹、白居易及杜牧等更是流播众口,村校童蒙皆能讽诵。

七、第七章"唐人隐读修业与文学"。唐代文人隐读山林是隐逸的特殊形式,隐读是一种遁迹山林、远离都市、淡泊恬退的生存方式,但在本质上却追求仕进,以科第为目标,是仕、隐的融合体。随着唐代专制政治的成熟与科举制度的日益完善,唐人的隐读更多的被纳入功利的范畴,因此我们将其纳入私学的体系。唐代文人的隐读山林,一方面是隐逸观念的体现,另一方面也受到科举制度的影响。

文人隐读山林以备科考,相互之间有一些传习教学的色彩,这种聚学山林的模式,不仅弥补了官学式微造成的教育空白,还开宋代书院教育之先河。从内容上看,文士修业传习多以儒家典籍与传统诗文为主,而他们的诗文创作,受到了传统隐逸观念与佛道遁世思想的影响,体现为萧疏淡泊、清淡闲远的人生情趣,有时也流露乱世情怀的忧虑之思。

中晚唐时,唐人传奇小说的叙述模式往往以文人的人生际遇来展示士子文化心态的嬗变。其中的许多故事是以士子隐读山林寺院为题材而展开的,有美色际遇、幽冥梦幻等方面。对其作进一步的分析,有助于我们深入地理解隐读文化的发生机制。另外,隐读类小说,故事情节往往以寺院作为叙述环境而展开。其原因在于寺院乃宗教场所,宣传六道轮回等鬼神观念,这些方外世界显然可以刺激隐读之士的幽冥体验。再者，寺院停客税居的功能及唐代"坟寺"风俗不仅为隐读类小说提供大量的艺术素材，在一定程度上还迎合了文人猎奇羡艳的文化心理。

八、附录部分。对唐代文学家族的区域分布进行初步的稽考。

第一章　唐代私学的概述

私学与官学相对应，多指私人的各种讲学和学习活动，这是一种不纳入国家学校体制之内的民间教育形式。主要包括私人讲学、家学以及私塾、书院、乡里村学等教育。此外，为了科举入仕的隐读山林也应属于私学的范畴。作为封建教育的主要形式之一，私学承担着社会的教育重任，相应弥补官学教育的不足，对人才的培养、教育的深化作出了重大的贡献。而作为文化传承赓续的主要途径之一，私学也演绎着传薪者的角色。再者，从知识的普及层面上看，这些民间的教育活动，虽然水平深浅不一，也没有建立系统的规章制度和正规的课程体系，但其形式灵巧多样，层次性强，内容更为丰富。与官学相比，私学就显得较为自由、开放和活跃。

第一节　唐代以前私学的发展及演化

私学的应运而生总是与官学的兴衰紧密相连，两者对立而统一。在古代官学教育欠发达或衰落之时，私学所起的教育作用无疑是巨大的。当然，私学的发展与演变深受社会经济发展、朝代更替的影响。而历代文教政策、学术文化氛围，以及官学状况、科举制度，都会影响到私学的格局、规模和形式诸方面。

一、学校教育的产生

　　传说中五帝时代就有了学校,名为"成均"。《周礼·春官·大司乐》载言:"大司乐掌成均之法,以治建国之学政,而合国之子弟焉。"郑玄注《礼记·文王世子》时云:"董仲舒曰'五帝名大学曰成均,则虞庠近是也。'"其实,"均"者,开始只是古代校正乐器音律的器具。《国语·周语下》:"律所以立均出度也。"韦昭注:"均者,均钟木,长七尺,有丝系之以均钟者,度钟大小清浊也。"因此,"成均"盖由乐师主调其音的意思进而传衍为以乐教为主的学校教育,故刘师培《学校原始记》中进一步解释云:"古代教育之法,则有虞之学,名曰成均,均字即韵字之古文,古代教民,口耳相传,故重声教,而以声感人,莫善于乐。观舜使后夔典乐,复命后夔教胄子,则乐官即属师。"[1]可见,在原始社会末期,我国即有学校的萌芽。虞舜时期,尚有虞庠之学,《礼记·王制》载"有虞氏养国老于上庠,养庶老于下庠","虞庠在国之西郊"。又《孟子·齐桓晋文之事》:"谨庠序之教,申之以孝悌之义。"这"庠"可视为带有教育作用的养老机构。夏朝时,进入了奴隶社会,文化艺术进一步发展,文献中对学校的记载则更为明确,《孟子·滕文公上》:"设为庠序学校以教之,庠者,养也。校者,教也。序者,射也。夏曰校,殷曰序,周曰庠。学则三代共之,皆所以明人伦也。"《汉书·儒林传序》:"夏曰校,殷曰庠,周曰序。"殷商时期的学校,尚有"右学"、"左学"、"大学"、"小学"等,此外,还出现了"瞽宗"的学校形式。郑玄对瞽宗的解释为:"乐师瞽矇之所宗也。古者有道德者使教焉,死则以为乐祖,于此祭之。"[2]又《国语·周语下》载:

━━━━━━━━━━

[1]　刘师培《刘申叔先生遗书》,第十九卷,宁武南氏校印本,第27至30页。

[2]　《礼记正义》卷三十一。

古之神瞽,考中声而量之以制,度律均钟,百官轨仪,纪之以三,平之以六,成于十二,天之道也。夫六,中之色也,故名之曰黄钟,所以宣养六气、九德也。……所以宣布哲人之令德,示民轨仪也。

韦昭注"神瞽"云:"古乐正,知天道者也,死以为乐祖,祭于瞽宗,谓之'神瞽'。"《礼记·文王世子》中载世子求学应有时序,如春夏学干戈,秋冬学羽籥,而瞽宗乃轨仪之所,殷商时,祭祀仪轨之学,已有具体的运行规则,祭祀与占卜的知识体系趋于系统的整合,这秩序化的程序已沉淀为一种象征意义。作为"庙学"的瞽宗,其衍生出来的祭神方式、祈禳内容成了后世宗教性仪礼的源头①。

二、西周时期的官学教育

西周时期,宗法制度日臻完备,在"祀礼教敬,以度教节"②礼制基础上,道德、教育从属于政治。而家传世禄的"畴人世官"制度进一步造成"学在官府"、"学术官守"的教育体制。章学诚《校雠通义·原道》云:

理大物博,不可殚也。圣人为之立官分守,而文字亦从而纪焉,有官斯有法,故法具于官。有法斯有书,故官守其书。有书斯有学,故师传其学。有学斯有业,故弟子习其业。官守

① 有关瞽宗的特征,可参考李国钧、王炳照主编的《中国教育制度通史》,山东教育出版社,2000年版,第49页。该书认为,其一:以礼乐教育为主,传授有关的宗教祭奠方面的礼仪知识;其二,依附于宗庙之侧,是宗庙的组成部分;其三,教育中虽也包含道德因素,但未分解出纯粹意义上的伦理道德教育,只在于强化顺从天命和先祖意旨的观念行为。

② 《周礼·大司徒》。

学业，皆出于一，而天下以同文为治。故私门无著述文字。

"惟官有学，而民无学"，这种学术垄断的出现，背后有着深层的制度原因。首先，各种典籍文献被官方掌握，如典、谟、诰等法令礼制皆出自朝廷之手，普通从事生产劳动的百姓无缘接触，学术只在上流贵族阶层流传。其次，祭祀典礼时，各种礼器也为朝廷所独有，国家的祭祀、献俘以及地方的乡饮酒礼、乡射礼、士人议政等活动，民众很少参与其中。因此，学术文化事业为官方独占，教育自然也非官方莫属。虽然西周学在官府，民间智慧未得启蒙，但相对而言，国家整体教育还是得到了进一步发展，官学的教育体系也更为系统严密。如西周的教育分王朝与乡、遂二途，即"国学"与"乡学"。

国学又有大学与小学的划分。"天子命之教，然后为学。小学在公宫南之左，大学在郊，天子曰辟雍，诸侯曰泮宫"①，其大学有"东胶"、"东序"、"辟雍"、"成均"、"上庠"、"瞽宗"、"太学"等，既有"四代之学"，又有"五学"之誉②。其学者，多为天子、太子、公卿、大夫之子弟。如《大戴礼记·保傅篇》云："《学礼》曰：帝入东学，上亲而贵仁，则亲疏有序，而恩相及矣。"《易传·太初篇》云："太子旦入东学，昼入南学，暮入西学。"《周礼·大司乐》郑玄注云："国之子弟，公卿、大夫之子弟，当学者谓之国子。"同样，小学也多为贵胄子弟上学之处，《礼记·王制》曰："小学在公宫南之左。"《大戴礼记》卷三《保傅》曰："公卿之太子，大夫，元士嫡子，年十三，始入小学，见小节而履小义。"③国学这种宫廷教育中，往往以爵位、官职较高的大司乐、乐师、师氏掌管教职，如《周礼·大司乐》云："大司

---

① 《礼记·王制》。
② 孙诒让《周礼正义》。
③ 孙诒让《周礼正义》。

乐掌成均之法,以治建国之学政,而合国之子弟焉。"《周礼·地官·师氏》云:"以三德教国子。一曰至德以为道本,二曰敏德以为行本,三曰孝德以知逆恶。教三行,一曰孝行以亲父母,二曰友行以尊贤良,三曰顺行以事师长。"

地方官学即为"乡学",《周礼》载:"乡有庠,州有序,党有校,闾有塾。"《礼记·学记》称:"家有塾,党有庠,术有序。"其教职多由地方行政长官兼任,如乡大夫掌管其乡的政教禁令,而治乡之教则由乡师担当。

西周的教育,以"六艺"为主,辅以"六德"(知、仁、圣、义、忠、和)、"六行"(孝、友、睦、姻、任、恤)①,《周礼·保氏》也云:"乃教之六艺,一曰五礼,二曰六乐,三曰五射,四曰五驭,五曰六书,六曰九数。乃教之六仪,一曰祭祀之容,二曰宾客之容,三曰朝廷之容,四曰丧纪之容,五曰军旅之容,六曰车马之容。"由此可知,西周学校重视道德与人伦方面的社会教化,德行、道艺、科目是统一的,"化民成俗"是更好地为政教合一的宗法制国家服务。

三、春秋、战国时期私学的勃兴

公元前 770 年,周平王东迁洛邑,此后诸侯争霸,王室日趋衰微,西周原有的"土地国有"、"宗法制度"等体制逐步瓦解,学术官守的教育机制也趋于崩溃。有关官学教育,史书的记载较少,只有鲁僖公曾修泮宫②、郑子产之不毁乡校③等劝学之举见之于典籍,这也佐证了当时教育的衰微。

天子失官,学在四夷。春秋私学的产生除了官学的废弛外,还

---

① 《周礼·地官》。
② 《毛诗·泮宫序》。
③ 《左传》襄公三十一年。

有一些因素也致使私学进一步壮大,如学术空间的扩散,《论语·微子》言:"太师挚适齐,亚饭干适楚,三饭缭适蔡,四饭缺适秦,鼓方叔入于河,播鼗武入于汉,少师阳、击磬襄入于海。"鲁哀公时,礼坏乐崩,乐人多流散民间,自然也相应地将一些礼仪制度引入民众阶层。朱熹《论语集注》引张子曰:"及鲁益衰,三桓僭妄,自大师以下,皆知散之四方,逾河蹈海以去乱。"①另外史官流落各地,带走大量的文化典籍,也同样造成了学术话语的下移。如世代掌管周史的司马氏流落到晋国,以后又分散到卫、赵、秦诸国。景王至敬王年间,王子朝起兵失败,携召氏、南宫氏等属僚与百工,奔逃楚国,并带走王室所藏文献。再者,作为文化精英阶层"士"的出现。"士"者,介于下层贵族与庶民之间,《左传·昭公七年》:"王臣公,公臣大夫,大夫臣士,士臣皂。"《穀梁传·成公元年》:"古者有四民:有士民,有商民,有农民,有工民。"范宁注"士民":"学习道艺者。"由于社会动荡不安,部分贵族阶层的文化家族趋于衰颓,《左传·昭公三十二年》:"三后之姓,于今为庶。"昭公三年公室已成"季世","戎马不驾,卿无军行。公乘无人,卒列无长。……栾、郤、胥原、狐、续、庆、伯,降在皂隶。"一些掌握思想和知识权利的没落贵族子弟,精通六艺,熟悉各种典章制度,他们则成了士的代表。此外一些流落民间熟稔礼乐的官员及上升的庶民,也都转型成了士的典型。总言之,正是学术的扩散和"士"的崛起,动摇了文化的垄断,使庶民接受教育成为可能。

春秋时期的私学以儒家、墨家为主。章太炎在《国故论衡》中说:"老聃仲尼而上,学皆在官,老聃仲尼而下,学皆在家人。"从王官沦落至私学兴盛,期间也有零散的聚徒讲学者,如居于柳下讲学的柳下惠,名家的创始人邓析,及少正卯、常拟、詹和、王骀、壶丘子

---

① 朱熹《四书章句集注》,《新编诸子集成》(第一辑),中华书局,1983年版,第186页。

林等,皆曾创办私学。但从影响的角度来看,无疑孔、墨才是私学杰出的代表。孔子,"弟子盖三千焉,身通六艺者七十有二人"①,孔子死后,"七十子之徒散游诸侯,大者为卿相师傅,小者友教士大夫"②,墨子讲学虽略晚于孔子,但也弟子云集。孙诒让《墨子间诂》中推测:"今勾集之,凡得墨子弟子十五人,附存三人,再传弟子三人,三传弟子一人,治墨术而不详其传授系次者十三人,杂家四人。大都不逾三十馀人,传记所载,尽于此矣。"墨子自称"弟子三百人"③,《淮南子·泰族训》云"墨子服役者百八十人",由此可知规模之大。

战国期间,诸侯争霸,公私养士,诸子私学进一步发展,出现"百家争鸣"的盛况。儒、墨、道、法,相互斗争融合,其中以儒、墨为显学,《韩非子·显学》云:

> 自孔子之死也,有子张之儒,有子思之儒,有颜氏之儒,有孟氏之儒,有漆雕氏之儒,有仲良氏之儒,有孙氏之儒,有乐正氏之儒。自墨子之死也,有相里氏之墨,有相夫氏之墨,有邓陵氏之墨。故孔、墨之后,儒分为八,墨离为三,取舍相反不同,而皆自谓真孔、墨。

儒分为八,墨分为三,瓜瓞绵绵,延续不坠。道家则一分为二,一派以宋钘、尹文、慎到为主的黄老学派,一派为崇尚独立、适意的庄子学派。法家则追求"权"、"势"、"位"的统一,提倡"一教"思想,此外,诸子中尚有纵横家、阴阳家、兵家、农家、名家等,它们相互抨击辩论,稷下学宫则是诸子学说争鸣的场所。《战国策·齐策》云:

---

① 《史记·孔子世家》。
② 《汉书·儒林传》。
③ 《墨子·公输》。

"谈说之士,会于稷下,盖齐人于稷门立学舍也。"当时规模盛大,条件优渥,学者如云,"宣王喜文学游说之士,自如邹衍、淳于髡、田骈、接予、慎到、环渊之徒七十六人,皆赐列第,为上大夫,不治而议论。是以齐稷下学士复盛,且数百千人"①。田骈"赀养千钟,徒百人"②,孟子"后车数十乘,从者数百人"③,当时"天下之士,莫肯处其门庭,臣其妻子"④,他们来去自由,驳难议论而又兼容并包,实为后世私学之典范。

四、汉代私学的恢复与发展

秦禁私学,以法为教,以吏为天下师,明确提出燔《诗》、《书》而明法令。李斯曾言:"私学而相与非法教,人闻令下,则各以其学议之,入则心非,出则巷议,夸主以为名,异取以为高,率群下以造谤。如此弗禁,则主势降乎上,党与成乎下。"⑤秦始皇焚书坑儒,实施"书同文"、"行同伦",强化集权,钳制思想,私学遭到严重破坏,学术文化也趋于枯萎。

刘汉王朝建立后,黄老政治盛行,私学得以恢复。如田何教授《易》学于齐地,韩婴传《诗》于燕、赵,伏生教《书》于齐、鲁之间,申公教于鲁地,"弟子自远方至受业者千馀人"⑥,而曹参、陈平、汲黯皆是黄老之学的传习者。武帝时"罢黜百官,独尊儒术",私学以尊儒为导向,并以经学教育为重任。汉初今文经学兴盛,除官学外,私人讲学也颇引人瞩目,如夏恭习《韩诗》、《孟氏易》,讲授门徒常

---

① 《史记·田敬仲完世家》。
② 《战国策·齐策》。
③ 《孟子·滕文公下》。
④ 《尹文子·大道上》。
⑤ 《史记·秦始皇本纪》。
⑥ 《汉书·儒林传序》。

千余人。张兴习《梁丘易》以教授,弟子由远至者,著录人数多至万人。而古文经学自破壁而出后,便在民间广为流传。马融兼通今古文经学,生徒常有千余人,郑玄的门徒也达数百千人。除了经学外,道家、法律及术学的私家传授也得到发展,严助"裁日阅数人,得百钱足自养,则闭肆下帘而授《老子》"①。汉初郭弘习《小杜律》,其子郭躬少传父业,讲授徒众常百人,钟皓世善刑律,"避隐密山,以诗律教授,门徒千馀人"②。而鲍子真则善于术学,"王子山与父叔师到泰山从鲍子真学筭"③。

与先秦的私学相比,汉代的私学教育更为稳定,有固定的讲习场所。《后汉书·儒林传论》云:"若乃经生所处,不远万里之路,精庐暂建,赢粮动有千百。"刘淑"少学明五经,遂隐居,立精舍讲授,诸生常数百人"④,檀敷"举孝廉连辟公府,皆不就,立精舍讲授,远方至者常数百人"⑤,这些私学大师一般皆有大量的著录弟子,如蔡玄"学通五经,门徒常千人。其著录者万六千人"⑥,牟长"诸生讲学者常有千馀人,著录前后万人"⑦,虽然著录只是收纳的名分,但从规模来看,也可窥见当时私学之兴盛。此外,汉代私学中也逐步产生了蒙学及家学的教育。王国维《汉魏博士考》云:

> 汉时教初学之所,名曰书馆,其师名曰书师,其书用《仓颉》、《凡将》、《急就》、《元尚》诸篇,其旨在使学童识字

---

① 《汉书·王贡两龚鲍传序》。
② 《后汉书·钟皓传》。
③ 《后汉书·文苑列传》李贤注引张华《博物志》。
④ 《后汉书·党锢传·刘淑》。
⑤ 《后汉书·党锢传·檀敷》。
⑥ 《后汉书·儒林传下·蔡玄》。
⑦ 《后汉书·儒林传下·牟长》。

习字。①

而《论语》、《孝经》的教学一般也始于蒙学阶段,如范升"九岁通《论语》、《孝经》。及长,习《梁丘易》"②,马续"七岁能通《论语》,十三明《尚书》"③。家学的兴盛一般体现为经学家世的传习,如《尚书》自伏生五传至伏孺,武帝时客授东武,又三传至伏理,为当世名儒。理子伏湛,少传父业,教授数百人,光武帝时官至大司徒,有"经为人师,行为仪表"之称④。又如刘向家族"尤珍重《左氏》,教授子孙,下至妇女,无不读诵者"⑤。

汉代是私学的恢复与发展阶段,私学的儒家化决定了私学的教育走向,而其多元化的教育类型奠定后世私学的教育模式。

五、魏晋南北朝时私学的兴盛

魏晋南北朝时,政治混乱,战争频发。汉朝崇儒读经的文教政策受到冲击,加之玄学流行,佛、道炽盛,教育呈多元趋势。虽然历朝统治者竭力倡导弘扬教育,如晋武帝"咸宁二年,起国子学"⑥,宋武帝时"便宜博延胄子,陶奖童蒙,选备儒官,弘振国学"⑦,宋文帝时始设儒、玄、史、文四馆的专科教育,北魏时郡国也曾立学,但这些兴学举措兴废无时,徒有虚名。"国学时或开置,而劝课未博,

---

① 王国维《观堂集林》(外二种),河北教育出版社,2003 年版,第 86 页。
② 《后汉书·范升传》。
③ 《后汉书·马援传》。
④ 《后汉书·伏湛传》。
⑤ 桓谭《新论》,人民文学出版社,1977 年版,第 38 页。
⑥ 《宋书》卷二《礼志》。
⑦ 《宋书·武帝纪》。

建之不及十年,盖取文具,废之多历世祀,其弃也忽诸"①,官学式微,学术下移,加之门阀家族文化绵延弥新,私学的再次兴盛成了历史发展必然的结果。如《北齐书·儒林传序》云:

> 夫帝王子孙,禀性淫逸……国学博士,徒有虚名,唯国子一学,生徒数十人耳,欲求官正国治,其可得乎?……幸朝章宽简,政网疏阔,游手浮惰,十室而九。故横经受业之侣,遍于乡邑;负笈从宦之徒,不远千里。伏膺无怠,善诱不倦。入闾里之内,乞食为资;憩桑梓之阴,动逾千数,燕、赵之俗,此众尤甚。

魏晋南北朝的私学兴盛,主要体现为两方面:

其一,私人讲授的多样化。与汉时规模巨大的专经讲授相比,此阶段的私人传授多为闭门辞官、隐居山林为主,如郭瑀"隐于临松薤谷,凿石窟而居,服柏实以轻身,作《春秋墨说》、《孝经错纬》,弟子著录千馀人"②,明僧绍"永光中,镇北府辟功曹,并不就,隐长广郡崂山,聚徒立学"③。而传授的内容除了儒学经书外,诸子百家、佛、道典籍也进入了教学的领域,吴苞"儒学,善三礼,及《老》、《庄》。宋泰始中,过江聚徒教学"④,徐伯珍"究寻经史,游学者多依之。……好释氏、《老》、《庄》……兼明道术……兄弟四人,皆白首相对,时人呼为'四皓'……受业生凡千馀人"⑤,伏曼容"少笃学,善《老》、《易》……聚徒教授以自业"⑥。此外,私人传授的内容

---

① 《梁书·儒林传序》。
② 《晋书》卷九十四。
③ 《南齐书》卷五十四。
④ 《南齐书》卷五十四。
⑤ 《南齐书》卷五十四。
⑥ 《梁书·儒林传》。

也有方技、卜筮之学,如《晋书·艺术传》卷九十五云:"(台产)少专京氏《易》,善图谶、密纬、天文、洛书、风角、星算、六日七分之学,尤善望气、占候、推步之术,隐居商洛南山,兼善经学,泛情教授,不交当世。"再者,私学教育之中盛行诘难、辩论之风,《周书》卷三十八《吕思礼传》云:"吕思礼,年十四,受学于徐遵明。长于论难。诸生为之语曰:'讲《书》论《易》,其锋难敌。'"孙灵晖求学于鲍季详、熊安生,"质问疑滞,其所发明,熊、鲍无以异也"①。正是这种博学多师、不固守窠臼的学风,造就了一批私学大师。如徐遵明,先后师从王聪、张吾贵、孙买德、唐迁等人,学《毛诗》《尚书》、三《礼》,后自构户牖,教授生徒,"每临讲座,必持经执疏,然后敷陈,其学徒至今浸以成俗。遵明讲学于外二十馀年,海内莫不宗仰。"②弟子熊安生"既学为儒宗,当时受其业擅名于后者,有马荣伯、张黑奴、窦士荣、孔笼、刘焯、刘炫等,皆其门人焉"③,弟子李铉"居徐门下五年,常称高第……因教授乡里,生徒恒至数百,燕、赵间能言经者,多出其门。"④可见徐门在当时的影响是极其巨大的。从这一意义上讲,私门学术的代代传习,避免了因官学的萎靡而造成的文化断层,而私门传授的教育与学习模式已成了当时民族文化传衍的主要载体。

其二,家学的盛行。魏晋南北朝时,士族门第林立,家学兴盛,陈寅恪《隋唐制度渊源略论稿》云:"易言之,即公立学校之沦废,学术之中心移于家族,太学博士之传授变为家人父子之世业,所谓南北朝之家学学者也。"⑤为了维护世袭门阀的特权,巩固门第,士族极为重视孝悌之风、礼仪之法的传承。《晋书·孝友传序》云:"晋

①　《北史·孙惠蔚传》附《孙灵晖传》卷八十一。
②　《魏书·儒林传》卷八十四。
③　《周书·儒林传》卷四十五。
④　《北齐书·儒林传》卷四十四。
⑤　陈寅恪《隋唐制度渊源略论稿》,商务印书馆,2011年版,第23页。

氏始自中朝,逮于江左,虽百六之灾遄及,而君子之道未消。孝悌名流,尤为继踵。"如王玚,"兄弟三十馀人,居家笃睦,每岁时馈遗,遍及近亲,敦诱诸弟,并禀其规训。"①为了整肃家门,光耀门楣,世家也均重视家训。如王褒《幼训》、颜之推《颜氏家训》、梁元帝《金楼子·戒子篇》等皆是这一时期典型的训蒙之作。另外,谱牒的修撰也能昭示家族的累世相传,如西晋挚虞《族姓昭穆》、东晋《陈郡阳夏谢氏谱》以及南齐贾弼之、贾匪之、贾渊祖孙三人的《十八州士族谱》、《百家谱》等。再者,家学的传习,除了儒家典籍外,尚有文、史、刑律之学。如刘殷,"有七子,五子各授一经。一子授《太史公》,一子授《汉书》,一门之内,七业俱兴,北州之学,殷门为盛。"②吴兴沈氏一门之中沈林、沈邵、沈亮、沈约、沈旋,三代清操好学,擅长属文,可谓文学世家③。

六、隋代私学的承前启后

隋文帝开皇九年灭陈,结束了南北分裂对峙、战乱频繁的局面。实现了全国统一之后,立即实行与民生息的政治经济策略,生产得到了迅速的恢复与发展。当时"人物殷阜,朝野欢娱。二十年间,天下无事,区宇之内晏如也"④。但炀帝篡位践祚之后,骄暴日甚,穷极奢靡而又滥用民力,最后落得民怨鼎沸,众叛亲离而死于异地,隋朝也旋即而亡。杨隋虽然享祚甚短,历时不过三十多年,但其创立的各种政治、教育等文化政策对李唐王朝影响极为深远。

隋文帝即位后,大力发展教育。如开皇三年应秘书监牛弘所

---

①　《陈书》卷二十三《王玚传》。
②　《晋书》卷八十八《孝友传》。
③　《梁书·沈约传》。
④　《隋书·高祖本纪》。

请，搜访民间异本书籍，并令京兆韦霈、南阳杜颙等校勘补缺，藏于
秘书内外之阁，共计图书三万余卷①。炀帝时也曾采用四部分类
法整理图书，分统经、史、子、集四类。此外，文帝、炀帝先后招募张
仲让、窦士荣、刘焯、刘炫、顾彪等硕儒于京师讲授经学，并多次亲
赴国子学释奠周孔，参与开筵论讲。在他们的弘扬倡导之下，隋朝
文教事业一度极为鼎盛。《隋书》卷七十五《儒林传序》云：

> 于是四海九州强学待问之士靡不毕集焉。天子乃整万
> 乘，率百僚，遵问道之仪，观释奠之礼。博士罄悬河之辩，侍中
> 竭重席之奥，考正亡逸，研核异同，积滞群疑，涣然冰释。于是
> 超擢奇隽，厚赏诸儒，京邑达乎四方，皆启黌校。齐、鲁、赵、
> 魏，学者尤多，负笈追师，不远千里，讲诵之声，道路不绝。中
> 州儒雅之盛，自汉、魏以来，一时而已。……炀帝即位，复开庠
> 序，国子郡县之学，盛于开皇之初。征辟儒生，远近毕至，使相
> 与讲论得失于东都之下，纳言定其差次，一以闻奏焉。

虽然隋王朝统治者重视文教事业，学校教育一度出现全新的
现象。但也曾有废学之举，如仁寿元年，诏以学校生徒，多而不精，
唯留国子学生七十人，太学、四门及州县学并废②，而隋末“外事四
夷，戎马不息，师徒怠散，盗贼群起，礼义不足以防君子，刑罚不足
以威小人，空有建学之名，而无弘道之实。其风渐坠，以至灭亡，方
领矩步之徒，亦多转死沟壑”③，这也使得官学教育处于衰退的境
界。与此同时，民间私学一度肩负起教育的重任，许多名师聚徒讲
学，如《儒林传·包恺传》云“东海包恺，字和乐。其兄愉，明《五

---

① 《隋书》卷三十二《经籍志》。
② 《隋书》卷二《高祖本纪》。
③ 《隋书》卷七十五《儒林传序》。

经》,恺悉传其业。又从王仲通受《史记》、《汉书》,尤称精究。……
于时《汉书》学者,以萧、包二人为宗匠。聚徒教授,著录者数千
人",可见当时办学规模之大。刘焯、刘炫为隋代经学大师,同受
《诗》于同郡刘轨思,受《左传》于广平郭懋富,问《礼》于阜城熊安
生,后曾"为飞章所谤,除名为民。于是优游乡里,专以教授著述为
务。……天下名儒后进,质疑受业,不远千里而至者,不可胜数。
论者以为数百年已来,博学通儒,无能出其右者"①。此外何妥于
龙州讲学,负笈游学者甚多②,东海徐则栖隐缙云山时,后学数百
人前来问学请教③,张衡、杨汪曾就学于南方经学大师沈重门下,
学习三《礼》,名重一时④。据《新唐书》卷一百九十八载,大业初,
徐文远从沈重受业时,其门徒多达千余人。与私人开筵讲学相比,
隋朝家学因其国运短暂略显式微,无法与两汉时经学传家相比,也
无法续踵魏晋南北朝时家学的兴盛。但作为家庭教育类型之一的
蒙学,还是得到进一步的延续发展。如恒山房晖远,世传儒学,幼
年便治三《礼》、《春秋》三传、《诗》、《书》、《周易》等书⑤;清河房彦
谦,早孤,为母兄之所鞠养,"长兄彦询,雅有清鉴,以彦谦天性颖
悟,每奇之,亲教读书。年七岁,诵数万言,为宗党所异"⑥;东海鲍
宏"七岁而孤,为兄泉之所爱育。年十二,能属文,尝和湘东王绎
诗,绎嗟赏不已,引为中记室"⑦。

　　综观隋代私学,民间教育的普及及时弥补了官学一度衰退造
成的知识断层,延续着文化传统,使其播衍不坠。就其类型而言,

---

① 《隋书》卷七十五《刘焯传》。
② 《隋书·何妥传》。
③ 《隋书·徐则传》。
④ 《隋书·张衡传》与《隋书·杨汪传》。
⑤ 《隋书·房晖远传》。
⑥ 《隋书·房彦谦传》。
⑦ 《隋书·鲍宏传》。

除了传统的家传与师授,还有为了科举入仕而肄业栖学的隐读山林,如苏威在入仕之前,"每屏居山寺,以讽读为娱"①,这种隐居读书的形式对唐人习业山林的风尚有着深远的影响。

第二节　唐代的私学概况

李唐始创,百废待举,鉴于隋末"周孔之教,阙而不修,庠塾之仪,泯焉将堕"②的局面,唐初统治者推行重振儒术的文教政策,大力发展学校教育以选拔才俊之士。如武德七年高祖诏曰:"自隋以来,离乱永久,雅道沦缺,儒风莫扇。朕膺期御宇,静难齐民,钦若典谟,以资政术,思宏德教,光振遐轨。是以广设庠序,益召学徒,旁求俊异,务从奖擢。"③贞观年间太宗也曾多次下诏兴学,"文皇帝解戎衣而开学校,饰贲帛而礼儒生。"④在健全官学教育体系之余,朝廷对私学也予以保护与肯定,开元二十一年,"许百姓任立私学,其欲寄州县受业者亦听"⑤。唐玄宗这道敕令一方面是对业已发展起来的私学予以承认,同时也表明了朝廷试图通过允许私学学生转入地方官学就读以振兴日渐衰颓的官学。与以往的私学相比,唐代私学除传统的私家讲学、家族教育外,尚有寺学和书院、学堂教育。此外,为了科考带有自学性质的隐读山林也属于私学的范畴。

一、私家讲学

唐代的私家讲学虽然没有先秦两汉时的宏大规模,但仍然是

---

① 《隋书·苏威传》。
② 《唐大诏令集》卷一百零五《置学官备释奠礼诏》。
③ 《擢史孝谦诏》,《全唐文》卷三。
④ 《旧唐书》卷一百零九上。
⑤ 《唐会要》卷三十五《学校》。

私学主导形式之一。宋大川《唐代教育体制研究》中根据教授者身份不同，把唐代私人讲学分成三种情况，一是习儒为业的经师讲学，另一种是致仕的官员开筵，第三种是现任官员指导慕名的求教者，并进一步指出这种讲学随着儒师的入仕佐僚或秩满免官而发生变化①。但若从传授的内容来看，也可以分成经学、文学甚至医学、方技等实科教育等类型。

隋末唐初，官学尚未完全恢复，教育实有赖于私学的维持。这时期的私家讲学往往延续着汉魏南北朝以来的传统，传授的内容一般是以经学为主。如虞世南"少与兄世基受学于吴郡顾野王"②，朱子奢"少从乡人顾彪习《春秋左氏传》"③，张镐"少事吴兢"④，王方义"秩满，家于昌乐，聚徒教授……门人何彦光、员半千为义方制师服，三年丧毕而去"⑤，雪人蒋琛"精熟二经，常教授于乡里"⑥。此外，尚有一些饱学大儒屏居乡里，择地开筵讲授，后进之士络绎盈聚其门，规模也颇为巨大。如：

> 王恭者，滑州白马人也。少笃学，博涉《六经》。每于乡间教授，弟子自远方至数百人。(《旧唐书》卷七十三)
>
> 马嘉运，魏州繁水人，少为沙门，还治儒学，长论议。贞观初，累除越王东阁祭酒。退隐白鹿山，诸方来授业至千人。(《新唐书》卷一百九十八)
>
> 王质，字华卿。五世祖通为隋大儒。质少孤，客寿春，力耕以养母。讲学不倦，诸生从授业者甚众。(《新唐书》卷一百

---

①　宋大川《唐代教育体制研究》，山西教育出版社，1998年版，第180页。

②　《旧唐书》卷七十二。

③　《旧唐书》卷一百八十九。

④　《新唐书》卷一百三十九。

⑤　《旧唐书》卷一百八十七。

⑥　《太平广记》卷三百零九。

六十四）

　　曹宪,扬州江都人也。仕隋为秘书学士。每聚徒教授,诸生数百人。当时公卿已下,亦多从之受业。宪又精诸家文字之书,自汉代杜林、卫宏之后,古文泯绝,由宪,此学复兴。……太宗又尝读书有难字,字书所阙者,录以问宪,宪皆为之音训及引证明白,太宗甚奇之。年一百五岁卒。所撰《文选音义》,甚为当时所重。初,江、淮间为《文选》学者,本之于宪,又有许淹、李善、公孙罗复相继以《文选》教授,由是其学大兴于代。(《旧唐书》卷一百八十九)

　　当然,伴随着官学的逐步健全与完善,一些民间私学大师也先后应征入主官学,如武德时徐文远、陆德明、盖文达,贞观年间的孔颖达、颜师古等人。开元、天宝以后,儒师征召或科举入仕则更为频繁。这种经师由民到官的转化一方面促进了官学的恢复与壮大,如贞观五年,太宗增筑国学学舍一千二百间,生徒算上高句丽、百济等诸酋长子弟共计八千余人①。而另一方面也致使民间的聚徒讲学渐趋衰落。晚唐时,国势衰微,官学颓丧。地方私学得以复兴,如咸通年间,荆州有书生号"唐五经",《北梦琐言》卷三《不肖子三变》云其"学识精博,实曰鸿儒,旨趣甚高,人所师仰,聚徒五百辈,以束脩自给。优游卒岁,有西河、济南之风,幕僚多与之游"。

　　除了经学的传承外,私家讲学也同样重视文学的传授。开元至大历(713—779)期间,代替经学而以文学为主要传授内容的师生关系曾一度兴起,如天宝二年癸未,萧颖士客居濮阳教授,其门下弟子甚多,于是尹征、王恒、卢异、卢士式、贾邕、赵匡、阎士和、柳并等皆执弟子礼,以次授业,号萧夫子②。刘太真《送萧颖士赴东

---

　　①　《唐摭言》卷一《两监》。
　　②　《新唐书》卷二百零二。

府序》也曾言：“家兄与先鸣者六七人，奉壶开筵，执弟子之礼于路左。……自相里造、贾邕以下，凡十二人，皆及门之选也。”①萧氏作为唐代古文运动的前驱，在当时影响极大，《新唐书·艺文志》云：“闻萧氏风者，五尺童子羞称曹、陆。”独孤及奖掖后学，据梁肃《朝散大夫使持节常州诸军事守常州刺史赐紫金鱼袋独孤公行状》所载，朱巨川、高参、赵璟、崔元翰、陈京、唐次以及齐抗皆是独孤氏再传弟子②。贞元、元和年间，韩愈、柳宗元倡导古文运动，其文章和文体为天下所宗，《唐摭言》卷四《师友》云：“韩文公名播天下，李翱、张籍皆升朝，籍北面师之，故愈答崔立之书曰：‘近有李翱、张籍者，从予学文。’……后愈自潮州量移宜春郡，郡人黄颇师愈为文，亦振大名。”而投书请益者，时人有“韩门弟子”之称③。柳宗元在京师时，便有士子求学问道。元和十年，贬放柳州，“南方为进士者，走数千里从宗元游，经指授者，为文辞皆有法”④。此外又如元结年十七乃折节向学，事元德秀⑤。蔡州袁滋，文学知名，少就学于元结之门，后客荆、郢间，起学庐讲授⑥。润州戴叔伦从萧颖士学，为门人冠⑦。吕温则“从陆质治《春秋》，梁肃为文章”⑧。诸如此类，不一一列举。当然，私家讲学从治经向重文学的转变，与学风有关，更受到了科场文化导向的影响，于此不详论，笔者将另辟章节予以讨论。

---

① 《全唐文》卷三百九十五。
② 《全唐文》卷五百二十二。
③ 《唐国史补》卷下。
④ 《新唐书》卷一百六十八《柳宗元传》。
⑤ 《新唐书》卷一百四十三。
⑥ 《新唐书》卷一百五十一《袁滋传》。
⑦ 《新唐书》卷一百四十三。
⑧ 《新唐书》卷一百六十。

二、家族教育

唐人崇尚门第，礼仪风宪足为世人仰望，而其礼仪风宪实源于家族的教育。陈寅恪先生论及士族门风及学业时曾云："夫士族之特点既在于其门风之优美，不同于凡庶，而优美门风，实基于学业之因袭。"①可见门运兴衰实系于家风、家学之传承。唐代的家族教育主要表现为蒙学教育与家业的传承。

蒙学始于童稚初蒙期间，多为家族长辈训导授业。唐代蒙学若按传习类型，可分为三种：一是父母传授，二是兄弟间的传习，三是受学于外家。父母传授，应视为最基本的方式。刘知幾《史通》卷十《自序》云："予幼奉庭训，早游文学。年在纨绮，便受《古文尚书》。每苦其辞艰琐，难为讽读，虽屡逢捶挞，而业不成。尝闻家君为诸兄讲《春秋左氏传》，每废书而听。逮讲毕，即为诸兄说之。"姚思廉"少受汉史于其父，能尽传家业，勤学寡欲，未尝言及家人产业。"②元稹，"其母郑夫人，贤明妇人也，家贫，为稹自授书，教之书学，稹九岁能属文，十五两经擢第"③。另外，唐代家庭教育中的寡母教孤的现象也很突出，如李景让，"母郑氏，性严明，早寡，居于东都。诸子年幼，母自教之。……三子景让、景温、景庄，皆举进士第。景让官达，发已斑白，小有过，不免捶楚"④。冯翊杨收，"七岁丧父，居丧有如成人，而长孙夫人知书，亲自教授。十三，略通诸经义，善于文咏，吴人呼为'神童'。……收以母奉佛，幼不食肉，母亦勉之曰：'俟尔登进士第，可肉食也'"⑤。这些寡母多属于著姓望

---

① 　陈寅恪《唐代政治史述论稿》，上海古籍出版社，1980 年版，第 72 页。
② 　《旧唐书》卷七十三。
③ 　《旧唐书》卷一百六十六。
④ 　《资治通鉴》卷二百四十八。
⑤ 　《旧唐书》卷一百七十七。

族的女性,自幼饱读诗书,无不该览,既有孝悌内行,又兼有经籍文史的修养,"行合规矩,言堪典模。恭理黍稷,调畅琴瑟;义光中馈,孝显家风。绸衣无华,举柔有则;训女四德,示南六经"①,"躬抚遗孤,勤恤教义,清风布于宗党,典训立于闺门"②。正是她们训导抚育,使得家门淳笃之礼仪门规得以赓续光大。钱穆《略论魏晋南北朝学术文化与当时门第之关系》中曾云:"女子教育不同,则家风门规颇难维持。此正当时门第所重,则慎重婚配,亦理所宜。"③有关唐代寡母教孤的类型,李浩《唐代三大地域文学士族研究》第十一章《寡母教孤:对唐代士族教育的一个突出现象的考察与分析》予以列表剖析,并从教育学、心理学等多角度进行检视,以显示唐代士族所崇尚的家风与家学情况,论述颇详,此不赘述。

兄传弟多因受教育者早孤之故,如颜真卿早年丧父,蒙仲兄允南亲自教诲。他后来回忆:"主若发虑学文之亲,立身复礼之道非仁兄之规诲,曷暨所蒙?且有师训之资,岂惟孔怀之戚!"④韩愈受教于其伯兄会,尤为著例。大历五年,韩愈父仲卿卒于长安,愈乃养于伯兄会、嫂郑氏。大历九年,韩愈七岁,随兄会到长安,始读书,自以孤子,刻苦学儒于会,不俟奖励。大历十四年,会卒,韩愈时十二岁,计受学于兄约五六年。韩会出萧、李门下,为文主叙损益、助教化、陈善恶、备劝戒。韩愈日后提倡古文,实受其影响,故宋王铚《韩会传》称"会兄弟师授伟矣"。此外,兄弟共同研习切磋也颇具典型意义,如《大唐传载》尝记杨凭、杨凝、杨凌三兄弟切磋共研实况云:"杨京兆凭兄弟皆能文学,甚攻苦。或同赋一篇,共坐

① 陆增祥《八琼室金石补正》卷七十《唐朝议郎行凤州司仓参军上柱国司马君(宗)夫人孙氏(坚静)墓志铭》。
② 周绍良《唐代墓志汇编》开元二百八十一《辛氏墓志铭》。
③ 《新亚学报》,第5卷,第2期,1963年。
④ 颜真卿《颜鲁公文集》卷七《唐故通议大夫行薛王友柱国赠秘书少监国子祭酒太子少保颜君庙碑铭并序》。

庭石，霜积襟袖，课成乃已。"①后杨凭与弟凝、凌大历中踵擢进士第，时号"三杨"。和州刺史穆宁有赞、质、员（一作赓）、赏四子，宁在州东四十里为诸子筑馆，以资研修攻读。史称穆氏兄弟俱有令誉，世以滋味喻之："赞俗而有格为酪，质美而多入为酥，员为醍醐，赏为乳腐。近代士大夫言家法者，以穆氏为高。"②

外家之学，虽非家传，但因联姻之故，在家庭教育之中也极为普遍。如匡城韩弘"少孤，依其舅刘玄佐。举明经不中，从外家学骑射"③。蒋义性锐敏，"七岁时，见庾信《哀江南赋》，再读辄诵。外祖吴兢位史官，义幼从外家学，得其书，博览强记。逮冠，该综群籍，有史才，司徒杨绾尤称之"④。又如颜真卿父颜惟贞、伯父颜元孙幼孤，受养于舅氏殷仲容之家。真卿《谢赠祖官表》云："臣亡父故薛王友先臣惟贞、亡伯故濠州刺史先臣元孙等，并襁褓苴麻，孩提未识，养于舅氏殷仲容，以至成立。"殷氏工书善画，以书艺知名，惟贞兄弟皆得其真传。《颜鲁公集》卷九《朝议大夫守华州刺史上柱国赠秘书监颜君（元孙）神道碑铭》云："少孤，养于舅殷仲容家……尤善草隶。仲容以能书为天下所宗，人造请者，笺盈几，辄令代遣，得者欣然，莫之能辨。"又其卷七《家庙碑》云："（惟贞）少孤，育舅殷仲容氏，蒙教笔法。家贫无纸笔，与兄以黄土扫壁，木石画而习之，故特以草隶擅名。"颜真卿早年丧父，也多依其舅家，"长妹兰陵郡太夫人，真卿先姊也。中年孀嫠，遗孤十人，未能自振，君悉心训奖，皆究恩意，故能长而有立"⑤。颜氏书艺熔铸多家而又迈越前古，这实受益于外家之学。

①　《唐五代笔记小说大观》，上海古籍出版社，2000 年版，第 892 页。
②　《旧唐书》卷一百五十五。
③　《新唐书》卷一百五十八。
④　《新唐书》卷一百三十二。
⑤　颜真卿《颜鲁公集》卷一十一《曹州司法参军秘书省丽正殿二学士殷（践猷）君墓碣铭》。

一般而言，虽然蒙学教育可以维持知识的传续，但家族的盛兴更有赖于家风化育与家学的传承。《旧唐书》卷一百零二《韦述传》云："议者云自唐已来，氏族之盛，无逾于韦氏。其孝友词学，承庆、嗣立为最；明于音律，则万石为最；达于礼义，则叔夏为最；史才博识，以述为最。"唐代家学风范多以儒家传学居多，如唐初颜氏家族就以儒学传世：颜师古父思鲁，以儒学显，以学艺称，武德初为秦王府记室参军。师古少传家业，博览群书，尤精诂训，善属文。太宗时"以经籍去圣久远，文字讹谬，令师古于秘书省考定《五经》，师古多所厘正"①，又撰定《五礼》，注《汉书》及《急就章》，并撰《匡谬正俗》八卷。其弟相时，亦有学业。武德中，与房玄龄等为秦府学士。贞观中，累迁谏议大夫、拾遗补阙，有诤臣之风。后曾官至礼部侍郎。颜师古叔父游秦，武德初累迁廉州刺史，封临沂县男。撰《汉书决疑》十二卷，为学者所称誉，后师古注《汉书》，亦多取其义。当然，也有史学传家的，如李德林、李百药皆是唐初著名史家。百药子安期，贞观初，预修《晋书》，高宗时，任检校东台侍郎、同东西台三品，"自德林至安期三世，皆掌制诰。安期孙羲仲，又为中书舍人"②。又如姚思廉家族，其父姚察，"学兼儒史，见重于三代"，"思廉少受汉史于其父，能尽传家业，勤学寡欲"③，"察在陈尝修梁、陈二史，未就，临终令思廉续成其志。丁继母忧，庐于墓侧，毁瘠加人。服阕，补河间郡司法书佐。思廉上表陈父遗言，有诏许其续成《梁》、《陈史》。炀帝又令与起居舍人崔祖濬修《区宇图志》"④，思廉贞观时与魏徵一起撰梁、陈二史，其孙姚琦博涉经史，明经擢第，修《瑶山玉彩》，孙姚珽"尝以其曾祖察所撰《汉书训纂》，多为后之

---

① 《旧唐书》卷七十三。
② 《旧唐书》卷七十二。
③ 《旧唐书》卷七十三。
④ 《旧唐书》卷七十三。

注《汉书》者隐没名氏,将为己说;斑乃撰《汉书绍训》四十卷,以发明旧义,行于代"①。唐代以史学著称的还有刘知幾家族,刘氏虽非望族,但代传儒业,以述作名其家。知幾从祖胤之,少有史才,永徽初,与令狐德棻、杨仁卿等撰《国史》《实录》,封阳城县男。知幾本人少受家学,父藏器授之《古文尚书》《春秋左氏》,其后掌知国史,首尾二十多年,多所撰述,如《太上皇实录》《唐书实录》《姓族系录》《刘氏谱考》《刘氏家史》,其《史通》更为后代史家奉为圭臬。太子右庶子徐坚曾云:"居史职者,宜置此书于座右。"②其子贶、𫗧、汇、秩、迅、迥,皆以史才知名于时。梁肃《给事中刘公(迥)墓志铭》曾云:"初,文公儒为天下表,有才子六人,曰贶、曰𫗧,继文公典司国史,时议比子长、孟坚。曰秩、曰迅,以述作之盛,德行之美,追踪孔门。曰汇与公,用刚直明毅,焯于当时。故言卿族者,举盛业以名其家。"③贶"博通经史,明天文、律历、音乐、医筭之术,终于起居郎,修国史。撰《六经外传》三十七卷、《续说苑》十卷、《太乐令壁记》三卷、《真人肘后方》三卷、《天官旧事》二卷"④,𫗧"右补阙、集贤殿学士、修国史。著《史例》三卷、《传记》三卷、《乐府古题解》一卷"⑤,秩"给事中、尚书右丞、国子祭酒。撰《政典》三十五卷、《止戈记》七卷、《至德新议》十二卷、《指要》三卷"⑥,迅"右补阙,撰《六说》五卷"⑦。贶子浃、滋及汇子赞皆有史才。这种父子十余人代为史官的家族,在唐代历史上是不多见的。除了以儒学、史学见著外,以文学见称的家族也不少,如隋唐之际温氏家族,温

---

①　《旧唐书》卷八十九。
②　《旧唐书》卷一百零二。
③　《全唐文》卷五百二十。
④　《旧唐书》卷一百零二。
⑤　《旧唐书》卷一百零二。
⑥　《旧唐书》卷一百零二。
⑦　《旧唐书》卷一百零二。

大雅之父温君悠,以文学知名,曾任北齐文学馆学士,大雅染习家学,与弟彦博、彦将以才辩知名。隋时任东宫学士,唐初专掌文书,并与陈叔达、窦威等参定礼仪,有史才,曾撰《大唐创业起居注》一书。唐兴尚文,衣冠兼化,故家族中父子兄弟竞相为文,如金城六窦(窦叔向、窦常、窦牟、窦群、窦庠、窦巩)、弘农三杨(杨凭、杨凝、杨凌)、润州三包(包融、包何、包佶),皆以文词著称于世。唐代文学家族兴盛有着深远历史动因和文化背景,这与隋唐文化的多元发展和重文学的文化习尚有一定的关系。加之进士科试以诗赋策论为主,以诗文仕进不失为光宗耀祖之途径,这也致使一些家族以文学相尚。

三、佛寺教育与书院教育

隋唐佛教炽盛,寺院众多。隋开宝时"有僧行处,皆为立寺"①,至仁寿、大业年间,有佛寺三千七百九十二所。唐时重申隋制,高宗封禅泰山时,佛寺多达五千三百五十八所,可见规模之大。此外,隋唐佛教的庋藏也甚为丰富,《隋书·经籍志》载有佛教经、律、论、疏及记,共有一千一百二十七卷,据释圆照《续开元录》的统计,从隋初至唐元和年间唐人的释家著疏不下三千卷,卷帙数量远远超过儒家典籍。一些名山寺院,其典藏极为丰富,《续高僧传》卷二十一《润州牛头沙门释法融传》云:"(牛头山佛窟寺)有七藏经画:一佛经,二道书,三佛经史,四俗经史,五医方图符。"寺院中往往有藏经楼或藏经堂,白居易《香山寺新修经藏堂记》云:"乃于诸寺藏外,杂散经中,得遗编坠轴数百卷帙,以《开元经录》按而校之。……合是新旧大小乘经律论集,凡五千二百七十卷,乃作六

---

① 《续高僧传》卷十五《义解篇·论曰》。

藏,分而护焉。"①又道宣《法苑珠林》载庐山东林寺藏有译本五千卷,文记三千卷,"一切经典,尽在于内,盖释宫之天禄、石渠也"②。除佛家著述外,寺院也藏有大量的外家典籍。如敦煌佛寺就藏有儒经、史籍及诗文选集。再者,佛寺修建,或处深山幽古,环境清静;或地近京畿要道,交通便捷。无论就人文环境或自然环境而言,伽蓝佛寺实为举子们修学受业的心仪之地。如颜真卿早年寄寺修学,遍住临沂诸寺,其《泛爱寺重修记》云:"予未仕时,读书讲学,恒在福山。邑之寺有类福山者,无有无予迹也。始傥居,则凡海印、万福、天宁诸寺,无有无予迹者。"③又上官仪幼年避祸藏于佛门,"藏匿获免,因私度为沙门,游情释典,尤精'三论',兼涉经史,善属文。贞观初,杨仁恭为都督,深礼待之"④。一些佛门高僧,也往往出入儒释、兼学三经,如会稽开元寺昙一"年十五,从李滔先生习《诗》《礼》,终日不违。……然刃有馀地,时兼外学,常问《周易》于左常侍褚无量,论《史记》于国子司业马贞。遂渔猎百氏,囊括六籍,增广闻见,自是儒家调御人天皆因佛事"⑤。五台山清凉寺澄观,"遂翻习经、传、子、史、小学、《苍》、《雅》、天竺悉昙诸部异执,四围、五明、秘咒、仪轨,至于篇颂笔语书踪,一皆博综"⑥。而士子们也多乐意执经受业于佛门,《唐语林》卷四《栖逸》载:"宣州当涂隐居山岩,即陶贞白炼丹所也。炉迹犹在,后为佛舍。有僧名彦范,俗姓刘,虽为沙门,而通儒学,邑人呼为'刘九经',颜鲁公、韩晋公、刘忠州、穆监宁、独孤常州皆与之善。各执经受业者数十人。"

①　《全唐文》卷六百七十六。

②　白居易《东林寺经藏西廊记》,《白居易集笺校》卷四十三,上海古籍出版社,2013 年 8 月版,第 2751 页。

③　《全唐文》卷三百三十七。

④　《旧唐书》卷八十《上官仪传》。

⑤　赞宁《宋高僧传》卷十四,中华书局,1987 年版,第 352 页。

⑥　赞宁《宋高僧传》卷五,中华书局,1987 年版,第 105 页。

晚唐五代,西北边陲的敦煌地区有佛寺,其寺院多设有寺学,如三界寺、金光明寺、灵图寺、大云寺等,甚至一些小的寺庙也有寺学。"郡城西北一里有寺,古木阴森,中有小堡,上设廊殿,具体而微。先有沙倅张俅,已迈从心,寓上于此。虽非博学,亦甚苦心。盖经乱年多,习业人少,遂集后进,以阐大猷,天不憗遗,民受其赐"①。入学生徒一般称"学士郎"、"学郎"、"学仕郎",多为索、张、曹等敦煌著姓子弟,这些学郎所学内容依循官学,除释门典籍外,尚有儒经、史书、唐律令、书仪规范及诗赋曲词等,他们的习业读本大多为手抄本。有蒙书类:《千字文》、《开蒙要训》、《百家训》、《兔园册府》等;文抄类:《太公家教》、《孔子项托相问书》、《李陵与苏武书》、《珠玉抄》等;儒经类:《毛诗故训传》、《论语集解》、《孝经》等;诗赋曲辞类:《王梵志诗》、《贰师泉赋》、《渔夫歌沧浪赋》、《燕子赋》等;应用文:《书仪》、《俗务要名林》、《应用文苑》等;释门应用图文:《和菩萨戒文》、《忏悔文》、《社司转帖》、《目连变文并图》、《季布骂阵词文》、《百行章》等②。从这些遗书文献的内容来看,当时敦煌地区的寺学应相当于内地的里学私塾,属于启蒙的教育层次。

书院的设置始于唐代,如丽正书院、集贤书院,藏书甚富,开元十九年共有八万九千余卷,经库一万三千七百五十二卷,史库二万六千八百二十卷,子库二万一千五百四十八卷,集库一万七千九百六十卷。开元二十三年,玄宗敕宰官入集贤院,侍中裴耀卿因入库观书,既而谓人曰:"圣上好文,书籍之盛事,自古未有。朝宰充使,学徒云集,观象设教,尽在是矣。前汉有金马、石渠,后汉有兰台、东观,宋有总明,陈有德教,周则兽门、麟趾,北齐有仁寿、文林,虽

---

① 《敦煌录》(S. 5448 号),见《英藏敦煌文献》第七卷,四川人民出版社,1992 年版,第 94 页。

② 参见徐连达《唐代文化史》第六章《寺学与皮藏》,第 1107 页。

载在前书,而事皆琐细。方之今日,则岂得扶轮捧毂者哉!"①集贤书院有侍讲学士、侍讲直学士等释疑史籍,并为玄宗侍讲《周易》、《庄子》《老子》,此外,徐坚、韦述还编撰《初学记》以供太子、诸王缀文参考之用。从侍读、经筵讲学的角度而言,丽正书院、集贤书院当属于官学的体系。

　　其实,作为士子肄业、读书治学的书院,早在丽正书院、集贤书院之前就产生了。如创办于景龙年间漳州龙溪的松洲书院,为唐陈珦与士民讲学处②。陈珦,漳州刺史陈元光之子,垂拱二年,元光平定南方蛮苗之乱,请设州府,并兴办学校,以教化民众,陈珦初受龙溪尹席宏聘至乡校,后聚徒于松洲书院,与士民论说典礼,泽洽化行,与风教多所裨益。又如江西桂岩书院,唐宪宗元和九年,邑人幸南容以国子祭酒致仕,创办书院,开馆授业③。而浔阳东佳书堂则是中国书院史上最早拥有学田、订有教规、聚徒讲学的家族书院。有关唐代的书院,后文将有详细阐述,此不赘述。

四、私塾与乡里村学

　　唐代的私塾与乡里村学处于教育中的初级阶段,多属于启蒙教育。私塾,也即村塾,《礼记·学记》:"古之教者,家有塾,党有庠,术有序,国有学。"孔颖达疏曰:"周礼,百里之内,二十五家为闾,同共一巷,巷首有门,门边有塾,民在家之时,朝夕出入,恒受教于塾。"唐人的私塾教育主要有两种形式,其一,聘师设筵。一般多为官宦之家或家境殷实的家庭,如《旧唐书·刘邺传》:"邺六七岁能赋诗,李德裕尤怜之,与诸子同砚席师学。大中初,德裕贬逐,邺

---

①　刘肃《大唐新语》,中华书局,1984 年版,第 12 页。
②　乾隆《龙溪县志》卷四。
③　参考南宋嘉定四年幸元龙《桂岩书院记》《江西通志》卷八十一。

无所依，以文章客游江、浙。"①六七岁当属启蒙阶段，"同砚师习"即在家塾学习。又如"唐御史杨询美，居广陵郡。从子数人皆幼，始从师学"②，"景生者，河中猗氏人也。素精于经籍，授胄子数十人"③。受聘的私塾教师，往往家境贫寒，收入微薄，《玉溪编事》曾载："旧蜀嘉王召一经业孝廉仲庭预，令教授诸子。庭预虽通坟典，常厄饥寒。"④甚至有性命之忧者，如兴元元年，大将军令狐建嫌恶恒帅宝臣女李氏，便诬言其与佣教生邢士伦有染，遂榜杀士伦，逐其妻子⑤。此外，皇室也会聘请饱学之士来侍讲教授，如高宗第四子素节，能日诵古诗赋五百余言，受业于学士徐齐聃，精勤不倦，高宗甚爱之。又《旧唐书·柳晟传》载："柳晟者，肃宗皇后之甥。母和政公主，父潭，官至太仆卿、驸马都尉。晟少无检操，代宗于诸甥之中，特加抚鞠，俾与太子、诸王同学，授诗书，恩宠罕比。累试太常卿。德宗即位，以与晟幼同砚席，尤亲之。"可见，皇家私塾也向外戚开放，这些塾师也多是皇室从朝廷中聘请的鸿学硕儒。其二，自资开馆教授，以谋生计。乡里士子，苦于贫寒，往往以教授为业。如"雪人蒋琛，精熟二经，尝教授于乡里。每秋冬，于雪溪太湖中流，设网罟以给食"⑥，田先生"隐于饶州鄱亭村，作小学以教村童十数人"⑦，戚逍遥"冀州南宫人，父以教授自资"⑧。

除私塾外，唐人的蒙学教育还有乡里村学，它的官、私属性，难易确切划分。宋大川先生认为唐代地方官学教育是州、县、乡、里

---

① 《旧唐书》卷一百七十七。
② 《太平广记》卷三百九十五《杨询美从子》。
③ 《太平广记》卷三百八十四《景生》。
④ 《太平广记》卷一百六十五《仲庭预》。
⑤ 《旧唐书》卷一百二十四。
⑥ 《太平广记》卷三百零九《蒋琛》。
⑦ 《太平广记》卷四十四《田先生》。
⑧ 《太平广记》卷七十《戚逍遥》。

四极制①,从国家的法令条例来看,乡里村学应属于官学的体系。武德七年二月,高祖诏曰:"州县及乡里,并令置学。"②致力于地方教育体系的恢复。玄宗也令每乡置学,开元二十六年正月敕曰:"古者乡有序,党有塾,将以弘长儒教,诱进学徒,化人成俗,率由于是。斯道久废,朕用悯焉。宜令天下州县,每一乡之内,皆别置各学,乃择师资,令其教授。"《唐会要》卷三十五《学校》也云:"贞元三年正月,右补阙宇文炫上言:请京畿诸县乡村废寺,并为乡学。并上制书事二十餘件。疏奏,不报。""废寺,并为乡学",仔细推绎,应有两层含义:一方面,作为地方基层教育的乡学受到了朝廷的重视,另一方面,贞元前后的寺院教育比较兴盛,影响了乡学。据前文所述,寺院环境清幽,藏书颇丰,更为重要的是,来寺院寄寺修学的士子一般皆无食宿之忧。如《鉴戒录》载庐州罗珦习业佛寺云:"常投福泉寺僧房寄足,每旦随僧一食,学业而已。"③又"王播少孤贫,尝客扬州惠照寺木兰院,随僧斋飧"④。那么乡学或村学的情况怎样呢?虽有"出俸钱三万为乡学本,以教授子弟"⑤的乡宦资助,以及"为设乡校,使作为文章,亲加讲导"⑥地方官吏的大力扶持,但这只是个例而已,乡学的经费开支、教员的配置以及生员的名额,国家的法令条文都没有确切的记载,如果遇到兵荒马乱的时局,这种地方基层教育的持续性与稳定性是得不到保障的。"(李生)揖诣其所居。有学童十数辈,生有一女一男。其居甚贫窭,日不暇给"⑦,"窦相易直,幼时名秘,家贫,受业村学,教授叟有道术,

① 宋大川《唐代教育体制研究》,山东教育出版社,1998年版,第69页。
② 《唐大诏令集》卷一百五,商务印书馆,1959年版,第537页。
③ 《鉴戒录》卷八《衣锦归》。
④ 计有功《唐诗纪事》卷四十五,上海古籍出版社,1955年版,第688页。
⑤ 《旧唐书》卷一百一十三。
⑥ 《新唐书》卷一百五十。
⑦ 《太平广记》卷一百五十七《李生》。

而人不知。一日近暮,风雨暴至,学童悉归家不得,而宿于漏屋之下。寒,争附火,惟窦公寝于榻,夜深方觉"①。教师待遇菲薄,校舍又破烂不堪,自然也无法确保正常的教学活动。安史之乱以后,京城国子监鞠为茂草,地方学校也毁坏严重,乡里村学只能游离于官学体系之外,与自资开馆的私塾相差无几,从这层意义上讲,它应是"带有民办官助的性质,属特殊意义的私学"②。

五、隐居读书

受时代隐逸风气的影响,唐代士子热衷于"冠冕巢由"、"终南捷径"仕隐兼得的生活。一方面,远离喧嚣都市的山林乡野能为士子的修文习业提供清幽的环境,另一方面,隐读的特立独行标榜着士子清高的情操,也能为其博得社会舆论的美誉。

唐代士子为了科考而习业山林,多隐读于名山。如《太平广记》卷十七云:"昔有卢、李二生隐居太白山读书,兼习吐纳导引之术。"卷三百零七云"张滂之子曰仲殷,于南山内读书,遂结时流子弟三四人"。又卷四百五十八云:"元和初,嵩山有五六客,皆寄山习业者也。"严耕望先生认为:士子习业大抵以名山为中心。北方以嵩山、终南山、中条山为盛;南方以庐山为盛,衡山、罗浮山、九华山次之,另外惠山、会稽以及青城山等地也以其交通便捷、地处人文荟萃区域吸引着士子来此习业③。再者,山中的习业往往是相互教授,并形成一定的师承关系。如《唐摭言》卷十载:

①　赵璘《因话录》卷六,商务印书馆,1939 年版,第 40 页。
②　吴霓《中国古代私学发展诸问题研究》,中国社会科学院出版社,1996 年版,第 182 页。
③　严耕望《唐史研究丛稿》,香港新亚研究所,1969 年版,第 414 页。

段维，或云忠烈之后，年及强仕，殊不知书，一旦自悟其非，闻中条山书生渊薮，因往请益。众以年长犹未发蒙，不与授经，或曰，以律诗百馀篇，俾其讽诵。翌日维悉能强记，诸生异之。复授八韵一轴，维诵之如初，因授之《孝经》。自是未半载，维博览经籍，下笔成文，于是请下山求书粮。至蒲陕间，遇一前资郡牧即世，请维志其墓。维立成数百言，有燕许风骨，厚获濡润。而乃性嗜煎饼，尝为文会，每个煎饼才熟，而维一韵赋成。咸通、乾符中，声名籍甚，竟无所成而卒。

中条山位于太行山西麓，地近两京，举业方便，士子汇聚于此，相互切磋授受，其习业除了日常诗赋的习作外，还会深究其他经籍。此外，一些博学硕儒居于山林，士子也会慕名前来拜师学艺。如河阳韦安之与张道，约为兄弟，前往少室山，师事李潜，一年后，张道博学精通，为学流之首①。又长兴三年，庞式肄业于嵩阳观之侧，临水结庵以居，东郡人薛生，少年纯悫，师事于式②。当然，有些士子家道殷实，多于田庄、别墅中修业。如裴休童龀时，兄弟同学于济源别墅。休经年不出墅门，昼讲经籍，夜课诗赋③，裴坦自以举业未精，"辞归鄠县别墅，三年肄业不入城"④。

安史之乱以后，士子隐读山林日见增多，并形成一定的规模。这种习业山林的风尚，流风所及，直至宋初。宋代的书院制度与之关系密切，如白鹿、石鼓及岳麓等书院，其渊源都得追溯到唐人的隐读。

---

① 《太平广记》卷三百四十七。
② 《太平广记》卷三百一十三。
③ 《旧唐书》卷一百七十七。
④ 孙光宪《北梦琐言》，中华书局，2002年版，第175页。

第二章　唐代私学兴盛的政治文化背景

　　李唐建国以后,为了维护和巩固封建特权,实行尊崇儒术、兼重佛老的文教政策,逐步健全以礼部为中心的教育制度。在中央,既有门下省的弘文馆、东宫的崇文馆,也有国子监的太学、四门学及广文馆等,在地方,则进一步完善了州、县、乡、里四级的教育体系。此外,唐王朝建立起了经学、实科、职业的教育网络和养士与取士相结合的选举制度。这些举措,促使教育事业的全面发展,特别是在唐代前期,达到了空前昌盛的程度,"贞观五年已后,太宗数幸国学,遂增筑学舍一千二百间,增置学生凡三千二百六十员。无何,高丽、百济、新罗、高昌、吐蕃诸国酋长,亦遣子弟请入;国学之内,八千馀人;国学之盛,近古未有"[①]。

　　在对待私学教育上,唐代统治者也采取积极的态度。如对民间私学予以保护与肯定。开元二十一年,"许百姓任立私学,其欲寄州县受业者亦听。"[②]另大历时宋少真,官侍御史,有《对聚徒教授判》(甲聚徒教授,每春秋享时,以素木瓠叶为俎豆。)云:

　　　　学以知道,行以成德,谓修己之不懈,则化人而有孚。甲
　　括羽诗书,佩服忠信,谈经不同于稷下,请益其多,强学颇类于

---

　　①　《唐摭言》卷一。
　　②　《唐会要》卷三十五《学校》。

关西,发蒙斯众。既闻讲道,亦见习仪。且享以训恭,射则观德,素木瓠叶,足表献酬之教,桑弧蒿矢,方昭揖逊之容。学不习而则落,礼不行而斯坏,刑而致诘,何迷邹鲁之风,习以见尤,其如城阙之刺。祭遵施之于军旅,尚不云非,刘昆列之于家庭,且未言失。古则可据,今何以疑?所谓习不违经,学无废业。告人昧识,徒效西邻之责言,在甲合仪,请遵东观之故事。(《全唐文》卷四百五十八)

从判文的内来看,宋少真对"告人昧识"、"西邻之责言"是予以驳斥的,认为聚徒教授的甲不仅修己不懈,化人有孚,而且忠信恭默,熟习诗文,从学者"请益其多,强学颇类于关西,发蒙斯众",可见当时的教学还是具有一定的规模。因此,只要习不违经,学无废业,国家就予以支持,为师者享受一些"素木瓠叶"的束脩之礼,也在情理之中。另外,为了避免汉以来今文经学与古文经学的官私之争,朝廷颁布了官方教材,统一教学内容,官私学生的修文习业都以此为标准。如贞观七年,颁新定五经,贞观十四年,太宗以章句繁杂,命孔颖达与诸儒撰定《五经》疏,谓之《正义》,令学者习之[1]。永徽四年,《五经正义》修订完毕,令颁行,每年明经科依次考试[2]。再者,朝廷大力推行科举制度,使科举考试成为官私学生入仕的共同途径,士子不论门第师承,皆可以凭真才实学博取入仕资格,这样就把私学教育纳入国家教育体制之中。当然,唐代私学教育的兴衰起落,也还受到朝政变化、社会变革等各方面的影响。如武则天称帝以来,多以武氏诸王及驸马都尉为成均祭酒。博士助教,亦多非儒生,又因郊丘、明堂、拜洛、封嵩,取弘文、国子生为斋郎,因得选

---

① 《资治通鉴》卷一百九十五。
② 《唐会要》卷七十七。

补,由是学生不复习业,二十年间,学校殆废①。于是多数士子,离开学校,隐遁山林而修文习业。又中晚唐期间,时局动荡,国势渐趋衰微,官学教育颓滞不前,这也使得大批书生士子流向民间私学。总之,唐代私学的兴盛,有着深刻的政治文化背景,其主导因素,若细究之,我们可以归纳为官学的式微与科举导向的影响。

第一节　唐代官学衰微及其原因

官学和私学,作为唐代教育体制的重要组成部分,关系密切而又相互对立互补。一般而言,官学兴盛,则私学衰微;如官学衰微,则私学兴盛。因此,对官学衰微原因的探讨,有助于我们进一步研究唐代私学的状况。

唐初,百废待兴,经高祖、太宗的努力经营,贞观时"国学之盛,近古未有"②,但高宗嗣位后,政教渐衰,薄于儒术,"以书、算学业明经,事唯小道,各擅专门,有乖故实,并令省废"③,学馆破坏,"生徒无肄业之所"④。武则天掌权后,轻儒重佛,官学益废,"国家太学之废,积岁月久矣。学堂荒秽,殆无人踪,诗书礼乐,罕闻习者"⑤。如中书舍人韦嗣立上疏云:

> 国家自永淳已来,二十馀载,国学废散,胄子衰缺,时轻儒学之官,莫存章句之选。贵门后进,竞以侥幸升班;寒族常流,复因凌替弛业。考试之际,秀茂罕登,驱之临人,何以从政?(《旧唐书》卷八八《韦思谦传》)

---

① 《唐会要》卷三十五。
② 《唐摭言》卷一《两监》。
③ 《唐会要》卷六十五。
④ 《旧唐书》卷五。
⑤ 陈子昂《谏政理书》,《全唐文》卷二百一十三。

玄宗即位后,曾一度下令恢复官学,如开元七年诏令诸州县选送未通经而聪悟有文辞史学者入四门学为俊士,诸州贡举、省试不第愿入学者亦听。二十六年,令州县每乡之内,各置一学,仍择师资,令其教授。天宝九年置广文官于国子监,以教生徒习进士业。但官学规模已不复昔日的兴盛。"自中叶后,学校屡遭兵燹,虽度支告匮,恒率官俸兴修。……则唐人之于学校,迄未忘情也。然其效终不可睹"①。安史之乱后,唐王朝分崩离析,官学渐趋衰落,直至唐末,虽偶有举措,但也未见复苏态势。

官学的衰微,首先表现为官学生员数额锐减,《新唐书·选举志》云:

> 元和二年,置东都监生一百员。然自天宝后,学校益废,生徒流散。永泰中,虽置西监生,而馆无定员。于是始定生员:西京国子馆生八十人,太学七十人,四门三百人,广文六十人,律馆二十人,书、算馆各十人。东都国子馆十人,太学十五人,四门五十人,广文十人,律馆十人,书馆三人,算馆二人而已。

学校荒废,生徒流散,国子监的入学人数,已远不及开元以前。另外,入学的资格也降低了许多,如韩愈《请复国子监生徒状》中云:"今请国子馆并依《六典》,其太学馆量许取常参官八品以上子弟充,其四门馆亦量许取无资荫有才业人充。"②虽然标准下降了,但公卿子弟却依旧耻游太学,"生徒无鼓箧之志,博士有倚席之讥,马

————————

　　① 吕思勉《隋唐五代史》,上海古籍出版社,1984年版,第1267页。
　　② 马其昶校注,马茂元整理《韩昌黎文集校注》卷八,上海古籍出版社,1986年版,第589页至590页。

厩园蔬,殆恐及此"①。

其次为校舍的荒废和学馆的破坏,舒元舆《问国学记》中云:

> 元舆既求售艺于阙下,谓今之太学,犹古之太学,将欲观
> 焉。以自为下士小儒,未尝睹天子庠序,欲往时,先三日斋沐
> 而后行。行及门下,脱盖下车,循墙而趋。请于谒者曰:"吾欲
> 观礼于太学,将每事问之于子可乎?"谒者许诺,遂前导之。初
> 过于朱门,门阖沉沉。问,曰:"此鲁圣人之宫也。"遂拜之。次
> 至于西,有高门,门中有厦屋。问之,曰:"此论堂也。"子愧非
> 鸿学方论,不敢入。导者曰:"此无人,乃虚堂尔。"予惑之,遂
> 入。见庭广数亩,尽垦为圃矣。心益惑,复问导者曰:"此老圃
> 所宅,子安得欺我耶?"导者曰:"此积年无儒论,故庭化为废
> 地,久为官于此者圃之,非圃所宅也。"循廊升堂,堂中无机榻,
> 有苔草没地。予立其上,凄惨满眼,大不称向之意。复为导者
> 引,又至一门。问之,曰:"此国子馆也。"入其门,其庭其堂,如
> 入论堂。俄又历至三馆门,问之,曰:"广文也,大学也,四门
> 也。"入其门,其庭其堂如国子,其生徒去圣人之奥,如堂馆之
> 芜。(《全唐文》卷七百二十七)

国子校舍,已无琅琅书声,竟然沦落为菜圃,作者不禁进一步诘问
道:"而太学且犹衰凉之若此,岂非有司之不供职耶? 群公卿士之
不留意耶? 不然,何使巍巍国庠,寂寞不闻回也赐也说绎道义
之声?"②

为什么官学会衰微到如此地步呢? 其主要原因不仅仅应归咎
于统治者对官学教育的漠视,而在于朝廷的经济状况,国家的财力

---

① 李绛《请崇国学疏》,《全唐文》卷六百四十五。
② 《全唐文》卷七百二十七。

已不足以应付官学日常的运转,也无力对校舍作进一步的修葺改善。如广德二年,代宗诏曰:"顷年戎车屡驾,诸生辍讲,宜追学生在馆学业,度支给厨米。"①大历元年,国子祭酒萧昕上言,请崇儒学以正风教,代宗就兴学经费一事询问诸臣:"学生员数多少,所习经业,考试等第,并所供粮料,及学馆破坏,要量事修理,各委本司作条件闻奏。务须详悉,称朕意焉。"②其实,早在宪宗时,刘禹锡曾对地方官学经费开支及其来源情况提出建议,如《奏记丞相府论学事》云:

　　今之胶庠,不闻弦歌,而室庐圮废,生徒衰少。非学官不欲振学也,病无赀财以给其用。鲰生今有一见,使大学立富。幸遇相公在位,可以索言之。……谨按本州四县,一岁释奠物之直,缗钱十六万有奇。举天下之郡县,当千七百不啻,羁縻者不在数中。凡岁中所出,于经费过四千万,适资三献官饰衣裳、饴妻子而已,于尚学之道,无有补焉。前日诏书,许列郡守臣得以上言便事,今谨条奏:某乞下礼官博士,详议典制,罢天下县邑牲牢衣币。如有生徒,春秋依开元敕旨,用酒醴、股修、腒脯、榛栗,示敬其事,而州府许如故仪。然后籍其资,半附益所隶州,使增学校其半率归国库,犹不下万计。筑学室,具器用,丰箪食,增掌固,以备使令。凡儒官各加稍食,其纸笔铅黄视所出州,率令折入。学徒既备,明经日课缮书若干纸,进士命雠校亦如之。则贞观之风,粲然不殊。其它郡国,皆立程督。投绂怀玺,《梜朴》、《菁莪》,良可咏矣。(《全唐文》卷六百零三)

---

①　《新唐书·选举志》。
②　《旧唐书》卷二十四。

刘禹锡认为夫子之教不在祀媚,并据"祭不欲数"、"祭神如神在"的观点对许敬宗、李林甫等的释典礼多有指斥批评,针对"一岁释奠物之直,缗钱十六万有奇。举天下之郡县,当千七百不啻,羁縻者不在数中。凡岁中所出,于经费过四千万"的情况,主张用酒醴、脤修等示敬其事即可,通过"罢天下县邑牲牢衣币",以补郡县学校经费不足。这一则防止铺张浪费,另则还可以适当提高学官的待遇。另外,元和十四年,国子祭酒郑馀庆建言:"兵兴以来,学校废,诸生离散。今天下承平,臣愿率文吏月俸百取一,以资完葺。"[①]修葺校舍要倚靠官员的俸禄,可见当时朝廷财政的拮据了。后昭宗也采用抽俸的办法,其《修葺国学诏》云:"国学自朝廷丧乱以来,栋宇摧残之后,岁月斯久,榛芜可知。宜令诸道观察使刺史与宾幕州县文吏等,同于俸料内量力分抽,以助修葺。"[②]当然,这种集资建学是无法长久的,在风雨飘摇的年代里,官学教育也如同李唐王朝一样,其衰落是无法避免的历史趋势。

除了外在的经济、时局因素,我们也应该考虑官学衰败其自身的深层原因。如学风的僵化与败坏,学官地位的下降与自身素质的降低,此外,官学教育与科考的矛盾也是其重要的原因之一[③]。

一、学风的僵化与败坏

唐初三教并行而特重儒学,鉴于"时诸儒传习师说,舛谬已久,皆共非之,异端蜂起"[④]的局面,太宗诏令颜师古考订《五经》,后"诏师古与国子祭酒孔颖达等诸儒,撰定《五经》疏义,凡一百八十

---

① 《新唐书》卷一百六十五。

② 《全唐文》卷九十一。

③ 戴军的博士学位论文《唐代寺院教育与文学》中将唐代官学的衰微归因于进士科课程不能适应科举考试、教师地位低下及自身素质问题等方面,可参考。

④ 吴兢《贞观政要》,上海古籍出版社,1978年版,第220页。

卷,名曰《五经正义》,付国学施行"①。其后,儒经注疏之作的还有贾公彦的《周礼注疏》、《仪礼注疏》,杨士勋的《春秋穀梁传注疏》,徐彦的《春秋公羊传注疏》,这些经疏,均立官学,生徒修业习经皆以此为范本。这样,经学达到了学术的统一,有助于在思想领域上形成大一统的体系。但其负面影响也是显而易见的,一些治经者多章句之士,恪守旧说而排斥新义,往往会造成学风的僵化,如濮州鄄城人王元感,曾上其所撰《尚书纠谬》十卷、《春秋振滞》二十卷、《礼记绳愆》三十卷,并有注《孝经》、《史记》的稿草,"请官给纸笔,写上秘书阁。诏令弘文、崇贤两馆学士及成均博士详其可否。学士祝钦明、郭山恽、李宪等皆专守先儒章句,深讥元感掎摭旧义"②。又《唐会要》卷七十七也有记载:

> 元行冲等撰《礼记义疏》五十卷成,奏上之。先是右卫长史魏光乘上言。今《礼记》章句蹐驳,故太师魏徵更编次改注,堪立学传授。上遂令行冲集学者撰《义疏》,将立学官。……右丞相张说驳奏曰……遂留其书,贮于内府,竟不得立学。行冲怨诸儒排己,退而著论以自释。

后元行冲曾在《释疑》中对此多有不满,认为这些章句之士"坚持昔言,摈压不申,疑于知新,果于仍故"③。天宝元年,朝廷甚至颁布《禁止生徒问难不经诏》,其云:

> 古之教人,盖有彝训。必在劝学,使其知方。故每月释菜之时,常开讲座,用以发明圣旨,启迪生徒。待问者应而不穷,

① 吴兢《贞观政要》,上海古籍出版社,1978年版,第220页。
② 《旧唐书》卷一百八十九。
③ 《新唐书》卷二百《儒学传》。

怀疑者质而无惑,宏益之致,不其然欤? 或有凡流,矜于小辩。初虽论难,终杂恢谐,出言不经,积习成弊。自今已后,除问难经典之外,不得辄请。宜令本司长官严加禁止,仍委御史纠察。(《全唐文》卷三十一)

对生徒的疑经竟然严加禁止,并要付有司定其罪,可见其学风已僵化到固步自封的地步。

学风的败坏,还有一个主要原因在于这些官学中的生徒多贵戚子弟,仗其荫资自负,致使学风败坏,"今贵戚子弟例早求官,或龆龀之年,已腰银艾;或童卯之岁,已袭朱紫。弘文、崇贤之生,千牛、辇脚之徒,课试既浅,技能亦薄,而门阀有素,资望自高"①,"缘是贵胄子孙,多有不专经业,便与及第。"②王勃《送劼赴太学序》中也云:"今之游太学者多矣,咸一切欲速,百端进取。故夫肤受末学者,因利乘便;经明行修者,华存实爽。至于振骨鲠之风标,服圣贤之言,怀远大之举,盖有之矣,未之见也。"③德宗贞元六年,曾下诏勒令胄子科考仕进,其《考选勋贤胄子禁假代诏》云:

　　本置两馆学士,皆选勋贤胄子,盖欲令其讲艺,绍习家风。固非开此倖门,堕素典教。且令式之内,具有条章,考试之时,理须精核。比闻此色,倖冒颇深,或假市门资,或变易昭穆。殊亏教化之本,但长浇漓之风,未补者务取阙员,已补者自然登第。用荫既已乖实,试艺又皆假人,诱进之方,岂当如此。自今已后,所司宜据式文考试,定其升黜,如有假代,并准法处分。(《全唐文》卷五十二)

---

① 《通典》卷一十七。
② 《唐大诏令集》卷七三《亲祀东郊德音》,商务印书馆,1959 年版,第 408 页。
③ 《全唐文》卷一百八十一。

考试竟有冒名顶替者,足见其有多腐败。此外,一些太学生骄横跋
扈,无所忌惮。"聚为朋曹,侮老慢贤,有堕窳败业而利口食者,有
崇饰恶言而肆斗讼者,有凌傲长上而悴骂有司者,其退然自克特殊
于众人者无几耳"①。又《旧唐书》卷一八五《良吏传》载阳峤任国
子祭酒时"课率经业,稍行鞭棰,学生怨之,颇有喧谤,乃相率乘夜
于街中殴之。上闻而令所由杖杀无理者,由是始息"。生徒在学校
不修文习业,却拉帮结派,斗殴攻讦,学风败坏到了极致。

二、学官地位的下降与素质的降低

唐初崇兴国学,学官颇受礼遇,如贞观十二年,太宗幸国子学,
国子祭酒以下官以及学生高第精勤者加级、赐帛,十四年诏曰:"梁
黄侃、储仲都,周熊安生、沈重,陈沈文阿、周弘正、张讥、隋何妥、刘
炫,并前代名儒,经术可纪,加以所在学徒,多行其讲疏,宜加优赏,
以劝后生,可访其子孙见在者,录姓名奏闻。"②另外,学生从师就
业,还应进献"束脩之礼",《文献通考·学校考二》载:

> 中宗神龙二年,敕学生在学各以长幼为序,初入学皆行束
> 脩之礼礼于师。国子、太学各绢三匹,四门学绢二匹,俊士及
> 律、书、算、学,州县各绢一匹,皆有酒脯。其束脩三份入博士,
> 二份助教。

唐代的束脩之礼不仅礼品珍贵,其仪礼也极为隆重,如行礼时必须
三次进拜,博士受礼后,生徒才能拜讫而出。从薪俸来看,学官的
收入也不低,宋大川《唐代教育体制研究》称教师的薪俸由禄米、俸

---

① 柳宗元《与太学诸生喜诣阙留阳城司业书》,《全唐文》卷五百七十三。
② 吴兢《贞观政要·崇儒学》。

料、其他收入三方面组成,包括月俸、食料、力役、杂用、职田收益以及伙食尾子等①,其数额依品轶的高低而分等级。由此可见,在唐代初期,学官的地位崇高,收入也比较稳定。但高宗以后,时轻儒学之官,"国朝以来,州县皆有博士,县则州补,州则吏曹授焉。然博士无吏职,惟主教授,多以醇儒处之,衣冠俊义,耻居其任"②,"文学一人,从八品上。掌以五经授诸生。县则州补,州则授于吏部。然无职事,衣冠耻之"③,如遭遇兵革板荡,生徒流散,学官的禄秩往往得不到保障,而且还居无定所。如天宝年中,玄宗置广文馆,以荥阳郑虔为博士,"虔乃就职。久之,雨坏庑舍,有司不复修完,寓治国子馆,自是遂废"④。元和初,韩愈迁为国子博士,曾作《进学解》以自嘲,借生徒之言道出自身困境:"三年博士,冗不见治;命与仇谋,取败几时;冬暖而儿号寒,年丰而妻啼饥;头童齿豁,竟死何裨?不知虑此,而反教人为?"⑤此言虽有夸大之嫌,但也从另一侧面反映出教师困窘的生活状况。

再者,学官素质的降低也是官学教育衰微的原因之一。如代宗大历初"太学空设,诸生盖寡,弦诵之地,寂寥无声"⑥,竟然任命鱼朝恩为国子监事,当时中书舍人京兆常衮曾上言:"成均之任,当用名儒,不宜以宦者领之。"⑦但未被采纳,鱼朝恩性本凡劣,恃勋自伐,靡所忌惮。《旧唐书》卷一八四《宦官·鱼朝恩传》云:"时引腐儒及轻薄文士于门下,讲授经籍,作为文章,粗能把笔释义,乃大

---

① 宋大川《唐代教育体制研究》,山东教育出版社,1998 年版,第 146 页至164 页。

② 封演《封氏见闻记》,学苑出版社,2001 年版,第 5 页。

③ 《旧唐书》卷四十九下。

④ 《新唐书》卷二百零二。

⑤ 马其昶校注,马茂元整理《韩昌黎文集校注》卷一,上海古籍出版社,1986 年版,第 47 页。

⑥ 《旧唐书》卷十一《代宗本纪》。

⑦ 《资治通鉴》卷二百二十四。

言于朝士之中,自谓有文武才干,以邀恩宠。上优遇之,加判国子监事,光禄、鸿胪、礼宾、内飞龙、闲厩等使。赴国子监视事,特诏宰臣、百僚、六军将军送上,京兆府造食,教坊赐乐。大臣群官二百馀人,皆以本官备章服充附学生,列于监之廊下,待诏给钱万贯充食本,以供学生厨料。"据《资治通鉴》卷二二四载:"二月,丁亥朔,释奠于国子监。命宰相帅常参官、鱼朝恩帅六军诸将往听讲,子弟皆服朱紫为诸生。朝恩既贵显,乃学讲经为文,仅能执笔辨章句,遽自谓才兼文武,人莫敢与之抗。""八月,国子监成;丁亥,释奠。鱼朝恩执《易》升高座,讲'鼎覆铼'以讥宰相"。国学乃崇学重道之所,却成了宦官恃权邀宠、胡作非为的地方,可见当时官学教育的腐败。另外,一些治经者,只知研辨章句,守先儒之窠臼,不懂时事,甚至迂腐到荒谬的地步。如《太平广记》卷二百五十九曾载:

> 唐韩琬与张昌宗、王本立同游太学。博士姓张,即昌宗之从叔,精五经,懵于时事。畜一鸡,呼为勃公子,爱之不已。每讲经,辄集于学徒中。或攫破书,比逐之,必被嗔责曰:"此有五德,汝何轻之?"昌宗尝为此鸡被杖。本立与琬颇不平之,曰:"腐儒不解事,为公杀此鸡。"张生素取学徒回残食料。本立以业长,乃见问合否?本立曰:"明文案即得。"张生喜,每日受之,皆立文案。他日,张生请假,本立举牒,数鸡罪,杀而食之。及张生归学,不见鸡,惊曰:"吾勃公子何在?"左右报本立杀之,大怒云:"索案来,索案来。"见数鸡之罪,曰:"纵如此,亦不合死。"本立曰:"鸡不比人,不可加笞杖,正合杀。"张以手再三拍案曰:"勃公子,有案时,更知何道?"当时长安以有案,动曰为实。故知耽玩经史者,宜详时事。不然,何古人号为愚儒、朴儒、腐儒、竖儒耶?亦可贻诮子弟。(出《御史台记》)

虽然上述记载中的张博士应是极端的个案,治经者并非个个为愚儒、竖儒。但相对而言,他们的治学之术皆显得保守,"以风诵章句为精,以穿凿文字为奥。至于圣贤之微旨,教化之大本,人伦之纪律,王道之根源,则荡然莫知所措矣"①。这种仅守先儒矩矱的学风也自然为通达之士所鄙弃,如《新唐书·段秀实传》云:"及长,沉厚能断,慨然有济世意。举明经,其友易之,秀实曰'搜章摘句,不足以立功',乃弃去。"

三、官学教育与科考的矛盾

唐代的科考取士,作为选人的制度之一,直接影响着学校教育的兴衰。但是官学教育的内容与体制,很难跟上科举应试的时代需要,从而造成养士与选士的脱节,也导致官学的式微。

唐代的官学教育主要以经学为主,《新唐书·选举志》上云:

> 凡《礼记》、《春秋左氏传》为大经,《诗》、《周礼》、《仪礼》为中经,《易》、《尚书》、《春秋公羊传》、《穀梁传》为小经。通二经者,大经、小经各一,若中经二。通三经者,大经、中经、小经各一。通五经者,大经皆通,馀经各一,《孝经》、《论语》皆兼通之。凡治《孝经》、《论语》共限一岁,《尚书》、《公羊传》、《穀梁传》各一岁半,《易》、《诗》、《周礼》、《仪礼》各二岁,《礼记》、《左氏传》各三岁。

其中必修的有《孝经》、《论语》,专修的有《左传》、《礼记》、《毛诗》、《周礼》、《仪礼》、《周易》、《公羊》、《穀梁》、《尚书》,此外尚有一些选

---

① 吕温《与族兄弟皋请学春秋书》,《全唐文》卷六百二十七。

修的课程,如《史记》、《汉书》、《后汉书》、《说文》、《字林》等①。

与官学中经学教育相适应,唐代明经试也注重经义,应举者必须熟读儒家经典。"凡明经,先帖文,然后口试,经问大义十条,答时务策三道,亦为四等"②。其中贴文,就是在大经、中经、小经中须考十贴,另《孝经》二贴,《论语》八贴,此外经问大义十条及策问,其具体内容以儒家九经为主,如《全唐文》卷四八三载权德舆《明经策问七道》,即是《春秋第一问》、《礼记第二问》、《周易第三问》、《尚书第四问》、《毛诗第五问》、《穀梁第六问》、《论语第七问》。由此可见,官学的教育内容完全符合明经的科考要求。但问题是,唐代士人对明经专考应试者对经书及其注疏的记诵多报以轻视态度。如权德舆《答柳福州书》云:"明经问义,有幸中所记者,则书不停缀,令释通其义,则墙面木偶……令书释意义,则于疏注之内,苟删撮旨要,有数句而通者,昧其理而未尽;有数纸而黜者,虽未尽善,庶稍得之。至于来问明六经之义,合先王之道,而不在于注疏者。"③《唐语林》卷三载元和年间,李绛为华州刺史,李珏举明经,李绛谓之曰:"日角珠庭,非常人也,当掇进士科,明经碌碌,非子发迹之地。"又《南部新书》卷二云:"太和中,上谓宰相曰:'明经会义否?'宰臣曰:'明经只念经疏,不会经义。'帝曰:'只念经疏,何异鹦鹉能言!'"自然,这种鄙弃明经的风气也给唐代经学教育带来了危机。"今监司课试,已退其八九,考功及第,十又不收其一二。若长以此为限,恐儒风渐坠,小道将兴。"④而且官学之中,生徒修业只为出仕,习经者"咸以《礼记》文少,人皆竞读"⑤,以致"且今之明经,习

---

① 　参见宋大川《唐代教育体制研究》第三章《官学内部的管理及特点》中课程设置的内容,山西教育出版社,1998年版,第109至110页。

② 　《新唐书》卷四十四《选举志》上。

③ 　《全唐文》卷四百八十九。

④ 　《唐会要》卷七十五。

⑤ 　《唐会要》卷七十五。

《左传》者十无二三，若此久行，臣恐左氏之学，废无日矣。臣望请自今已后，考试者尽帖平文，以存大典。又《仪礼》及《公羊》、《穀梁》殆将废绝，若无甄异，恐后代便弃。"①

　　唐代进士科最为士人所重，"进士科始于隋大业中，盛于贞观、永徽之际，缙绅虽位极人臣，不由进士者，终不为美"。② 其考试包括帖经、杂文、时务策三场，《唐六典·尚书礼部》云："凡进士，先帖经，然后试杂文及策。文取华实兼举，策须义理惬当者为通。"进士试杂文始于永隆二年，以箴、表、论、赞为主，"开元间始以赋居其一，或以诗居其一，亦有全用诗赋者，非定制也。杂文之专用诗赋，当在天宝之季。"③后来，诗赋考核逐渐占据进士科考首位，《唐音癸签》卷十八云："唐试士重诗赋者，以策论惟剿旧文，帖经只抄义条，不若诗赋可以尽才。"而进士的帖经试则不甚重视，如《封氏闻见记》卷三《贡举》载天宝年间，达奚珣、李岩相次知贡举，进士文名高而帖落者，时或试诗放过，谓之"赎帖"。可知，进士试更多地侧重文章诗赋的才华，"开元以后，四海晏清，士无贤不肖，耻不以文章达"④。反过来看看唐代以经业为主的官学教育，则很难培养出来适应进士科考的人才。"贞元十年已来，（进士）殆绝于两监矣"⑤，故而杨玚《谏限约明经进士疏》云："自数年以来，省司定限，天下明经、进士及第，每年不过百人，两监惟得一二十人，若常以此数而取，臣恐三千学徒，虚费官廪；两监博士，滥縻天禄。"⑥为了重振儒学，挽救官学教育，一些人强烈反对以诗赋取士，如刘峣《取进士先德行而后才艺疏》云："国家以礼部为孝秀之门，考文章于甲

① 《旧唐书》卷一百八十五下。
② 《唐摭言》卷一。
③ 《登科记考》卷二。
④ 《通典》卷十五《选举三》。
⑤ 《唐摭言》卷一。
⑥ 《册府元龟·学校部·奏议三》卷六百四十。

乙,故天下响应,驱驰于才艺,不务于德行。夫德行者,可以化人成俗;才艺者,可以约法立名。致有朝登科甲而夕陷刑辟,制法守度,使之然也。"①又赵匡《举选议》云:"进士者,时共贵之。主司褒贬,实在诗赋,务求巧丽,以此为贤。不惟无益于用,实亦妨其正习;不惟挠其淳和,实又长其佻薄。"②他甚至主张:"进士习业,请令习《礼记》、《尚书》、《论语》、《孝经》并一史。其杂文请试两首,共五百字以上、六百字以下。试笺表、议论、铭颂、箴檄等有资于用者,不试诗赋。其理通、其词雅为上,理通词平为次,馀为否。其所试策,于所习经史内问;经问圣人旨趣,史问成败得失。并时务共十节,贵观理识,不用求隐僻,诘名数,为无益之能。言词不至鄙陋,即为第。"③唐文宗大和七年还规定:

> 近日苟尚浮华,莫修经艺,先圣之道,堙郁不传。况进士之科,尤要厘革。虽乡举里选,不可复行,然务实抑华,必有良术,既当甚弊,思有改张。今寰宇乂宁,干戈已戢,皇太子方从师傅,授传六经,一二年之后,当令齿胄国庠,以兴坠典。宜令国子监于诸道搜访名儒,置五经博士各一人。其公卿士族子弟,明年已后,不先入国学习业,不在应明经进士之限。其进士学宜先试帖经,并略问大义,取经义精通者,次试议论各一首,文理高者,便与及第。其所试诗赋并停。(《全唐文》卷七十四)

唐人的诗赋取士,其流弊是明显的,杨绾、李德裕等企图以停诗赋试来纠正浮华之风,振兴学校教育,不免有些矫枉过正。其实唐代

---

① 《全唐文》卷四百三十三。
② 《全唐文》卷三百五十五。
③ 赵匡《举人条例》,《全唐文》卷三百五十五。

养士与选士的脱节,不仅仅在于科考选拔的弊端,更为主要的原因是"流外入仕,诸色出身,每岁尚二千馀人,方于明经进士,多十馀倍"①,这种服勤道业之士尚不及胥吏浮虚之徒的现象,当然也会导致士子舍学业而趋末技。造成习儒热潮的衰退,也间接地影响到唐代的官学教育。

总括以上几点,唐代官学虽一度出现空前的繁荣,但其式微是历史必然的趋势,它既受时代环境的影响,也受到自身缺陷的限制。同时,官学的衰微也为私学的发展提供的新的契机,私学正是在官学颓丧的基础上获得了更广阔的发展空间,并承担起文化教育与传承的任务。

第二节　科举制度与唐代私学

魏晋以来,实施九品选士制度,豪强门阀把握仕途,操纵政权,致使庶姓寒门无寸进之路。西魏时曾罢黜门荫之资,"周氏以降,选无清浊"②。至隋时,文帝废九品中正制,炀帝嗣位,又变前法,置进士等科,"于是后生之徒,复相仿效。因陋就寡,赴速邀时。辑缀小文,名为策学"③,从此科举制度正式形成。与以往九品取士相比,科举取士打破了豪门世族对选士的垄断,寒门庶族也可以通过科考参与政治。唐代继承发展了隋朝科举制度,《新唐书·选举志》云:"其科之目,有秀才,有明经,有俊士,有进士,有明法,有明字,有明算,有一史,有三史,有开元礼,有道举,有童子。而明经之别,有五经,有三经,有二经,有学究一经,有三礼,有三传,有史科。此岁举之常选也。"其主要科目有明经、进士与制举。此外,唐代的

---

①　杨玚《谏限约明经进士疏》,《全唐文》卷二百九十九。

②　《隋书》卷五十六《卢恺传》。

③　《旧唐书》卷一百一《薛登传》。

科举考试有县试、州试、府试及省部的礼部、吏部试,天子亲试举人,称为庭试或殿试。至唐代,科举制度渐趋完备,已成为封建社会最为重要的取士制度。那么,唐代科举制度的健全与完善,又如何影响私学的呢? 我们认为,首先,科举制度允许出身私学的乡贡参加科考,是私学发展壮大的前提条件。其次,科举考试的嬗变深深地影响到应举私学的发展方向。

一、唐代的乡贡与私学

唐人入仕,主要途径有门荫与科举,门荫为贵戚之特权,而科举则无出身的限制,凡寒门庶子皆可参加科举考试,应试者按其来源可分为生徒与乡贡两类。《新唐书·选举志上》云:"唐制,取士之科,多因隋旧,然其大要有三。由学馆者曰生徒,由州县者曰乡贡,皆升于有司而进退之。……每岁仲冬,州、县、馆、监举其成者送之尚书省。而举选不由馆、学者,谓之乡贡,皆怀牒自列于州、县。"可见乡贡是相对生徒而言的,生徒来自于中央与地方的官学,而乡贡则多出自于私学。私学士子参加科举考试必须上缴名刺或荐牒,如李肇《国史补》卷下云:"投刺谓之乡贡。"此外,要取得乡贡的资格,私学子弟一般还得参加地方州县组织的选拔考试,韩愈《赠张童子序》云:"天下之以明二经举于礼部者,岁至三千人。始自县考试,定其可举者,然后升于州若府。其不能中科者,不与是数焉。州若府总其属之所升,又考试之如县,加察详焉,定其可举者,然后贡于天子,而升之有司。其不能中科者,不与是数焉,谓之乡贡。"①正是科举门槛的降低,官私子弟皆可晋考,才出现"郡国所送,群众千万。孟冬之月,集于京师,麻衣如雪,满于九衢"②的

---

① 《全唐文》卷五百五十五。
② 牛希济《荐士论》,《全唐文》卷八百四十六。

繁华局面,故而太宗于发榜之日,私幸端门,见进士于榜下缀行而出,喜谓侍臣曰:"天下英雄入吾彀中矣。"①关于唐代的乡贡,傅璇琮先生《唐代科举与文学》中云:"这在封建国家政体的演进上应该说是一个飞跃,因为它从法律上规定了国家行政机构的组成是向着整个地主阶级成员开放的,这就把地主阶级各个阶层吸引到政权的周围,扩大和巩固了统治的基础,打破了一小部分豪门世族霸占政权的垄断局面。这在当时来说,应该说是一次人才的解放。唐朝文化的空前繁荣与发达,与人才解放这一历史性事件的出现有直接关系的。"②

　　乡贡荐士,早在唐前就有了,《唐摭言·乡贡》云:"乡贡里选,盛于中古乎！今之所称,盖本同而末异也。今之解送,则古之上计也。汉武帝置五经博士,太常选民年十八已上好学者,补弟子;郡国有好文学,敬顺于乡党者,令与计偕,受业太常,如弟子。一岁辄课通经艺,补文学掌故。上第为郎。其秀异等,太常以名闻;其下材不事学者,罢之。若等虽举于乡,亦由于学。两汉之制盖本乎《周礼》者也。"可见汉朝的乡贡,并不是直接参加仕进的科考,而是选拔进入官学太常作进一步的修文习业,优秀者方可授予官衔。其实这也是把私学纳入官学体系的一种措施,唐时也有同样的举措,如玄宗开元二十一年敕:"许百姓任立私学,其欲寄州县学受业者,亦听。"③天宝十二年又敕曰:"举人不得充乡赋,皆须补国子学士及郡县学生。"④但与前者不同,唐代的乡贡必须科考及第才能进入仕途。

　　终唐一代,乡贡在科考士子中占有很大的比例,从某种意义上

①　《唐摭言》卷一。
②　傅璇琮《唐代科举与文学》,陕西人民出版社,1986年版,第44页。
③　《唐会要》卷三十五。
④　《唐会要》卷七十六。

说，这也是私学发展的必然结果，因此进一步探讨乡贡在科举制度中的地位及其变化有助于我们了解私学与科举制度的关系。

唐代前期，"四方秀艾，挟策负素，坌集京师，文治煟然勃兴……鼓箧踵堂者，凡八千馀人。纡佩袟，曳方履，闾闾秩秩，虽三代之盛，所未闻也"①。由于统治阶级的大力提倡，儒学复兴，官学兴盛。如开元年间，中央各学校有学生二千六百余人，加上地方州县学生共计六万零七百人，科考及第者也多官学子弟，《唐摭言·进士归礼部》云："永徽之后，以文儒亨达，不由两监者稀矣。于时场籍，先两监而后乡贡。"又《唐摭言·两监》中也云："开元以前，进士不由两监者，深以为耻。"当时由私学而入仕的乡贡及第者往往为舆论所轻，而且人数极为稀少，《唐摭言·乡贡》举例云："咸亨五年，七世伯祖鸾台凤阁龙石白水公，时任考功员外郎，下覆试十一人，内张守贞一人乡贡。开耀二年，刘思元下五十一人，内雍思泰一人。永淳二年，刘廷奇下五十五人，内元求仁一人。光宅元年闰七月二十四日，刘廷奇重试下十六人，内康庭芝一人。长安四年，崔湜下四十一人，李温玉称苏州乡贡。景龙元年，李钦让称定州乡贡附学。"但随着官学的衰微与私学的逐步壮大，出身乡贡的应试者越来越多，"尔来乡贡渐广，率多寄应者，故不甄别，置于榜中"②。许多士子不愿意就读于官学，而宁愿得到州府的荐举，"尔后物态浇漓，稔于世禄，以京兆为荣美，同、华为利市，莫不去实务华，弃本逐末"③。唐之后期，官学毁废，生徒流散。乡贡成了科举考试的主要来源，其地位与声望大大抬升，并为士林所重，甚至连唐宣宗也曾自称为"乡贡进士李道龙"④。为了挽回官学教育的衰

---

① 《新唐书》卷一百九十八《儒学传上》。
② 《唐摭言》卷一《乡贡》。
③ 《唐摭言》卷一《两监》。
④ 《太平广记》卷一八二《贡举》。

微,唐代统治者曾多次敕令士子不得乡贡,如《新唐书·选举志》载:"天宝九载,置广文馆于国学,以领生徒为进士者。举人旧重两监,后世禄者以京兆、同、华为荣,而不入学。十二载,乃敕天下罢乡贡,举人不由国子及郡、县学者,勿举送。是岁,道举停《老子》,加《周易》。十四载,复乡贡。"又如《唐会要》卷三五《学校》载:"太和七年八月敕节文:应公卿士族子弟,取来年正月以后。不先入国学习业者,不在应明经进士之限。会昌五年正月制:公卿百官子弟,及京畿内士人寄客,修明经进士业者,并宜隶于太学。外州县寄学及士人,并宜隶各所在官学。"当然,在中晚唐时,乡贡已成时代所趋,这种以禁止乡贡来振兴官学的企图,未免有些徒然。王定保《唐摭言·两监》中指出:"广德二年制京兆府进士,并令补国子生,斯乃救压覆者耳。奈何人心既去,虽拘之以法,犹不能胜。矧或执大政者不常其人,所立既非自我,则所守亦不坚矣。"此言甚是。

　　唐代的乡贡,其数量自有规定。《唐摭言》卷一《贡举厘革并行乡饮酒》云:"开元二十五年二月,敕应诸州贡士:上州岁贡三人,中州二人,下州一人;必有才行,不限其数。"才行俱佳者,则不受名额限制,因而州府解送往往不须限数,京师应试者多则数千余人。如德宗贞元十九年,正月至五月不雨,秋七月戊午,以关辅饥,罢吏部选、礼部贡举。时韩愈为四门博士。曾上疏《论今年权停举选状》以劝谏,其云:"今京师之人,不啻百万;都计举者不过五七千人,并其僮仆畜马不当京师百万分之一。"[1]韩愈此言虽有夸大之嫌,但麻衣汇聚的盛况自不待言。关于应举生徒与乡贡的具体人数,《唐摭言》卷一《会昌五年举格节文》载:

---

① 马其昶校注,马茂元整理《韩昌黎文集校注》,上海古籍出版社,1986年版,第587页。

公卿百寮子弟及京畿内士人寄客外州府举士人等修明经、进士业者，并隶名所在监及官学，仍精加考试。所送人数：其国子监明经，旧格每年送三百五十人，今请送三百人；进士，依旧格送三十人；其隶名明经，亦请送二百人；其宗正寺进士，送二十人；其东监同华、河中所送进士，不得过三十人，明经不得过五十人。其凤翔、山南西道东道、荆南、鄂岳、湖南、郑滑、浙西、浙东、鄜坊、宣商、泾邠、江南、江西、淮南、西川、东川、陕虢等道，所送进士不得过一十五人，明经不得过二十人。其河东、陈许、汴、徐泗、易定、齐德、魏博、泽潞、幽孟、灵夏、淄青、郓曹、兖海、镇冀、麟胜等道，所送进士不得过一十人，明经不得过十五人。金汝、盐丰、福建、黔府、桂府、岭南、安南、邕容等道，所送进士不得过七人，明经不得过十人。其诸支郡所送人数，请申观察使为解都送，不得诸州各自申解。诸州府所试进士杂文，据元格并合封送省。准开成三年五月三日敕落下者，今缘自不送所试以来，举人公然拔解；今诸州府所试，各须封送省司检勘，如病败不近词理，州府妄给解者，试官停见任用阙。

按武宗会昌五年，曾敕令贡举人不许于两府取解，必须仰于两都国子监就试①，乡贡的限额也根据地方府州的情况划分等级。据上文可知，京兆、同州、华州等为京师辅畿，明经、进士的荐送人数最多，可达八十余人。而江淮、山东及川陕等地，经济发达，交通便捷，人口众多，所送乡贡人数也可达三十余人。一些边陲府州，地广人稀，交通不发达，文化相对落后，其支郡所送则在十余人左右。在乡贡中，京兆府与同、华两州荐送的士子不仅数量众多，而且往往为士林所重，"京兆尹岁贡秀才，常与百郡相抗。登贤能之书，或

---

①　《唐会要》卷七十六《贡举人·进士》。

半天下。取其殊尤以为举首者，仍岁皆上第，过而就黜，时谓怪事，有司或不问能否而成就之"①，"同华解最推利市，与京兆无异，若首送，无不捷者"②，因而一些私学士子，不远千里而来，以求解送，如闽人许稷挟策入关，后深入终南山隐读三年，出就府荐，于贞元十七年进士及第③。又合肥李群，与杨衡、符载及李渤同隐读于庐山，称"山中四友"，后皆入关就京兆府试。如《唐摭言》卷二《争解元》中载：

> 先是封川李相迁阁长，会有名郎出牧九江郡者，执辞之际，屡以文柄迎贺于公。公曰："诚如所言，庐山处士四人，傥能计偕，当以到京兆先后为齿。"既，公果主文。于是拥旌旗，造柴关，激之而笑。时三贤皆胶固，惟合淝公年十八，矍然曰："及其成功，一也！"遂束书就贡。比及京师，已锁贡院，乃挝院门请引见。公问其所止。答云："到京后时，未遑就馆。"合淝神质瑰秀，主副为之动容。因曰："不为作状头，便可延于吾庐矣。"

虽然《唐摭言》中所记载的事情、年代前后有不甚相接之处，但这一事实从一个侧面反映出京兆府荐对私学子弟具有极大的诱惑力。同样，地方的荐送也为士人所趋，如白居易典杭州时，江东进士多奔杭取解，便有张祜、徐凝解元之争。晚唐钟传镇江西，以荐贤为急务，时举子有以公卿关节，不远千里而求首荐者，岁常不下数辈④。

总之，唐王朝允许私学士子参加科举考试，一方面扩大了科举人选的来源，另一方面也为私学的发展提供了更广阔的舞台，而出

---

① 柳宗元《送辛生下第序略》，《柳宗元集》卷二十三。
② 《唐摭言》卷二《争解元》。
③ 《登科记考》卷十五。
④ 《唐摭言》卷二《争解元》。

身私学的乡贡能在中唐以后的科举考试中鳌头独占,并为世人追捧,也证实了私学教育的成功。

二、科举导向下的应举私学

参加科举考试是唐代私学弟子进入仕途的重要途径之一,唐代的科举考试,虽然科目繁多,但最受士人关注的是明经与进士二科,因而明经、进士的科考内容及其社会地位的变化对应举私学都会产生极大的影响。

唐代的科举取士,高宗以前,明经、进士并重,并无轩轾,科考的内容也基本相同,皆以通经释义为主。但随着传统经学的衰落、明经考试制度本身的缺陷以及诗赋文辞纳入进士科考的范畴,士子往往趋进士举而弃明经。

明经科为应举士子所轻,首先在于"明经以帖诵为功,罕穷旨趣"[①],唐代明经科试,先贴文,然后口试。还有经问大义十条及答时务策三道。这种科考方式虽然要求应举者熟读儒家经典,但容易造成举子只知道死背经文而不知大义的现象。杜佑《通典》卷十五《选举》三帖经条云:"后举人积多,故其法益难,务欲落之,至有帖孤章绝句,疑似参互者以惑之。甚者,或上抵其注,下馀一二字,使寻之难知,谓之'倒拔'。既甚难矣,而举人则有驱联孤绝、索幽隐为诗赋而诵习之,不过十数篇,则难者悉详矣。其于平文大义,或多墙面焉。"一些有识之士对明经贴文及墨义之弊端进行批判,如元稹《对才识兼茂明于体用策》中云:"今国家之所谓兴儒术者,岂不以有通经文字之科乎?其所谓通经者,又不过于覆射数字,明义者,才至于辨析章条。是以中第者岁盈百数,而通经之士蔑

---

① 《册府元龟》卷六三九《贡举部·条制一》。

然。"①贞元末,柳冕《与权侍郎书》云:

> 自顷有司试明经,奏请每经问义十道,五道全写疏,五道全写注。其有明圣人之道,尽六经之义,而不能诵疏与注,一切弃之。恐清识之士,无由而进;腐儒之生,比肩登第,不亦失乎? ……且明六经之义,合先王之道,君子之儒,教之本也;明六经之注,与六经之疏,小人之儒,教之末也。今者先章句之儒,后君子之儒,以求清识之士,不亦难乎? 是以天下至大,任人之众,而人物殄瘁,廉耻不兴者,亦在取士之道,未尽其术也。诚能革其弊,尊其本,举君子之儒先于理行者,俾之入仕,即清识君子也;俾之立朝,即王公大人也。(《全唐文》卷五百二十七)

另外,赵匡《举选议》中也指出明经及第者多庸碌之辈,只知诵读经文,而无吏治之才,"明经读书,勤苦已甚,其口问义,又诵疏文,徒竭其精华,习不急之业。而其当代礼法,无不面墙,及临民决事,取办胥吏之口而已。所谓所习非所用,所用非所习者也。故当官少称职之吏"②。《唐语林》卷八《骆宾王》曾载云:"又有书生读经书甚精熟,不知近代事。因说骆宾王,遂云:'某识其孙李少府者,兄弟太多。'意谓'骆宾'是诸王封号也。"可见酸腐得厉害。

再者,明经及第者,大多被授为县丞、县尉或参军、主簿等基层地方官员,如崔器,天宝中举明经,为奉先令③;颜春卿"明经拔萃,蜀县尉"④;周渭阳"长安二年明经擢第,拜宣州参军"⑤;贾至擢明

---

① 《全唐文》卷六百五十二。

② 《全唐文》卷三百五十五。

③ 《全唐文》卷三百三十一。

④ 颜真卿《晋侍中右光禄大夫本州岛大中正西平靖侯颜公大宗碑》,《全唐文》卷三百三十九。

⑤ 邵混之《元氏县令庞君清德碑》,《全唐文》卷三百六十四。

经第,解褐单父尉①;卢涛"明经抉第,常调补安德县尉"②;贾耽"天宝十载明经高第,乾元中授贝州临清尉"③。他们多远离朝政中心,奔波困顿于地方官场,加上升迁的速度比不上进士及第,明经为一些世人所贬抑也在情理之中,《唐语林》卷三《识鉴》载李绛言云:"明经碌碌,非子发迹之地。"肃宗年间,竟然采取纳钱就可授予明经出身的办法来弥补朝廷税收之不足。至德二年,宣谕使侍御史郑叔清奏:"……又准敕纳钱百千文与明经出身,如曾受业,粗通贴策,修身谨行,乡曲所知者,量减二千文;如先经举送,到省落第,灼然有凭,帖策不甚寥落者,减五十千文。"④由此可见明经在科考中的地位之低下。这自然对应举私学缺乏足够的吸引力。

　　唐代的科举考试以进士科影响最大,王定保《唐摭言》卷一《散序进士》中言:"进士科始于隋大业中,盛于贞观、永徽之际;缙绅虽位极人臣,不由进士者,终不为美,以至岁贡常不减八九百人。其推重谓之'白衣公卿',又曰'一品白衫';其艰难谓之'三十老明经,五十少进士';其负倜傥之才,变通之术,苏、张之辨说,荆、聂之胆气,仲由之武勇,子房之筹画,弘羊之书计,方朔之诙谐,咸以是而晦之。修身慎行,虽处子之不若;其有老死于文场者,亦所无恨。"可见舆论对进士及第极为称扬。这也致使着当时的应举士人竞趋进士科,如"永隆中,始以文章选士。及永淳之后,太后君天下二十馀年,当时公卿百辟,无不以文章,因循遝久,浸以成风。……五尺童子,耻不言文墨焉。是以进士为士林华选"⑤,"其应诏而举者,多则二千人,少犹不减千人"⑥,与此相一致的是,进士科地位的提

①　《全唐文》卷三百六十六。
②　卢杞《唐太原府司录先府君墓志铭》,《全唐文》卷四百四十五。
③　郑馀庆《左仆射贾耽神道碑》,《全唐文》卷四百七十八。
④　《文献通考》卷三十五《选举考》八。
⑤　沈既济《词科论》,《全唐文》卷四百七十六。
⑥　《册府元龟》卷六百四十。

高以及以文章诗赋为取士的标准自然影响着应举私学的发展趋势。

首先,在应举私学中,除了儒家典籍外,更注重于文章诗赋的学习。特别是在家学类型中表现得尤为突出:"幼能就学,皆诵当代之诗;长而博文,不越诸家之集。递相党与,用致虚声……朝之公卿,以此待士,家之长老,以此垂训"①,如刘知幾"幼奉庭训,早游文学"②,白居易五六岁时,"便学为诗,九岁谙识声韵。十五六,始知有进士,苦节读书。二十以来,昼课赋,夜课书,间又课诗,不遑寝息矣。……年二十七,方从乡赋"③。又《旧唐书》卷五十二《后妃传》载宋若昭:"父庭芬,世为儒学。至庭芬有词藻,生五女,皆聪惠,庭芬始教以经艺,既而课为诗赋,年未及笄,皆能属文……德宗俱召入宫,试以诗赋,兼问经史中大义,深为赏叹。"此外,一些世家大族在家学传承中也同样注重诗赋的学习。如河中薛播家族,"初,播伯父元暖终于隰城丞,其妻济南林氏,丹阳太守洋之妹,有母仪令德,博涉《五经》,善属文,所为篇章,时人多讽咏之。元暖卒后,其子彦辅、彦国、彦伟、彦云及播兄据、摠并早孤幼,悉为林氏所训导,以至成立,咸致文学之名。开元、天宝中二十年间,彦辅、据等七人并举进士,连中科名,衣冠荣之"④。定州赵冬曦家族为诗书簪缨之家,冬曦自幼便以文辞著称,"不屑世事。兄夏日,弟和璧、安贞、居贞、颐贞、汇贞,皆擢进士第"⑤。又弘农杨凭家族,也以诗文传世。杨凭少孤,其母训道有方。长善文辞,与弟凝、凌皆有名,大历中,踵擢进士第,时号"三杨"⑥。一般而言,唐代士族从

① 《旧唐书》卷一百一十九。
② 《史通》卷十《自序》。
③ 《旧唐书》卷一百六十六《白居易传》。
④ 《旧唐书》卷一百四十六《薛播传》。
⑤ 《新唐书·儒学下》列传第一百二十五。
⑥ 《新唐书》卷一百六十《杨凭传》。

"门阀"向"文学"的演变,其主导因素之一便是"以诗取士"的科举考试。虽然士族的衰微在唐代特别是中唐以后,其颓丧之势已不可遏阻,但他们依然凭借在文化、科场上的优势来维护其阶层的特权,以推缓湮灭的速度。而科场应举的成功与否往往成了家族兴衰的决定性因素,故而王定保《唐摭言》卷九《好及第恶登科》中云:"殊不知三百年来,科第之设,草泽望之起家,缙绅望之继世;孤寒失之,其族馁矣;世禄失之,其族绝矣。"

　　其次,诗赋取士的科考方式也使得大批士子隐读山林。中唐以后,经学衰落而文学兴盛,其原因之一在于进士科以文章诗赋取士。而文学与经学的尚家法、重师承不同,更崇尚灵感、个性,"文学尚性灵,重个性发展,不重师承,时风所煽,人不相师……故时人多三五成群,最多不过数十人聚居习业,相与切磋,至教授生徒至数千百人已几绝无其事"①。而诗文习业,更有赖于幽美宁静之环境以陶冶性情,如《纂异记》:"进士杨祯,家于渭桥。以居处繁杂,颇妨肄业。乃诣昭应县,长借石瓮寺文殊院。"②又《博异志》:"弘农杨真伯,幼有文,性耽玩书史,以至忘寝食。父母不能禁止,时或夺其脂烛,匿其诗书,真伯颇以为患,遂逃过洪饶间,于精舍空院,肄习半年馀。"③

　　再者,与唐初的私人讲学重经术传授不同,开元以后,文章诗赋成了师生传授的主要内容。如萧颖士、独孤及,门下弟子甚多,"闻萧氏风者,五尺童子羞称曹、陆"④。一些应举士子,受诗文大家指点后,也颇有收益,如元和中"衡湘以南为进士者,皆以子厚为

---

　　① 严耕望《唐人习业山林寺院之风尚》,《唐史研究丛稿》,香港新亚研究所编,1969年版,第416页至417页。
　　② 《太平广记》卷三百七十三。
　　③ 《太平广记》卷五十三。
　　④ 《新唐书》卷二百二《文苑传》。

师。其经承子厚口讲指画，为文词者，悉有法度可观"①。

最后尚要补充的是，唐代的诗赋取士，其流弊也极明显，通关节，托人情，甚至行贿以求科第。"策第喧竞于州府，祈恩不胜于拜伏。或明制才出，试遣搜扬，驱驰府寺之门，出入王公之第。上启陈诗，唯希歁唾之泽；摩顶至足，冀荷提携之恩"②，一些应举士子为了谋求资助，便持诗请谒，援引权势以造名声。胡震亨《唐音癸签》卷二十六《谈丛》云："唐士子应举，多遍谒藩镇州郡丐脂润，至受厌簿不辞。如平曾'三缣恤旅途'之恨，张汾'二千贯出往还'之夸，鄙秽种种。至所干投行卷，半属诡辞，概出赝剿。"有的举子还盗用他人诗文来行卷，如《唐摭言》卷二《争解元》中云："杨衡后因中表盗衡文章及第，诣阙寻其人，遂举，亦及第。或曰：'见衡业古调诗，其自负者，有'一一鹤声飞上天'之句。初遇其人颇愤怒，既而问曰：'且一一鹤声飞上天在否？'前人曰：'此句知兄最惜，不敢辄偷。'衡笑曰：'犹可恕矣。'"表面上看，这似乎是文人之间的韵事，但实际上，唐人科考以名望为重的风宪往往会造成鱼龙混杂的情形，甚至导致学风、世风的败坏。

毋庸讳言，唐代科举制度的推行，为私学的发展提供了广阔的舞台，乡贡荐士的形式打破了豪门阶层对政权的垄断。同时，科场诗赋取士的导向不仅为私学注入新鲜的内容，也使得私学教育更具有竞争力。但是，恰恰是受科场儒家文化的影响，私学教育目的的局限性也显而易见，而其教育的层次性及形式的多样性等优势难以发挥。实际上，私学所发挥的作用，还只是官学的一种补充。官学教育的特点，在很大程度上也是私学教育的特点。官学体系所面临的问题，在很大程度上也是私学所面临的问

---

① 韩愈《柳子厚墓志铭》，《全唐文》卷五百六十三。
② 《旧唐书》卷一百零一。

题①。所以尽管中唐以后,私学没有像官学体系那样遭到严重的破坏,甚至还兴盛一时,但这并没有阻止唐代教育危机最后的全面爆发。

---

① 任爽《科举制度与唐代教育危机》,《中国史研究》,1994 年,第 3 期。

第三章　唐代的私人讲学与文学

作为私学的主导类型之一，唐人的师授讲学，既赓续着两汉以来传统的讲授模式，又受到社会变革、经济文化诸因素的影响，形成了新的概貌与风格。与以往专注章句注疏、恪守经籍矩矱的师承相比，唐人的私家讲学显得更具有创新的学术品质。隋末唐初，王通退隐白牛溪，以著书讲学为业，认为当时"《书》残于古今，《诗》失于齐鲁"①，"恐夫子之道或坠也"②，便续六经以继儒业，"千载而下，有绍宣尼之业者，吾不得而让也"③。中唐时，经学的师承讲学活跃，"大历时，（啖）助、（赵）匡、（陆）质以《春秋》，施士匄以《诗》，仲子陵、袁彝、韦彤、韦茝以《礼》，蔡广成以《易》，强蒙以《论语》，皆自名其学。而士匄、子陵最卓异"④，其中《春秋》学派的影响颇大，他们的学术思想极富有个性特征，往往带有疑经精神，这在意识形态上，对传统的儒学观念会形成一定的冲击与动摇，诉诸政治、文化层面，就会产生新的政治指向与文化批评。在文学观念的演进上，也必然折射于文学理论的重新建构，并对当时的文学创作产生深远的影响。另外，唐代科举中的诗赋取士，使得私人讲学更关

---

① 《文中子·天地篇》。
② 《文中子·周公篇》。
③ 《文中子·天地篇》。
④ 《新唐书》卷二百《儒学传》。

注于诗词文赋的学习,如《文选》学的兴盛,便是一个极好的
例证。

第一节　河汾之学与初唐文学观的建构

王通(584—617),字仲淹,绛州龙门人。仁寿元年,十八岁时
"举本州秀才,射策高第"①,曾授官蜀郡司户书佐、蜀王侍读;仁寿
三年,诣阙献《太平十二策》,文帝不用,遂罢归隐居龙门白牛溪,著
书讲学。"教授门人甚众。尝起汉、魏尽晋作书百二十篇,以续古
《尚书》,后亡其序,有录无书者十篇,勃补完缺逸,定著二十五
篇"②,大业十三年,病逝于家,卒后门人私谥为"文中子"。有关王
通其人其书之真伪,历来聚讼不已,难以定谳。自宋以来,陆续有
学者置疑,如北宋宋咸《过文中子》、《驳〈中说〉二十二事》③,明焦
竑《焦氏笔乘》卷二《文中子》,清人姚际恒《古今伪书考·文中子
〈中说〉》及朱彝尊《经义考》等论著都否定王通其人的存在,另外也
有人怀疑《中说》为伪书,如洪迈《容斋续笔》卷一《文中子门人》,余
正燮《癸巳存稿》卷十四《法言文中子》及梁启超《中国历史研究法》
等,据书中与史实不符合之事,断言此书为伪书。虽然如此,根据
唐人薛收、陈叔达、杨炯、刘禹锡、陆龟蒙及皮日休等人的诗文记
载,其家世及行事应比较明晰。司马光曾作《文中子补传》予以补
述④,王明清《挥麈前录》卷三为之辨析云:"文中子王通,隋末大
儒。欧阳文忠公、宋景文修《唐书》,房、杜传中,略不及其姓名。或
云:'其书阮逸所撰,未必有其人。'然唐唐习之尝有《读文中子》,而

① 薛收《隋故征君文中子碣铭》,《全唐文》卷一百三十三。
② 《新唐书》卷二百一。
③ 王应麟《玉海》卷五十三。
④ 邵博《邵氏闻见后录》卷四。

刘禹锡作《王华卿墓铭序》，载其家世行事甚详，云'门多伟人'，则与书所言合矣，何疑之有？又皮日休有《文中子碑》，见于《文粹》。"后宋濂《杂著·诸子辩》中也予以支持。对以上各种臆测批评，近代学者作了详细考辨，如王立中《文中子真伪汇考》和汪应龙《文中子考信录》等，特别是《文中子考信录》，曾辑集宋以后援引《中说》言论达五十五条以证实此书并非伪著，此外，王冀民、王素《文中子辨》及尹协理、魏明《王通论》更是系统地对王通其人其书进行全面的发覆考证。

综言之，虽然王通《隋书》无传①，《唐书》不载，《中说》中尚有失实与抵牾之处，但正如朱熹《朱子语类》卷一百三十七云："《中说》一书，如子弟记他言行，也煞有好处。虽云其书是后人假托，不会假得许多，须真有个人坯模如此，方装点得成。"我们可以明确地肯定，王通确有其人，《中说》虽经窜改，但也基本再现王通的思想主张。

一、河汾设教与王通经学的复古更新

大业元年，王通罢归龙门，续述《六经》，并开筵讲学，"九年而《六经》大就，门人自远而至"②，其讲学之地在白牛溪，王绩《游北山赋》（并序）云："白牛溪里，峰峦四峙。信兹山之奥域，昔吾兄之所止。许由避地，张超成市。察俗删诗，依经正史。康成负笈而相继，根矩抠衣而未已。组带青衿，锵锵儗儗。阶庭礼乐，生徒杞梓。山似尼丘，泉疑洙泗……北冈之上，东岩之前。讲堂犹在，碑石宛然。想问道于中室，忆横经于下筵。坛场草树，院宇风烟。昔文中

---

①　邓小军《〈隋书〉不载王通考》对其原因进行详细考辨。见《四川师范大学学报》（社会科学版），1994年，第三期。

②　杜淹《文中子世家》，《全唐文》卷一百三十五。

之僻处,谅遭时之丧乱。"①《山西通志》卷三云:"文中子讲堂碑,旧在乡宁县南九十里黄颊山永兴寺。《旧通志》云:'黄颊山东岩石壁,高四丈……相距尺许,内有石潭似仰瓮,泉涌汇为池……循峪出,即白牛溪也……有永兴寺。今多断碑,即文中子授经地也,有东皋子《黄颊诗》石刻。'"王通河汾讲学,"门人弟子相趋成市"②,"当时门人百千数"③,关于门人情况的记载,主要的原始文献有:

> 门人窦威、贾琼、姚义受《礼》,温彦博、杜如晦、陈叔达受《乐》,杜淹、房乔、魏徵受《书》,李靖、薛方士、裴晞、王珪受《诗》,叔恬受《元经》,董常、仇璋、薛收、程元备闻《六经》之义。(《中说·关朗篇》)

> 而六经大就。门人自远而至,河南董恒、太山姚义、京兆杜淹、赵郡李靖、南阳程元、扶风窦威、河东薛收、中山贾琼、清河房元龄、钜鹿魏徵、太原温大雅、颍川陈叔达等咸称师,北面受王佐之道焉,其往来受业者不可胜数,盖将千馀人。(杜淹《文中子世家》,《全唐文》卷一百三十五)

> 此溪(白牛溪)集门人常以百数,唯河南董恒(常)、南阳程元、中山贾琼、河东薛收、太山姚义、太原温彦博、京兆杜淹等十馀人称为俊颖。(王绩《游北山赋》自注,《文苑英华》卷九十七)

王通门人众多,但《中说》尚有谬误,一些学者对此多有怀疑,如司马光、晁公武、洪迈以及朱熹等人,目前学术界认为王绩《游北山赋》较为可信,而《中说·关朗篇》、《文中子世家》所提及的唐代名

---

① 王绩《游北山赋》,《全唐文》卷一百三十一。
② 王绩《游北山赋》,《全唐文》卷一百三十一。
③ 王勃《续诗序》,《王子安集》卷四。

臣,待进一步考辨。

其中太原姚义、河南董恒、南阳程元及中山贾琼等,皆为门中俊颖,《中说》中屡屡提及,他们去世较早又非唐初名臣,作为门人,后人皆无疑义。一般而言,唐初史臣中王通弟子有薛收、杜淹及魏徵等人。

薛收,其《隋故征君文中子碣铭》中言:"夫子讳通,字仲淹,姓王氏,太原人。……收学不至谷,行无异能,奉高变于绝尘,期深契于终古。义极师友,恩兼亲故。"①另王绩《游北山赋》、《负苓者传》及《答处士冯子华书》皆提及薛收为王通座下弟子。此外,《中说》中也多次记录王、薛之间的问答,故薛收师事王通,应无可疑之处。

杜淹,其《文中子世家》自言:"咸称师,北面受王佐之道焉。"王绩《游北山赋》中也称京兆杜淹为王门之俊颖,另《中说·关朗篇》及附录《王氏家书杂录》皆载其问答及杜淹执弟子礼一事,故杜淹应为王通弟子。

魏徵,王绩《答处士冯子华书》云:"吾家魏学士,亦申其才。"此为确证,又《中说·周公篇》载薛收游馆陶,带魏徵回,荐于王通,并言:"徵,颜、冉之器也",魏徵后寄宿龙门,研读《六经》,逾月不出。再者,杜淹《文中子世家》也称钜鹿魏徵,北面师王佐之道,故而魏徵也为王通门人。

此外,房玄龄、王珪、温彦博及陈叔达等,考其行迹,皆不可能师事王通,但有与之交游的可能。这与两汉时期私学著录情况有些相似,著录者为室内弟子,有严格的师授过程,而非著录者多为游学旁听者,无固定的师生关系,来去自由。如陈叔达《答王绩书》称王通为"贤兄文中子",又称其"有隋之末,滥尸贵郡,因沾善诱,颇识大方",即可佐证。

王通河汾设教,主要为经学内容的传授,如《中说·关朗篇》

---

① 《全唐文》卷一百三十三。

载：姚义受《礼》；陈叔达受《乐》；王珪受《诗》；魏徵受《书》以及董恒、仇璋备闻《六经》之义。其《六经》即王通《续六经》，也即《王氏六经》。据《文中子世家》所记载的内容来看，王氏的著作尚有《礼论》十卷、《乐论》十卷、《续书》二十五卷、《续诗》十卷、《元经》十五卷、《赞易》十卷，共计八十卷。王氏续经在于摹拟圣人，提倡王道，恢复儒家经世致用的经学，"《书》以辩事，《诗》以正性，《礼》以制行，《乐》以和德，《春秋》、《元经》以举往，《易》以知来，先王之蕴尽矣"①。《中说·礼乐篇》也云："吾续《书》以存汉晋之实，续《诗》以辩六代之俗，修《元经》以断南北之疑，赞《易》道以申先师之旨，正《礼》、《乐》以旌后王之失，如斯而已矣。"有关王氏的经学思想，我们可以分为两类：一为复古，二为创新。

魏晋以来，王道丧失，经学衰微，南方受玄言清谈、佛家禅语的影响，往往以玄言注经，疏于训诂。北方则重训诂传统，却死守章句，显得庞杂无本。"盖九师兴而《易》道微，三传作而《春秋》散……故齐、韩、毛、郑，《诗》之末也；大戴、小戴，《礼》之衰也。《书》残于古、今，《诗》失于齐鲁"②，"《春秋》之失，自歆、向始也，弃经而任传"③。针对这种情形，王通效法孔子讲学传道，以恢复三代之秩序，如依《春秋》体例，著纪年之书，谓之《元经》，又仿《论语》问答体式存《中说》，并常常以周、孔为榜样，企图通过经学的复古来重振日益衰败的政统。

　　不以伊尹、周公之道康其国，非大臣也。不以霍光、诸葛亮之心事其君者，皆具臣也。（《中说·立命篇》）
　　吾视千载已上，圣人在上者，未有若周公之贤焉，其道则

---

① 《中说·魏相篇》。
② 《中说·天地篇》。
③ 《中说·天地篇》。

一，而经制大备，后之为政者有所持循。吾视千载而下，未有
若仲尼焉，其道则一，而述作大明，后之修文者有所折中矣。
千载而下，有申周公之业者，吾不得而见也。千载而下，有绍
宣尼之业者，吾不得而让也。（《中说·天地篇》）

　　子游孔子之庙，出而歌曰："大哉乎！君君臣臣，父父子
子，兄兄弟弟，夫夫妇妇，夫子之力也，其与太极合德，神道并
行乎！"（《中说·王道》）

当然，王通行圣人之道，其志可嘉，但在当时的政治环境中，显得有
些不合时宜，朱熹虽然肯定王通的伊、周之志，但对他复古的经学
观提出批评："（王通）不能胜其好高自大欲速之心，反有所累。"①
其所累者，即当时的政治局势需要新的经学思想为之服务，而王通
志在恢复三代之治，在这一点上，王通是知其不可为而为之。因
此，他在一些具体的经学思想的阐述中，尚有创新通变的一面。
　　自魏晋之后，儒学不再独尊，史称"有晋始自中朝，迄于江左，
莫不崇饰华竞，祖述虚玄，摈阙里之典经，习正始之馀论，指礼法为
流俗，目纵诞以清高，遂使宪章弛废，名教颓毁"②。玄言兴盛炽
热，一些经学家多煽玄风，如张璠《周易集解》，多据钟会、向秀、王
济诸人之说，引玄入佛。南朝的徐嗣伯、柳世隆、张绪言、王玄载等
兼通《老》、《庄》，成了玄言化的经学家。此外，南朝佛教受帝王的
支持，影响颇大，大臣、文士皆崇信佛学，"公卿百官，侯王宗族，宜
反伪就真，舍邪入正"③。齐萧子良与"竟陵八友"在鸡笼山西邸，
招揽名僧，"讲语佛法，造经呗新声。道俗之盛，江左未有也"④。

---

① 《朱子语类》卷一百三十七。
② 《晋书》卷九十一《儒林传序》。
③ 《广弘明集》卷四。
④ 《南齐书》卷四十。

受佛、道的冲击,陈旧的经学面临着严重的危机,儒学的改造与重振已迫在眉睫。王通正是在这样经学背景下第一次提出"三教可一"的主张,为儒学的振兴指明方向。

首先,对佛、道进行批评,但不予以废之。"西方之教也,中国则泥。轩车不可以适越,冠冕不可以之胡,古之道也"①;"或问长生神仙之道。子曰:'仁义不修,孝悌不立,奚为长生? 甚矣,人之无厌也'"②;"曰:'废之何如?'子曰:'非尔所及也。真君、建德之事,适足推波助澜,纵风止燎尔。'"③虽然王通认为佛、道的思想主张不符合儒家传统的王道思想、伦理规范,但不能强制性地毁灭它们,从政治秩序层面上看,这些观念也是维护统治的思想工具。如《中说·周公篇》中云:"《诗》、《书》盛而秦世灭,非仲尼之罪也。虚玄长而晋室乱,非老庄之罪也。斋戒修而梁国亡,非释迦之罪也。《易》不云乎,苟非其人,道不虚行。"在认识到佛、道的作用后,又如何纳入经学体系呢? 王通认为三家应该互相融通、取长补短,以"共叙九畴",只有这样,国才无惑,百姓才能安居乐业,如《中说·问易》云:"子读《洪范谠议》,曰:'三教于是乎可一矣。'程元、魏徵进曰:'何谓也?'子曰:'使民不倦。'"三教融汇,秩序统一,百姓安宁,国家方能长治久安。

此外,王通还提出了"行道复礼"的伦理观与"穷理尽性"的修行法则。王通的伦理观是继承苏绰"性善情恶"、"洗心革意"的理论,强调仁乃五常之始,德为五常之本,而道则是五常的统一,《中说·事君篇》云:"贺若弼请射于子,发必中。子曰:'美哉乎,艺也。古君子志于道,据于德,依乎仁,而后艺可游也。'"只有仁、德兼备,才是学者之大端,才能得道。而道的实现则需要复礼予以强制,如

---

① 《中说·周公篇》。
② 《中说·礼乐篇》。
③ 《中说·问易篇》。

他批评南北朝礼仪丧失云："冠礼废,天下无成人矣。昏礼废,天下无家道矣。丧礼废,天下遗其亲矣。祭礼废,天下忘其祖矣。呜呼!吾未如之何也已矣。"①只有恢复了礼仪制度,才能维护新的封建秩序,也才能实现王道的理想。那么又如何"复礼"呢?关系到个人心性的修养,王通阐述了"穷理尽性"的道德修行方法,"子谓周公之道,曲而当,私而恕,其穷理尽性以至于命乎"②、"乐天知命,吾何忧?穷理尽性,吾何疑"③。穷理尽性,就必须以性制情,才能寡欲而遗身,"夫能遗其身,然后能无私;无私,然后能至公;至公,然后以天下为心矣,道可行矣"④。王通的这种修心之法,多为中唐儒学复古革新所继承,并发扬光大。其实,宋明理学"存天理,灭人欲"的提出也从中受到了启迪,从这层意义上说,王通为理学的前驱,一点也不为过分。

二、王道之志与王通经世致用的文学批评

隋末暴政,民声鼎沸,各种社会矛盾日益加剧,这也让儒学家王通感叹不已,"上失其道,民散久矣,苟非君子,焉能固穷"⑤、"悠悠素餐者,天下皆是,王道从何而兴乎"⑥!面对着时代难题,如何拯救时弊?王通提出了"明王道"的政治理想,企图恢复王道政治来稳定遽变的时代,以挽救岌岌可危的封建统治。王通的王道之志,主要表现为为政之本在于行仁政、守周孔之道。《中说·天地篇》云:"吾于天下,无去也,无就也,惟道之从。"又《王道篇》载云:

---

① 《中说·礼乐篇》。
② 《中说·周公》。
③ 《中说·问易》。
④ 《中说·魏相篇》。
⑤ 《中说·事君篇》。
⑥ 《中说·王道篇》。

"子登云中之城,望龙门之关,曰:'壮哉!山河之固。'贾琼曰:'既壮哉,又何加焉?'子曰:'守之以道。'"在具体的实践中,王通强调君臣有道,应以天下为心。如《中说·关朗篇》载文中子言云:"不知道,无以为人臣,况君乎!"人君者,应该"天地有奉,生民有庇"①,臣子"仁以行之,宽以居之,深识礼乐之情"②,对待民情,应少敛薄征,要庇民爱民,《中说·王道篇》载:"叔恬曰:'舜一岁而巡五岳,国不费而民不劳,何也?'子曰'无他道也,兵卫少而征求寡也'",王通反对敛财,反对劳役的繁重,正是继承孟子"民为贵,社稷次之,君为轻"的民本思想。并进一步提出:"不以天下易一民之命。"③这就当时的环境而言,具有极大的时代精神。此外,王通的王道之志还包括重德轻刑以及仁义用师等方面,如其把战争分为"战兵"、"战智"、"战义"、"战德"、"战无为"五种,而"战兵"是最下等的④。

　　受王道观念的影响,王通对待文学的态度明显地带有实用功利的色彩。"昔圣人述史三焉:其述《书》也,帝王之制备矣,故索焉而皆获;其述《诗》也,兴衰之由显,故究焉而皆得;其述《春秋》也,邪正之迹明,故考焉而皆当。此三者同出于史而不可杂也,故圣人分焉"⑤。从时政兴衰的角度来探讨文学的史学价值,"征存之,辩得失",这种经世致用的文学观显然受到了隋初经学家重质史观的影响。罗立刚先生认为隋初何妥、苏绰、刘焯、刘炫等精通史学,他们强调复古以求"质"的文学观,其实是以一个很强劲的史学观念作为背景的,呈现出借史学"实录"注入文学之"质"的特征,且经其后人传至李唐。而源自史学中的实用态度,也由此"传染"

---

① 《中说·述史》。
② 《中说·述史》。
③ 《中说·天地篇》。
④ 参见尹协理、魏明《王通论》,中国社会科学出版社,1984年版,第135页。
⑤ 《中说·王道篇》。

给了文坛①。如李谔，就是从文学发展史中找出乱世的原因，并在文学史学化的基础上复古求治。如《上隋高祖革文华书》云：

> 臣闻古先哲王之化民也，必变其视听，防其嗜欲，塞其邪放之心，示以淳和之路。五教六行，为训民之本；《诗》、《书》、《礼》、《易》，为道义之门。故能家复孝慈，人知礼让。正俗调风，莫大于此。其有上书献赋，制诔镌铭，皆以褒德序贤，明勋证理。苟非惩劝，义不徒然。降及后代，风教渐落。魏之三祖，更尚文词，忽君人之大道，好雕虫之小艺。下之从上，有同影响，竞骋文华，遂成风俗。江左齐、梁，其弊弥甚，贵贱贤愚，唯务吟咏。遂复遗理存异，寻虚逐微，竞一韵之奇，争一字之巧。连篇累牍，不出月露之形；积案盈箱，唯是风云之状。世俗以此相高，朝廷据兹擢士。禄利之路既开，爱尚之情愈笃。于是闾里童昏，贵游总卯，未窥六甲，先制五言。至如羲皇、舜、禹之典，伊、傅、周、孔之说，不复关心，何尝入耳。以傲诞为清虚，以缘情为勋绩，指儒素为古拙，用词赋为君子。故文笔日繁，其政日乱，良由弃大圣之轨模，构无用以为用也。损本逐末，流遍华壤，递相师祖，久而愈扇。

出于巩固政权的需要，李谔认为"文笔日繁，其政日乱"，主张"公私文翰，并宜实录"，并一笔抹杀文学的艺术属性，强调一切文学活动必须纳入到为政治服务的儒学本源。与李谔相比，王通也持类似的观点，如其云："吾续《书》以存汉晋之实，续《诗》以辩六代之俗，修《元经》以断南北之疑。"②当与杨素、苏夔及李德林相见之后，王

---

① 罗立刚《史统、道统、文统——论唐宋时期文学观念的转变》，东方出版社，2005年版，第52页。

② 《中说·礼乐篇》。

通退而有忧色云："今言政而不及化,是天下无礼也;言声而不及雅,是天下无乐也;言文而不及理,是天下无文也,王道从何而兴乎? 吾所以忧也。"①又《述史篇》曾载:"程元、薛收见子,子曰:'二生之学文,奚志也?'对曰:'尼父之经,夫子之续,不敢殆也。'子曰:'充矣,君子展也大成。居而安,动而变,可以佐王矣。'"可见,在王通的文学观念里,"文"只是"道"的载体,一种实现王道政治的工具而已,从文学的发展规律来看,这种违背文学特质的纯功利文学观明显是历史的退步,但在隋末动荡的政治环境里,还是具有一定的现实意义。

王通功利的文学批评首先表现为对《诗经》的阐述上。《诗经》是我国最早的诗歌总集,孔子云:"诗三百,一言以蔽之,思无邪!"汉《毛诗序》云:"情发于声,声成文,谓之音,治世之音安以乐,其政和;乱世之音怨以怒,其政乖;亡国之音哀以思,其民困。故正得失,动天地,感鬼神,莫近于诗。先王以是经夫妇,成孝敬,厚人伦,美教化,移风俗。"郑玄《诗谱序》也云:"欲知源流清浊之所处,则循其上下而省之;欲知风化芳臭气泽之所及,则傍行而观之。此诗之大纲也。举一纲而万目张,解一卷而众篇明,于力则鲜,于思则寡。其诸君子,亦有乐于是与?"受汉儒解经的影响,王通也认为《诗经》可以显示世道的兴衰。如:

> 子曰:"诗有天下之作焉,有一国之作焉,有神明之作焉。吴季札曰:'《小雅》其周之衰乎?《豳》其乐而不淫乎?'"子曰:"孰谓季子之知乐,《小雅》乌乎衰,其周之盛乎!《豳》乌乎乐? 其勤而不怨乎!"(《中说》卷七《述史篇》)
>
> 程元曰:"敢问《豳风》何也?"子曰:"变风也。"元曰:"周公之际,亦有变风乎?"子曰:"君臣相诮,其能正乎? 成王终疑,

---

① 《中说·王道篇》。

则风遂变矣。非周公至诚,孰能卒之哉?"元曰:"《豳》居变风之末,何也?"子曰:"夷王已下,变风不复正矣。夫子盖伤之者也,故终之以《豳风》。言变之可正也,唯周公能之,故系之以正,歌《豳》曰周之本也。呜呼! 非周公孰知其艰哉? 变而克正,危而克扶,始终不失于本,其惟周公乎? 系之《豳》远矣哉!"(《中说》卷四《周公篇》)

王国之有风,天子与诸侯夷乎? 谁居乎? 幽王之罪也。故始之以《黍离》,于是雅道息矣。(《王道篇》)

此外,王通还认为"诗者,民之性情也"[1]。《诗》可以正性、明理。《立命篇》云:"夫教之以《诗》,则出辞气,斯远暴慢矣……是以圣人知其必然,故立之以宗,列之以次。"不学诗,无以言,学《诗》可以辞气平和而有远见,并能逐步提高道德品质的修养。

王通隐居龙门时,"睹隋室之将散,知吾道之未行,循叹凤之远图,宗获麟之遗制,裁成大典,以赞孔门。讨论汉魏,迄于晋代。删其诏命,为百篇以续《书》。甄正乐府,取其雅奥,为三百篇以续《诗》"[2],用续《诗》的方式来表述对王道兴衰的关怀与讽喻。如:

薛收曰:"敢问《续诗》之备六代,何也?"子曰:"其以仲尼《三百》始终于周乎!"收曰:"然。"子曰:"余安敢望仲尼? 然至兴衰之际,未尝不再三焉,故具六代始终,所以告也。"(《中说》卷一《王道篇》)

子谓叔恬曰:"汝不为《续诗》乎,则其视七代损益终懑然也。"子谓:"《续诗》可以讽,可以达,可以荡,可以独处。出则悌,入则孝,多见治乱之情。"(《中说·天地篇》)

---

① 《中说·关朗篇》。
② 杨炯《王勃集序》,《全唐文》卷一百九十一。

　　子谓《续诗》之有化,其犹先王之有雅乎!《续诗》之有政,
其犹列国之有风乎!(《中说·事君篇》)

　　薛收问《续诗》。子曰:"有四名焉,有五志焉。何谓四名?
一曰化,天子所以风化天下也。二曰政,蕃臣所以移其俗也。
三曰颂,以成功告于神明也。四曰叹,以陈诲立诚于家也。凡
此四者,或美焉,或勉焉,或伤焉,或恶焉,或诚焉,是谓五志。"
(《中说·事君篇》)

王通《续诗》,起于东晋,经宋、北魏、西魏、北周,终于隋。王氏企图
通过续《诗》的手段来剖析社会"兴衰之由"、"邪正之迹",并进而针
砭时弊,以明王道,这与其对《诗经》的理解是一脉相承的。

　　其次,作家论与风格论。王通认为"文者,苟作云乎哉? 必也
济乎义"①,要求文以贯道。具体到作家时,就得先德而后文,"古
君子志于道,据于德,依于仁,而后艺可游也"②。至德为其道之
本,如《中说·天地篇》载:"或问王隐,子曰:'敏人也,其器明,其才
富,其学赡。'或问其道,子曰:'述作多,而经制浅,其道不足称
也。'"又"或问扬雄、张衡,子曰:'古之振奇人也,其思苦,其言艰。'
曰:'其道何如?'子曰:'靖矣'"。扬雄少好词赋,而后以此为童子
雕虫篆刻,壮夫不为也,并言:"诗人之赋丽以则,词人之赋丽以
淫。""则"即为儒家标准,"众言淆乱,必折诸圣"③、"君子事之为
尚。事胜辞则伉,辞胜事则赋,事辞称则经,足言足容,德之藻
矣"④。可见扬雄的文道主张基本上继承了孔子"有德必有言"的
言论,也开了王通文道合一的先河。如《天地篇》曾载李伯药见王

---

① 《中说·天地》。
② 《中说·事君》。
③ 《法言·吾子》。
④ 《法言·吾子》。

通而论诗，王通不予可否一事，后伯药退谓薛收曰："吾上陈应、刘，下述沈、谢，分四声八病，刚柔清浊，各有端序，音若埙篪，而夫子不应我，其未达欤？"薛收曰："吾尝闻夫子之论诗矣，上明三纲，下达五常。于是征存亡，辩得失。故小人歌之以贡其俗，君子赋之以见其志，圣人采之以观其变。今子营营驰骋乎末流，是夫子之所痛也，不答则有由矣。"声律、词章为文之末流，"上明三纲，下达五常"、"征存亡，辩得失"，重道轻艺，重行轻文，这才是王通作家论的核心。

在风格论上，王通也是由人论文，先品行而后品文，以儒家伦理道德的准则来衡量文风，并予以褒贬，如其对魏晋南北朝的诸诗人的评论：

> 子谓："文士之行可见：谢灵运小人哉！其文傲，君子则谨；沈休文小人哉！其文冶，君子则典。鲍照、江淹，古之狷者也，其文急以怨；吴筠、孔珪，古之狂者也，其文怪以怒；谢庄、王融，古之纤人也，其文碎；徐陵、庾信，古之夸人也，其文诞。"或问孝绰兄弟。子曰："鄙人也，其文淫。"或问湘东王兄弟。子曰："贪人也，其文繁。谢朓，浅人也，其文捷；江总，诡人也，其文虚。皆古之不利人也。"子谓："颜延之、王俭、任昉有君子之心焉，其文约以则。"（《中说·事君篇》）

王通认为谢灵运、沈约等皆品行不端正，故而文风或傲或狂；而颜延之、王俭、任昉三人则究心儒学经籍，有经纶之才，因此文章典雅凝重。王氏的人品文品论，刘勰于《文心雕龙》中已有精辟的阐述，罗宗强先生《隋唐五代文学思想史》云："王通则门外谈文，率皆不切实际，拟于不伦。上引所论，实无多大意义。其中所表述的文辞须约、达、典、则的观点，亦来源于孔子之'辞达而已矣'。皆非新说。"①此

---

① 罗宗强《隋唐五代文学思想史》，中华书局，1999 年版，第 16 页。

言甚是。

此外,在涉及具体的作品时,王通也详加点评,如"《大风》安不忘危,其霸心之存乎?《秋风》乐极哀来,其悔志之萌乎"①,"子读《乐毅论》,曰'仁哉乐毅,善藏其用;智哉太初,善发其蕴'"②,"《归去来》有避地之心焉,《五柳先生传》则几于闭关矣"③。另在《续书》中王通也对各种文体特征表述了他自己的看法,如论"对"云:"其因宜取类,无不经乎?洋洋乎,晁、董、公孙之对!"论"议"云:"昔黄帝有合宫之听,尧有衢室之问,舜有总章之访,皆议之谓也。"论"诚"云:"切而不指,勤而不怨,曲而不谄,直而有礼,其惟诚乎?"总体而言,王通论文,皆以政教入手,以儒家经世致用为旨归。

三、河汾之学与唐初文学理念的架构

正如前文所揭,王通河汾设教,主张"三教合一",力图恢复王道之治,这与贞观之治的文化精神是一致的。邓小军先生认为河汾之学乃是贞观之治思想文化上的深刻准备,这在思想资源和人才资源两方面,为后来达成的贞观之治发生了深刻而重大的作用,并言就贞观之治的文化精神而论,应当说唐源流出河汾④。河汾儒学兴盛,吸引众多士子求师问道,讲学聚会之余,也曾留意诗文创作,如王通琴曲《汾亭之操》,薛收《白牛溪赋》、《琵琶赋》,仲长子光《独游颂》、《河渚先生传》等。此外,王绩、杜淹、凌敬等也擅长文学,因而河汾不仅是道统的基地,同时也成了文人词客汇集之所。有的学者认为在隋代除了杨广周围作家群、北朝入隋作家群之外,

---

① 《中说·周公篇》。
② 《中说·王道篇》。
③ 《中说·立命篇》。
④ 邓小军《河汾之学与贞观之治的关系》,《四川师范大学学报》,1991 年,第 6 期。

尚有一个从未为研究者所注意的作家群——河汾作家群。这一作家群以大儒讲学河汾为背景，由王氏兄弟、王门弟子及河东、绛州两郡文士组成。再者，河汾作家群以其特有的创作风格和业绩，不但在隋代的文学中独树一帜，占有不容忽视的地位，而且对初唐文学的发展产生了重要的影响①。那么，河汾之学又是如何影响唐初文学观的建构呢？

首先我们必须明确，王通河汾讲学主要集中在大业九年至大业十三年，时间较短，而且受学者来自不同地方，因此河汾之学虽以儒学道统自居，但也夹杂着其他诸子学说。从地域而言，河汾之学还受到了齐鲁文化传统的影响，山东士子，多以儒术为治政之策，但同时也兼习百家，以功名自期。如北魏、北齐时，崔浩、高谦之、孙惠尉、祖珽等博涉百家，精于《老》《易》及各种图纬、算书，为世所重，如祖珽"天性聪明，事无难学，凡诸伎艺，莫不措怀，文章之外，又善音律，解四夷语及阴阳占候，医药之术尤是所长"②。隋以来，苏威该博坟典，阴阳纬侯无不通涉；李文博，本为经学，后读史书，于诸子及论尤为该洽。刘绰、刘炫两人，更是学综百家，为士林仰慕。"于是优游乡里，专以教授著述为务，孜孜不倦。贾、马、王、郑所传章句，多所是非。《九章算术》、《周髀》、《七曜历书》十余部，推步日月之经，量度山海之术，莫不核其根本，穷其秘奥。著《稽极》十卷，《历书》十卷，《五经述议》，并行于世"③。刘炫也曾自云："《周礼》、《礼记》、《毛诗》、《尚书》、《公羊》、《左传》、《孝经》、《论语》孔、郑、王、何、服、杜等注，凡十三家，虽义有精粗，并堪讲授。《周易》、《仪礼》、《穀梁》，用功差少。史子文集，嘉言美事，咸诵于心。

---

① 贾晋华《唐代集会总集与诗人群研究》，北京大学出版社，2001年版，第459页至470页。

② 《北齐书》卷三十九。

③ 《隋书》卷七十五《刘绰传》。

天文律历,穷核微妙。至于公私文翰,未尝假手。"①南北朝以来,
北地战乱频繁,动荡不安,学术的传承有赖于家学。河汾王氏是
"地实儒素,人多高烈"的世家大族②。其家学也极有渊源,据《中
说·王道篇》载,王通先祖永嘉年间迁往南方,六世祖玄则,仕宋,
曾作《时变论》六篇,言化俗推移之理。五世祖焕,为江州府君,作
《五经决录》五篇,言圣贤制述之意。四世祖虬建元年间奔至北魏,
任并州刺史,始家河汾,曾作《政大论》八篇,言帝王之道。三世祖
彦,仕至同州刺史,有《政小论》八篇,言王霸之业。王通祖一,安康
献公,定居龙门,有《皇极谠义》九篇,言三才之去就。王通父隆,教
授乡里,门人众多,曾上奏隋文帝《兴衰要论》七篇,言六代之得失。
对先人的著述,王通极为仰慕,并言:"余小子获睹成训,勤九载矣。
服先人之义,稽仲尼之心,天人之事,帝王之道,昭昭乎!"③此外,
王氏家族文化因子中尚有玄学思想,孙望先生在《王度考》中曾指
出:王氏家庭中存在着两大思想体系,王通及王凝属于儒家,而王
度和王绩则喜欢阴阳及道家,延及门人中,汾隐侯生善阴阳卜筮,
仲长子光则好《老子》《周易》。杜晓勤先生也认为,魏晋宋正是玄
风盛炽时期,王氏家族自此以后,代有人学《易》,王绩自小喜《老》、
《庄》、《易经》自炫,与王氏家族曾仕江左的经历不能说没有关
系④。因此,细言之,河汾之学对唐初文学观念的影响,我们可以
一分为二:即唐初史家、政治家对王通经世致用文学观的继承。
受一定的家风和区域文化的影响,王绩、王勃等人的文学追求既有
家学因素,又呈多样化趋势。

　　河汾龙门弟子中,薛收、杜淹、魏徵以及陈叔达等人,不仅为李

①　《隋书》卷七十五《刘炫传》。
②　王绩《游北山赋》,《全唐文》卷一百三十一。
③　《中说·王道篇》。
④　杜晓勤《初盛唐诗歌的文化阐释》,东方出版社,1997年版,第180页。

唐王朝的创建及贞观之治作出了杰出的贡献,而在唐初文学观的重建中也同样扮演着重要角色。李唐草创,内忧外患,要巩固新政权,就得正视现实,并从历史兴亡之中汲取教训,"与讨古今,道前王所以成败,或日昃夜艾,未尝少怠"①。在稳定政治、发展经济之余,唐初君臣迫切需要文学为新生的政权服务,"虽以武功定天下,终当以文德绥海内"②,"宏风导俗,莫尚于文;敷教训人,莫善于学。因文而隆道,假学以光身……端拱而知天下,无为而鉴古今,飞英声,腾茂实,光于不朽者,其唯学乎! 此文术也"③。而这种文学的政治功利化趋势,是与王通经世致用的文学观相一致的。王通论文必及义、理,以儒家之道为旨归,主张文学的政教性,这在贞观君臣及其弟子身上得到明显的体现。如文以德先,据《封氏闻见记》三《贡举》载,冀州进士张昌龄文词俊楚,声振京邑。科考时却文策为下等,太宗讯问,吏部员外郎王师旦曰:"此辈诚有词华,然其体轻薄,文章浮艳,必不成令器,臣惧之,恐后生仿效,有变陛下风俗。"太宗深然之。文章虽然词藻华茂,但德行亏缺,必难成廊庙之才,其摈落也在情理之中。太宗论文,尚质崇道,强调文学的教化功能,如《帝京篇序》云:"予以万机之暇,游息艺文,观列代之皇王,考当时之行事,轩昊舜禹之上,信无间然矣。……故观文教于六经,阅武功于七德。台榭取其避燥湿,金石尚其谐神人。皆节之于中和,不系之于淫放。……释实求华,以人从欲,乱于大道,君子耻之。"从国家败亡的历史教训中以史为鉴,反对文风的淫放与纵欲,这与王通的文学兴亡论极为相似。王氏曾对六朝的奢靡文风进行严厉批判,并讥为亡国之音,这也多为贞观君臣所继承。如:

---

① 《旧唐书·儒学传上》。
② 《旧唐书·音乐志》。
③ 《帝范·崇文篇》卷四,《丛书集成初编》本。

朕若制事出令,有益于人者,史则书之,足为不朽。若事不师古,乱政害物,虽有词藻,终贻后代笑,非所须也。只如梁武帝父子及陈后主、隋炀帝,亦大有文集,而所为多不法,宗社皆须臾倾覆。凡人主惟在德行,何必要事文章耶?(《贞观政要·文史》)

御史大夫杜淹对曰:"前代兴亡,实由于乐。陈将亡也,为《玉树后庭花》。齐将亡也,而为《伴侣曲》。行路闻之,莫不悲泣。所谓亡国之音,以是观之,实由于乐。"(《贞观政要·礼乐》)

梁自大同之后,雅道沦缺,渐乖典则,争驰新巧。简文、湘东,启其淫放,徐陵、庾信,分路扬镳。其意浅而繁,其文匿而彩,词尚轻险,情多哀思。格以延陵之听,盖亦亡国之音乎!(《隋书·文学传序》)

古人有言:亡国之主,多有才艺,考之梁、陈及隋,信非虚论。然则不崇教义之本,偏尚淫丽之文,徒长浇伪之风,无救乱亡之祸矣。(《陈书·后主本纪》)

江左梁末,弥尚轻险,始自储宫,刑乎流俗,杂㳫㳫以成音,故虽悲而不雅。爰逮武平,政乖时蠹,唯藻思之美,雅道犹存,履柔顺以成文,蒙大难而能正。原夫两朝叔世,俱肆淫声,而齐氏变风,属诸弦管,梁时变雅,在夫篇什。莫非易俗所致,并为亡国之音;而应变不殊,感物或异,何哉?盖随君上之情欲也。(《北齐书·文苑传》)

唐初史家、政治家在对前朝的文学遗产进行审视时,着眼点往往集中在是否有益于政教上。文章与时运的紧密相济,使得他们认为缓靡的文风不仅与政教伦理化的儒家文学观扞格不通,更成了国家败亡的表征。贞观君臣这种审音知政的批评阐释,在一定程度上延续着王通经世致用文学观的价值标准。但撇开文学的政教性,就其特质而言,唐初君臣虽极力反对绮艳的文风,却并不完全否定文学的艺术特点,如姚思廉、令狐德棻等史学家对徐陵、江淹、沈约等南朝诗人"笔有馀力,词无竭源"的肯定,提倡文质并重,"其调也尚远,其旨也在深,其理也贵当,其辞也欲巧。然后莹金璧,播芝兰,文质因其宜,繁约适其变,权衡轻重,斟酌古今,和而能壮,丽而能典,焕乎若五色之成章,纷乎犹八音之繁会"①。而魏徵则认为江左文风清绮,文过其义,河朔词义贞刚,理过其词,主张"掇彼清音,简兹累句,各去所短,合其两长,则文质斌斌,尽善尽美矣"②。这种合南北文风之长的文学主张就当时文化环境来讲,具有极大的前瞻性,它不仅符合文学自身发展趋势,更为盛唐之音的到来奠定了坚实的思想基础。在这一点上,明显超越了王通功利的文学主张。

河汾王氏,素重儒学与仕宦,隋末唐初,尤有盛名。如王通长兄王度,即芮城府君,大业末曾撰《隋书》,逢丧乱而未及终毕③,后有《春秋》以记北魏、北周事,陈叔达誉之为"良史"④。王凝,王通弟,贞观初为监察御史,弹劾侯君集贬为姑苏令,后归隐乡里,整缮王通《六经》与《中说》。王绩,号东皋子,有大量诗文留世。王通子福郊、福祚、福畤三人,皆能以儒术传家,王凝"召三子而教之《略例》焉"⑤,福畤博通六经,善文词,以才学驰名,杨炯称其为"绝六艺以成能,兼百行而为德"⑥。福畤子勔、勃、勮等才藻相类,均以文才著称,《新唐书·王勃传》云:"勔、勮、勃皆著才名,故杜易简称'三株树'。"杨炯《王勃集序》也云:"兄勔及勮,磊落词韵,铿锵风

---

① 《周书·王褒庾信传论》。
② 《隋书·文学传序》。
③ 王绩《与陈叔达重借隋纪书》,《全唐文》卷一百三十一。
④ 陈叔达《答王绩书》,《全唐文》卷一百三十三。
⑤ 《中说·关朗篇》。
⑥ 杨炯《王勃集序》,《全唐文》卷一百九十一。

骨,皆九变之雄律也。"王通五代孙王质,少负志操,后寓居寿春,躬
耕以养母,专以讲学为事,门人受业者大集其门。元和六年,登进
士甲科,后升至监察御史,入朝为殿中,迁侍御史、户部员外郎等
职。纵观唐代王氏一族,则多秉承了以王通为代表的山东文人经
世致用的文化传统,他们有着强烈的进取意识与济世情怀,同时也
追求人格上的独立。反映在诗文创作上,多以言志、抒怀为主,具
有一定的思想性,而在文学趣味追求上又各具特色。如王绩,幼居
龙门,受王通教诲,自然也接受王氏的王道之志,"昔者吾家三兄,
命世特起,光宅一德,续明《六经》。吾尝好其遗文,以为匡世之要
略尽矣"①,"吾家三兄,生于隋末。伤世扰乱,有道无位。作《汾亭
之操》,盖孔氏《龟山》之流也。吾尝亲受其调,颇谓曲尽"②,此外,
王绩与王通门人薛收、杜淹及凌敬等人多有交往,这也激发起他济
世之心,如《晚年叙志示翟处士正师》中曾云:"弱龄慕奇调,无事不
兼修。望气登重阁,占星上小楼。明经思待诏,学剑觅封侯。弃繻
频北上,怀刺几西游"③。又其《九月九日》、《登坂陇二首》、《君平
买卜》、《被举应征别乡中古人》等诗作中也表露出强烈的功名意识
与悯世情怀。但仕途失意之后,王绩便退守故园,放达自适,崇奉
老庄,以魏晋名士为楷模,谈玄论理,"床头素书三帙,《老》、《庄》及
《易》而已,过此以往,罕尝或披"④。过着琴书自逸、丘壑同栖的隐
逸生活。就其诗文创作而言,早期王绩受隋代诗人如薛道衡、杨素
及贺若弼等人的影响,诗文中多怀才不遇、仕途舛挫的激愤与慷
慨,笔力遒劲健举,多得建安风骨遗韵。此外,王绩诗文中尚有深
刻的哲理思考与玄言思辨的色彩,在这一点上是受到了魏晋玄言

---

① 王绩《答程道士书》,《王无功文集》卷四。
② 王绩《答处士冯子华书》,《王无功文集》卷四。
③ 《王无功文集》卷三。
④ 王绩《答处士冯子华书》,《王无功文集》卷四。

诗及陶渊明田园诗的影响①。

王勃,幼时"文史足用,不读非道之书"②,自称"吾家以儒辅仁,述作存者八代矣"③,对其祖王通极为敬仰,《倬彼我系》中云:"爰述帝制,大搜王道。曰天曰人,是祖是考。礼乐咸若,诗书具草。贻厥孙谋,永为家宝。伊余小子,信惭明哲。彼网有条,彼车有辙。思屏人事,克终前烈。于嗟代网,卒余来继。"④并撰《元经》之传,又为《续诗》、《续书》作序,以承王通之志。王勃的文学主张与王通基本上是一脉相承的,如其力主文学的经世教化作用,经国之大业,不朽之盛事。"甄明大义,矫正末流,俗化资以兴衰,国家由其轻重。"⑤而对缘情体物之作则多予以批评,《上吏部裴侍郎启》云:

> 自微言既绝,期文不振。屈、宋导浇源于前,枚、马张淫风于后。谈人主者,以宫室苑囿为雄;叙名流者,以沈酗骄奢为达。故魏文用之而中国衰,宋武贵之而江东乱。虽沈、谢争骛,适先兆齐、梁之危;徐、庾并驰,不能免周、陈之祸。于是识其道者,卷舌而不言;明其弊者,拂衣而径逝。《潜夫》、《昌言》之论,作之而有逆于时;周公孔氏之教,存之而不行于代。天下之文,靡不坏矣。

王勃批评楚辞、汉赋,并从政教的角度全盘否定南朝文学,这种观点,显然是受到王通反浮靡文风的影响。但就文学本身而言,

---

① 参见杜晓勤《初盛唐诗歌的文化阐释》,东方出版社,1997年版,第179页至182页。

② 王勃《山亭兴序》,《全唐文》卷一百八十。

③ 王勃《送劼赴太学序》,《全唐文》卷一百八十。

④ 《唐文粹》卷十一。

⑤ 王勃《上吏部裴侍郎启》,《王子安集》卷八。

王勃并没有像王通一样,对文学的特性予以全部抹杀。如强调作品应有浓郁的情思和昂扬的气势,主张情以物兴、心物交感等,在创作上,王勃文词宏放,众体兼长,但词旨华靡,多六朝遗绪。这应与当时文坛的风气密切相关。

综言之,王通河汾设教彰显的文化精神多为贞观君臣所继承,其《中说》中所涉及的文学批评也为唐初文学理论的架构奠定了基石。以王绩、王质、王勃等为代表的王氏家族文人,其诗文创作,不但张扬着家族经世致用的文化传统,更赋予其强烈的时代内涵。另外,王氏河汾儒学的革新变古,对中唐以后的经学新风也有一定的启迪意义,如王道之志的提出及对天人感应、谶纬迷信的批判,都被韩愈、柳宗元、李翱等人发展和充实,皮日休《请韩文公配享太学书》云:"文中之道,旷百祀而得室授者,惟昌黎文公焉。"①此外,王通的王道之志也影响到宋代,如宋初石介认为柳开受王通影响至深,其《徂徕先生集》卷二《过魏东郊》:"堂堂柳先生,生下如猛虎。……述作慕仲淹,文章肩韩愈。"再者,王氏"存道寡欲"的修身之道为宋明理学"存天理,灭人欲"命题之滥觞,后世理学家包括朱熹、二程、陆九渊及王阳明等对此推崇备至。从这一层次上讲,王通实为宋明理学的肇始发端者。

第二节 唐代《文选》学的兴盛及其影响

萧统《昭明文选》选录了先秦至梁一百多位作家、七百余篇各种体裁的文学作品,是我国现存最早的诗文总集。《文选》一书,所选录的诗文多为名篇佳作,为学文者必读之书。自隋唐以来,选学日益兴盛,钱锺书《管锥编·全梁文》卷十九:"曹宪、李善以降,'文选学'专门名家。词章中一书而得为'学',勘比经之有'《易》学'、

---

① 《皮子文薮》卷九。

'《诗》学'等或《说文解字》之蔚成'许学'者,惟'《选》学'与'《红》学'耳。"唐代《文选》流传甚广,上至帝王诏写①,下及乡学童蒙诵读②,几乎家有其书。一些地方如扬州尚有文选楼,杨夔《文选楼铭》云:"文选楼者,梁昭明太子选文之地,时逾四代,年将五百,清风懿号,蔼然不泯。况广陵乃隋室故郡,遗事斯存,求之于今,陈迹尽灭,斯犹巍巍,久而益新。"③李颀《送皇甫曾游襄阳山水兼谒韦太守》云:"元凯春秋传,昭明文选堂。"李益《送襄阳李尚书》云:"俗尚春秋学,词称文选楼。"齐己《闻贯休下世》云:"争得梁太子,重为文选楼。"当然,唐代《文选》学的兴起,还受到了科举制度尤其是进士科试中诗必齐梁、文用骈赋的影响。正是诗赋取士,使得士子家置《文选》,并"熟精《文选》理"(杜甫《宗武生日》)。隋唐《文选》的研究,从萧该至李善、五臣等人,都受到了传统经学训诂的影响,笺释时多专注于音义、考证之学。但另一方面,他们也能抉发文心,从语辞、章法、风格诸方向对文体进行一定的文理批评与诠释。而文人则全面地学习、借鉴《文选》,从中汲取营养,润溉自己的创作。甚至如《河岳英灵集》、《中兴间气集》等在选诗的旨意与体例上也在一定程度上受到了《文选》的影响。

一、唐代《文选》学的兴起

萧统《文选》问世后,遭逢侯景之乱、王朝覆灭的时运。在学术文化陷入困境的时候,《文选》早期的流传也极其艰辛。隋末唐初,南朝齐梁文风风靡一时,这为《文选》学的兴起提供了契机。"选学"之名,起于曹宪而成于李善,但其滥觞还得追溯至萧该《文选音

---

① 《旧唐书·裴行俭传》。
② 《太平广记》卷四百四十七《张简》。
③ 《全唐文》卷八百六十七。

义》。萧该,萧统从侄,鄱阳王恢之孙,据《隋书·何妥传》附萧该事迹云:"性笃学,《诗》、《书》、《春秋》、《礼记》并通大义,尤精《汉书》,甚为贵游所礼。开皇初,赐爵山阴县公,拜国子博士。奉诏书与妥正定经史。然各执所见,递相是非,久而不能就。上遣而罢之。该后撰《汉书》及《文选音义》,咸为当时所贵。"萧氏精熟音韵、训诂,擅长《汉书》之学,"于时《汉书》学者,以萧(该)、包(恺)二人为宗匠,聚徒教授,著录者数千人"①,其《文选音义》,《隋书·经籍志》作三卷,两《唐书》作十卷,至五代宋初时,渐趋散佚。近人骆鸿凯于残本文献中爬梳剔抉,有所稽检,如"《文选学》源流第三"云:"今可见者,唯《文选·思玄赋》'行颇僻而获志兮'注引萧该《音》'颇本作陂,布义切';《汉书·扬雄传》官本引萧该《音义》曰'吷,《文选》余日反'二条。此则片羽仅存,不得如《汉书音义》,后人得为搜集成卷耳。"②另罗振玉影印日本金泽文库藏《古写本文选集注残卷》,得萧氏音注八条,弥足珍贵。

自萧该《文选音义》以来,光大《文选》学者,当属于江都曹宪,《大唐新语》卷九《著述》云:"江淮间为《文选》学者,起自江都曹宪。"曹宪,扬州人氏。《旧唐书·儒学传》载其事迹云:

> 仕隋为秘书学士。每聚徒教授,诸生数百人。当时公卿已下,亦多从之受业。宪又精诸家文字之书,自汉代杜林、卫宏之后,古文泯绝,由宪,此学复兴。大业中,炀帝令与诸学者撰《桂苑珠丛》一百卷,时人称其该博。宪又训注张揖所撰《博雅》,分为十卷,炀帝令藏于秘阁。贞观中,扬州长史李袭誉表荐之,太宗征为弘文馆学士,以年老不仕,乃遣使就家拜朝散大夫,学者荣之。太宗又尝读书有难字,字书所阙者,录以问

---

① 《隋书·包恺传》。
② 骆鸿凯《文选学》,中华书局,1989年版,第43页。

宪，宪皆为之音训及引证明白，太宗甚奇之。年一百五岁卒。所撰《文选音义》，甚为当时所重。初，江、淮间为《文选》学者，本之于宪，又有许淹、李善、公孙罗复相继以《文选》教授，由是其学大兴于代。

曹宪著述除《文选音义》外，《隋书·经籍志》载有《古今字图杂录》一卷、《广雅音》四卷。《旧唐书·经籍志》载《博雅》十卷、《尔雅音义》二卷、《文字指归》四卷、《曹宪集》三十卷。此外，曹氏还参与《桂苑珠丛》的编撰。这些著作多已散逸，惟《宋史·艺文志》载其《博雅》十卷。《博雅》为曹宪训注张揖《广雅》之书，清人王念孙《广雅疏证》将曹氏音释置于书后，另成书《博雅音》十卷。曹氏《文选音义》，宋以后，罕见著录，罗振玉影印日本金泽文库藏《古写本文选集注残卷》得其音义三条，今《唐钞文选集注汇存》共录曹氏音注十一条，可谓吉光片羽。曹宪讲授《文选》，著名的弟子有魏模、许淹、公孙罗及李善。

魏模，事迹不详。公孙罗有《文选注》，《唐语林·文学》载刘禹锡语：“《南都赋》言‘春卵夏韭’，子卯之卯也。而公孙罗曰‘卵，鸟卵’，非也。”许淹，润州句容人，《旧唐书·儒林传》云：“少出家为僧，后又还俗。博物洽闻，尤善训诂，撰《文选音》十卷。”另《旧唐书·经籍志》与《新唐书·艺文志》亦载释道淹著《文选音义》十卷，许淹、释道淹是否同一人，难以定谳。骆鸿凯《文选学》认为释道淹、许淹，当即一人，书也为一书。普暄《文选书目》则以为《文选音》与《文选音义》并非一书。周祖谟先生《论〈文选音〉残卷之作者及其方音》，据避讳用字、音义体例等状况，认为《唐写本〈文选音〉残卷》是许淹《文选音》的残本。范志新先生则认为在隋唐时期，除萧、曹、许、李、公孙诸人外，别有冯光震、王智明、李玄成、陈居、陆善经等先后注释《文选》，诸人集体之注或“功竟不就”，而私家之注，如陆善经注则至今尚存《文选集注》中。因此，今存残卷《文选音》不是没有可能出自上述诸人之手的①。

《文选》学能成为当时的显学,李善功莫大焉。《新唐书·李邕传》云:

> 李邕字泰和,扬州江都人。父善,有雅行,淹贯古今,不能属辞,故人号"书簏"。显庆中,累擢崇贤馆直学士兼沛王侍读。为《文选注》,敷析渊洽,表上之,赐赍颇渥。除潞王府记室参军,为泾城令,坐与贺兰敏之善,流姚州,遇赦还。居汴、郑间讲授,诸生四远至,传其业,号"《文选》学"。

李善自幼"方雅清劲,有士君子之风"②,显庆年间,注《文选》,分为六十卷,后坐贺兰敏之狱,流放边隅,上元元年,高宗大赦天下,李善得赦归居扬州,设帐授徒。圆仁《入唐求法巡行礼记》云:"扬州有四十馀寺,就中过海来鉴真和尚本住龙兴寺,影像现在;法进僧都本住白塔。臣善者,在此白塔寺撰《文选》矣。"③李善注《文选》,或恐就在此时。期间,马怀素曾客居江都,师事李善。《旧唐书·马怀素传》云:"寓居江都,少师事李善。家贫无灯烛,昼采薪苏,夜燃读书,遂博览经史,善属文。"李善晚年客居汴、郑,以讲授《文选》、经史为业,诸生多自远方而至,其"选学"大行于时。善子邕也擅长选学,《新唐书·李邕传》云:"邕少知名。始善注《文选》,释事而忘意。书成以问邕,邕不敢对,善诘之,邕意欲有所更,善曰:'试为我补益之。'邕附事见义,善以其不可夺,故两书并行。"《四库提要》据李匡义《资暇录》所载李氏《文选》有众多版本,"绝笔

---

① 范志新《唐写本〈文选音〉作者问题之我见——文选学著作考(一)》,《晋阳学刊》,2005年,第5期。

② 《旧唐书·儒学传》。

③ （日）圆仁撰,顾承甫点校《入唐求法巡礼行记》,上海古籍出版社,1986年版,第22页。

之本"又有释音、训义的记载,加上李邕补注与李善注《文选》时间不相符合来反驳《新唐书》的记载,此论有武断嫌疑,汪习波《隋唐文选学研究》曾对李邕"补益"一事进行详细的考证,在此不予以赘述。

李善上表呈《文选注》之后六十年,即开元六年,吕延祚进《五臣集注文选表》,五臣者,即吕延济、刘良、张铣、李周翰及吕向。其表云:"周知秘旨,一贯于理,杳测澄怀,目无全文,心无留义。作者为志,森乎可观……其言约,其利博,后事元龟,为学之师,豁若彻蒙,烂然见景,载谓激俗,诚惟便人。"①玄宗览后,颇为奖赏,并赐绢及彩一百缎,此后《五臣注》广为流传,但也多遭后人的訾诟,王说《唐语林》云:"五臣者,方悟所注直尽从李氏注中出,开元进表,反非斥李氏,无乃欺心欤!且李氏未详处,将欲下笔,宜明引凭证,细而观之,无非率尔。"并进一步斥言:"乃知李氏绝笔之本,悬诸日月焉;方之五臣,犹虎狗凤鸡耳!"五代丘光庭《兼明书》卷四则认为此注本仅靠权势得以流行,文中多乖谬之处,并云:"五臣者,不知何许人也,所注《文选》,颇为乖疏。盖以时有王张,遂乃盛行于代。将欲从首至末,搴其萧根,则必溢帙盈箱,徒费笺翰。苟蔑而不语,则误后学。习是用略举纲条,馀可三隅反也。"《四库全书总目提要》也批评道:"今观所注,迂陋鄙俗之处尚不止此。而以空疏臆见轻诋通儒,殆亦韩愈所谓蚍蜉撼树者欤!"虽然存在诸多缺陷,但《五臣注》对《文选》学的发扬光大是功不可没的,而且在释词通义方面显得更为通达,对作品的艺术特色的阐释也全面具体。

《五臣注》进呈之后,开元十九年,集贤院诸贤先后注释、续编《文选》。《玉海》卷五十四引《集贤注记》云:"开元十九年三月,萧嵩奏王智明、李元成、陈居注《文选》。先是,冯光震奉敕入院校《文选》,上疏以李善旧注不精,请改注,从之。光震自注得数卷。嵩以

---

① 《全唐文》卷三百。

先代旧业,欲就其功,奏智明等助之。明年五月,令智明、元成、陆善经专注《文选》,事竟不就。"玄宗以后,时移世迁,盛极而衰,"选学"也渐趋式微。

　　总之,隋唐时期《文选》学兴盛一时,萧该导其源,曹、李师徒激流扬波,发扬光大。需要进一步指出的是,"选学"之所以能成显学,在于其形成庞大的学术规模与绵延不断的知识递承。如贞观年间,曹宪于江淮讲授《文选》,弟子许淹、李善、公孙罗及魏模父子相继以《文选》教授生徒,使江淮成了"选学"第一重镇。其后,李善晚年居汴、郑间,以讲授《文选》为业,声势、规模不啻于江淮间,此为第二重镇。从师承传授的角度而言,"选学"在很大的程度上应属于私学的范畴,虽然五臣注及陆善经等人的注记带有官学的痕迹,但也属于李善《文选注》的传衍嗣响。

二、《文选》学与唐代科举

　　唐人尚《文选》,一些风雅之士往往以引用《文选》篇什相互戏谑,如《新唐书·萧至忠传》:"(至忠)尝出主第,遇宋璟,璟戏曰:'非所望于萧傅。'至忠曰:'善乎宋生之言。'"宋璟引用的"非所"一句,出自潘岳的《西征赋》,萧至忠引用的"善乎"一句,出自于潘岳的《秋兴赋》,此二赋皆出于《文选》。萧、宋二人初次晤面,即随口以《文选》中的句子致意,可见他们对《文选》已了然于胸。又《全唐诗话》卷四载:"蟾廉问鄂州,罢,宾僚祖饯,蟾曾书《文选》句云:'悲莫悲兮生别离,登山临水送将归。'以笔毫授宾从,请续其句。逡巡,有妓泫然起曰:'某不才,不敢染翰,欲口占两句。'韦大惊异,令随念,云:'武昌无限新栽柳,不见杨花扑面飞。'坐客无不嘉叹。韦令唱作《杨柳枝词》。"韦氏所写的句子,前一首见屈原《九歌·少司命》,后一首见宋玉《九辨》,皆收录于《文选》。所以,从普及层面来看,不管是文人士子,还是史臣歌伎,对《文选》也极为熟稔。

　　那么,唐人习《文选》,与科举有何联系呢? 我们知道,唐代科举名目繁多,但"士族所趋向唯明经、进士二科而已"①,明经科在高宗以后因"帖诵为功,罕穷旨趣"②为应举士子所轻,而进士科成了士林华选,"进士为时所尚久矣,是故俊乂实在其中,由此而出者,终身为闻人"③。唐代的进士试,永隆中始以文章取士,《登科记考》卷二:"永隆二年八月,诏云:'进士试杂文两首。识文律者,然后并令试策。'"其杂文多指箴、铭、论、表之类。天宝年间,杂文专试诗赋。唐代的省试诗赋,注重文词的工丽精巧,讲究声韵,沈亚之《与京兆试官书》云:"去年始来京师,与群士皆求进,而赋以八咏。雕琢绮言与声病,亚之习未熟,而又以文不合于礼部,先黜去。"④五代牛希济《文章论》也云:"今有司程式之下,诗赋判章而已,唯声病忌讳为切。"⑤这种进士试追求雕琢绮言、讲究声病的风气,正是受到了以《文选》为代表的齐梁风格的影响。考察唐代应试诗,从命题取资及诗材橐栝的渊源来看,皆受到《文选》的影响。据《文苑英华》卷一百八十至一百八十九及徐松《登科记考》和孟二冬《登科记考补正》的统计,唐代应试试题源自《文选》或李善注解语辞的达六十七题,相应篇数为一百三十篇。其中引用谢朓诗句十次,江淹诗句五次、赋四次,谢灵运诗句八次,曹植诗句七次、表一次,班固赋五次,鲍照诗句四次,陶渊明诗句三次⑥,又范摅《云溪友议》卷上《古制兴》记载云:

---

　　①　杜佑《通典》卷十五《选举三》。

　　②　《册府元龟》卷六百三十九《贡举部·条制一》。

　　③　李肇《国史补》卷五。

　　④　《全唐文》卷七百三十五。

　　⑤　《全唐文》卷八百四十五。

　　⑥　篇目统计可参考刘青海《试论唐代应试诗的命题及其和〈文选〉的渊源》,《云南大学学报》(社会科学版),2008 年,第 4 期;张鹏飞《唐人试律诗试题取用〈文选〉诗赋原句或李善注解比勘——〈昭明文选〉在唐代科举诗中的应用发微之一》,《湖北师范学院学报》,2010 年,第 3 期。

文宗元年秋，诏礼部高侍郎锴，复司贡籍，曰："夫宗子维城，本枝百代，封爵便宜，无令废绝。常年宗正寺解送人，恐有浮薄，以忝科名。在卿精拣艺能，勿妨贤路。其所试，赋则准常规，诗则依齐梁体格。"乃试《琴瑟合奏赋》、《霓裳羽衣曲诗》。主司先进五人诗，其最佳者，其李肱乎？次则王收《日斜见赋》，则《文选》中《雪赋》、《月赋》也。

开成二年，高锴知贡举，其《先进五人诗赋奏》对这次省试诗赋进行品鉴云："进士李肱《霓裳羽衣曲》诗一首，最为迥出，更无其比。词韵既好，人才俱美。前场吟咏近三五十遍，虽使何逊复生，亦不能过。兼是宗枝，臣与状头第一人，以奖其能。次张棠诗一首，亦绝好，亚次李肱，臣与第二人。其次沈黄中《琴瑟合奏赋》，又似《文选》中《雪》、《月》赋体格，臣与第三人。"高锴把李肱比之何逊，以沈黄中的赋与谢惠连的《雪赋》及谢庄的《月赋》相比，可见其录取标准是严格按照《文选》中的"齐梁体格"来评判的。这一点，清人张笃庆也论道："盖唐人犹有六朝馀习，故以《文选》为论衡枕秘，举世咸尚此编。"①因此，《文选》成了唐代士子应考的必读之书。《旧唐书·武宗纪》曾载武宗与李德裕论及贡院取士之事，当时李德裕说："臣无名第，不合言进士之非。然臣祖天宝末以仕进无他歧，勉强随计，一举登第。自后不于私家置《文选》。"可以看出，为了科考的需要，私家置《文选》是十分普遍的。一些士子也以《文选》为敲门砖，多加以模拟，如李白曾先后三拟《文选》，不如意，悉焚之，只留下《恨赋》、《别赋》②。

唐代的科举考试中，尚有名目众多的制举，据《唐会要》卷七十六《制科举》载，从高宗显庆三年至文宗大和二年，总其科目有志烈

---

①　《清诗话·师友诗传录》，上海古籍出版社，1999 年版，第 129 页。

②　段成式《酉阳杂俎》前集卷十二《语资》条。

秋霜科、幽素科、辞殚文律科等，达六十三个科目，其科试就有箴、铭、论、策等多种文体。这也自然促使举子应试前要掌握各种文体的写作技巧，而《文选》作为士子手头现成的收录诗歌、辞赋及各种杂文最完备的总集，显然成为他们不可多得的写作范本。《文选》在选录的七百多首作品中，就有赋、诗、骚、七、诏、册、令、教、文、表、上书、启、弹事、笺、奏记、书、移、檄、难、对问、设论、辞、序、颂、赞、符命、史论、史述赞、论、连珠、箴、铭、诔、哀、碑文、墓志、行状、吊文、祭文等三十九种文体，可谓文体众备，这也足够举子们临摹取资。为了进一步满足士子的需求，唐代还多次续修《文选》，如《新唐书·艺文志》载："开元中，诏张说括《文选》外文章，乃命（徐）坚与贺知章、赵冬曦分门讨，会诏促之，坚乃先集诗赋二韵为《文府》上之。馀不能就而罢。"又大和八年三月，集贤学士裴潾撰《通选》三十卷，以拟昭明太子《文选》，可惜裴潾所选，多偏僻之作，不为时人所称，《新唐书·裴潾传》云："当时文士非与游者皆不取，世恨其隘。"这些续修活动，虽然未能成功，但对《文选》的流传无疑起着推波助澜的作用。

此外，《文选》在科考中还具有"检事"的功用。唐人科考，以雕琢为功，以绮言为奇，"近代以来，俗尚文字，为学者以钞集为科第之资"①。五代冯道也曾曰："《兔园册》皆名儒所集，道能讽之，中朝士子止看文场秀句，便为举业。"②而在考试中，有时甚至是允许携带书籍入场的，《唐会要》卷七十六载："乾元初，中书舍人李揆兼礼部侍郎，揆尝以主司取士，多不考实，徒峻其堤防，索其书策。殊不知艺不至者，居文史之囿，亦不能摘其词藻，深昧求贤意也。及其试进士文章日，于中庭设五经及各史，及切韵本于床，而引贡士谓之曰：'国家进士，但务得才，经籍在此，各务寻检。'由是数日之

---

① 李翱《与淮南节度使书》，《李文公集》卷八。
② 《旧五代史》卷一百二十六。

间，美声上闻。"考官所列的经籍及韵本，是为了举子寻检试题出处及用典、用韵的。在这些方面，李善与五臣的《文选》注，以其训释精审、征引富赡，为士子寻检典故或音义释词提供方便。在某种程度上讲，《文选》与类书同为"书簏"，皆为科考和缀文提供摘藻之资。

唐代科举以文取士，作为士子科考必备之书的《文选》，常常与经书并列，如《秋胡变文》中曾载秋胡外出游学时，随身携带的"十轶文书"，即《孝经》、《论语》等九部经书与《文选》①。又《旧唐书·吐蕃传》："（金城）公主请《毛诗》、《礼记》、《左传》、《文选》各一部。制令秘书省写与之。"其地位崇高可见一斑，唐人最重《文选》学，"熟精《文选》理"也自然在情理之中了。

三、"熟精《文选》理"辨——兼论《选》体与齐梁体格

唐之世三百年，诗称极盛，"诗至于唐，光岳英灵之气，为之汇聚；发为风雅，殆千年一瑞世"②。唐诗的繁荣，一个重要的原因在于对前代诗歌艺术的继承与发展，而作为"鸿篇巨制，垂范千秋"③的诗文总集，《文选》自然成了唐人学习、借鉴的范本。李善《上〈文选〉注表》云："撰斯一集名曰《文选》。后进英髦，咸资准的。"杜甫《宗武生日》更是云："诗是吾家事，人传世上情。熟精《文选》理，休觅彩衣轻。"可见"《文选》理"对唐代的诗文创作影响至深。那么，何为"《文选》理"，唐代文人又如何对待"《文选》理"？

"熟精《文选》理"出自杜甫训谕诗《宗武生日》，代表着杜甫取法先贤的诗学主张。但何者为"理"，杜氏没有明确的阐释，学者或

---

① 《敦煌变文》卷二。
② 刘壎《水云村稿》卷五《新编绝句序》。
③ 骆鸿凯《文学选》纂集第一，中华书局，1989年版，第1页。

宏观,或微观,多有钩沉附会①。从接受的角度来看,隋唐以后,对《选》诗及齐梁体的体性辨识,具有阶段性与多样化的趋势,这些内容的探讨,虽有所研究,但尚未能探骊得珠,有必要作进一步的拓殖推原。

隋唐时期,《选》学日益兴盛,上至帝王诏写,下及乡学童蒙诵读,几乎家有其书。除了曹宪、李善、吕延祚等人的音注释词之学外,一些文人也多有摛藻之举。而其中能对《文选》取精用宏者,首推杜甫。我们在谈论杜甫的诗学思想时,也常常引用"熟精《文选》理"来阐述杜诗创作对八代的继承,但"理"作何解? 历代评家臆测纷纭,难以定谳。

其一,将"《文选》理"界定为《选》诗的文学观念与艺术标准,即以"典雅"、"宏丽"释"理"。王应麟《困学纪闻》卷十七云:"少陵有诗云'续儿诵《文选》',又训其子熟精《文选》理,盖选学自成一家。"王氏虽未指出"理"为何物,但也视之为自成一家的体系准则。其实,早在北宋末张戒《岁寒堂诗话》对"理"就进行了一番阐释:

> 杜子美云"续儿诵《文选》"。又云"熟精《文选》理"。然则子美教子以《文选》欤? 近时士大夫以苏子瞻讥《文选》去取之谬……《文选》中求议论则无,求奇丽之文则多矣。子美不独教子,其作诗乃自《文选》中来,大抵宏丽语也。

宋朝初期,《文选》在科举考试中仍然为文人所重视,但举子在取资时已渐有穿凿陈腐之弊。熙宁年间,苏轼不满文坛拇扯陋习,

---

① 如屈守元《"〈文选〉理"说》,《杜甫研究学刊》,1996年,第1期;韩泉欣《为杜诗"熟精〈文选〉理"进一解》,《浙江大学学报》,2003年,第3期;李晖《"文选理"与唐诗》,见《〈文选〉学新论》中州古籍出版社,1997年版;吴怀东《〈文选〉理与杜甫的立场》,见《杜甫与六朝诗歌研究》,安徽教育出版社,2002年版等。

曾批评《文选》选诗之荒谬，"舟中读《文选》，恨其编次无法，去取失当。齐梁文章衰陋，萧统尤卑弱"①。其后文人翕然从之，俗谚中所言的"《文选》烂，秀才半"也为"苏文熟，吃羊肉"所代替。当然，北宋后期《选》学的衰微也受到科场风尚及文学思潮的影响，但张戒、葛立方以及胡仔等并没有因噎废食，他们树起杜甫的"熟精《文选》理"的旗帜进而肯定《文选》的宏丽之旨。清李重华在《贞一斋诗说》八四条也辩之云："子美家学相传，自谓'熟精《文选》理'。由唐以诗赋取士，得力《文选》，便典雅宏丽，犹今日习八股业，先须熟复五经耳。"贺贻孙则言："今人以子美誉《文选》而亦誉之，以子瞻毁《文选》而亦毁之，毁誉皆在子美、子瞻，与己何与？又与《文选》何与哉？"②另外，康熙四十五年，《文选》"理"之辩尚有一场精彩的问答。《师友诗传录》中记载：

> 问："萧《选》一书，唐人奉为鸿宝。杜诗云：'熟精《文选》理。'请问其理安在？"
>
> 阮亭（王渔洋）答："唐人尚《文选》学，李善注《文选》最善。其学本于曹宪，此其防也。杜诗云云，亦是尔时风气。至韩退之出，则风气大变矣。苏子瞻极斥昭明，至以为小儿强作解事，亦风气递嬗使然耳。然《文选》学终不可废。而五言诗尤为正始，犹方圆之规矩也。'理'字似不必深求其解。"
>
> 历友（张笃庆）答："文之有选，自萧维摩始也。彼其括综百家，驰骋千载，弥纶天地，缠络万品；撮道艺之英华，搜群言之隐赜。义以汇举，事以群分。所谓略其芜秽，撷其精英；事出于沈思，义归于翰藻。观其自序，思过半矣。少陵所云熟精其理者，亦约略言之。盖唐人犹有六朝馀习，故以《文选》为论

---

① 苏轼《仇池笔记》卷上《论文选》，华东师范大学出版社，1983年版，第203页。
② 贺贻孙《诗筏》，《清诗话续编》，上海古籍出版社，1983年版，第174页。

衡枕秘，举世咸尚此编，非必如宋人所云理也。"

萧亭（张实居）答："夫《文选》一书，数逾千祀，时更七朝。楚国词人，御兰芬于绝代；汉朝才子，综鞶悦于遥年。虚元流正始之音，气质驰建安之体。长离北度，腾雅咏于圭阴；化马东骞，煽风流于江左。诚中叶之词林，前修之笔海也。然而声音之道，莫不有理，阐理敷词，成于意兴。严沧浪云：'南朝人尚词而病于理，宋人尚理而病于意兴，唐人尚意兴而理在其中。'善读者三复厥词，周知秘旨，目无全牛，心无留义，体各不同，理实一致，采其精华，皆成本领。故杨载曰：'取材于《选》，效法于唐。'马伯庸曰：'枕藉《骚》、《选》，死生李、杜。'又昔人曰：'《文选》烂，秀才半。'皆少陵'熟精《文选》理'之义也。"①

王士禛取法牧斋，以宏雅为宗，追求"妙悟"与"意在笔墨之外"，《池北偶谈》卷十八评王维诗画时云："大抵古人诗画，只取兴会神到，若刻舟缘木求之，失其指矣。"王氏神韵诗说讲究含蓄蕴藉，推崇严羽"不著一字，尽得风流"之说，对诗歌的说理判断颇有微词，如不满宋诗中的道学气息，认为理学诗牵缀声韵作语录之诗，则无形象风貌可言。因此，渔洋释"理"为五言之正始，不求深解，点到则止，这与其倡导神韵的诗学观是一致的。王氏的神韵诗学也自然影响其羽翼张笃庆与张实居，二张文章淹博华赡，笔气俊逸，与王士禛相交甚厚，诗论也主神韵与情致，对宋诗的思理及獭祭之弊颇多微词，其《文选》"理"自然回归至翰藻、典雅及宏丽的标准。

其二，指使字、造句、诗法以及用韵等具体的创作技艺，这种观点侧重于技巧形式方面的继承。宋吴开《优古堂诗话》中就注意到杜诗对《文选》诗句的承袭，"'熟精《文选》理'，则其所取，亦自有本

---

① 　王夫之等撰，《清诗话》，上海古籍出版社，1999年版，第128页至129页。

矣。如《赠韦左丞》诗，皆仿鲍明远《东武吟》：'主人且勿喧，贱子歌一言。'然古《咏香炉》诗：'四座且勿喧，愿听歌一言。'"又赵次公云："公尝曰：'续儿诵《文选》。'则'熟精《文选》理'者，所以责望于宗武也。公诗使字多出《文选》，盖亦前作之菁英，为不可遗也。公又曰：'递相祖述复先谁。'则公之诗法，岂不以有据而后用邪？……休觅彩衣轻，则公所望其子者，在学而已。"①贺贻孙《诗筏》更认为杜甫"熟精《文选》理"的旨趣导向不仅在于烂熟此书，语句出脱变化于《文选》，要以"清矫之才，雄迈之气鞭策之，渐老渐熟，范我驰驱，遂尔独成一体"②。另外，严有翼、曾季狸、杨慎、杨伦、浦起龙等皆从诗韵、取材以及诗篇布局等方面指出了杜诗对《文选》的衍延变革。此类阐述甚多，于此不一一枚列。

　　其三，儒家义理之说及明辨是非之理。如翁方纲《杜诗"精熟〈文选〉理"理字说》中言：

　　　　《易》曰："君子以言有物。"理之本也。又曰："言有序。"理之经也。天下未有舍理而言文者。且萧氏之为《选》也，首原夫孝敬之准式，人伦之师友，所谓"事出于沈思"者，惟杜诗之真实足以当之；而或仅以藻绘目之，不亦诬乎！（《复初斋文集》卷十）

　　翁方纲此处以桐城文论的义法释"理"，将《文选》"理"归结为儒家忠孝仁义的人伦教化。并从杜诗的"真"与"实"，即忠君爱民、忧国之思等方面上承《文选》的"原夫孝敬之准式，人伦之师友"、"事出于沈思"，而对藻绘等艺术技巧的传承多有排斥。翁氏诗学以考据学问入诗，提倡"肌理"，以儒家诗教为核心，企图将"文理"

---

① 林继中《杜诗赵次公先后解辑校》，上海古籍出版社，1994 年版，第 515 页。
② 贺贻孙《诗筏》，《清诗话续编》，上海古籍出版社，1983 年版，第 174 页。

与"义理"合而为一,对"神韵"、"格调"之论多有驳斥。在《韩诗"雅丽理训诂"理字说》中也将"理"释为根植六艺的圣人之理,同样,《神韵论》对王士禛释《文选》理时"理字似不必深求其解"予以了否定,认为杜诗"熟精《文选理》"、韩诗"雅丽理训诂"及杜牧评李贺诗"使加之以理,奴仆命骚可矣"中的"理"虽可用"神韵"释之,但此神韵并非如王士禛倡导的含蓄蕴藉,更多的是义理的内容,即"肌理即神韵"的体现。翁方纲诗论以"理"之充实来救"神韵"之虚,以"切己切时切事"矫其空谈,这对当时的诗坛来说,是切中时弊的。但就杜甫诗"熟精《文选》理"而言,翁氏发挥有余,诗作内容的文本分析尚缺许多,显得牵强踏虚。另外,黄士龙《野鸿诗的》第十二条言:

> 故子美云:"熟精《文选》理。""精"者,明察之谓;"理"有是是非非之别;其意盖教人熟察而去就其是非也。苟无异同,曷不曰"《文选》句"而曰"《文选》理"乎? 后来者闻子美有是言,不揆其义,尽皆目之为禁脔,黑白于是乎混淆,而胸臆无所持循矣。

昆山黄士龙,号野鸿先生,少有诗名,与吴嘉纪、徐兰、张锡祚合称为四大布衣。乾隆二年撰《诗的》一卷,诗论反浮靡,主风雅,旨宗尚老杜,"论诗一以杜子美为宗,非子美外俱不屑意。见人诗无他语,唯痛诋而已。"[①]他阐释《文选》理时,将"理"视为明辨是非之理,那《文选》的是非黑白在哪里呢? 黄氏认为萧统才本平庸,诗作拙劣,《文选》选诗多有不当之处,如蔡文姬《悲愤》、左思《娇女》诸篇,弃而不取,陆机、陆云及沈约等诗作,警策者少,但采录几无

---

① 汪缙《吴黄两先生传》,见《汪子文录》,顾廷龙《续修四库全书》第1437册,上海古籍出版社,2002年版,第268页。

遗漏①。在诗论第十三条中他进一步说："昔以目学，今以耳学。人曰：《文选》我师也，我亦曰：我师也；人曰：梁、陈靡丽，不足学也，我亦曰：不足学也。而不知《文选》之外，梁、陈之间，经天纬地者，正不乏人。"可见，黄士龙的《文选》"理"，乃优劣评审、明辨评判之理，此论别具一格，但也有强人之嫌。

从宏观的文学观念层面来阐述"《文选》理"，并将之诉诸于《文选》的诗选标准，这一方面与杜甫重视神情风韵诗美的旨趣是吻合的。而就具体的诗歌创作技艺而言，也能从杜诗中寻绎到"《文选》理"的诗材实证。但我们认为，若要全面地诠释"《文选》理"，仅就"理"字强作敷衍，难免有凌空蹈虚之嫌。若从以下三方面入手，探源溯流，或许能获得更为广阔的考索空间。

首先，诗作背景与家学渊源。宝应元年，杜甫避徐知道之乱，入梓、阆诸州，时宗武在成都，又逢生日，杜甫思念之切，故作《宗武生日》以寄之。诗云：

> 小子何时见？高秋此日生。自从都邑语，已伴老夫名。诗是吾家事，人传世上情。熟精《文选》理，休觅彩衣轻。凋瘵筵初秋，欹斜坐不成。流霞分片片，涓滴就徐倾。

宗武，自幼聪颖好学，杜甫对其钟爱有加，曾作《忆幼子》、《遣兴》、《熟食日示宗文宗武》、《又示两儿》等诗歌或抒以亲情，或予以训谕劝诫。"自从都邑语，已伴老夫名"，可见当时宗武已暂显诗名，杜甫对宗武充满着期待，希望他能继承家业，声显翰林。"诗是吾家事，人传世上情"，杜甫祖父审言，与李峤、崔融、苏味道并称"文章四友"，工书翰，善五言诗。王夫之《姜斋诗话》三八卷下云：

---

①　黄子云《野鸿诗的》第十二条，《清诗话》，上海古籍出版社，1999 年版，第849 页。

"近体,梁、陈已有,至杜审言而始叶于度。"在初唐诗人中,杜审言在律诗的形成与发展中贡献巨大。他在齐梁诗歌的基础上,进一步完善律诗的格律音韵,同时也关注于律诗思想内容的充实与探索。明徐献忠《唐诗品》也云:"学士高才命世,凌轹同等,律调琅然,极其华茂。然其心灵流畅,不烦构结,而自出雅致。旷代高之,以为家祖。少陵雄生后代,威凤之丸,不离苞素者也。"对于祖父的诗学成就,杜甫是引以为荣的,"吾祖诗冠古"(《赠蜀僧闾丘师兄》);"吾人诗家流,博采世上名"(《同元使君春陵行》);并多有仿拟之作,如杜甫《登衮州城》即仿审言《登襄阳城》,又《投赠哥舒翰二十韵》、《上韦左相二十韵》等诗什也有杜审言《扈从长安》、《和李大夫嗣真奉使存抚河东》的痕迹。诚然,杜甫也非常希望宗武能像其祖审言一样从《选》诗中汲取营养,润溉创作。故而仇兆鳌言:"公祖审言善诗,世情因而传述,故当精《文选》以绍家学。"[1]浦起龙也云:"须得学问渊源,本于汉魏,熟精《选》理,乃称克家。"[2]大历三年初,杜甫流寓夔州,曾作《元日示宗武》、《又示宗武》诗二首,其中《又示宗武》诗云:

> 觅句新知律,摊书解满床。试吟青玉案,莫羡紫罗囊。假日从时饮,明年共我长。应须饱经术,已似爱文章。十五男儿志,三千弟子行。曾参与游夏,达者得升堂。

《又示宗武》与《宗武生日》均是训谕诗,庭诰劝诫之情一以贯之,故"觅句新知律,摊书解满床。试吟青玉案,莫羡紫罗囊"此二联也可视作"熟精《文选》理,休觅彩衣轻"的进一解。"莫羡紫罗囊",《晋书》卷七十九载:"(谢)玄少好佩紫罗香囊,(谢)安患之,而

---

①　仇兆鳌《杜诗详注》,中华书局,1979年版,第1478页。
②　浦起龙《读杜心解》,中华书局,1978年版,第759页。

不欲伤其意,因戏赌取,即焚之,于此遂止。"即勉励从学,勿耽于娱乐。其意与"休觅彩衣轻"相同。"青玉案",张衡《四愁诗》云:"美人赠我锦绣缎,何以报之青玉案。"张衡《四愁诗》出自于《文选》,故青玉案在此有代指《文选》之意。"觅句新知律,摊书解满床",也即翻检书籍,锻句炼字,并追求音韵和谐。这也正是熟精《文选》之原因。

其次,杜甫的诗学主张。在对待以《文选》为代表的六朝诗歌,杜甫并没有一律加以排斥,而是采取了"别裁伪体亲风雅,转益多师是汝师"(《戏为六绝句》)的态度。其中对陶渊明、谢朓、阴铿、何逊等人评价甚高,曾云"谢朓每篇堪讽诵"(《寄岑嘉州》)、"熟知二谢将能事,颇学阴何苦用心"(《解闷十二首》其七)、"流传江鲍体,相顾免无儿"(《赠毕四曜》)、"焉得思如陶谢手,令渠述作与同游"(《江上值水如海势聊短述》)。而杜甫自己也熔铸《文选》,受益匪浅,"少陵诗人宗匠,从'熟精《文选》理'中来,此古人之脱化也"①,如杜诗"挂席钓川涨"(《苦雨奉寄陇西公兼呈王征士》)源于谢灵运"挂席拾海月"(《游赤石进帆海诗》),"秋草萋更碧"(《遣兴》五首)源于谢朓"春草秋更绿"(《赠王晋安诗》)。又杨慎《升庵诗话》卷八云:"谢宣远诗:'离会虽相杂',杜子美'忽漫相逢是别筵'之句,实祖之。颜延年诗'春江壮风涛',杜子美'春江不可渡,二月已风涛'之句,实衍之。"近人李详《杜诗证选》举杜诗三百余条,其多数源于《文选》。当然杜甫对《文选》中齐梁以来的诗风是持扬弃态度的,《戏为六绝句》其五云:"不薄今人爱古人,清词丽句必为邻。窃攀屈宋宜方驾,恐与齐梁作后尘。"杜氏追求的是诗句的清新爽朗,而非陈腐的堆砌,如"清诗句句尽堪传"(《解闷》其六)、"诗清立意新"(《奉和严中丞西城晚眺十韵》)、"更得清新否,遥知对属忙"(《寄高适岑参三十韵》)。此外,杜甫研练精切,稳顺声势,重视字法、诗法的锻炼。元稹《唐故检校工部员外郎杜君墓系铭并序》称其云:"上薄风

---

① 徐增《而庵诗话》,《清诗话》,上海古籍出版社,1999年版,第426页。

骚,下该沈、宋,言夺苏、李,气吞曹、刘,掩颜、谢之孤高,杂徐、庾之流丽,尽得古今之体势,而兼人人之所独专矣。"正是这种兼取众长、别裁伪体的诗学态度使杜甫超越前贤,成"集大成"者。宋胡仔《苕溪渔隐丛话》前集卷九引《瑶溪集》云:"老杜于诗学,世以谓前无古人,后无来者。然观其诗大率宗法《文选》,撷其华髓,旁罗曲探,咀嚼为我语。至老杜体格,无所不备,斯周诗以来,老杜所以为独步也。"

再者,杜甫的科考之路与以《文选》相尚的科场背景。杜甫天才英丽,"七龄思即壮,开口咏凤凰"(《壮游》),开元二十年始漫游交友,求取功名,二十三年,与高适等应洛阳进士试,未中,《壮游》云:"归帆拂天姥,中岁贡旧乡。气劘屈贾垒,目短曹刘墙。忤下考功第,独辞京尹堂。"如果说此次科举未中,对风华正茂、才气横溢的杜甫来讲不算什么,那么天宝六载应举长安的失败无疑是巨大的打击,"破胆遭前政,阴谋独秉钧。微生沾忌刻,万事益酸辛"(《奉赠鲜于京兆二十韵》)。科举不通,家道败落,杜甫不得不走向献赋和干谒权贵的道路。虽然《雕赋》、"三大礼赋"受到了玄宗的赏识,但却无官无职,干谒权贵则"朝扣富儿门,暮随肥马尘。残杯与冷炙,到处潜悲辛"(《奉赠书左丞》),过着"饥卧动即向一旬,敝衣何啻联百结"的生活。可以说,这次科举的失败受挫,对杜甫来讲是难以抚慰的创伤。宝应元年,杜甫入幕成都,依附严武,生活虽有经济来源,但依旧是"多少残生事,飘零任转蓬"(《客亭》),所以杜甫将科举情结寄托于宗武身上也在情理之中。唐代科举以进士及第最为显赫,"至唐而科目之多为最,其中以登进士科为清班,与其选者莫不引为光耀"[1],其科考以诗赋为主,讲究声韵对偶,"有犯韵及诸杂违格,不得放及第"[2]。如天宝五年进士覆试时,"卢价赋内'薄伐'"字合使平声字,今使侧声字,犯格。孙澄赋内御

---

[1]　李调元《制义科琐记序》,《丛书集成初编》,商务印书馆,1936年版。

[2]　《册府元龟》卷六百四十二《贡举部·条制四》。

字韵使"宇"字,已落韵,又使"瞀字,是上声;有字韵中押'售'字,是去声,又有'朽'字犯韵;诗内'田'字犯韵"①。而在内容上,其衡量标准也是以《文选》为代表的齐梁体格。另外科考试题中,也有出自《文选》或与《文选》诗赋相类似,如开元元年《籍田赋》、上元二年《迎春东郊诗》、大历九年《上都赋》、《馀霞散成绮赋》和《密雨如散丝赋》等。五代时,张泌知举,"试《天鸡弄和风》,泌但以《文选》中诗句为题,未尝详究也。有进士白试官云:'《尔雅》:鶾,天鸡。鶒,天鸡。天鸡有二,未知孰是?'泌大惊,不能对"②,"天鸡弄和风"句,出自于《文选》卷二十二谢灵运《于南山往北山经湖中瞻眺》中的诗句"海鸥戏春岸,天鸡弄和风"。可见,唐五代的科考是以《文选》齐梁之风相尚,而宗武"熟精《文选》理"也自然受到了这种科场文化的影响。

综言之,杜甫"熟精《文选》理",有其家学渊源与科场背景,同时也受到杜甫本人诗学主张的影响。杜甫《宗武生日》乃绍述家业、不坠家声之训谕,其祖审言五律拓殖齐梁,音律雅深,故王渔洋言"《文选》理"为五言之规矩方圆,是慧眼独具。傅璇琮先生《唐代科举与文学》中曾言:"杜甫诗所谓'熟精《文选》理',不光是对作诗而言,在很大程度上是对科举考试说的。"并认为衡量省题诗的标准是齐梁体格③。故此,杜甫的训导也自然受科场文化的影响。

----

①　《册府元龟》卷六百四十二《贡举部·条制四》。

②　阮阅《诗话总龟》卷三十一《正讹门》,周本淳点校,人民文学出版社,1998年版,第318页。

③　见傅璇琮《唐代科举与文学》第433页,陕西人民出版社,1986年版。另外,李定广《唐代省试诗的衡量标准与齐梁体格》(《学术研究》,2006年,第2期)中认为唐代省题诗的标准并不是齐梁体格,而是常格,即唐代的律体,并认为傅璇琮的判断与解释并不正确。其实,齐梁体格的内涵包括内容风格与声律等方面。若就声律而言,它当然不同于唐人的省题诗的标准,但从内容来看,唐代省题诗浮华细巧的诗风与齐梁诗歌的绮艳纤丽多有相似之处。傅先生"衡量省题诗的标准是齐梁体格"更多的是指它们在内容层面上的承袭与影响。

唐代以后,《选》诗流誉甚广,学者多以《选》体喻之,但《选》体之称,内涵较为纷繁。从意指对象来看,诗歌体式有作家体(徐庾体、王荆公体)、体裁体(歌行体、律体)以及以创作环境命名的体式(台阁体)等。而《选》体是针对选本而言的,在一定程度上,诗体的美学旨趣具有多样化和模糊不规范性的特点。另外,齐梁体常被一些诗评家划属于《选》体的范畴,曾与《选》体一起被称为"古体",两者之间交叉架构,对此,应予以一定的辨析。

《选》体多指《选》诗,但偶尔称《选》赋为选体,如魏源《海国图志》卷十七云:"余尝见日本人所作《广对马岛赋》,仿《选》体,极瑰丽。"就诗歌的体裁而言,《文选》所收录的诗歌中,七言诗八首,四言诗三十二首,五言诗近四百首,占总数的百分之九十有余。故后世的诗论家多以五言古诗为《选》体:

> 五言古选体及七言歌行,太白以气为主,以自然为宗,以俊逸高畅为贵;子美以意为主,以独造为宗,以奇拔沈雄为贵。(王世贞《艺苑卮言》卷四)
> 偶阅王述庵诗,略加评点。五古渊源选体,非不清婉,而意平语滞。故鲜出色。(李慈铭《越缦堂读书记》卷八)

以《选》诗为五言古诗,世人多有附和之言,但《选》诗上至汉魏,下至齐梁,历时六朝。概念所指的阶段性则有争议。

其一,通代而言。陈绎曾《诗谱·古体》云:"凡读《文选》诗,分三节,东都以上主情,建安以下主意,三谢以下主辞。齐梁诸家,五言未成律体,七言乃多古制,韵度独出盛唐人上一等,但理不胜情,气不胜辞耳。"陈氏以情、意、辞来阐述《选》体在两汉、魏晋及南朝宋、齐、梁阶段的诗体特征,指出《选》体由重情意之雅洁到尚翰藻之丽泽的历时性变化。这种分析无疑是正确的。骆鸿凯先生《文选学》中也从历时的角度将《选》体分成建安体、正始体、太康体以及永明体等,相对而言,汉魏尚雅,六朝重丽。

其二,特指汉魏五古。刘克庄《后村先生大全集》卷九八《林子显诗》云:"五言诗,《三百五篇》中间有之。逮汉魏苏、李、曹、刘之作,号为'选体'。"又周亮工《书影》卷二载:"徐巨源曰:古诗者,《风》之遗也。乐府者,《雅》、《颂》之遗也。苏、李、《十九首》,变为黄初、建安,为《选》体。流为齐、梁俳句,又变至唐近体,而古诗尽亡。"在大部分批评家的视阈里,《文选》中汉魏五言宗祧《国风》与《离骚》,最为高古冠绝,是五言诗的源头,故郎瑛《七修类稿》卷二九云:"五言古诗,源于汉之苏、李,流于魏之曹、刘,乃其冠也。"胡应麟《诗薮》内编卷二也言:"五言盛于汉,畅于魏,衰于晋、宋,亡于齐、梁。"认为汉魏五古为神妙之品,浑然天成,绝无痕迹。而齐梁之后,文质离析,品质乖杂,多为流狭之作。所以,他们论《选》体五古,多重汉魏。

其三,推崇元嘉及南朝诸诗人。潘德舆《养一斋诗话》卷十云:"六朝组练明丽,别为《选》体,佳者不数篇,仿之者似乎遒郁,实拙滞耳。"其中以陶、谢为楷模,如王世贞《艺苑卮言》卷四评李、杜仿《选》体诗作时云:"《选》体,太白多露语、率语,子美多稚语、累语,置之陶、谢间,便觉伧父满面。"又沈德潜《清诗别裁》卷二评李霨《初发都门》诗云:"宗法《选》体,不流入于剽轻,犹得谢公遗意。"

虽然《文选》在唐代流传甚广,但作为一种具有批判意义的诗体概念,学术界一般认为《选》体之称产生于南宋时期。北宋熙丰之后,《选》学荒废,江西末流则有雕琢恓饤之弊,"近世以来学江西诗,不善其学,往往音节聱牙,意象迫切。且论议太多,失古诗吟咏性情之本意"[①]。所以张戒、徐俯、曾季狸及刘克庄等欲以《选》体的古雅清丽纠之。至明清时期,诗坛主流宗唐宗宋,但唐宋坛坫之外,也有论者揭橥《选》体,弘扬汉魏六朝古体诗风。如杨慎、薛蕙

---

① 刘克庄《后村诗话后集》卷二,中华书局,1983 年版,第 70 页。

等揽采六朝，含吐鲍、谢，效法者或重汉魏，或崇元嘉，王世贞也曾言："西京、建安，似非琢磨可到，要在专习凝领之久，神与境会，忽然而来，浑然而就。无岐级可寻，无色声可指。三谢固自琢磨而得，然琢磨之极，妙亦自然。"①清嘉道之后，渔洋、归愚、仓山之风余波渐平，宋大樽、魏源、汤鹏等标举汉魏，旁绍《选》体，马星翼《东泉诗话》卷一更云："后代诗人，大约学《选》者佳，背《选》者劣，同《选》者雅，异《选》者俚，得《选》之意者有体，失《选》之意者野战而已。"同光年间，湖湘派王闿运、邓辅纶及高心夔等宗祧汉魏，雅尚《文选》，如由云龙《定庵诗话》评王闿运："壬秋固宗《选》诗，非汉魏以上诗不措意者也。"②张翰仪《湘雅摭残》卷六论邓辅纶云："所著《白香亭诗集》，全学选体，多拟古之作，王湘绮以为一时罕有其匹，盖与之笙磬同音也。"③明清时期，《选》体的再度兴盛，是诗坛的返璞归真，对古雅清淡诗风的追摹。但从另一方面考虑，不管是唐宋派，抑或《文选》体，在摹古、拟古之中，皆难逃前人窠臼，末者更有挦扯之嫌。另外，《选》体涵盖时段长，内容丰富多彩，但特性不是很鲜明，这也使得《选》体及拟作遭后人诟病：

> 《选》体之名，最为无识。西汉至宋、齐诗皆在《文选》中，以何者为《选》体？（吴乔《围炉诗话》卷二）
>
> 学《选》诗当避《选》体，此是微言密旨，杜、韩所以为百世师也。不但避其词与格，尤当避其意。盖《选》诗之词格与意。为后人指袭，在今日已成习熟陈言。（方东树《昭昧詹言》卷三）
>
> 艾千子尝云："《选》不足学，曹、刘、李、杜略无可取。"骤闻

---

① 王世贞《艺苑卮言》卷一，齐鲁书社，1992 年版，第 25 页。
② 张寅彭《民国诗话丛编》，上海书店出版社，2002 年版。第 505 页。
③ 张翰仪《湘雅摭残》，曾卓、丁葆赤标点，岳麓书社，1988 年版，第 236 页。

其语，毋乃太过。细而思之，方知千子言亦有理。明代诗人林
立，诗卒不佳者，其病正坐于摹古、学古。有取于古耳。如千
子所云，将扫尽陈言，语语独创，亦是道理。（钱振锽《谪星
说诗》）

　　吴乔从时代性的角度来分析《文选》选诗的情况，认为以《选》
体之名作为诗体特称无法统一涵盖《文选》中不同阶段、不同体式
诗歌的特性。方东树、钱振锽则从仿拟的角度对《选》体多有指瑕，
认为历经漫长的学习濡染，《选》诗的词、格、意多为熟语、套语，摹
古承袭太甚就无创新，所以他们提倡要扫除《选》体陈言，追求语语
独创，才能别开生面，另辟一径。

　　相对于明清时期成熟的《选》体批评，唐人对《文选》的接受一
般呈现为音义注疏之学，但在创作上特别是五言多有采撷之举，形
成鲜明的特色，"唐人五言古，善于敷陈，故其体长而充畅"①、"声
既尽纯，调复雄浑，可为唐古之宗"②。唐古与《选》古的双峰并峙，
也带来了两者的优劣之争。"汉魏五言，声响色泽，无迹可求。至
唐人五言古，则气象峥嵘，声色尽露矣"③，李攀龙"论古则判唐、
《选》为鸿沟"④，甚至认为"唐无五言古诗，而有其古诗"，对李、杜
等唐人之作予以一定的批评。王世贞、胡应麟多有附和。反对者
弃"有其古诗"之言，专拾"唐无五言古诗"来驳斥李氏之言：

　　　　夫沧溟选唐诗，纯取其有声容者，其近体去唐尚远，而日
　　无古诗，亦英雄欺人耳。……吾故说：古诗断自汉魏，兹尚未

---

　　①　许学夷《诗源辩体》卷三，人民文学出版社，1987年版，第47页。
　　②　许学夷《诗源辩体》卷十四，人民文学出版社，1987年版，第151页。
　　③　许学夷《诗源辩体》卷三，人民文学出版社，1987年版，第48页。
　　④　钱谦益《列朝诗集小传·李按察攀龙》，上海古籍出版社，1983年版，
第429页。

遑，先说唐古诗为发轫。夫亦行远自迩、登高自卑之道，当如
是耳。故说唐古诗为第一。（徐增《而庵说唐诗》卷一）

济南以"唐无古诗"一语抹杀，辑缀《选》句成编，遂开袭取
之路。余谓五古必当以唐名家为法。宁有各体宗唐，而五古
独效《选》体乎？亦因字句易窃，性情难写故耳。（俞南史《唐
诗正凡例》）

但也有较客观的辨析，如王士禛："沧溟先生论五言，谓：'唐无
五言古诗，而有其古诗。'此定论也。常熟钱氏但截取上一句，以为
沧溟罪案，沧溟不受也。要之，唐五言古固多妙绪，较诸《十九首》、
陈思、陶、谢，自然区别。七言古若李太白、杜子美、韩退之三家，横
绝万古；后之追风蹑景，惟苏长公一人而已。"[1]渔洋所说甚是，唐
古源自汉魏古体，在遣辞措意以及风格旨趣等方面皆受到《选》体
的影响，但唐人古诗的创作，还应受到作家个性、创作环境以及其
他诗体的影响，自有其格调，不可仅以《选》体的"宏丽"、"藻饰"等
标准加以绳衡。后世或宗汉魏，或祖唐风，多在于依傍援引古人为
己立论，对其批评驳斥之论，也主要针对仿拟体的挹其芳泽、剿拟
肤廓的弊端而已。因此，古《选》体与唐古，只应有承前衍变之说，
无关正俗优劣之论。当然，对其流变盛衰的认知，应有客观的诗史
观念，叶燮《原诗》内篇上云："历考汉魏以来之诗，循其源流升降，
不得谓正为源而长盛，变为流而始衰。惟正有渐衰，故变能启
盛。……吾乃谓唐有古诗。"这种因时递变的辩证认识要比单纯的
价值判断更为宏通深刻。

尽管唐代士子人手一本《文选》，创作上多有承袭，但在概念层
面上并没有建构起《选》诗整体的价值取向与判断，在逻辑上也没
有引出规范性的诗学命题。对《文选》中汉魏六朝作家、作品的接

---

[1]　郎廷槐《师友诗传录》，《清诗话》，上海古籍出版社，1999 年版。第 129 页。

受更多的呈现为具体多样化的诗性解读与感知。而在科考中,虽然应试诗取资《文选》,但评判中具体标准则落实在齐梁诗风上,反映在批评领域,唐人更多的是从《文选》诗中拈出齐梁体等概念来表述对诗学传统的理解与阐释。

从诗歌体式的文本渊源来看,唐代齐梁体产生可以说是源自《文选》的盛行,那么,何为齐梁体?晚唐张读《宣室志》卷四载:"(陆)乔叹赏久之。因问(沈)约曰:'某常览昭明所集之《选》,见其编录诗句,皆不拘音律,谓之'齐梁体'。自唐朝沈佺期、宋之问方好为律诗。青箱之体乃效今体,何哉?'约曰:'今日为之,是为今体。亦何讶乎?'"《宣室志》的记载多为神仙异闻之事,上述资料中,情节、人物不足为证,但部分内容从侧面也反映了唐人创作的一些面貌。如士子往往通过《文选》才熟悉沈约等人创作的齐梁体。另外,相对于唐律而言,齐梁体不拘声病,但在今体(律体)创作兴盛的时期,齐梁体难以为继。

从后世的评论来看,永明体当属于齐梁体的范畴,冯班、钱良择等将永明至唐初的拟作也视为齐梁体。就声律而言,应是汉魏古体向律体的过渡。在唐代,齐梁体往往是作为批评的对象进入士子的诗学视阈。陈子昂、李白、杜甫、殷璠等对其"形似"、"绮丽"及"声病"皆曾加以鞭挞。中唐之后,齐梁体有复炽之势,皎然《诗式》曾为齐梁诗翻案,称其五言惟工惟精,元、白等人求新创变,于齐梁诗体也多有汲取。但在声律上,齐梁体往往被视为与律体相对应的"古体","律诗既盛,齐梁体遂微,后人不知,咸以为古诗"[1]。如开成二年,唐文宗即以"古体"的齐梁体格作为应试诗的衡量标准。文宗好古博雅,不喜郑卫之乐,认为当时文风不典实,尚浮巧,要求科考中"改诗赋格调,以正颓俗"、"效古为文,自然体

---

[1]　吴乔《围炉诗话》卷二,《清诗话续编》,郭绍虞选编,富寿荪点校,上海古籍出版社,1983年版,第522页。

尚高远"①。据此,范摅也将这次齐梁体格的应试视为"古制"的复兴。从体制声律上看,此次应试诗押仄韵,"尚有仄韵一门,当时谓为齐梁体"②。翻检唐人的应试之作,一般为五言六韵,每联平仄相间,粘对严格,押平声韵为主,仄声很少入韵。据《文苑英华》、《登科记考》的记载及王兆鹏先生《唐代科举考试诗赋用韵研究》书中的考证可得:唐应试诗仄声入韵有两次,一次是开元十九年辛未进士科试《洛出书试》,以题中的入声字"洛"、"出"为韵。另一次即文宗开成二年进士科试《霓裳羽衣曲诗》及开成三年进士科试《太学创制石经》诗,现存诗两首:

> 开元太平时,万国贺丰岁。梨园献旧曲,玉座流新制。凤管递参差,霞衣竞摇曳。宴罢水殿空,辇馀春草细。蓬壶事已久,仙乐功无替。讵肯听遗音,圣明知善继。(李肱《霓裳羽衣曲诗》)

> 圣唐复古制,德义功无替。奥旨悦诗书,遗文分篆隶。银钩互交映,石壁靡尘翳。永与乾坤期,不逐日月逝。儒林道益广,学者心弥锐。从此理化成,恩光遍遐裔。(冯涯《太学创制石经》诗)

李肱诗"岁"、"制"、"曳"押祭韵;"细"、"替'、"继"押霁韵。同样,冯涯诗中"替"、"隶"、"翳"押霁韵,"逝"、"锐"、"裔"押祭韵,祭、霁同用,为仄韵。另外,两诗中均有失粘与平仄不对之处。这些皆符合齐梁体格的声律要求,具有"略变双声叠韵,然文不粘缀,取韵不论双只,首不破题,平仄亦不相俪"等特征③,也许是受到文宗齐

---

① 王钦若《册府元龟》卷四十,中华书局,1960年版。

② 李因培《唐诗观澜集》卷十五,清乾隆二十四年刊本。

③ 吴乔《围炉诗话》卷一,《清诗话续编》,上海古籍出版社,1983年版,第491页。

梁体格应试标准的影响。白居易、刘禹锡、李商隐等皆有标注齐梁
体的诗作，"开元以往，好声律者，则师景云、龙纪；矜气格者，则追
建安、黄初，而永明文格微矣。然白乐天、李义山、温飞卿、陆龟蒙
皆有齐梁格诗。白、李诗在集中，温见《才调集》，陆见《松陵集》，题
注甚明，但差少耳。既有正律破题之诗，此格自应废矣。"①虽然在
文宗、白居易等人的倡导下，齐梁体的拟作也一度盛行，但企图从
声律回归古调的角度来挽回诗歌创作柔弱浮华的颓势，则显得难
以为继。纵观中晚唐诗歌的发展，此次"古制兴"并没有导致诗坛
质文一变，翕然从之，只能算是一次短暂的回溯返照。

四、馀论

唐代诗人中，受到《文选》润溉的诗人绝非杜甫一人，前文提及
曾三拟《文选》的李白，朱熹《朱子全书·论诗》云："李白自始终学
《文选》，所以好。"又"鲍明远才健，其诗乃《选》之变体，李太白专学
之"②，李白还"一生低首谢宣城"③，其《金陵城西楼月下吟》云："解
道澄江静如练，令人长忆谢玄晖。"即出于谢朓《晚登三山还望京
邑》。李白《宣州谢朓楼饯别校书叔云》云："蓬莱文章建安骨，中间
小谢又清发。"可见其对谢朓的推崇之情。又韩愈，《重刻东雅堂韩
昌黎集·秋怀诗》卷一引樊汝霖注云："唐人最重《文选》学，公以六
经之文为诸儒唱，《文选》弗论也。独于《李公墓志》曰：'能暗记《论
语》、《尚书》、《毛诗》、《左氏》、《文选》'。而公诗如'自许连城价'、
'傍砌看红药'、'眼穿长讶双鱼断'之句，皆取《文选》，故此诗往往

---

①　冯班《钝吟杂录·正俗》卷三，《丛书集成初编》，商务印书馆，1935 年版，第
40 页。

②　《中国历代诗话选》，岳麓书社，1985 年版，第 736 页。

③　王士禛《戏仿元遗山论诗绝句三十二首》之三。

有其体。"李详《韩诗证选》也指出韩诗征引《文选》之处。白居易同样熟精《文选》理,其《偶以拙诗数首寄呈裴少尹侍郎蒙以盛制四篇一时酬和重投长句美而谢之》云:"《毛诗》三百篇后得,《文选》六十卷中无。"另外如元稹"曾经沧海难为水,除却巫山不是云"即借用陆云《为顾彦先赠妇》中"浮海难为水,游林难咨观"一句。诸如此类,举不胜举。

唐代《文选》流誉甚广,文人士子或取模仿制,或取精用宏,皆能超然意会而不失本色。可以说《选》诗已经完全浸透在唐代文人诗歌创作的血液之中,但是我们必须明确,"唐音"对"选调"虽有所继承,其本质上尚有极大的差别,"唐诗不可注也。诗至唐,与《选》诗大异,说眼前景,用易见事,一注诗味索然,反为蛇足耳"①,"齐梁人欲嫩而得老,唐人欲老而得嫩,其所别在风格之间。齐梁老而实秀,唐人嫩而不华,其所别在意象之际。齐梁带秀而香,唐人撰华而秒,其所在点染之间"②。仅以永明体为例,《南史·陆厥传》云:"时盛为文章,吴兴沈约、陈郡谢朓、琅琊王融以气类相推毂,汝南周颙善识声韵。约等文皆用宫商,将平上去入四声,以此制韵。……不可增减,世呼为'永明体'。"齐梁永明诗体对唐代五、七言律诗影响甚大,"律体之兴,虽自唐始,盖由梁陈以来俪句之渐也"③,"而律句则自齐梁始,其来既远,故至此而纯美。七言律虽权舆于梁简文、庾信、隋炀帝,至唐初诸子尚不多见。七言律之兴,实自杜、沈、宋三公始,故未能纯美耳。"④唐律虽源于齐梁,但与永明体的差别是很明显的。如近体诗最忌合掌对,而齐梁往往犯之,又齐梁诗体"文不粘缀,取韵不论双只,首句不破题,平仄亦不相

---

① 胡震亨《唐音癸签》卷三十二。
② 陆时雍《诗镜总论》,第三十九条。
③ 高棅《唐诗品汇·五言律诗叙目》。
④ 许学夷《诗源辩体》卷一十三。

俪"①。至唐时,律诗则句偶韵谐,格调风神俱备,许学夷《诗源辩体》卷三十二云:"唐人律诗,炼格、炼句、炼字,皆无迹可求。"屈复《唐诗成法序》也云:"五七言律,体制于唐,法源于古,稳顺平仄,四韵成篇,起结虚实,反正抑扬,未尝立法以绳后人,而理极义当。如关石河沟,虽有贤者,千变万化,终莫能出其范围。"此外,唐诗体制齐备,风格多样,"唐人清绮如沈、宋,雄大如子美,超逸如太白,闲适如右丞,幽雅如襄阳,简直如韦、储,俊丽如龙标,劲响如高、岑,何必鲍、谢"②。这种气象风骨、吕律声韵兼备的盛世唐音,非齐梁鲍、谢等人所能企及。

唐代科举以文取士,风尚所趋,士子往往人手一本《文选》,奉为圭臬。而《选》学的兴盛,同样扩大了《文选》被诠释与接受的空间,正是这学术与科场文化的双重背景,为唐人的诗文创作提供了可资借鉴的文学体式与范型。在规模齐梁、撷拾《文选》的基础上,唐人开创了诗的国度,也达到了诗的巅峰。

第三节　《春秋》学派与中唐诗歌创作

安史之乱以后,大唐帝国权威失坠。就皇权而言,内则宦官把持朝政,外则藩镇割据。在边疆地带,吐蕃、回纥、党项等少数民族趁唐朝战乱衰微之际侵占掳掠,河湟、陇南等地已非唐所有。内忧外患,国困民穷,革新时弊已成了时代的要求。代宗永泰元年,独孤及上疏云:"陛下不以此时思所以救之之术,臣实惧焉。……陛下岂可持疑于改作,使率土之患日甚一日乎!"③政治求新,文化求

---

①　冯班《钝吟杂录》卷三《正俗》。
②　屠隆《鸿苞》卷一十七《论诗文》。
③　《资治通鉴》卷二百二十三。

变,社会的急剧变化引起士风的重塑,"君子致用在乎经邦"①,务实有为、才德笃厚成了道德品质评判的新标准。在学术上,章句训诂之学已为人所弃,务实通变、经世致用的经学之风成了主流,啖、赵、陆《春秋》学派正是在这样的背景下登上了历史舞台。同时,在文学创作的层面上,元、白等诗人也与经学革新相呼应,提倡新乐府运动,发挥诗歌美刺讽喻的作用。

一、《春秋》学派的兴起与经学革新

《春秋》一经,传者有《公羊》、《穀梁》、《左传》三家。《公羊》、《穀梁》为今文经学,《左传》为古文经学。晋杜预《春秋经传集解》以《左传》为尊,唐初孔颖达《春秋正义》也本于杜预。至中唐,啖助《春秋》学派兴起,合三传为一书,兼采众长,独树一帜,影响甚大。陈振孙《直斋书录解题》卷二云:"汉儒以来,言《春秋》者惟宗三传,三传之外,能卓然有见于千载之后者,自啖氏始,不可没也。"清皮锡瑞《经学通论》之四《春秋》也云:"淳本啖助、赵匡之说,杂采三传,以意去取,合为一书,变专门为通学,是《春秋》经学一大变。宋儒治《春秋》者,皆此一派。"《春秋》学派,啖助始创,赵匡损益,后经陆质整理推广,啖、赵之学才盛行一时。

啖助,字叔佐,赵州人,学问渊博,擅长经术,《新唐书》有传,但事迹不详。陆质《春秋啖赵集传纂例》卷一《春秋例统序》则详述啖、赵事迹及著述经过:

> 啖先生,讳助,字淑佐,关中人也,聪悟简淡,博通深识。天宝末,客于江东,因中原难兴,遂不还归,以文学入仕,为台州临海尉,复为润州丹阳主簿。秩满,因家焉。陋巷狭居,晏

---

① 李翰《通典序》,《文苑英华》卷七百三十七。

如也。始以上元辛丑岁集三传释《春秋》，至大历庚戌岁而毕。赵子时宦于宣歙之使府，因往还浙中，途过丹阳，乃诣室而访之。深话经意，事多响合。期反驾之日，当更讨论。呜呼！仁不必寿，是岁先生即世，时年四十有七。是冬也，赵子随使府迁镇于浙东，淳痛师学之不彰，乃与先生之子异躬自缮写，共戴以诣赵子。赵子因捐益焉，淳随而纂会之，至大历乙卯岁而书成。

分析这段材料，我们可以归绎出两点内容：第一，啖氏撰述《春秋集解》始于上元二年（761），至大历五年（770）完成，历时十年。啖氏安居丹阳后，便在此授学，陆质曾师之甚久，除陆质外，卢庇也师事啖助①。可见，《春秋》学派先于南方私家传授，陆质大历十年入京为太常寺奉礼郎，后传《春秋》于吕温、柳宗元等，啖、赵学派才大显于北方。第二，赵匡与啖助之间并非如《唐国史补》、《新唐书·儒学传》中所言的师生关系，而应属于同道好友。赵匡，字伯循，天水人，早年师从萧颖士受业②。赵氏与啖助仅大历五年面晤一次，但相交甚契，后曾对啖助的《春秋集注》有所损益。赵氏曾受知于陈少游，后者兴元年间因投靠李希烈忧惧而死，赵匡也受此牵连，被贬离职，卒年不详。

陆淳，字伯仲，避宪宗讳，改名质，陆氏师啖助长达十一年，后由陈少游推荐入朝，拜左拾遗，转太常博士，累迁左司郎中，并历仕信、台二州刺史。陆氏著书甚多，柳宗元《陆文通先生墓表》云："盖讲道者二十年，书而志之者又十馀年，其事大备。为《春秋集注》十篇，《辨疑》七篇，《微指》二篇。"陆氏顺宗年间，"与韦执谊善，由是

---

① 《旧唐书·窦群传》。
② 《新唐书·萧颖士传》。

征为给事中、皇太子侍读"①,曾参与永贞革新,并在永贞党人中传授《春秋》新学,其中吕温贞元九年前便师事陆质②,此外,柳宗元也应是陆质传人,如柳氏《答元饶州论〈春秋〉书》云:

> 辱复书,教以《报张生书》及《答衢州书》言《春秋》,此诚世所希闻,兄之学为不负孔氏矣。往年曾记裴封叔宅,闻兄与裴太常言晋人及姜戎败秦师于殽一义,尝讽习之。又闻韩宣英及亡友吕和叔辈言他义,知《春秋》之道久隐,而近乃出焉。京中于韩安平处始得《微指》,和叔处始见《集注》,恒愿扫于陆先生之门。及先生为给事中,与宗元入尚书同日,居又与先生同巷,始得执弟子礼。未及讲讨,会先生病,时闻要论,常以《易》教诲见宠。不幸先生疾弥甚,宗元又出邵州,乃大乖谬,不克卒业。复于亡友凌生处尽得《宗指》、《辨疑》、《集注》等一通。伏而读之,于"纪侯大去其国",见圣人之道与尧舜合,不惟文王、周公之志,独取其法耳;于"夫人姜氏会齐侯于禚",见圣人立孝经之大端,所以明其分也;于楚人"杀陈夏征舒,丁亥,楚子入陈,纳公孙宁、仪行父于陈",见圣人褒贬与夺,唯当之所在,所谓瑕瑜不掩也。反复甚喜。若吾生前距此数十年,则不得是学矣。今适后之,不为不遇也。(《全唐文》卷五百七十四)

从柳宗元的书信中可以看出,研习啖助《春秋》学派还有元洪、元锡、裴封叔、韩宣英、韩安平及凌生等人,其中多数为永贞党人。有学者认为,贞元时期,东宫成员以陆质为中心已形成了《春秋》学

---

① 《旧唐书·陆质传》。
② 《刘禹锡集》卷一十九《吕温集纪》:"有师吴郡陆质通《春秋》,从安定梁肃学文章。"梁肃贞元九年卒,因此吕温师事陆质应在贞元九年之前。

派的第二代,而永贞前后二王集团最活跃的时期也是啖、赵《春秋》学影响最大的时期。他们以其特殊的地位进一步扩大了此学的影响,并且形成了学术热点①。永贞革新失败以后,《春秋》学派并没有随之谢幕于学术的舞台,其学术风尚与经学思想多为中唐以后的学者多继承。"乐夫夫子之《春秋》,病三家之若仇。得啖、赵疏凿之与损益,然后知微旨之可求。"②如卢仝《春秋摘微》、冯伉《三传异同》、刘轲《三传指要》、陈岳《春秋折衷论》及皮日休《春秋决疑》等,皆延续着啖、赵、陆的学术思路,会通三传或扬弃三传,而这也成了中唐以后《春秋》经学的总趋势。

啖、赵、陆《春秋》新学,对三传的异议具有很强的革新意义,主要表现为以下两点:

其一,讨论《春秋》"不全守周典礼"的宗旨。啖助认为:"夫子所以修《春秋》之意,三传无文。"③并进一步解释道:"吾观三家之说,诚未达乎《春秋》大宗,安可议其深指? 可谓宏纲既失,万目从而大去者也。予以为《春秋》者,求时之弊,革礼之薄!"④啖氏认为孔子修《春秋》在于挽救时弊,革除颓风恶习,接着提出自己的看法:

> 何以明之? 前《志》曰:"夏政忠,忠之弊野,殷人承之以敬;敬之弊鬼,周人承之以文;文之弊塞,救塞莫若以忠,复当从夏政。"夫文者,忠之末也,设教于本,其弊犹末,弊将若何? (《春秋集传纂列》卷一)

---

① 查屏球《唐学与唐诗——中晚唐诗文的一种文化考察》,商务印书馆,2000 年版,第 33 页。
② 陆龟蒙《求志赋》,《全唐文》卷八百。
③ 《春秋纂列》卷一。
④ 《春秋纂列》卷一。

针对今不如昔，每况愈下的形势，啖助主张"变文为质"，转移周代之文，回归夏朝之朴质，故而其云："是知《春秋》参用二帝三王之法，以夏为本，不全守周典礼，必然矣。"赵匡对啖助的观点有所损益，一方面他主张维护常典常规，但另一方面更强调因时制宜，掌握权益之变，他认为孔子修《春秋》在于以权辅正，以诚断礼，其目的在于求世，而求世的宗旨在于："尊王室，正陵僭，举三纲，提五常，彰善瘅恶，不失纤芥，如斯而已。"这种说法就当时的政治环境而言，更具有现实意义。

其二，评议三传得失。啖、赵、陆能打破门户之见，兼采众长，"考三家得失，弥缝漏阙"[1]，如《春秋集传纂例·三传得失》中认为：

> （《左传》）叙事虽多，释意殊少，是非交错，混然难证。其大略皆是左氏旧意。故比余传，其功最高；博采诸家，叙事尤备，能令百代之下，颇见本末。
>
> 《公羊》、《穀梁》……大指亦是子夏所传，故二传传经，密于《左氏》。《穀梁》意深，《公羊》辞辨，随文解释，往往钩深，但以守文坚滞，泥难不通。比附日月，曲生条例。义有不合，亦复强通。蹐驳不伦，或至矛盾，不近圣人夷旷之体也。夫《春秋》之文，一字以为贬褒，诚则然矣，其中亦有文异而义不异者，二传穿凿，悉以褒贬言之。是故繁碎甚于《左氏》。

另外，就记事而言，啖助等人认为《左传》博采，但失之于混杂。而传意方面，《公羊》、《穀梁》优于《左传》，但行文穿凿附会，蹐驳不伦，多有乖谬之处。

啖、赵、陆《春秋》学派，取会三传，总汇其源，这种扬弃的治学

---

[1]　《四库全书总目·春秋集传纂例》。

方法多为后世学者所遵循,"宋儒治《春秋》学者,皆此一派"①,如宋敞《春秋权衡》、朱长文《春秋通志》、胡安国《春秋传》等,其立论阐述,皆不离啖、赵蹊径。

二、《春秋》学派的"以学干政"与元、白等讽喻诗人的经世诗风②

啖助丹阳讲学,是《春秋》学派的发轫时期,后陆质入京,并在永贞党人中全面宣传啖、赵学术,这一时期是《春秋》学派最活跃、影响力最大的阶段。同时,以李绅、元稹、白居易为代表的讽喻诗人也逐步登上仕途,并积极地倡导新乐府运动,高扬着"救济人病,裨补时阙"的诗歌旗帜③。正如前文所言,《春秋》学派的宗旨在于拯救时弊,其以学干政、以学干时的政治导向与元、白等人的讽喻时政的精神是一致的,从这一角度而言,元、白等讽喻诗人的创作也受到啖、赵、陆《春秋》学术的影响。

首先,李绅、元稹、白居易等讽喻诗人与永贞党人有着密切的关系,这是他们接触《春秋》学术的前提。永贞年间,李、元、白等人职务较低,不能参与革新活动,但通过他们与永贞党人的诗文往来,还是可以看出他们对永贞革新的态度。如贞元二十一年,白居易有《为人上宰相书》,对韦执谊的改革措施是予以支持的,认为"相公事业,在于疾行",后韦执谊被贬崖州,白居易《寄隐者》诗中寄予了深深的同情。又据《顺宗实录》载:"叔文最所贤重者李景俭,而最所谓奇才者吕温。"可见,李景俭、吕温应是永贞集团的核

---

① 皮锡瑞《经学通论》之四《春秋》。
② 《春秋》学派的学术精神对中唐诗风影响甚大,本书在论述思路及方法上多受查屏球先生《唐学与唐诗》第二章《永贞前后经学导向与讽喻诗风》的启发,谨此说明。
③ 白居易《与元九书》,《全唐文》卷六百七十五。

心人物。李景俭,汉中王瑀之孙,自负王霸之略,韦执谊、王叔文东
宫用事,尤重之,待以管、葛之才。白居易与之相交甚密,如"暂游
还忆李先辈,欲醉先邀李拾遗"(《闻李六景俭自河东令授唐邓行军
司马以诗贺之》)、"好在天涯李使君,江头相见日黄昏"(《初到忠州
赠李六》)。元稹与李景俭也友情笃实,"感念交契定,泪流如断縻。
此交定生死,非为论盛衰。此契宗会极,非谓同路歧"(《酬别致
用》),又《哀病骢呈致用》、《送致用》、《饮致用神曲酒三十韵》等皆
是情真意切之作。另外,李、元、白等讽喻诗人与吕温也有着交情,
如《云溪友议》卷上云:"初,李公(绅)赴荐,尝以《古风》求知,吕光
化温谓齐员外熙及弟恭曰:'吾观李二十秀才之文,斯人必为卿
相。'果如其言。"元稹也视吕温为知己,温死后,元稹有《哭吕衡州
六首》:

> 望有经论钧,虔收宰相刀。江文驾风远,云貌接天高。国
> 待球琳器,家藏虎豹韬。尽将千载宝,埋入五原蒿。(其二)
> 杜预春秋癖,扬雄著述精。在时兼不语,终古定归名。
> 未水波文细,湘江竹叶轻。平生思风月,潜寐若为情。
> (其六)

黄周星《唐诗快》评其二云:"读此二句,安得不哭。"吕温才德
笃厚,学殖富赡,却难以施展抱负,可谓壮志难酬。元稹在第六首
中把吕温比成扬雄、杜预,对他的《春秋》学说大为赞赏。此外,李、
元、白等讽喻诗人也与《春秋》学派的另一位传人柳宗元多有往来,
自然也会接触到《春秋》学派这一股文化思潮。

其次,权德舆科场文化的导向为元、白等接受《春秋》学派的思
想奠定了基础。安史之乱以后,贬抑虚浮、崇尚才德笃厚成了时代
的需求,《旧唐书·肃宗本纪》云:"朕获守丕业,敢忘谦冲,欲垂范
而自我,亦去华而就实。"安邦之臣必须"忠洁简惠,和而不流。理

畅思精，适于群务。位以才达，政以礼成"①。如陆贽，《旧唐书·陆贽传》云："高迈之行，刚正之节，经国成务之要，激切仗义之心。"卢景亮，《新唐书》卷一百六十四载云："景亮善属文，根于忠仁，有经国志……乃兴轩、顼以来至唐，剗治道之要，著书上下篇，号《三足记》。又作《答问》，言挽运大较及陈西戎利害，切指当世。公卿伏其达古今云。"体现在科考方面，这种革新精神则表现为强烈地反对明经的帖诵为功和进士科诗赋取士时的浮华风气。如代宗宝应二年，杨绾《条奏贡举疏》云："明经填帖，从此积弊，浸转成俗。幼能就学，皆诵当代之诗；长而博文，不越诸家之集。递相党与，用致虚声。《六经》则未尝开卷，《三史》则皆同挂壁，况复征以孔门之道，责其君子之儒者哉！"②柳冕《与权侍郎书》也云："自顷有司试明经，奏请每经问义十道，五道全写疏，五道全写注。其有明圣人之道，尽六经之义，而不能诵疏与注，一切弃之。恐清识之士，无由而进；腐儒之生，比肩登第，不亦失乎？"对柳氏的提问，权德舆《答柳福州书》回复云："近者祖习绮靡，过于雕虫，俗谓之甲赋律诗，俪偶对属。况十数年间，至大官右职，教化所系，其若是乎？是以半年以来，参考对策，不访名物，不征隐奥，求通理而已，求辨惑而已。"可见，通理、辨惑成了科考的新导向。权德舆主盟科场是在贞元十八、贞元十九及贞元二十一年，其间永贞党人活跃，《春秋》学派成了学术的热点，加上权氏本人对《春秋》学术思想极为推崇，自然会在科考的策问中带有《春秋》学派的思想倾向③。如权德舆贞元十八年明经第一题《春秋》及十九年明经第一题《左氏传》的策问，皆以《春秋》为题来讨论如何重振儒学并针砭时弊，解决一些现

---

① 《文苑英华》卷三百八十一《中书制诰》。

② 《旧唐书·杨绾传》。

③ 参见查屏球《唐学与唐诗——中晚唐诗文的一种文化考察》，商务印书馆，2000年版，第35页。

实问题。又贞元二十一年礼部明经策问：

> 《春秋》者，以仲尼明周公之志而修经，丘明受仲尼之经而为传，元凯悦丘明之传而注。然则夫子感获麟之无应，因绝笔以寄词，作为褒贬，使有劝惧。是则圣人无位者之为政也，其于笔削义例，岂皆用周法耶？左氏有无经之传，杜氏又错传分经？诚多艳富，虑失根本，既学于是，颇尝思乎？（《左氏传》）

> 《穀梁》名经，兴于鲁学；刘向博习，称于汉朝。或贬绝过深，或象类无据。非立异姓，乃以莒灭成文；同乎他人，岂谓齐侯之子？异端颇甚，后学难从。讳亲讳贤，当举其例。耳治目治，幸数其言。何词所谓近于情？何义所谓失于短？凡厥师授，为予明之。（《穀梁传》）①

权氏批评《左传》有传无经，并且词藻艳富，这与啖、赵《春秋》学派对《左传》的评价一致，如《春秋集传纂例·三传得失议》中云："故（《左传》）叙事虽多，释意殊少，是非交错，混然难证。"另外，权氏认为《左传》博采诸家，容易"虑失根本"，也即迷失《春秋》之宗旨。同样，啖助也认为"习左氏者，皆遗经存传，谈其事迹，玩其文彩，如览史籍，不复知有《春秋》微旨"②。而《春秋》宗旨，啖、赵等人认为孔子修《春秋》在于"救周之弊，革礼之薄"，这种阐述也完全为权德舆所认同。关于《穀梁传》，权氏贬之为"象类无据"，认为它在阐释《春秋》时，缺乏情理，以致异端百出，后学难从，在事理上也夹杂不清。啖助《春秋集传纂例》卷一也持同样的观点，认为《穀梁传》比附蹇驳，穿凿繁琐，难以卒读。这种看法，与权氏的学术观点

① 《权德舆文集》卷四十，《四部丛刊初编》本。
② 《春秋集传纂例·注义第三》。

是趋同的。总之,受权德舆科场文化导向的影响,《春秋》学术已成了此阶段科举策问的新热点。

贞元八年,元稹明经及第,贞元十六年,白居易长安省试及第,但相对来说,贞元十九年书判拔萃科的及第对元、白二人来讲,尤为重要。一方面,两人皆授秘书省校书郎,从此踏上仕途。另一方面,知贡举者为权德舆,权氏当时为文坛盟主,执科场之牛耳。此后元、白二人也多受到权氏提拔奖掖。能登其门第者,自然也熟精权德舆的科场文化导向,权氏以《春秋》学派为基点,倡导儒学复古求治,有着强烈的政治批判精神。对此,元、白应是深谙其心的。在这一方面,我们还可以从他们为备制科而作的《策林》中找到线索,如《策林》十五《忠敬质文损益》认为"忠与敬,各系于时;而质与文,俱致于理。标其教则殊制,臻其极则同归"。主张"稍益质而损文,渐尚忠而救僿",用夏政以救周之失,这完全是引用啖助《春秋集传纂例》卷一《春秋宗指议第一》的观点,两者的论证如出一辙。又三十三《革吏部之弊》、四十三《议兵用舍逆顺兴亡》、五十一《议封建论郡县》也与《春秋集传纂例》中的《改革例》、《军律例》及《盟会例》的内容相一致。可见,元、白等人针砭时弊的政治批判与《春秋》学派"以学干政"的学术精神是相通的。下面我们主要探讨一下啖、赵、陆《春秋》学派是如何影响元、白等讽喻诗人的经世诗风。

《春秋》学派在解经上秉承《公羊》"以学干政"的学术传统,主张"救时之弊,革礼之薄",强调学术政治化,具有强烈的批判意识。元、白等人受此学术思潮的影响,也自然将这种新的学术指向运用到讽喻诗文的创作中去,如《策林》六十八《议文章碑碣词赋》云:"且古之为文者,上以纫王教,系国风,下以存炯戒,通讽喻,故惩劝善恶之柄,执于文士褒贬之际焉;补察得失之端,操于诗人美刺之间焉。"元、白的新乐府运动,提倡"文章合为时而著,歌诗合为事而作"①、

---

① 白居易《与元九书》。

"为君、为臣、为民、为物、为事为作"①，这种以诗讽喻的经世诗风，一方面是受到了元、白献策直谏的谏官生涯的影响②。另一方面，则与《春秋》学派"以学干政"的学术指向是一致的。

首先，《春秋》学派提倡"尊王"与"忠道"，这在中唐藩镇割据加剧，人心涣散的政治环境中有着极强的现实意义。《春秋集传纂例》卷一载啖助言："先王人以黜诸侯，不言战以示莫敌，称天王以表无二尊，唯王为大，邈矣崇高。"赵氏言《春秋》救世宗旨云："在尊王室，正陵僭。举三纲，提五常，彰善瘅恶，不失纤芥，如斯而已。"在尊王室，倡一统的前提下，《春秋》学派也力斥诸侯盟会、用兵的僭越之举，如《春秋集传纂例》卷四《盟会例第十六》中，赵匡抨击诸侯盟会："若王政举则诸侯莫敢相害，盟何为焉！贤君立则信著而义达，盟可息焉。观春秋之盟，有以见王政不行，而天下无贤侯也。"又卷五《用兵例第十七》云："兵者，残杀之道，灭亡之由也。故王者制之。王政既替，诸侯专恣，于是仇党构而战争兴矣。为利为怨，王度灭矣。"与《春秋》学派尊王、反分裂的思想一致，元、白等讽喻诗人的诗作也有着浓厚的反割据、反黩武的情愫。如元稹《叙诗寄乐天书》云："由是诸侯敢自为旨意，有罗列儿孙以自固者，有开导蛮夷以自重者，省寺符篆，固于几阁，甚者拟诏旨，视一境如一室，刑杀其下，不啻仆畜。厚加剥夺，名为进奉，其实贡入之数百一焉。京城之中，亭第邸店以曲巷断，侯甸之内，水陆腴沃以乡里计，其馀奴婢资财，生生之备称之。"又如白居易《西凉伎》，刺封疆之臣也，《缚戎人》则指边将用兵邀功之事，杜紫纶《中晚唐诗叩弹集》

---

① 白居易《新乐府序》，《白氏长庆集》卷三。

② 如白居易《与元九书》云："擢在翰林，身是谏官，月请谏纸，启奏之间，有可以救济人病，裨补时阙，而难于指言者，辄咏歌之，欲稍稍进闻于上。"又《伤唐衢》云："忆昨元和初，忝备谏官位。是时兵革后，生民正憔悴。但伤民病痛，不识时忌讳。遂作《秦中吟》，一吟悲一事。"这"惟歌生民病，愿得天子知"（《寄唐生》）的讽喻精神正是当时谏官文化的再现。

云:"公垂(李绅)传曰:'近制西边,每禽蕃囚,皆例传置南方,不加剿戮,故作歌以讽焉。'乐天此诗,却为汉人之设蕃归者不蒙矜察而作,又各自为意也。"《新丰折臂翁》则戒边功也,沈德潜《唐诗别裁》卷八云:"穷兵黩武之祸,慨切言之。末以宋璟、杨国忠对言,见开、宝治乱之机,实分于此。"

《春秋》学派在尊王道、反割据的同时,还提倡忠义精神。如春秋隐公四年,卫人立晋,陆质《春秋集传微旨》卷上评曰:"当时次当立者不贤,石碏不得已而立晋,以安社稷也。"认为石碏立公子晋为国君,即忠且义。又僖公二十八年,晋文公以臣召君,陆质则认为:"若原其自嫌之心,嘉其尊王之义,则晋侯请王以狩,忠亦至矣。"①至于人臣死节一事,《春秋》学派更是赞赏有加,《春秋集传纂例》卷七载赵匡言:"皆忠义见杀,与君而死,故言及以连之,美其能死节也。"在元、白的讽喻诗中,也同样极力推崇竭诚奉主的忠义精神,如白居易《青石》自注云:"激忠烈也。"对颜真卿、段秀实的死节予以充分的肯定。沈德潜《唐诗别裁》卷八云:"写段、颜二公,凛凛有生气。末劝人忠烈,一篇主意。"弘历《御选唐宋诗醇》也云:"'石不能言我代言',发端奇特。后半表出二人,写得凛凛有生气,不忠不烈者读之,故应汗下。"此外,元稹《阳城驿》及白居易《和阳城驿》、《赠樊著作》都对阳城直谏如流、忠义死节的精神大加褒扬。

其次,《春秋》学派强调"王道之治",啖助《春秋集传纂例》卷一中认为《春秋》之旨在于:"拨乱反正,归诸王道"、"以史制经,以明王道"。而王道之治,在于强调仁政,提倡以民为本,如《春秋集传纂例》卷六《军旅例第十九》云:"观民以定赋,量赋以制用,于是经之以文,董之以武,使文足以经纶,武足以御寇。故静而自保,则为礼乐之邦,动而救乱,则为仁义之师。……今政弛民困,而增虚名以奉私欲,危亡之道也。"又《赋税例第二十一》云:"赋税者,国之所

---

① 陆质《春秋微旨》卷中。

以治乱也,故志之。民,国之本也。取之甚,则流亡。国必危矣,故君子慎之。"这种关注政驰民困的民本主义在元、白等人讽喻诗的创作中则表现为强烈的忧民意识及对社会弊端进行揭露的批判精神。如元稹《田家词》反映民生疾苦,对统治者的暴虐进行鞭策,其云:"牛咤咤,田确确。旱块敲牛蹄趵趵,种得官仓珠颗谷。六十年来兵簇簇,月月食粮车辘辘。一日官军收海服,驱牛驾车食牛肉。归来收得牛两角,重铸锄犁作斤劚。姑舂妇担去输官,输官不足归卖屋。愿官早胜仇早覆。农死有儿牛有犊,誓不遣官军粮不足。"陈寅恪《元白诗笺证稿》评其云:"故读微之古体乐府……又如《夫远征》云'远征不必戍长城,出门便不知死生',及《田家词》云'愿官早胜仇早复。农死有儿牛有犊,誓不遣官军粮不足'诸句,皆依旧题而发新意。词极精妙,而意至沉痛。"①另外,白居易《新乐府》与《秦中吟》也同样对社会的弊端进行无情的揭露,如《杜陵叟》,伤农夫之困也;《卖炭翁》,苦宫市也;《红线毯》,忧蚕桑之费也;《缭绫》,念女工之劳也;《黑潭龙》,疾叹吏也;《秦吉了》,哀贫民也。除元、白外,王建、张籍等也关心民瘼,讽兴时政,其《田家词》、《水夫谣》、《野老歌》皆为一时传诵之作。元、白等人的讽喻之作,除了揭示中唐的弊政外,还涉及对王室的批判及对改革的呼吁,这与《春秋》学派重视人伦纲纪、主张变革也是息息相通的,有关这一方面的阐述,查屏球《唐学与唐诗》中论述甚详,本书于此不再胪列。

当然,元、白等讽喻诗风的形成,除了《春秋》学派的影响外,还与当时的谏官文化及务实尚德的社会风气有关。随着帝国的江河日下,以及元、白等人后期的诗风向着闲适感伤类型的转变,讽喻诗的经世之风也渐渐退出诗歌的舞台。但不可否定的是,在那求

---

① 陈寅恪《元白诗笺证稿》,生活·读书·新知三联书店出版,2001年版,第312页。

新求变的特殊的年代里，元、白等人以讽喻诗创作为主的新乐府运动与《春秋》学派革新的政治导向相辅相成，为疮痍满目的时代注入了新的气息。

第四章　唐代的家学与文学

　　魏晋南北朝时,世族兴盛,学术文化表现为家族化。陈寅恪在《崔浩与寇谦之》一文中曾言道:"中原经五胡之乱,而学术文化尚能保持不坠者,固由地方大族之力,而汉族之学术文化变为地方化与家门化矣。故论学术,只有家学之可言,而学术文化与大族盛门常不可分离也。"①从文化传承的角度来看,家学的传播殷衍,不仅是家族持久不衰的保证,更是民族文化延伸的脉络。在唐代,随着九品中正制、门荫制等特权的废除及科举制的建立与完善,门阀士族渐趋式微,但他们依旧凭藉优良的家学传统,以科举仕进的方式来维护家族特殊的地位。同时,一些庶族士子也通过科考跻身上流阶层,为了延续即得的权益与地位,他们也必须重视家庭教育,建立家学传统以提高子孙后代的文化素质,为其仕进准备一定的文化根基。

　　唐代的家学,一方面受六朝馀绪的影响,崇尚门第观念,重视伦理道德的培育,讲究家风、家法,表现在学术上则是儒、史兼顾。如《旧唐书》卷一百零二《韦述传》云:"议者云自唐已来,氏族之盛,无逾于韦氏。其孝友词学,承庆、嗣立为最;明于音律,则万石为最;达于礼义,则叔夏为最;史才博识,以述为最。"另一方面,受科场诗赋取士的文化影响,唐代的家学致力于诗赋教育,追求文章显

---

① 　陈寅恪《金明馆丛稿初编》,上海古籍出版社,1980年版,第131页。

世、诗文相继的世家风范。中晚唐时,世人重进士轻明经,这对家学影响甚大,许多家族为了迎合科场的导向,往往弃儒术而重诗赋之学。如贝州崔宁家族,世擅儒术,以礼法闻家,而崔宁却独喜纵横术,宁弟密之子绘,则以文辞著称,绘四子蠡、黡、确、颜皆擢进士第。① 当然,这种科考风气会给家学带来重才轻德的倾向,甚至有急功近利之嫌。但就文学发展而言,家学重文的风宪确实为唐代文学的繁盛提供了一定的文化基础。

第一节　唐代士族家学的门第背景及其应举的时代性

与南北朝的士族相比,唐代士族虽然丧失了一些政治上、经济上的特权,不再鼎盛一时,但许多奕世大族凭藉深厚的文化底蕴依旧维持着门第的长盛不衰。另外,在社会风气上,唐人承六朝习气,仍有着根深蒂固的门第观念。《新唐书·宰相世系表序》云:"唐为国久,传世多,而诸臣亦各修其家法,务以门族相高,其材子贤孙不殒其世德,或父子相继居相位,或累数世而屡显,或终唐之世不绝。"如肃宗曾称赞陇西李揆为冠冕三绝,云:"卿门第、人物、文学皆当世第一,信朝廷羽仪乎!"②又武宗曾想立王才人为皇后,但李德裕却以王氏"才人寒族,且无子,恐不厌天下之望"而加以劝阻③。就唐代家学而言,也受到门第观念的影响。柳批在《柳氏家训》中强调著姓高门在家业传承上不但要实艺懿行,在立身行己上也要有高门风范,不得傲慢自恃。如其云:

---

① 《新唐书》卷一百四十四。
② 《新唐书·李揆传》。
③ 《资治通鉴》卷二四八。

　　　夫门地高者,可畏不可恃。可畏者,立身行己,一事有坠
　　先训,则罪大于他人。虽生可以苟取名位,死何以见祖先于地
　　下? 不可恃者,门高则自骄,族盛则人之所嫉。实艺懿行,人
　　未必信;纤瑕微累,十手争指矣。所以承世胄者,修己不得不
　　愿,为学不得不坚。

　　关于家学之门第背景,陈寅恪《唐代政治史述论稿》之《政治革
命及党派分野》中也曾精辟地指出:"夫士族之特点既在其门风之
优美,不同于凡庶,而优美之门风实基于学业之因袭。故士族家世
相传之学业乃与当时之政治社会有极重要之影响。"①陈氏认为家
学是世家文化的表征,而背后门第观念更有着深沉的社会背景,其
谛视可谓明若烛照。唐人对门第的崇拜,主要表现为以下几方面。

一、对门阀的推崇

　　唐人矜尚门阀,多受六朝影响。魏孝文帝迁洛,有八氏十姓,
三十六族九十二姓,其中"'郡姓'者,以中国士人差第阀阅为之制,
凡三世有三公者曰'膏粱',有令、仆者曰'华腴',尚书、领、护而上
者为'甲姓',九卿若方伯者为'乙姓',散骑常侍、太中大夫者为'丙
姓',吏部正员郎为'丁姓'。凡得入者,谓之'四姓'"②。唐代士族
主要有郡姓、侨姓、吴姓及虏姓。《新唐书》卷一百九十九《柳冲传》
引柳芳《氏族论》云:

　　　过江则为"侨姓",王、谢、袁、萧为大;东南则为"吴姓",
　　朱、张、顾、陆为大;山东则为"郡姓",王、崔、卢、李、郑为大;关

---

①　陈寅恪《唐代政治史述论稿》,上海古籍出版社,1980 年版,第 72 页。
②　《新唐书》卷一百九十九。

中亦号"郡姓",韦、裴、柳、薛、杨、杜首之;代北则为"虏姓",
元、长孙、宇文、于、陆、源、窦首之。

另据《贞观氏族志》所载,当时共有氏族二百九十三姓,一千六
百五十一家①,其中最为显赫的世家有"自以郑氏及河东裴氏、京
兆韦氏、赵郡李氏、兰陵萧氏、博陵崔氏,六家为最"②。唐人对门
第的推崇,上自帝王将相,下至庶民百姓,举国皆然。如窦威与皇
室屡次联姻,高祖李渊曾多次与其夸耀身世:

> 武德元年,高祖尝谓内史令窦威曰:"昔周朝有八柱国之
> 贵,吾与公家咸登此职,今我已为天子,公为内史令,本同末
> 异,无乃不可乎?"威曰:"臣家昔在汉朝,再为外戚;至于后魏,
> 三处外家。今陛下龙兴,复出皇后。臣又阶缘戚里,位忝凤
> 池,自惟叨滥,晓夕兢惧。"高祖笑曰:"比见关东人崔、卢为婚,
> 犹自矜伐。公世为帝戚,不亦贵乎?"

武德三年,李渊又对尚书仆射裴寂夸耀道:"我李氏昔在陇西,
富有龟玉,降及祖祢,姻娅帝王,及举义兵,四海云集,才涉数月,升
为天子。至如前世皇王,多起微贱,劬劳行阵,下不聊生。公复世
胄名家,历职清要,岂若萧何、曹参起自刀笔吏也。惟我与公,千载
之后,无愧前修矣。"③两次吹嘘,自鸣得意。同样,当朝显贵也以
门第相尚,如王方庆,东晋王导之后,武则天向其询问王羲之墨迹,
王氏乘机炫耀其家世,从十一代祖王导直到曾祖褒,一一列举,其
优越感不言自见。与之相反,一些出身于庶族的却因门第低贱往

①　《唐会要》卷三十六《氏族》。
②　李慈铭《越缦堂读书记》三《历史》。
③　《唐会要》卷三十六《氏族》。

往遭人鄙视,有的还自惭形秽颇感羞耻。如马周布衣出身,后官至监察御史,但关中士族韦挺却"以周寒士,殊不礼之"①。又《旧唐书》卷七十五曾载流外出身的张玄素被太宗追问身世时,极其狼狈难堪,以至于"将出阁门,殆不能移步,精爽顿尽,色类死灰"。

唐人对门第的崇尚,还体现在重郡望上,"四姓唯郑氏不离荥阳,有冈头卢,泽底李,士门崔,家为鼎甲。太原王氏,四姓得之为美,故呼为钑镂王家,喻银质而今饰也"②。甚至久离乡邦者,也多称郡望,如韩愈家居颍川,世人却称之为昌黎,皆因昌黎为韩氏之望地也。又如李唐王室,自称源出陇西。在此风气下,唐人在撰写墓志铭时,开端之处也必定详述家世之显赫渊源,以表示墓主身份的高贵。如韩愈《集贤院校理石君墓志铭》云:"君讳洪,字濬川,其先姓乌石兰,九代祖猛始从拓拔氏入夏,居河南,遂去'乌'与'兰',独姓石氏,而官号大司空。后七世至行褒,官至易州刺史,于君为曾祖。"又《唐故银青光禄大夫检校左散骑常侍兼右金吾卫大将军赠工部尚书太原郡公神道碑文》中不厌其烦地将王用家世、履历一一枚举,还称其"有蟜氏国,实出炎轩;蜀途莘执,正妃之门",这也恰恰是唐人推崇门第心理的体现,后人曾对韩愈撰写的碑志往往有"谀墓"之讥③,这里面或许有润笔之情的盛情难却,但更多的是时代风气使然。

二、守家风、讲家法

家风,一般意义而言,即为世家文化的精神传统,具有一定的

---

① 《旧唐书》卷七十七《韦挺传》。

② 李肇《唐国史补》卷上,《唐五代笔记小说大观》,上海古籍出版社,2000年版,第166页。

③ 李商隐《齐鲁二生·刘叉》一文中,借刘叉之口,提出韩愈"谀墓"之说,后欧阳修、宋祁撰《新唐书·刘叉传》也有记载。

继承性和稳定性，主要表现为守礼法、重孝道、勤俭清廉及遵守家法等方面。钱穆先生在论及魏晋南北朝家风时曾指出："一个大门第，决非全赖于外在之权势与财力，而能保泰持盈达于数百年之久；更非清虚与奢汰，所能使闺门雍睦，子弟循谨，维持此门户于不衰。当时极重家教门风，孝弟妇德，皆从两汉儒学传来。"①唐代的世家大族也同样注重家风的传承，如《旧唐书·李畬传》云："（李畬）闺门邕睦，累代同居，每岁时拜庆，长幼男女，咸有礼节。"又《旧唐书》卷一百五十五《穆宁传》载穆宁好学，善教诸子，家道以严厉著称。曾诫子弟云："吾闻君子之事亲，养志为大，直道而已。慎无为诌，吾之志也。"宁四子赞、质、员、赏也以家行为缙绅所敬仰。另外，"家以清俭礼法，为士流之则"的崔沔家族，也同样重视家风化育，《旧唐书》卷一百一十九云："崔祐甫字贻孙。祖晊，怀州长史。父沔，黄门侍郎，谥曰孝公。家以清俭礼法，为士流之则。……德宗以祐甫謇謇有大臣节，故特宠异之。朱泚之乱，祐甫妻王氏陷于贼中，泚以尝与祐甫同列，雅重其为人，乃遗王氏缯帛菽粟，王氏受而缄封之，及德宗还京，具陈其状以献。士君子益重祐甫家法，宜其享令名也。"

为了传承家族优美的家风，唐人极其重视家法，《新唐书·崔邠传》云："（崔邠）三世一爨，当时言治家者推其法。"《唐语林》卷一《德行》云："博陵崔倕，缌麻亲三世同爨。贞元已来，言家法者以倕为首。"又卷六《补遗》云："贞元、元和已来，士林家礼法，推韩滉、韩皋、柳公绰、柳仲郢。"唐代家法注重品德的培育，讲究孝悌为本，并勉励读书治学，如柳玭《柳氏家训》载：

　　　予幼闻先训，讲论家法。立身以孝悌为基，以恭默为本，以畏怯为务，以勤俭为法，以交结为末事，以气义为凶人。肥

---

　　① 钱穆《国史大纲》，商务印书馆，1994 年版，第 309 至 310 页。

家以忍顺，保交以简敬。百行备，疑身之未周；三缄密，虑言之或失。广记如不及，求名如偿来。去吝与骄，庶几减过。莅官则洁己省事，而后可以言守法，守法而后可以言养人。直不近祸，廉不沽名。廪禄虽微，不可易黎氓之膏血；榎楚虽用，不可恣褊狭之胸襟。忧与福不偕，洁与富不并。比见门家子孙，其先正直当官，耿介特立，不畏强御；及其衰也，唯好犯上，更无他能。如其先逊顺处己，和柔保身，以远悔尤；及其衰也，但有暗劣，莫知所宗。此际几微，非贤不达。

　　夫坏名灾己，辱先丧家。其失尤大者五，宜深志之。其一，自求安逸，靡甘澹泊，苟利于己，不恤人言。其二，不知儒术，不悦古道，懵前经而不耻，论当世而解颐；身既寡知，恶人有学。其三，胜己者厌之，佞己者悦之，唯乐戏谭，莫思古道。闻人之善嫉之，闻人之恶扬之。浸渍颇僻，销刻德义，簪裾徒在，厮养何殊。其四，崇好慢游，耽嗜曲蘗，以衔杯为高致，以勤事为俗流，习之易荒，觉已难悔。其五，急于名宦，昵近权要，一资半级，虽或得之；众怒群猜，鲜有存者。兹五不是，甚于痤疽。痤疽则砭石可瘳，五失则巫医莫及。前贤炯戒，方册具存，近代覆车，闻见相接①。

　　柳氏在文中告诫子孙立身之道要以孝悌、恭默为本，为官要廉洁守法。而且不得不学无术，耽于享乐及谄附权势等，以免"坏名灾己，辱先丧家"。唐代的世家大族，重视家法的传承，自然会获得很高的清誉声望，反之，则会为士林所轻，家族也无法长久不衰。如刘滋，先祖刘知几，儒史兼通。父汇，也博涉经史，但其子弟"皆亏庭训，虽童年稚齿，便能侮易骄人，人士鄙之"②。

① 《旧唐书》卷一百六十五。
② 《旧唐书》卷一百三十六《刘滋传》。

三、谱牒的修撰

魏晋以来，谱学盛行，"官有簿状，家有谱系。官之选举，必由于簿状；家之婚姻，必由于谱系"①。唐代选士虽然以科举为重，但因其供职有限，朝廷往往通过宗亲、门荫依照谱系予以补拟，如开元二年三月，唐玄宗特敕"繁剧司阙官，有灼然要籍者，听牒选司，于应得官人内，据材用资历相当者先补拟"②。另外，门阀、新贵的婚媾也需要谱系，天宝年间，李林甫撰《天下郡望姓氏族谱》，规定"非谱裔相乘者，不许婚姻"③，可见谱牒之学在唐代的婚宦秩序里所起的作用是很大的。

唐代曾多次官修谱牒，贞观五年，太宗诏高士廉与御史大夫韦挺、中书侍郎岑文本、礼部侍郎令狐德棻等刊正姓氏。并普查天下谱牒，仍凭据史传考其真伪，撰为《氏族志》，贞观十二年书成，共一百卷。这次撰修谱牒是为了推崇今朝冠冕，抑制山东士族，"不须论数世以前，止取今日官爵高下作等级。"④最后以皇族为首，外戚次之，降山东崔民干为第三等。显庆四年，许敬宗、李义府在武则天的支持下修改《士族志》，更名为《姓氏录》，"以皇后四家、酂公、介公、赠台司、太子三师、开府仪同三司、仆射为第一等；文武二品及知政事者三品为第二等。各以品位为等第，凡为九等"⑤。这次修改扩大了士流范围，引起了门阀旧族的不满，他们认为这是"义府耻其家代无名，乃奏改此书"⑥，一些缙绅士大夫多耻被甄叙，皆

---

① 《通志》卷二十五《氏族略·氏族序》。
② 《册府元龟》卷六百三十《铨选》。
③ 《玉海》卷五十。
④ 《旧唐书·高士廉传》。
⑤ 《唐会要》卷三十六。
⑥ 《旧唐书》卷八十二。

号此书为"勋格"，其实这是唐代士庶之争在修谱上的反映。唐代第三次修撰谱牒在中宗景龙三年至玄宗开元二年，达十五年之久，修撰的原因，据柳冲《请修谱牒表》所载，应是"冠冕之家，兴衰不一"、"门胄兴替不常"。有关修撰的原则，《册府元龟》卷五百六十《国史部·谱牒门》云："取其高名盛德，素业门风，国籍相传，士林标准；次复勋庸克懋，荣绝当朝，中外相辉，誉兼时望者，各为等列。其诸蕃酋长，晓袭冠带者，亦别为一品。"这次修撰也以崇尚今朝冕冠为主，还破例地将蕃酋列了进去，旧有的门第观念愈加淡薄。此外，唐代的官修谱牒尚有《元和姓纂》、《皇室永泰谱》、《续皇室永泰谱》及《皇唐玉牒》等。

除了官修谱牒，唐代还有许多杰出的谱学家私撰谱牒。如唐初李守素"尤工谱学，自晋宋已降，四海士流及诸勋贵，华戎阀阅，莫不详究，当时号为'行谱'"[1]。后虞世南把他比作活的《人物志》。路敬淳"尤明谱学，尽能究其根源枝派，近代已来，无及之者"[2]。撰有《著姓略记》及《衣冠本系》。中晚唐的谱学家，如韦述，谙练士族，好谱学，"秘阁中见常侍柳冲先撰《姓族系录》二百卷，述于分课之外手自抄录，暮则怀归。如是周岁，写录皆毕，百氏源流，转益详悉。乃于《柳录》之中，别撰成《开元谱》二十卷"[3]。孔至，"明氏族学，与韦述、萧颖士、柳冲齐名。撰《百家类例》"，"时述及颖士、冲皆撰《类例》，而至书称工"[4]。此外还有许多私家著述以家谱为主，如王方庆曾著《王氏家牒》十五卷、《家谱》二十卷；刘知幾撰《刘氏家史》十五卷及《谱考》三卷；颜真卿撰《颜氏家谱》一卷；萧颖士撰《梁萧史谱》二十卷，等等。有关唐人的谱牒著作，

---

① 《旧唐书》卷七十二。
② 《旧唐书》卷一百八十九下。
③ 《旧唐书》卷一百零二。
④ 《新唐书》卷一百九十九。

《新唐书·艺文志·谱牒类》著录达六十馀种，一千多卷。

另外，唐初还存在着合族与通谱一事。如李敬玄为庶族新贵，曾三娶山东士族之女，后又与赵郡李氏和谱①；李义府曾与赵郡给事中李崇德合谱，后义府遭贬，崇德即消除其谱牒；杜正伦，祖籍相州，却妄称京兆杜氏，被拒绝后，便开凿杜固，水灌杜氏②。王锷官至同平章事，却认太原王翙为从父，以换得世族门第。可见唐之初期，高贵的门第头衔成了身份的象征，也难怪新贵们趋之若鹜。晚唐藩镇割据，动乱频繁，门阀制度全面衰退，谱学也走到了尽头，"在朝者皆武夫悍卒，于是谱牒散失，士大夫茫然不知其族系之所出"③。

四、婚媾的讲究

婚姻问题，在古代颇受重视，"夫婚姻者，人道之始。是以夫妇之义，三纲之首，礼之重者，莫过于斯"④。唐代承门阀之制，以婚姻、门第相尚，陈寅恪《读莺莺传》中云："唐代社会承南北朝之旧俗，通以二事评量人品之高下。此二事，一曰婚。二曰宦。凡婚而不娶名家女，与仕而不由清望官，俱为社会所不齿。"⑤在婚姻方面，唐代的士族有着严格的门户界限，《新唐书》卷九十五《高俭传》云：

> 又诏后魏陇西李宝，太原王琼，荥阳郑温，范阳卢子迁、卢浑、卢辅，清河崔宗伯、崔元孙，前燕博陵崔懿，晋赵郡李楷，凡

---

①　《旧唐书》卷八十一。

②　《新唐书》卷一百零六。

③　《金石录校正》卷二十五《周孔昌寓碑》，上海书画出版社，1985年版，第458页。

④　《魏书·文成帝纪》。

⑤　陈寅恪《元白诗笺证稿》，生活·读书·新知三联书店，2001年版，第116页。

七姓十家，不得自为昏。三品以上纳币不得过三百四，四品五品二百，六品七品百，悉为归装，夫氏禁受陪门财。先是，后魏太和中，定四海望族，以宝等为冠。其后矜尚门地，故《氏族志》一切降之。王妃、主婿皆取当世勋贵名臣家，未尝尚山东旧族。后房玄龄、魏徵。李绩复与昏，故望不减，然每姓第其房望，虽一姓中，高下县隔。李义府为子求昏不得，始奏禁焉。其后天下衰宗落谱，昭穆所不齿者，皆称"禁昏家"，益自贵，凡男女皆潜相聘娶，天子不能禁，世以为敝云。

从上述的记载中我们可以看出：其一，山东士族尚婚娅，他们依靠内部的自婚来维持士族集团的"纯洁"性，诏文虽然规定不得自为婚，但七姓十家却私相聘娶，"不敢复行婚礼，密装饰其女以送夫家。"①这种封闭性越强，越能显示其地位的优崇。在不与皇室联姻上，有被刻意抑制的一面，另一个重要的原因即文化基础不同，山东旧族讲究礼法持家，而李唐皇室确有着鲜卑遗风，如公主寡居可以改嫁，甚至二嫁、三嫁，这与讲究伦理门风的士族风习是不相符的。至于索求"陪门财"，则是属于为了抬高身价的"衰宗落谱"。其二，少数显赫新贵攀附名门士族，以提高声望。如房、魏、李等辈，又如张说，《唐国史补》卷上载："张燕公好求山东婚姻，当时皆恶之，及后与张氏为亲者，乃为甲门。"②在唐代，人们一直把与崔、卢、李、郑、王五家联姻作为炫耀的资本，中书令薛元超曾云："吾不才，富贵过分。然平生有三恨：始不以进士擢第，不得娶五姓女，不得修国史。"③在此背景下，一些庶族寒门甚至伪冒士族，

① 《隋唐嘉话》卷中，《唐五代笔记小说大观》，上海古籍出版社，2000年版，第105页。

② 《唐五代笔记小说大观》，上海古籍出版社，2000年版，第166页。

③ 《隋唐嘉话》卷下，《唐五代笔记小说大观》，上海古籍出版社，2000年版，第103至104页。

《太平广记》卷一百八十四载："世有《山东士大夫类例》三卷。其有非士族及假冒者。多不见录。署云相州僧昙刚撰。后柳冲亦明族姓。中宗朝为相州刺史。询问旧老，云：'自隋已来，不闻有僧昙刚。'盖惧嫉于时，故隐其名氏。"作者因惧祸而匿名，可见冒牌士族大有人在。

唐末，自李振将士族清流投杀于黄河中谓之"浊流"后，衣冠荡析，门阀制度彻底崩溃。其士族婚姻也趋于解体。郑樵《通志》卷二十五《氏族序》云："自五季以来，取士不问家世，婚姻不问阀阅。"

以上几点是唐代士族家学的门第背景，但家族兴盛与否更有待于家学的传承殷衍，下面我们谈谈唐代家学应举的时代性。

唐代门阀士族，为了拥有长期以来形成的社会地位，仅靠礼法门风与婚娅网络是不够的，他们必须入仕宦、致高位才能享受到政治、经济的特权。而唐代的仕途，虽有门荫及其他一些辟举措施，但主要的途径是科举入仕，特别是中宗以后，"今天下不由吏部而仕进者几希矣"；"方闻国家之仕进者，必举于州县，然后升于礼部吏部，试之以绣绘雕琢之文，考之以声势之逆顺、章句之短长，中其程式者，然后得从下士之列；虽有化俗之方、安边之画，不由是而稍进，万不有一得焉"①。因此，在唐代士族眼里，只有科举入仕，才是振兴家族、光耀门楣的最佳选择。如潘好礼，有家学，明经及第，开元时为豫州刺史，"其子请归乡预明经举，好礼谓曰：'国法须平，汝若经业未精，则不可妄求也。'乃自试其子，经义未通，好礼大怒，集州僚笞而枷之，立于州门以徇于众"②。又宋王谠《唐语林》卷四载《刘宾客嘉话录》云："苗给事子缵应举次，而给事以中风语涩，而心中至切。临试，又疾亟。缵乃为状，请许入试否。给事犹能把

① 韩愈《上宰相书》，《韩昌黎文集校注》卷三，上海古籍出版社，1986 年版，第 157 页。
② 《旧唐书》卷一百八十五。

笔,淡墨为书,曰:'人!'其父子之情切如此。"可见科举入仕对一个家族来讲是多么重要。

其实,凡门第者必有家学,无家学也不成其门第。唐代士族的家学各有特点,但他们的共性也很明显,即受科场文化的影响,都重视儒家经典,积极研习诗赋,"故太平君子,唯门调户选,征文射策,以取禄位,此行已立身之美者也。父教其子,兄教其弟,无所易业"①。据两《唐书》列传统计,在二百九十年中,士族地主任五品以上官员者计六百四十一人,其中科举出身者三百五十人,门荫者九十人,开国元勋七十一人,推荐者二十人,行伍五十四人,小吏三人,因才华出众被提拔者五十三人,其中门荫出身仅占总数的4%强,而科举出身的却占到55%②。另外,我们也可以通过考察唐代士族宰相入仕的情况来看看士族与科举的关系。

表一:唐代八大士族宰相的科举出身列表③

士　　族	宰相人数	进士出身	明经出身
博陵崔氏	15	9	1
荥阳郑氏	9	6	
江南陆氏	6	2	1
赵郡李氏	12	8	1
京兆杜氏	11	6	
范阳卢氏	8	4	
太原王氏	7	3	1
陇西李氏	10	4	

①　沈既济《词科论》,《全唐文》卷四百七十六。

②　乌廷玉《论唐代士族与南北朝士族的差别》,《历史教学》,1987年,第4期。

③　参见乌廷玉《论唐代士族与南北朝士族的差别》中的统计,《历史教学》,1987年,第4期。

表二：崔氏一门宰相及其入仕出身(见李光霁《简论唐代山东旧士族》)①

崔氏一门	任相时间	入仕出身	备　　注
仁师	太宗、高宗	制举(武德)	任相一月
安上	高宗		
知温	高宗	门资(左千牛)	
元综	武后		
詧	武后		
神基	武后	门资(袭父爵)	任相一月
玄暐	武后、中宗	明经	
湜	中宗、睿宗	进士	仁师之孙
日用	睿宗、玄宗	进士	任相不足一月
涣	玄宗、肃宗		玄暐之孙
圆	玄宗、肃宗	诏举遗逸	对策甲科
损	德宗	进士	
祐甫	德宗	进士	
造	德宗	辟除	
群	宪宗	进士	
植	穆宗	门资(弘文生)	祐甫继子
珙	武宗	拔萃异等	
铉	武宗、宣宗	进士	
郸	宣宗	进士	兄弟四人皆进士

---

① 李光霁《简论唐代山东旧士族》,《唐史学会论文集》,陕西人民出版社,1986
年版。

崔氏一门	任相时间	入仕出身	备　注
龟从	宣宗	进士	
慎由	宣宗	进士	
元式	宣宗	进士	兄弟四人皆进士
沆	僖宗	进士	铉之子
远	昭宗	进士	珙侄孙
昭纬	昭宗	进士	
胤	昭宗	进士	慎由之子

据上述表格中,我们可以略作分析:

第一,唐代八大著名士族中,共出宰相七十八名,其中进士四十二人,明经四人。科举出身占了总数的58%。但陇西李氏的宰相却多以门荫为主,由科举入相者很少,只有四人。而作为山东旧士族代表的博陵崔氏、赵郡李氏,其宰相多以科举入相,占了70%多。其中绝大多数是进士第。可见,对于唐代士族而言,科举入仕成了振兴家族的主要途径,而进士及第也成了家族科举的首选,这与"缙绅虽位极人臣,不由进士者,终不为美"的社会舆论是一致的。

第二,崔氏一门共有二十六名宰相,在唐代各士族中占第一位,但在唐初的太宗、高宗期间,入相者很少,且时间短,这应与唐初李唐皇室有意抑制山东旧族有关。武后以后,科举盛行,崔氏绝大多数凭科考入相,只有崔神基、崔植、崔圆、崔珙四人是门资、辟除及制举入相,其中崔玄暐是明经第,其余全部是进士及第,占了80%多。另外,父子及子孙入相者有五对,兄弟四人皆进士第者两次,这也充分说明了世族大家凭藉着优良的家学传统,在科举仕宦中依然保持着强势的地位。在转变士族身份的同时,也成了官僚士大夫的新群体。

唐代家学,无论是世家大族,还是寒门庶族,都受科举制度的影响,且具有一定的阶段性。如唐之初期,科举名目众多,除明经、进士外,还有明法、明字、道举等其他常选,此时的家学也表现为多样化,如欧阳通,"少孤,母徐氏教其父书,每遗通钱,给云:'质汝父书迹之直。'通慕名甚锐,昼夜精力无倦,遂亚于询。"①张鷟,"四代单绪,家世尚儒,不及伯鱼之训,外祖为理,遂读皋陶之书"②。并于贞观二十年明法擢第。但高宗以后,"大约终唐世为常选之最盛者,不过进士、明经二科而已"③。其中进士科尤为显著,如宰相薛元超便把"不以进士擢第"视为"三恨"之首,另据《旧唐书·杨收传》载:"收七岁丧父⋯⋯而长孙夫人知书,亲自教授。十三,略通诸经义,善于文咏,吴人呼为'神童'。⋯⋯收为母奉佛,幼不食肉,母以勖之曰:'俟尔登进士第,可肉食也。'"以此激励杨收的科举之志,长孙夫人可谓用心良苦。正是这种"一士登甲科,九族光彩新"(王建《送薛蔓应举》)的进士情结,使得唐代无论是士族还是寒门的家族教育,都以进士科第为指向,注重诗赋的教育,这样的例子不胜枚举,前文表格二中崔氏一门的宰相,自武宗以后全部是进士出身便是极好的说明。

综言之,唐代的士族家学,有着深厚的门第背景,优良的门风及婚媾网的紧密是其绵延不坠的保证。受科场文化的影响,无论是士族还是寒门,其家学都具有一定的应举特征。特别是中晚唐,门阀衰微,世家大族对科举入仕表现为极大的推崇,而一些寒门更是依靠科第应举的家风,得以跻身于官宦阶层。

---

① 《旧唐书》卷一百八十九。
② 张说《唐赠丹州刺史先君府碑》,《全唐文》卷二百二十八。
③ 王鸣盛《十七史商榷》卷八十一《取士大要有三》。

第二节　唐代家训研究

　　家训，又称家诫、家教、家法、庭诰等，指训诫子孙以明传家之道的教诲方式，是宗法专制社会重要的文化现象。它有家族性的特点，同时又受社会、历史的影响，具有一定的时代特征。就内容而言，主要有修身、立志、治家、勉学等，形式上则各种文学体裁兼有。霍松林先生在《中国家训经典》序言中说道："中国古代进行家教的各种文字记录，包括散文、诗歌、格言等等，通常称为家训，它是古人向后代传播修身治家、为人处世道理的最基本的方法，也是我国古代长期延续下来的家长教育儿女的最基本的形式。"①古代家训，早在《尚书》中就有周王室家训的记载。唐前的家训著作主要有蔡邕《女训》、诸葛亮《家戒》、嵇康的《家戒》、颜延之《庭诰》及其集大成者——颜之推《颜氏家训》。降至唐代，主要家训有帝王、文人士大夫家训等类型，内容繁多。另外，受班昭《女诫》的影响，唐代女训文化也极为发达。而在敦煌文献中，我们还发现一些平民化的家教资料，如《太公家教》、《武王家教》等。

一、唐代家训叙录

　　唐代门阀虽然已经衰微，但"家法"、"家训"依旧垂范士林，如开元、天宝年间崔沔、崔均家法，为士族所重，柳公绰教子甚严，"子弟克禀诫训，言家法者，世称'柳氏'云"②。唐初，欧阳询《艺文类聚》卷二十三曾引刘向、张奂、司马徽及王肃、王昶等十余人的诫子家训，作为士子学习的典范。太宗《帝范》则全面阐述了治国之得

---

　　①　翟博《中国家训经典》，海南出版社，2002年版。
　　②　《旧唐书》卷一百六十五。

失,并"聚其要言,以为近诫"①。此外,柳玭《柳氏家训》被后世士大夫奉为圭臬。有关唐代的家训,宋刘清之《戒子通录》等书有所搜录,但漏失较多,笔者稽检相关文献,胪列如下:

(一) 帝王家训

1.《帝范》、《戒皇属》、《诫吴王恪书》、《戒佑手诏》、《论教戒太子诸王》,李世民著。《帝范》,《旧唐书·经籍志》下载:"《帝范》四卷;太宗撰,贾行注。"《新唐书·艺文志》也收录,另《旧唐书》卷十七上曾载:"(敬宗)辛未,秘书省著作郎韦公肃注太宗所撰《帝范》十二篇进,特赐锦彩百匹。"《帝范》共十二篇,即《君体》、《建亲》、《求贤》、《审官》、《纳谏》、《去谗》、《诫盈》、《崇俭》、《赏罚》、《务农》、《阅武》、《崇文》。《全唐文》卷十载有太宗《帝范序》及《帝范后序》。《后序》云:"此十二条者,帝王之纲,安危兴废,咸在兹焉。"《帝范》是太宗对李治的训诫,针对太子宫中"未辨君臣之礼节,不知稼穑之艰难"的状况,太宗强调君主安邦定国要有虚心纳贤的胸襟,要崇俭务农,无暴虐荒淫之心。在治国的策略上必须文治武功相辅相持。《戒皇属》,见宋刘清之《戒子通录》卷一,太宗告诫诸皇属"外绝游观之乐,内却声色之娱",要克己惮思,勿恃才傲物。《诫吴王恪书》,见《旧唐书》卷七十六《吴王恪传》,《戒佑手诏》,见《旧唐书》卷七十六《庶人佑书》。《论教戒太子诸王》,见《贞观政要》卷四。这些家训在内容上与《戒皇属》相差无几,其中《戒佑手书》则对李佑的叛乱严厉训斥:"弃父逃君,人神所共怒,往是吾子,今为国仇。"并对自己教诲无方深感自责,"吾所以上惭皇天。下愧后土,叹惋之甚,知复何云"。可见太宗对子孙的训导是非常严格的。

2.《诫滕王元婴书》,高宗李治著,见《旧唐书》卷六十四《滕王元婴传》。滕王巡省百姓却畋游弹人,并与倡优张四博戏,纵使奴仆辱弄官人。这种不遵守轨辙、逾越典章的行为,高宗极其不满,

---

① 《帝范·前序》,《丛书集成初编》本。

作此书以告诫,并言:"国有宪章,私恩难再,兴言及此,惭叹盈怀。"

3.《诫诸王任刺史别驾敕》,睿宗李旦著,见《唐大诏令集》卷四十,《全唐文》卷十九为《诫诸王皇帝敕》。在文中,睿宗告诫诸王授外藩时,应恪守职务,慎戒耽于荒酒蠹政,要立嘉声懿德。

4.《教子诗》,淑德郡主著,见同治十二年刊王彬等纂《江山县志》卷十一。其诗云:"我本世胄深宫质,下嫁祝门妇道执,汝父从戎干戈戢,命我避难江郎入。下抚双郎时训饬,上侍老祖年九十。念汝生父丧原隰,生死茫茫不相及。人生励志应早立,汝宜经史勤时习。莫负我身亲炊汲,汝父汝祖各饮泣。"①

(二)士大夫文人家训

1.《临终遗子书》,萧瑀著,见《旧唐书》卷六十三。《全唐文》卷一百三十三也收录,主要内容是提倡小敛薄葬,如"生而必死,理之常分。气绝后可著单服一通,以充小敛。棺内施单席而已,冀其速朽,不得别加一物。无假卜日,惟在速办。自古贤哲,非无等例,尔宜勉之。"

2.《临终诫子书》,卢承庆著,见《旧唐书》卷八十一。内容与萧瑀《临终遗子书》相似,如"死生至理,亦犹朝之有暮。吾终,敛以常服;晦朔常馔,不用牲牢;坟高可认,不须广大;事办即葬,不须卜择;墓中器物,瓷漆而已;有棺无椁,务在简要;碑志但记官号、年代,不须广事文饰。"

3.《悔子弟言》,朱仁轨著,见宋刘清之《戒子通录》。其云:"终身让路,不枉百步。终身让畔,不失一段。"②

4.《遗令诫子孙文》,姚崇著,见《旧唐书》卷九十六。《全唐文》卷二百六十著录,内容与萧瑀、卢承庆的诫书相似,力主薄葬。

5.《家令》,穆宁著。贞元年间,言家法者,尚韩休、穆宁二门。

---

① 转引《全唐诗补编》,陈尚君辑校,中华书局,1992年版,第1580页。
② 《四库全书》,上海古籍出版社,1987年版,第703册。

《新唐书》卷一百六十三云："宁居家严，事寡姊恭甚。尝撰《家令》训诸子，人一通。又戒曰：'君子之事亲，养志为大，吾志直道而已。苟枉而道，三牲五鼎非吾养也。'疾病不尝药，时称知命。"

6.《中枢龟镜》，苏环著，见宋刘清之《戒子通录》。苏环，唐中宗宰相，以子颋有宰相器，"暇日逶巡，举二十七事，豫戒之，及颋相，密以施宋璟，请号为《中枢龟镜》云"①。

7.《与绪汝书》，颜真卿著，见《全唐文》卷三百三十七。《颜氏家训》为士林推崇，真卿复有《守政帖》，言仕宦之节操。云："政可守，不可不守。吾去岁中言事得罪，又不能逆道苟时，为千古罪人也。虽贬居远方，终身不耻。绪汝等当须会吾之志，不可不守也。"

8.《又示宗武》、《宗武生日》、《元日示宗武》、《示从孙济》，杜甫著。杜氏二子宗武、宗文，皆聪颖好学，《又示宗武》、《宗武生日》等训喻诗表示了杜甫对宗武的殷切希冀之情。"诗是吾家事，人传世上情。熟精《文选》理，休觅彩衣轻"，希望他能绍述家学，并在科场中扬名于世。而《示从孙济》则以水源、葵根为喻，劝诫从孙要讲究亲厚和睦，维护家族宗亲关系，如其云"淘米少汲水，汲多井水浑。刈葵莫放手，放手伤葵根"、"小人利口实，薄俗难具论。勿受外嫌猜，同姓古所敦。"

9.《与弟莒书》，李华著，见《全唐文》卷三百一十五。李华告诫其弟莒"且作判官，事中丞叔父，小心戒慎，不离使司"，以田仁、任安为榜样，要有卧厩之志，"自非深仁高义、长才厚德，又焉肯惠于朽坏枯木哉？莒省吾书，当努力也！"足见其殷切之情。

10.《诲侄等书》，元稹著，见《元氏长庆集》卷三十及《全唐文》卷六百五十三。元和四年，元稹拜监察御史，奉使东川，又分司东台，以执法不曲抵触权贵，贬江陵士曹参军，《诲侄等书》即作于此时。元稹教诲仑、郑诸侄，言其家世俭贫，无樵苏之地，但家法甚

---

① 《四库全书》，上海古籍出版社，1987年版，第703册。

严,自幼受兄长训导,苦读诗书,"每借书于齐仓曹家,徒步执卷,就陆姊夫师授,栖栖勤勤,其始也若此"。告诫诸侄要佩服诗书,切慎游从倡优之门。

11.《狂言示诸侄》、《闲坐看书贻诸少年》、《遇物感兴因示子弟》,白居易著,见《白氏长庆集》卷六十三、卷六十九。白居易晚年闲居洛阳,皈依佛教,自号"醉吟先生"、"香山居士",思想上趋于保守知足,处世明哲保身淡看名利,这些训喻诗则告诫诸少年"劝君少干名,名为锢身锁。劝君少求利,利是焚身火",希望子弟"上遵周孔训,旁鉴老庄言。不惟鞭其后,亦要轫其先"。这也是白氏独善其身的心态体现。

12.《示儿》、《符读书城南》,韩愈著,见《昌黎先生文集》卷六、卷七。元和十年冬,韩愈居长安靖安里,作《示儿》诗,《符读书城南》作于次年秋,二诗皆是劝勉其子昶(字符)读书求名之作,赵翼《瓯北诗话》卷三云:"《示儿》诗自言辛勤三十年,始有此屋,而备述屋宇之垲爽,妻受诰封,所往还无非公卿大夫,以诱其勤学,此已属小见。《符读书城南》一首,亦以两家生子,提孩时朝夕相同,无甚差等;及长而一龙一猪,或为公相,势位赫奕,或为马卒,日受鞭笞,皆由学与不学之故。此亦徒以利禄诱子,宜宋人之议其后也。不知舍利禄而专言品行,此宋以后道学诸儒之论,宋以前固无此说也。观《颜氏家训》、《柳氏家训》,亦何尝不以荣辱为劝诫耶!"此说甚是。

13.《名子说》,刘禹锡著,见宋刘清之《戒子通录》。此文告诫其子为人求学之道,其云:"于人无贤愚,于事无小大,咸推以信,同施以敬,俾物从而众说。"

14.《贻诸弟砥石命》(并铭),舒元舆著,见《全唐文》卷七百二十七。元舆家贫苦学,年十五通经术,元和八年进士第,以文檄豪傲,为时推许。其《贻诸弟砥石命》以砥石铸剑为喻,作铭激励诸弟云:"剑之锷,砥之而光;人之名,砥之而扬。砥乎砥乎,为吾之师乎！仲兮季兮，无坠吾命乎！"

15.《寄从弟正辞书》，李翱著，见《李文公集》卷八。李翱在文中告诫其弟勿在意人生际遇之穷达，要以仁义为文章之心，才能窥古人为文之奥秘。此外，李翱在信中还进一步阐述其复性论。

16.《平泉山居诫子孙记》，李德裕著，见《会昌一品集》卷九。李德裕诗文历来受好评，王士禛《池北偶谈》卷十七云："《会昌一品制集》，骈偶之中，雄奇骏伟，与陆宣公上下。别集《忆平泉》五言诸诗，较白乐天、刘梦得不啻过之。"《平泉山居诫子孙记》以山居为喻，追述先志，告诫子孙要"出处者贵得其道，进退者贵不失时"。

17.《冬至日寄小侄阿宜诗》，杜牧著，见《樊川文集》卷一。杜牧此诗劝励其侄要多读经史文章，"第中无一物，万卷书满堂。家集二百编，上下驰皇王"、"一日读十纸，一月读一箱"，将来好猎取功名，仕宦公卿。

18.《骄儿诗》、《义山杂纂·教子》，李商隐著，《骄儿诗》见《李义山诗集》卷一。李商隐仕途坎坷，但秉匡国之心，诗什多抒愤寄慨之作，《骄儿诗》俚而能雅，曲尽儿态，但又有其寄托。冯浩笺云："全仿左太冲《骄女诗》，而后幅缀以感慨。"《义山杂纂·教子》，见《唐代丛书》第四集。其云："习祖业，立言不回，知礼义廉耻。精修六艺，谈对明敏，进退威仪，忠良恭俭，孝敬慈惠。博学广览，交游贤者，不事嬉游。有守，遇事有知识。"则注重伦理道德的启蒙与行为举止的教诲。

19.《寄男抱孙》，卢仝著，见《玉川子诗》卷一。卢仝家贫，与马异交厚，诗尚怪，《寄男抱孙》告诫其子要幼读《尚书》、《礼记》，"莫学村学生，粗气强叫吼"，疑误之处要向殷十七老儒咨取。全诗语意奇崛，尽用俗字，而体格峭拔。

20.《戒子弟文》、《柳氏家训》，柳玭著。《戒子弟文》见《全唐文》卷八百一十六，《柳氏家训》见《旧唐书》卷一百六十五《柳公绰传》，柳氏家法与颜氏家法为古代家训中的典范，柳玭此文强调"立身以孝悌为基，以恭默为本，以畏怯为务，以勤俭为法、以交结为末事，以弃义为凶人"，主张德才兼备，保持家风不坠。

（三）女训类

1.《与外孙崔氏二孩书》，李华著，见《李瑕叔文集》卷一，《全唐文》卷三百一十五也著录。从内容看来，崔氏二孩应是女子，李华信中对社会风气的颓风败俗表示不满，他诲责二孩应遵守"妇人亦要读书解文字，知今古情状，事父母舅姑，然可无咎"、"妇人将嫁三月，教于公宫；祖庙既毁，教于宗室。嫁则庙见，不见庙者，不得为妇"、"汝等当学读《诗》、《礼》、《论语》、《孝经》，此最为要也"等清俭礼法。

2.《义山杂纂·教女》，李商隐著，见《唐代丛书》第四集。其云："习女工，议论酒食。温良恭俭，修饰仪容。学书学算，小心软语，闺房贞洁，不唱词曲。闻事不传，善事尊长。"

3.《崔氏夫人训女文》，敦煌抄本，共有三件，卷号为 P. 2633、S. 4129、S. 5643。其中 S. 4129 背面有学郎泛文建己酉年正月题记；P. 2633 正面有辛巳年正月五日泛员昌钞竟上的题记，背面有壬午年正月九日净土寺南院学仕郎的题记①。此训文为母亲告诫新娘出阁到夫家以后应遵守的尊卑礼节。内容以奉事翁姑、相夫教子为主，文辞通俗，笔调流畅。

4.《女孝经》，作者为唐代散郎侯莫陈邈妻郑氏，《说郛》卷七十著录。郑氏两《唐书》无传，《宋史·艺文志》始云："《女孝经》一卷，侯莫陈邈妻郑氏撰。"据郑氏《进〈女孝经〉表》云"今戒以为妇之道，申以执巾之礼，并述经史正义，无复载于浮词，总一十八章，各为篇目，名曰《女孝经》。上自皇后，下及庶人，不行孝而成名者，未之闻也。妾不敢自专，因以曹大家为主，虽不足藏诸岩石，亦可以稍补闺庭。"可见郑氏《女孝经》强调规范夫妇之道，申以执巾之礼。

① 参见赵根喜《敦煌唐宋时期的女子教育初探》，《敦煌研究》，2006 年，第 2 期。

《女孝经》仿曾子《孝经》，共有十八章：《开宗明义章》、《后妃章》、《夫人章》、《邦君章》、《庶人章》、《事舅姑章》、《三才章》、《孝治章》、《贤明章》、《纪德章》、《五刑章》、《广要道章》、《广守信章》、《广扬名章》、《谏诤章》、《胎教章》、《母仪章》及《举恶章》。

5.《女论语》，宋若莘、宋若昭著，《说郛》卷七十著录。据《旧唐书·后妃传》载，宋若昭"父庭芬，世为儒学，至庭芬有词藻。生五女，皆聪惠，庭芬始教以经艺，既而课为诗赋，年未及笄，皆能属文。长曰若莘，次曰若昭、若伦、若宪、若荀。若莘、若昭文尤淡丽，性复贞素闲雅，不尚纷华之饰。尝白父母，誓不从人，愿以艺学扬名显亲。若莘教诲四妹，有如严师。著《女论语》十篇，其言模仿《论语》"。宋氏撰《女论语》，其目的如其序云："因辍女工，闲观文字，九烈可嘉，三贞可慕，惧夫后人，不能追步，乃撰一书，名为《论语》，敬戒相承，教训女子，若依斯言，是为贤妇，罔俾前人，传美千古。"在体例上，则模仿《论语》但共有十二章，即立身、学作、学礼、早起、事父母、事舅姑、事情、事夫、训男女、营家、待客、和柔、守节。

唐代不但女训盛行，母训文化也同样比较发达。如《戒子通录》中《杨氏母训》、《郑氏母训》等，在家庭教育中，世人也重视母仪母教，唐代寡母抚孤的情况也特别多，如太原李景让之母郑氏，河东薛播之伯母林氏，吴郡张平仲之母陆氏，博陵崔玄暐之母卢氏，皆是闺门典范。

综言之，唐代的家训，作品繁多，内容涉及面广，另外，我们在敦煌文献中还发现许多家教蒙书，如《太公家教》、《武王家教》、《辩才家教》等，这些家训作品，通俗性强，普及面广，具有广泛的群众基础。当然，延续至今，唐代家训散佚的也极多，就两《唐书》的记载，就有武则天《内则》、《古今内范》、《凤楼新诫》、《内范要略》，辛德源、王邵《内训》二十卷，文德长孙皇后《女则要录》十卷，李恕《诫子拾遗》四卷，狄仁杰《家范》一卷，卢撰《卢公家范》，无名氏《众贤诫集》十五卷及徐湛之《妇人训诫集》十卷等。这些训诫，宋元以后,均不见史传记载。

二、对唐代文人训喻诗文的考察

唐人以文治世,上至帝王将相,下及引车卖浆之徒,皆以文相尚。辛文房《唐才子传》卷一云:"唐兴尚文,衣冠兼化,无虑不可胜计。"这种时代风气也在家训中得到充分的体现,通过对这些训喻诗文的考察,我们不难发现,在唐代文人的家训中,不但洋溢着浓郁诚挚的亲情,更蕴含着作者的人生信仰及其诗文创作理念。此外,训喻诗文在一定程度上还体现了他们的创作风格及其特征。

第一,训喻诗文中的劝学崇文意识。唐人家训,不但重视修身养性,而且还激励子弟读书治学,有着浓厚的劝学崇文意识。如元稹《诲侄等书》云:"今汝等父母天地,兄弟成行,不于此时佩服《诗》、《书》,以求荣达,其为人耶? 其曰人耶?"并自述幼年读书求学时"是时尚在凤翔,每借书于齐仓曹家,徒步执卷,就教陆姊夫师授,栖栖勤勤,其始也若此。至年十五,得明经及第。因俸先人旧书,于西窗下钻仰沉吟,仅于不窥圆井,如是者十年,然后粗沾一命,粗成一名。"以此激发陆仑、陆郑等侄子的治学之情。柳玭在《柳氏家训》中也着重强调柳氏子弟必须慎戒"不知儒术,不悦古道,懵前经而不耻,论当世而解颐,身既寡知,恶人有学",否则即为坏名灾己、辱先丧家者。而上智者则"研其虑,博其闻,坚其习,精其业,用之则行,舍之则藏"。此外,唐太宗《帝范》第十二《崇文篇》则从治国的角度训诫太子李治要偃武修文,大兴礼乐,其云:

夫功成设乐,治定制礼。礼乐之兴,以儒为本。宏风导俗,莫尚于文;敷教训人,莫善于学。因文而隆道,假学以光身。不临深溪,不知地之厚;不游文翰,不识智之源。然则质蕴吴竿,非箬羽不美;性怀辨慧,非积学不成。是以建明堂,立辟雍。博览百家，精研六艺，端拱而知天下，无为而鉴古今。飞英声，腾茂实，光于不朽者，其唯学乎？此文术也。

斯二者，递为国用。至若长气亘地，成败定乎笔端，巨浪滔天，兴亡决乎一阵，当此之际，则贵干戈而贱庠序。及乎海岳既晏，波尘已清，偃七德之馀威，敷九功之大化，当此之际则轻甲胄而重诗书。是知文武二途，舍一不可。与时优劣，各有其宜。武士儒人，焉可废也。

《崇文篇》不仅是太宗对李治的劝学治国之言，在某种程度上，还是太宗文治观的再现。在此篇训诫中，太宗首先强调"礼乐之兴，以儒为本"、"建明堂，立辟雍。博览百家，精研六艺，端拱而知天下"。唐初君臣总结历史上政治教训，认为儒学才是治世之本，太宗曾言："朕今所好者，惟在尧舜之道、周孔之教，以为如鸟有翼，如鱼依水，失之必死，不可暂失耳。"①在崇圣尊儒的过程中，他们考订五经，撰修《五经正义》，建立了唐代新儒学。其次主张"文而隆道"、"宏风导俗，莫尚于文"、"不游文翰，不识智之源"，太宗自武德九年登基后，励精图治，"虽以武功定天下，终当以文德绥海内"②，听朝之闲，"留情文史，叙事言怀，时有构属，天才宏丽，兴托玄远"③。从政教着眼，太宗认为文以载道，应有裨益于时政。反对"释实求华"，提倡"节之于中和"的儒家文艺观。如其《帝京篇·序》也云："予追踪百王之末，驰心千载之下；慷慨怀古，想彼哲人。庶以尧舜之风，荡秦汉之弊；用咸英之曲，变烂漫之音，求之人情。不为难矣。故观文教于六经，阅武功于七德。台榭取其避燥湿，金石尚其谐神人。皆节之于中和，不系之于淫放。"太宗这种雅正的

① 《贞观政要》卷六《慎所好》。
② 《旧唐书·音乐志》。
③ 《旧唐书·邓世隆传》。

崇文意识,对唐初文质并重的文学观念的形成具有一定的指导意义,故而徐献忠《唐诗品》评曰:"文皇生更隋代,早事艺文……一变而唐,虽绮丽鲜错。而雅道立矣,其为一代之祖,又何疑焉?"

第二,从训喻诗文中看唐代文人的思想信仰及其科举观。唐人家训,情挚语朴,在谆谆教诲中往往流露出真情实感,在一定程度上也反映出文人的思想及其信仰。如白居易,元和十年贬江州以后,林泉退隐之志益加明显;退居洛阳时,便栖心佛道,以庄禅思想来谋身娱道。《自觉二首》其二云:"我闻浮屠教,中有解脱门。置心为止水,视身如浮云。斗擞垢秽衣,度脱生死轮。胡为恋此苦,不去犹逡巡。"在人生观上祭起"知足不辱"的法宝以躲避名利之争,这种思想观念在其训喻诗文中也得到了充分体现:

> 世欺不识字,我忝攻文笔。世欺不得官,我忝居班秩。人老多病苦,我今幸无疾。人老多忧累,我今婚嫁毕。心安不移转,身泰无牵率。所以十年来,形神闲且逸。况当垂老岁,所要无多物。一裘暖过冬,一饭饱终日。勿言舍宅小,不过寝一室。何用鞍马多? 不能骑两匹。如我优幸身,人中十有七。如我知足心,人中百无一。傍观愚亦见,当己贤多失。不敢论他人,狂言示诸侄。(《狂言示诸侄》,《白居易集》卷三十)

> 雨砌长寒芜,风庭落秋果。窗间有闲叟,尽日看书坐。书中见往事,历历知福祸。多取终厚亡,疾驱必先堕。劝君少干名,名为锢身锁;劝君少求利,利是焚身火。我心知已久,吾道无不可。所以雀罗门,不能寂寞我。(《闲坐看书贻诸少年》,《白居易集》卷三十六)

> 圣择狂夫言,俗信老人语。我有老狂词,听之吾语汝。吾观器用中,剑锐锋多伤。吾观形骸内,骨劲齿先亡。寄言处世者,不可苦刚强。龟性愚且善,鸠心钝无恶。人贱拾支床,鹊欺擒暖脚。寄言立身者,不得全柔弱。彼固罹祸难,此未免忧

患。于何保终吉,强弱刚柔间。上遵周孔训,旁鉴老庄言。不唯鞭其后,亦要轫其先。(《遇物感兴因示子弟》,《白居易集》卷三十六)

在《狂言示诸侄》中,白居易自言其"攻文笔"、"居班秩"、"幸无疾"及"婚嫁毕",十余年来,形神闲逸,无所牵挂,可谓荣辱不惊。所以他告诫诸侄不应有太多的物质欲望,"一裘暖过冬,一饭饱终日"才是生活真谛。在《闲坐看书贻诸少年》中进一步阐述云"劝君少干名,名为锢身锁;劝君少求利,利是焚身火","多取"、"疾驱"都会引祸上身,在名利面前,应有一颗平常心,不为其所动。在处世方面,白居易也强调"上遵周孔训,旁鉴老庄言。不唯鞭其后,亦要轫其先",不能刚强过硬,也不能柔弱退缩,只有"强弱刚柔间",才能明哲保身,免于忧患,这也充分体现了白居易独善其身的处世哲学。又如李翱,唐后期著名的思想家,从韩愈学古文,受其影响,继承思孟学派思想,提倡性善情恶说,即有性才有情,性无不善,而情则多欲,容易毁坏人的善性,《复性书》是其代表作。李翱在《寄从弟正辞书》认为人之穷达各有时遇,劝勉其从弟不要在意京兆府的取解,同时对"时俗之人,同得失忧喜而动于心"进行批评,告诫他勿与时进退俯仰,并进一步认为时世或盛名于近代者所好之文乃以文章为艺,而古人则仁义为辞,"夫性于仁义者,未见其无文也,有文而能到者,吾未见其不力于仁义也。由仁义而后文者,性也;由文而后义者,习也。犹诚明之必相依尔"。"诚"者,即是贯通天人,使人性符合天道的一种手段。李翱用"诚"来统一先天之性与后天之习,在《复性书》中,他也多次对"诚"进行了解释:"道也者,至诚也。至诚者,天之道也。诚者,定也,不动也"、"诚之者,择善而固执之者也。"文章最后对其弟云:"汝虽性过于人,然而未能浩浩于其心,吾故书其所怀以张汝,且以乐言吾道云尔。"可见,李翱正是通过对其从弟的训诫,表述其复性的观点。

唐代科举兴盛,仕宦多由科第,"草泽望之起家,簪绂望之继世"①。这种观念也同样渗透在唐人家训中,唐代文人士大夫在训喻子弟时多以科第为目标,激励其读书治学,韩愈即为其典型,韩愈热衷于科第教育,《示儿》《符读书城南》则是勉励其子昶读书科举以求仕宦。如《示儿》诗云其初来京师时,只有一束书而已,辛勤三十年后,华屋高堂。妻受诰封,往来之人皆公卿大夫。韩愈继而以"玉其带"、"金其鱼"、"峨其冠"等利禄激发昶读书以求功名。《符读书城南》则强调读书科举可以改变人的命运,"少长聚嬉戏,不殊同队鱼",但学与不学后,人生道路则天壤之别,"一为马前卒,鞭背生虫蛆。一为公与相,潭潭府中居",其治学者腹有诗书,勤学苦读之后一举中第而禄在其中。当然,韩愈的这种训诫方式有着功利、庸俗的一面,后世多有非议,胡仔《苕溪渔隐丛话》引东坡话云:"退之《示儿》云云,所示皆利禄事也。"邓肃《跋陈了翁谏议书邵尧夫诫子文》云:"昔韩愈氏《示儿》古风,用玉带金鱼之说以激之,爱子之情则至矣,而导子之志则陋也。方以邵陈过庭之训,毋乃相万乎?"不过,不是所有的人都热衷于科举仕宦的,李商隐《骄儿诗》则对科举仕进予以否定,开成三年李商隐登进士第,但以后辗转幕僚,仕途坎坷又穷困一生,"爷昔好读书,恳苦自著述。憔悴欲四十,无肉畏蚤虱。儿慎勿学爷,读书求甲乙",李氏对自己的仕途蹭蹬忧愤不平,也充满着自嘲,他希望其子能"穰苴司马法,张良黄石术。便为帝王师,不假更纤悉",将来平定边疆,扫荡羌戎,建功勋,封万户侯,不要像自己一样,穷守一经却潦倒终生。

第三,家训中所涵摄的文学观——以杜牧为例。唐代文人在作训喻诗文时,常常会论及自己的创作经验或方法,以此为受诫者所借鉴。因此,在这些训喻诗文中也往往抉示出文人的文学观念。如杜甫《又示宗武》、《宗武生日》中,不仅有着对宗武的

---

① 王定保《唐摭言》卷九。

殷切希望,同样还昭示着杜甫诗歌创作的家学背景与艺术爱好。
有关杜甫训喻诗文的诗学主张,前文已详细论述,兹不赘述。在此
主要谈谈《冬至日寄小侄阿宜诗》所彰显的杜牧诗文渊源及其创作
取向。

> 小侄名阿宜,未得三尺长。头圆筋骨紧,两脸明且
> 光。……一似小儿学,日就复月将。勤勤不自已,二十能文
> 章。仕宦至公相,致君作尧汤。我家公相家,剑佩尝丁当。旧
> 第开朱门,长安城中央。第中无一物,万卷书满堂。家集二百
> 编,上下驰皇王。多是抚州写,今来五纪强。尚可与尔读,助
> 尔为贤良。经书括根本,史书阅兴亡。高摘屈宋艳,浓熏班马
> 香。李杜泛浩浩,韩柳摩苍苍。近者四君子,与古争强梁。愿
> 尔一祝后,读书日日忙。一日读十纸,一月读一箱。朝廷用文
> 治,大开官职场。愿尔出门去,取官如驱羊。……杜曲我池
> 塘。我若自潦倒,看汝争翔翔。总语诸小道,此诗不可忘。
> (《冬至日寄小侄阿宜诗》,《樊川文集》卷一)

在这首训喻诗中,杜牧首先勉励阿宜勤学苦读,将来仕宦公
卿,致君尧汤。接着便自述家学渊源。"我家公相家,剑佩尝丁
当",即指杜预,杜牧属京兆杜氏,关中世族,其远祖杜预于西晋太
康年间,率兵灭吴,军功显赫,封当阳县侯,又是当时硕儒,精于《左
传》,著《春秋左氏传集解》,对后世《春秋》学影响极大。杜牧绍述
家业,其《战论》、《守论》、《论用兵书》、《上李太尉论北边事启》及
《孙子注》等军事著作也受到杜预的启示。"家集二百编,上下驰皇
王",即其祖杜佑《通典》二百卷,杜牧《上李中丞书》云"某世业儒
学,自高、曾至于某身,家风不坠,少小孜孜,至今不怠",可见其家
学之深厚。"经书括根本,史书阅兴亡",受家学的影响,杜牧的论
文多立足于经史,"复观自古序其文者,皆后世宗师其人而为之,

《诗》、《书》、《春秋左氏》以降,百家之说,皆是也"①。而他的文学创作也同样主张针砭时弊、经世致用。如其《上知己文章启》云:

> 某少小好为文章,伏以侍郎文师也,是敢谨贡七篇,以为视听之污。伏以元和功德,凡人尽为歌咏纪叙之,故作《燕将录》。往年吊伐之道未甚得所,故作《罪言》。自艰难来始,卒伍佣役辈,多据兵为天子诸侯,故作《原十六卫》。诸侯或恃功不识古道,以至于反侧叛乱,故作《与刘司徒书》。处士之名,即古之巢、由、伊、吕辈,近者往往自名之,故作《送薛处士序》。宝历大起宫室,广声色,故作《阿房宫赋》。有庐终南山下,尝有耕田著书志,故作《望故园赋》。虽未能深窥古人,得与揖让笑言,亦或的的分其状貌矣。

此外,《河湟》、《西江怀古》、《早雁》、《赤壁》、《泊秦淮》、《华清宫》等一些咏怀作品,或品评历史,借古讽今;或怀古寄慨,感叹盛衰兴亡之事,皆表现出杜牧文学创作中切合时政的一面。在对待历代优秀的文学遗产时,杜牧则远绍近取,多有继承,裴延翰《樊川文集序》云:"包诗人之轨宪,整扬、马之衔阵,耸曹、刘之骨气,掇颜、谢之物色。"这首训喻诗也云:"高摘屈宋艳,浓熏班马香。李杜泛浩浩,韩柳摩苍苍。近者四君子,与古争强梁。"其中对屈、杜等人尤为推崇。杜牧对屈原的《楚辞》赞赏备至,他在《李贺集序》中云:"《骚》有感怨刺怼,言及君臣理乱,时有以激发人意。"认为李贺诗歌为"《骚》之苗裔,理虽不及,辞或过之",并进一步言:"使贺且未死,少加以理,奴仆命《骚》可也。"指出李贺"长吉体"构思奇妙,意境瑰丽,有《骚》之特色,但理致较少,缺乏一定的思想深度。另

---

① 杜牧《答庄允书》,《樊川文集》卷一十三,上海古籍出版社,1978 年版,第194 页。

《题武关》诗中对屈原被贬荒莽之地深表惋惜与同情。在同时代诗人中，杜牧对李、杜及韩、柳等人也非常敬仰，其《雪晴访赵嘏街西所居三韵》云："命代风骚将，谁登李杜坛。少陵鲸海动，翰苑鹤天寒。"杜牧诗学李白，如《齐安城楼》即化用李白《淮阴书怀诗》，管世铭《读雪山房唐诗序例·七绝凡例》也云："杜紫微天才横逸，有太白之风。"此外杜牧对韩愈也极为敬服，《读韩杜集》云："杜诗韩集愁来读，似倩麻姑痒处抓。天外凤凰谁得髓，无人解合续弦胶。"对杜、韩两人有高山仰止之叹。当然，对前辈诗人，杜牧用力至深当属杜甫，也颇得杜甫之精髓。方回《瀛奎律髓》卷四评杜牧《长安杂题》曰："（杜牧）盖颇能用老杜句律，自为翘楚，不卑卑于晚唐之酸楚凑砌也。"薛雪《一瓢诗话》也云："杜牧之晚唐翘楚，名作颇多，而恃才纵笔处亦不少，如《题宣州开元寺水阁》，直造老杜门墙，岂特人称小杜已哉？"①关于杜牧诗学杜甫，葛立方有精审的论述，其《韵语阳秋》卷四云："杜牧之诗字意多用老杜，如《观东兵长》句云'黑稍将军一鸟轻'，盖用子美'身轻一鸟过'也。《游樊川诗》云'野竹疏还密，岩泉咽复流'，盖用子美《雨止还作》'断云疏复行'也。盖其心景复之切，则下语自然相符，非有意于蹈袭。故其论杜诗云'天外凤凰谁得髓，何人解合续弦胶'，岂非自以为得髓者耶？东坡《赠孔毅甫诗》云'天下几人学杜甫，谁得其皮与其骨'，'前生子美只君是，信手拈得俱天成'，学杜甫而得其皮骨者鲜矣，又况其髓哉！"所论极是。此外，应该注意的是，在《冬至日寄小侄阿宜诗》这首训喻诗中，杜牧并没有提及当时名盛一时的元白两人。这其实也涉及杜牧的诗文与元白"元和体"诗风相扞格的取向。杜牧反对过分追求形式艳丽的诗风，其《答庄允书》云"凡为文以意为主，气为辅，以辞彩章句为之兵卫"、"辞愈华而文愈鄙"，在《献诗启》也云："某苦心为诗，本求高绝，不务奇丽，不涉习俗，不今不古，处于

---

① 《清诗话》，王夫之等撰，上海古籍出版社，1999年版，第713页。

中间。"元和、长庆年间,元和体流播人口,风靡一时,而广为传播的是一些浅易轻滑、绮靡纤艳的作品,杜牧虽也有艳情之作,但丽而不俗,艳而含蓄,没有猥亵淫言等俚俗化的成分。从这一角度来说,杜牧对元、白等人的诗歌创作是极为不满的。如《唐故平卢军节度巡官陇西李府君墓志铭》中云:"尝痛自元和已来,有元、白诗者,纤艳不逞,非庄士雅人,多为其所破坏。流于民间,疏于屏壁,子父女母,交口教授,淫言媟语,冬寒夏热,入人肌骨,不可除去。吾无位,不得用法以治之。"关于杜牧攻讦元、白,除了诗文观念相左,还有一些其他因素,原因复杂,曹中孚、寇养厚、吴在庆及卞孝萱等先生都阐发良多,在此不述。但不管怎样,在当时的诗风氛围下,杜牧是绝不会以元和诗体作为对其侄子的训喻典范,在《冬至日寄小侄阿宜诗》中不提元、白等人也自然在情理之中了。

　　最后,谈谈唐代文人训喻诗文的艺术特色。唐代文人的家训,多以书信体及五言诗体为主。书信体则散语居多,文风质朴,不似帝王家训,句式严整,骈偶对应。这种奇句单行、文从字顺的语言风格则受到了古文运动的影响。如舒元舆,文才自负,自陈文章"锻炼精粹,出入今古数千百年,披剔剖抉,有可以辅教化者未始遗"①,《牡丹赋》、《养狸述》及《赠李翱》等皆为一时传诵之作,同样,这篇《贻诸弟砥石命》训喻文章,文风豪健,气势壮大,感情充沛,纵横开阖之间又显得沉着细密。又李德裕,好著书为文,王世贞《弇州山人稿·读〈会昌一品集〉》云:"得文饶《一品集》读之,无论其文辞剀凿瑰丽而已,即揣摩悬断,曲中利害,虽晁(错)、陆(贽)不胜也。"李德裕《平泉山居诚子孙记》以山居为喻,夹叙夹议之中尽显其当时"退居伊洛之志"。另外,唐人训喻诗歌以五言为主,虽然语言通俗浅切,有"塾训体"之讥,但也各具特色。如杜甫《又示宗武》、《宗武生日》等五律,语句精审,律法细密,显示了杜氏严于

---

①　舒元舆《献文阙下得报上书》,《全唐文》卷七百二十七。

诗律的艺术追求。而韩愈训喻诗作则又有明显的以文为诗特征，如《符读书城南》诗中"木之就规矩，在梓匠轮舆"、"乃一龙一猪"、"学问藏之身、身在则有馀"等诗句，在句式结构上为上一下四或上三下二，这种拗句夹在诗中，往往会形成一种生硬排奡的艺术特色。《示儿》则善于铺叙，如其云："庭内无所有，高树八九株。有藤娄络之，春华夏阴敷。东堂坐见山，云风相吹嘘。松果连南亭，外有瓜芋区。西偏屋不多，槐榆翳空虚。"这种散文化艺术手法的运用也正是韩愈诗歌创新之处。又卢仝，诗歌崇尚奇险，诗风嶔崎瘦硬，如《月蚀诗》即为这种风格的代表诗作，韩愈对这首诗也极为欣赏，并作《月蚀诗效玉川子作》以和之。同样，他的《寄男抱孙》也诗风怪僻，好用硬语，如"捞漉蛙蟆脚，莫遣生科斗"、"万箠苞龙儿，攒迸溢林薮"，刘克庄《后村诗话》卷十一评曰："此篇用尽俗字，而不害其为奇崛，何尝似近世诗人学炼字哉！"

家训是家族文化的重要组成部分，唐人的训喻诗文，就文学层面而言，它体现了文人士大夫的崇文意识及其一些具体细微创作风格与艺术特征。如果从更广阔的社会背景来审视它时，我们不难发现，唐人的家训更像是一个历史的缩影，不但再现了家族的内部演变，而且在一定程度上还透析出整个社会的生存状态与意识形态的变迁。如姚崇《遗令诫子孙文》，就提到家族财产的预分，"庄田水碾，既众有之……所以预为定分，将以绝其后争"，这对于唐代家庭财产的继承制度及家庭形态转化的研究富有启示意义。姚文中还论及"薄葬"的问题，其云："吾身亡后，可殓以常服，四时之衣，各一副而已。"另萧瑀《临终遗子书》也同样提倡薄敛，称"气绝后可著单服一通，以充小敛。棺内施单席而已"。这些材料对进一步研究唐代的葬仪及其观念都有一定的帮助。此外，唐代家训还论及社会的各种风俗。如李华《与外孙崔氏二孩书》中写道："又妇人将嫁三月，教于公宫；祖庙既毁，教于宗室。嫁则庙见，不见庙者，不得为妇。今此礼凌夷，人从苟且，妇人尊于丈夫，群阴制于太阳。"可见在传统的礼仪之中,有公宫、宗室的妇教之说,但很明显,在唐代这种仪式已经式微,相对而言,唐代的礼法束缚要单薄的多。后李氏文中又写道:"吾小时南市帽行,见貊帽多、帷帽少,当时旧人,已叹风俗。中年至西京市,帽行乃无帷帽,貊帽亦无。男子衫袖蒙鼻,妇人领巾覆头。向有帷帽幂离,必为瓦石所及。此乃妇人为丈夫之象,丈夫为妇人之饰,颠之倒之,莫甚于此。"此段资料对于研究唐人服饰,显得弥足珍贵,从中我们得以窥见唐代女性服饰风尚及其变迁。又《女孝经》与《女论语》,在古代女子教育中占有极其重要的地位。对它们的研究有助于我们全面掌握唐代女训文化的时代背景及历史意义。综言之,唐代的家训,形式多样,内容丰富,无论是从文学的角度,还是从历史学的角度,我们都有必要对其作进一步的整理挖掘与开拓研究。

第三节　唐文学家族研究(上)

魏晋以来,"公立学校之沦废,学术中心移于家族,太学博士之传授变为家人父子之世业,所谓南北朝之家学者也"①。唐代门阀制度虽受到一定的冲击,但学术文化与大门盛族不可分离的状况依旧得以延续。在一定程度上,唐代的家族文化的盛衰演变,成了唐代社会文化嬗变的重要因素之一。唐代的文化家族,凭藉深厚的家学传统,冠冕蝉联,绵延不坠。而作为文化家族的次生态之一的文学家族,也同样盛极一时,引人注目。辛文房《唐才子传》卷二云:"历观唐人,父子如三包,六窦、张碧、张瀛、顾况、非熊、章孝标、章碣,温庭筠、温宪;公孙如杜审言、杜甫,钱起、钱珝;兄弟如皇甫冉、皇甫曾,李宣古、李宣远,姚系、姚伦等;皆联玉无瑕,清尘远播。芝兰继芳,重难改于父道;骚雅接响,庶不慊于祖风。四难之间,挥

---

① 　陈寅恪《隋唐制度渊源略论稿》,河北教育出版社,2002年版,第23页。

塵之际,亦可以为美谈矣。"唐人重诗文,"家家怀和氏之宝,人人握灵蛇之珠"①,明胡应麟也注意到这父子兄弟文学竞称的情况,并对唐代的文学家族进行一一著录,可谓用功至深②。本节拟对这种现象出现的原因作一定的探讨,并就文学家族区域的分布作初步的统计分析,最后对其家学因素及其文化特性进行进一步的论述。

一、文学家族兴盛的原由

毛汉光先生在《中古士族性质之演变》中曾指出:"中古士族之道路,即地方豪族之士大夫化,以及士大夫之家族化。"③魏晋南北朝时,士族家学由武力起家转向文化兴宗,体现为优美之门风与学业之代代因袭。而学业尤重于经籍、文史学业的修养。受时代重文风气的影响,南方士族诗文传家,以文相尚。如琅琊王氏、陈郡谢氏及朱、张、顾、陆等吴地大族,皆是文人辈出,诗文滋盛。而弃文从武者,往往会受到鄙视。《晋书》卷六十五《王导传》载:"导六子悦、恬、洽、协、劭、荟……(悦)弱冠有高名……(恬)少好武,不为

① 王文濡《唐音评注读本序》。
② 胡应麟在《诗薮》外编卷三云:"唐诗赋程士,故父子兄弟文学竞称者甚众,而不能如汉、魏之煊赫。至祖孙相望,则襄阳之杜,亦今古所无也。世所共知二贾、二苏、三王、五窦外,他或以爵位勋名掩之。结夏杜门,永昼如岁,呻吟之暇,漫疏其略于后。衰钝遗忘,挂一漏万,姑识此,为雅博前驱云。"并对唐代文学家族进行详细的梳理统计。如有四十八个家族中父子善诗文的。而家族中兄弟皆以文著称也非常多,其中兄弟二人善文的有三十一个家族,三人者九个家族,另外尚有沈佺期家族、罗隐家族、杨收家族及王勃家族中皆四人以上善文。其中,崔氏一门,虽以爵位显,但家族同样以文齐名,胡氏统计出崔氏兄弟多达23人。再者,胡应麟在书中还列举了父子兄弟三人者、父子孙三世者、夫妇俱能诗者及女兄弟能诗者的情况。(胡应麟《诗薮》,上海古籍出版社,1958年版,第161页至164页。)
③ 毛汉光《中国中古史论》,上海书店出版社,2002年版,第79页。

公门所重,导见悦辄喜,见恬便有怒色。"颜之推鉴于其祖先崇武者"皆罹祸败",则在家训中专设《诫兵》章以告诫子孙弃武从文,并云:"此皆陷身灭族之本也。诫之哉!诫之哉!"①相比较而言,北朝家学一般以业经为主,文事略显荒芜,但时风所尚,北人对南朝鼎盛的文运也是极其仰慕的,如"北地三才"温子昇、邢邵、魏收一些篇什的绮艳之风则明显受到齐梁诗歌的影响。诚然,唐代文学家族的兴盛,除了中古世家好文的传统底蕴外,还受到时代因素的影响,如国家的统一,文化的高度繁荣以及政治的稳定,庄园经济的发展,都为文学家族的繁盛奠定了一定的基础。此外,唐代君臣对文学的爱好与进士科的诗赋取士也深深地影响到家族的趋文风气。

李唐起于西北,在稳定政治、发展经济的同时,唐初君臣对文化建设也极其重视。为了"以文德绥海内",高祖武德四年,开文学馆以待四方之士,并"引礼度而成典则,畅文词而咏风雅"②。武德九年太宗登基后,便改修文馆为弘文馆,"至其年九月,太宗初即位,大阐文教,于弘文殿聚四部群书二十馀万卷,于殿侧置弘文馆,精选天下贤良文学之士,虞世南、褚亮、姚思廉、欧阳询、蔡允恭、萧德言等以本官兼学士,令更宿直。听朝之隙,引入内殿,讲论文义,商量政事,或至夜分方罢"③。此外,太宗还与这些宫廷诗人多有赋诗唱和,积极地倡导着文学创作活动。卢照邻《南阳公集序》云:"贞观年中,太宗外厌兵革……内兴文事。虞(世南)、李(百药)、岑(文本)、许(敬宗)之俦以文章进,王(珪)、魏(徵)、来(济)、褚(亮)之辈以材术显。咸能起自布衣,蔚为卿相,雍容侍从,朝夕献纳。

---

① 王利器撰《颜氏家训集解》,《新编诸子集成》本,中华书局,1993年版,第354页。

② 李世民《置文学馆学士教》,《册府元龟》卷九十七。

③ 《唐会要》卷六十四。

我之得人,于斯为盛。"①受太宗的影响,高宗、武后、中宗也皆嗜好文艺,与其御用文人频繁进行诗歌游宴、唱和等活动。以至于"帝(中宗)有所感即赋诗,学士皆属和。当时人所歆慕,然皆狎猥佻佞,忘君臣礼法,惟以文华取幸"②。中唐以后,代宗、德宗以及宣宗也都爱好诗文,并有许多的诗文留世。唐代帝王对诗文创作的爱好与推奖,无疑对文学的发展有极大的推动作用,胡震亨《唐音癸签》卷二十七云:

> 有唐吟业之盛,导源有自。文皇英姿间出,表丽缛于先程;玄宗材艺兼该,通风婉于时格。是用古体再变,律调一新,朝野景从,谣习浸广。重以德、宣诸主,天藻并工,赓歌时继,上好下甚,风偃化移,固宜于喁遍于群伦,爽籁袭于异代矣。中间机纽,更在孝和一朝。于时文馆既集多材,内庭又依奥主,游讌以兴其篇,奖赏以激其价;谁毚律宗,可遗功首? 虽猥狎见讥,尤作兴有属者焉。

虽然宫廷诗什多应制唱和,内容相对而言显得狭隘,御用性、游宴性强,但对尚文的氛围起着很大的营造作用。《资治通鉴》卷二百零九也云:"于是天下靡然争以文华相尚,儒学忠谠之士莫得进矣。"而这种时代风气也自然会促进文学家族的兴盛,如参与唐初宫廷唱和就有陕州上官家族(上官仪、上官婉儿)、杭州褚氏家族(褚亮、褚遂良)、雍州萧氏家族(萧德言、萧至忠)等。而一些宫廷中的著名诗人,也以文传世,如于志宁,子孙中有于休烈、于敖、于瑰、于结等人以诗文著称。又张说,其子张均、张垍及均子蒙也同样擅长诗文。可以说,正是因为唐代君臣对文学的爱好,才为文学

---

① 李昉等《文苑英华》卷七百,中华书局,1966年版,第3601页。
② 《新唐书·李适传》。

家族的进一步发展提供了广阔舞台。

此外,唐代进士科以诗赋取士也促使着文学家族的兴起。诗赋取士是唐代科举制的主要特征,虽然许多士大夫多对进士试的弊端进行猛烈的抨击,但"白衣卿相"的美誉依旧为世人所追捧。《通典》卷十五《选举三》引沈既济言云:

> 初,国家自显庆以来,高宗圣躬多不康,而武太后任事,参决大政,与天子并。太后颇涉文史,好雕虫之艺,永隆中始以文章选士。及永淳之后,太后君临天下二十馀年,当时公卿百辟无不以文章达,因循日久,寖以成风。至于开元、天宝之中,上承高祖、太宗之遗烈,下继四圣治平之化,贤人在朝,良将在边,家给户足,人无苦窳,四夷来同,海内晏然。虽有宏猷上略无所措,奇谋雄武无所奋。百馀年间,生育长养,不知金鼓之声,燿燧之光,以至于老。故太平君子唯门调户选,征文射策,以取禄位,此行己立身之美者也。父教其子,兄教其弟,无所易业,大者登台阁,小者任郡县,资身奉家,各得其足,五尺童子,耻不言文墨焉。是以进士为士林华选,四方观听,希其风采,每岁得第之人,不浃辰而周闻天下。

高宗、武后时便以文章取士,"公卿百辟无不以文章达",玄宗年间更是寖以成风,中唐以后,朝廷也同样重视诗赋登科者,"常衮当国,非以辞赋登科者莫得进用"[1],"德宗好文,尤难其选,贞元以后为学士承旨者,多至宰相焉。"[2]而宣宗以后,宰相几乎全由文学进身者担任。由此可见,文学科举进身已成了唐人仕宦的最佳选择。而这种"征文射策,以取禄位"的科举方式也同样促使唐人(无

---

[1]　《旧唐书》卷一百一十九《崔祐甫传》。
[2]　《旧唐书》卷四十三。

论是士族或是寒门)在家业的传承中都极其重视诗赋的学习,如河中薛播家族、弘农杨凭家族、平陵窦叔向家族等,皆诗文传家,子弟也连中科名,而其家族更是以文名著称一时,成了当时文学世家的典范。

综言之,唐代文学家族的兴盛,一方面是由于世家尚文的传统为其底蕴,另一方面,则是唐代君臣的文学爱好及进士科的诗赋取士为文学家族提供了生存的空间。

二、文学家族的区域性及其分析

隋唐统一南北之后,学术文化渐趋融合,但在这融合统一的过程中,各区域之间也同样保留着文化的相对独立性。唐代的文化区域,若从宗教信仰、学术风格及语言、生活习惯等因素来考察,可以分成南北两大区,南方以江南文化区域为主,北方有关中、山东两大区域。当然,如果要再加细分,还可以分成陇右、齐鲁、吴越、荆楚、巴蜀及岭南等亚文化区。受环境等因素的影响,每个区域文化各具特色,柳芳《氏族志》云:"山东之人质,故尚婚娅,其信可与也;江左之人文,故尚人物,其智可与也;关中之人雄,故尚冠冕,其达可与也;代北之人武,故尚贵戚,其泰可与也。"下文主要从区域的角度来审视唐代的文学家族,并对其作横向的比较与纵向的考察。

首先,文学家族的区域分布。以下主要根据周祖譔先生主编的《中国文学家大辞典·唐五代卷》、陈尚君先生《唐代诗人占籍考》及《旧唐书》、《新唐书》等资料进行收集整理,将主要的文学家族叙录如下①:

---

① 有关这些文学家族的具体介绍可参考附录。

（一）京畿道

1. 京兆府

万年：王氏（王珪、王茂时、王遘）；李氏（李适、李叔卿）；于氏（于邵、于尹躬、于德晦）；韩氏（韩仪、韩偓）；李氏（李涛、李浣）；韦氏（韦安石、韦斌、韦同则）；韦氏（韦镒、韦应物、韦式、韦庄）；韦氏（韦皋、韦行式）；杜氏（杜淹、杜倚、杜元颖）等。长安：萧氏（萧德言、萧至忠）；韩氏（韩休、韩滉、韩章、韩察）；崔氏（崔沔、崔成甫）；颜氏（颜允南、颜真卿、颜岘、颜浑、颜顒、颜须、颜顼、颜舒）等。金城：窦氏（窦叔向、窦常、窦弘馀、窦牟、窦群、窦庠、窦巩）等。云阳：韩氏（韩思复、韩朝宗）等。高陵：于氏（于志宁、于休烈、于敖、于瑰、于结）等。蓝田苏氏（苏晋、苏广文）；奉天赵氏（赵存约、赵光逢、赵光远）；武功苏氏（苏瑰、苏颋、苏绾）；华原令狐氏（令狐德棻、令狐峘、令狐楚、令狐绹）、柳氏（柳公绰、柳公权）等。

2. 华州　华阴杨氏（杨续、杨师道、杨思玄）、杨氏（杨炯、杨容华）。

3. 同州　冯翊徐氏（徐惠、徐坚）；乔氏（乔知之、乔侃、乔备）；寇氏（寇沁、寇坦、寇埴）等。

4. 邠州　新平陶氏（陶穀、陶敞、陶彝之）。

（二）都畿道

1. 河南府　河南房氏（房元阳、房融、房琯、房孺复）、杨氏（杨茂卿、杨牢、杨宇）、于氏（于頔、于季友、于兴宗）等；洛阳张氏（张说、张均、张垍、张蒙）、陆氏（陆据、陆士修）、贾氏（贾曾、贾至）、李氏（李涉、李渤）等；巩县杜氏（杜审言、杜甫）；河阳韩氏（韩会、韩愈、韩弇、韩湘）等。

2. 汝州　鲁山元氏（元结、元友直、元友让、元季川）。

3. 陕州　陕县上官氏（上官仪、上官婉儿）；硖石姚氏（姚崇、姚系、姚伦、姚合、姚岩杰）。

4. 郑州　荥阳李氏（李揆、李益、李当、李拯、李蔚、李渥）、阎氏(阎敬爱、阎济美)、郑氏(郑绚、郑颢)等;阳武韦氏(韦承庆、韦嗣立、韦济);新郑徐氏(徐商、徐彦若、徐仁嗣)。

(三) 河南道

1. 虢州　弘农杨氏(杨凭、杨凝、杨凌、杨敬之、杨德邻);杨氏(杨于陵、杨嗣复);杨氏(杨虞卿、杨汉公、杨玢)。

2. 滑州　灵昌崔氏(崔日用、崔宗之、崔日知、崔元翰)等。

3. 许州　鄢陵崔氏(崔泰之、崔备)。

4. 豫州　蔡州邵氏(邵升、邵炅)。

5. 亳州　谯县李氏(李纵、李纾)。

6. 徐州　彭城刘氏(刘藏器、刘知幾、刘贶、刘餗、刘汇、刘迅、刘迥)。

7. 齐州　全节崔氏(崔融、崔禹锡、崔翘、崔彧、崔岐、崔安潜)。

8. 海州　朐山李氏(李昪、李璟、李景遂、李弘茂、李煜、李从善、李从谦)。

(四) 河东道

1. 蒲州　河东宗氏(宗楚客、宗晋卿)、敬氏(敬括、敬湘);猗氏张氏(张嘉贞、张弘靖、张文规、张彦修);宝鼎薛氏(薛元超、薛曜、薛奇童、薛晏、薛稷)、薛氏(薛据、薛蒙、薛蕴);蒲州卢氏(卢羽客、卢纶、卢汝弼)、王氏(王维、王缙)、吕氏(吕渭、吕温、吕恭、吕让、吕岩)等。

2. 绛州　龙门王氏(王通、王绩、王质、王富畴、王勃、王勮、王劢)、闻喜裴氏(裴士淹、裴通)、裴氏(裴度、裴諴);稷山裴氏(裴守真、裴耀卿、裴延)、绛州王氏(王景、王之涣、王纬)。

3. 太原府　祁县温氏(温庭筠、温庭皓、温宪)、文水李氏(李憕、李景让、李景俭)。

4. 潞州　涉县孙氏(孙逖、孙纬、孙榮、孙偓)。

(五) 河北道

1. 魏州　贵乡罗氏(罗弘信、罗绍威);馆陶魏氏(魏徵、魏谟);冠氏路氏(路单、路岩、路德延);昌乐张氏(张文琮、张文收、张锡)。

2. 博州 博州崔氏(崔惠童、崔敏童)、崔氏(崔元略、崔铉)。

3. 相州 临漳源氏(源干曜、源光俗);洹水杜氏(杜正伦、杜兼、杜羔);内黄沈氏(沈佺期、沈东美)。

4. 贝州 清阳宋氏(宋庭芬、宋若莘、宋若昭、宋若伦、宋若宪、宋若荀);武城崔氏(崔邠、崔郾)、张氏(张彻、张复)等。

5. 邢州 柏仁李氏(李怀远、李景伯);南和宋氏(宋璟、宋华)。

6. 深州 陆泽张氏(张鷟、张荐、张又新、张希复);安平李氏(李百药、李蓍、李序)、崔氏(崔峒、崔季卿)等。

7. 赵州 高邑李氏(李鹏、李从远、李岩);赞皇李氏(李端、李虞仲、李昂、李胄)、李氏(李栖筠、李吉甫、李德裕)等。

8. 德州 蓨县高氏(高士廉、高瑾、高绍、高峤、高元裕、高璩)。

9. 定州 安喜崔氏(崔湜、崔液、崔涤);义丰张氏(张易之、张昌宗)、齐氏(齐浣、齐珝、齐抗、齐推)。

10. 莫州 鄚县张氏(张栖贞、张仲素、张浚、张格)。

(六) 山南东道

1. 襄州 襄阳张氏(张柬之、张敬之、张轸)、皮氏(皮日休、皮光业)。

2. 邓州 新野邹氏(邹象先、邹绍先);内乡范氏(范传正、范传质、范鄅)。

3. 荆州 江陵岑氏(岑文本、岑羲、岑参);荆州段氏(段文昌、段成式)。

(七) 陇右道

1. 秦州 上邽姜氏(姜晞、姜皎)。

2. 沙州 敦煌李氏(李敬方、李毅、李琪、李斑)。

（八）淮南道

1. 扬州　江都来氏（来恒、来济）、扬州王氏（王播、王炎、王起、王铎、王镣、王龟）、冯氏（冯延巳、冯延鲁）、徐氏（徐铉、徐锴）、李氏（李善、李邕）。

2. 楚州　淮阴周氏（周渭、周澈）。

3. 光州　固始王氏（王审知、王延彬、王继鹏、王继勋）等。

（九）江南东道

1. 润州　丹徒权氏（权澈、权器、权德舆、权审）；曲阿蔡氏（蔡希逸、蔡希周、蔡希寂）、皇甫氏（皇甫冉、皇甫曾）；延陵包氏（包融、包何、包佶）、储氏（储光羲、储嗣宗）等。

2. 常州　义兴蒋氏（蒋挺、蒋洌、蒋涣、蒋防）；无锡李氏（李绅、李虞）；常州萧氏（萧钧、萧嵩、萧华、萧做、萧遘、萧祐、萧建）等。

3. 苏州　陆氏（陆馀庆、陆海、陆长源）、陆氏（陆象先、陆羽、陆龟蒙）、陆氏（陆涓、陆翱、陆希声）、归氏（归登、归氏子、归处讷）、沈氏（沈既济、沈传师、沈询）、丘氏（丘为、丘丹）、杨氏（杨发、杨乘、杨收、杨凝式）；海盐顾氏（顾况、顾非熊）等。

4. 湖州　钱氏（钱起、钱徽、钱可复、钱珝）。

5. 杭州　钱塘褚氏（褚亮、褚遂良、褚琇）；临安钱氏（钱镠、钱元瓘、钱元玼、钱弘僎、钱弘佐、钱弘倧、钱弘偡、钱俶、钱信、钱旻、钱惟治）。

6. 睦州　清溪皇甫氏（皇甫湜、皇甫松）；桐庐章氏（章八元、章孝标、章碣）。

7. 越州　会稽罗氏（罗珦、罗让）。

8. 歙州　休宁查氏（查文徽、查元方）；歙州吴氏（吴少微、吴巩）。

9. 婺州　金华张氏（张志和、张松龄）；东阳滕氏（滕珦、滕迈、滕倪）。

10. 泉州　莆田林氏（林披、林藻、林蕴）、黄氏（黄滔、黄蟾）；仙游郑氏（郑良士、郑元弼）。

11. 温州　永嘉朱氏（朱著、朱褒）。

12. 福州　闽县欧阳氏（欧阳衮、欧阳玭）。

（十）江南西道

1. 宣州　溧水刘氏（刘太真、刘太冲）；宣州刘氏（刘处约、刘长卿）。

2. 洪州　南昌徐氏（徐玄之、徐元弼）；高安沈氏（沈彬、沈延瑞）。

3. 虔州　虔化廖氏（廖匡图、廖凝、廖匡齐、廖融）。

4. 袁州　郑氏（郑史、郑启、郑谷）。

5. 永州　永州张氏（张颊、张文宝、张仲达）。

6. 连州　连州孟氏（孟宾于、孟归唐）。

（十一）剑南道

1. 梓州　盐亭严氏（严震、严公弼、严公贶）；永泰李氏（李义府、李湛）。

（十二）岭南道

1. 韶州　曲江张氏（张九龄、张仲方）。

2. 桂州　裴氏（裴说、裴谐）。

3. 昭州　周氏（周渭、周渍）。

根据上述叙录，我们列表如下①：

道、州		文学家族人数	总数	比例（％）	道、州		文学家族人数	总数	比例（％）
京畿道	京兆府	23	29	15.1	山南东道	襄州	2	10	5.0
	华州	3				邓州	6		
	同州	3				荆州	2		

---

① 资料主要来源于周祖譔主编的《中国文学家大辞典·五代卷》、陈尚君先生《唐代诗人占籍考》等。

道、州		文学家族人数	总数	比例（%）	道、州		文学家族人数	总数	比例（%）
都畿道	河南府	16	25	13.0	陇右道	秦州	1	2	1.0
	汝州	1				沙州	1		
	陕州	2			淮南道	扬州	4	7	3.6
	郑州	6				楚州	1		
河南道	虢州	3	11	5.7		光州	2		
	滑州	2			江南东道	润州	6	37	19.3
	许州	1				常州	3		
	豫州	1				苏州	9		
	亳州	1				湖州	1		
	徐州	1				杭州	4		
	齐州	1				睦州	2		
	海州	1				越州	3		
河东道	蒲州	8	22	10.9		歙州	2		
	绛州	6				婺州	3		
	太原府	6				福州	1		
	潞州	2				泉州	3		
河北道	魏州	4	37	19.3	江南西道	宣州	2	9	4.2
	博州	1				池州	1		
	相州	3				洪州	2		
	贝州	3				虔州	1		
	邢州	3				袁州	2		
	冀州	2				永州	1		

续　表

道、州		文学家族人数	总数	比例（%）	道、州		文学家族人数	总数	比例（%）
河北道	深州	5	37	19.3	剑南道	梓州	2	2	1.0
	赵州	5			岭南道	韶州	1	3	1.5
	沧州	1				桂州	1		
	德州	1				昭州	1		
	定州	3							
	幽州	2							
	莫州	1							
	瀛洲	1							
	蓟州	1							
	营州	1							

通过上述的叙录和表格的统计，我们可以对唐代文学家族的区域分布及其属性进行一定的比较分析。

（一）文学家族的区域分布

唐代的文学家族，其地域分布并不均衡。总体而言，政治、经济与文化教育发达的区域，聚集的文学家族比较多，而边陲荒芜的州县则反之。唐代共有十五道，其中陇右道、黔中道、岭南道、关内道及剑南道，或地处边隅，或交通不便，经济落后，文化也相应地滞后，文学家族则少之又少。只有秦州姜氏、沙州李氏、张氏，梓州李氏与严氏、韶州张氏与周氏及桂州裴氏等少数文学家族。而关内道、山南西道与黔中道则基本上无文学家族的存在。这六道的面积占唐代总面积的一半多，但文学家族只有区区的八个，只占4%。相比较而言，淮南道、江南西道及山南东道虽然地处荆襄之地与沿海地带,但中唐以后,北方战乱,南方发展迅速,江南的物资往往通过长江干道运至荆襄,然后北上两京,而运河的漕运作用也日益突出。经济、交通的发展也促进着文化的进步,这些地区的文学家族也相应地有所增加,共计二十五个,占总数的14%左右,其中邓州就有六个著名的文学家族,而襄州的皮日休家族、荆州的岑文本家族、段文昌家族及扬州的王起家族也曾兴盛一时。当然,文学家族汇集最多的当属两京地区和南方的江南东道,其中京畿道、都畿道、河东道及河北道的文学家族共计有一百余个,占总数的56%强。北地尚阀阅,重家学,故多文化世家,"山东则为'郡姓',王、崔、卢、李、郑为大。关中亦号'郡姓',韦、裴、柳、薛、杨、杜首之。代北则为'虏姓',元、长孙、宇文、于、陆、源、窦首之。"①其文学家族可分为关中文学家族群与山东文学家族群。关中以京畿道、河东道为主,文学世家有京兆的韦氏、杜氏、崔氏,弘农杨氏,河东柳氏、裴氏等。此外,代北胡姓的元氏、令狐氏及窦氏等家族,崇文之风也非常兴盛。山东地区,历来重礼法经术,为华夏文化之重镇,世家大族虽多以经术干政,但也同样重视诗文,如清河崔氏、博陵崔氏,"嗣后达官膴仕,史不绝书,而能诗之士弥众,他姓远弗如也。……初唐之融,盛唐之颢,中唐之峒,晚唐之鲁,皆矫矫足当旗鼓。以唐诗人总之,占籍几十之一,可谓盛矣。"②此外如绛州王氏、洛阳张氏、宝鼎薛氏,皆为诗书簪缨之族。南方江南地区,也是文学家族众多的地方,但主要汇聚在开发较早和文化传统比较深厚的环太湖流域,如润州权氏、常州萧氏、苏州陆氏和杨氏及杭州的钱氏。而江南西道,如宣州、池州、虔州等地方则地处荒凉,文学家族较少,只有九个,占总数的4%左右。

细言之,若单从数量来衡量,两京一带的文学家族最兴盛,其

---

① 《新唐书·柳冲传》。
② 胡应麟《诗薮》外编卷三,上海古籍出版社,1958年版。

中京兆府二十三个,河南府十六个,究其原因,除了地处政治、经济中心,文化发达外,科举仕进也是吸引山东、江南士族汇萃京师的一个重要原因。"隋氏罢中正,选举不本乡曲,故里闾无豪族,井邑无衣冠。人不土著,萃处京畿"①。一些士族著支也多往此间迁徙,如兰陵萧氏,六个著支,三个在京兆府,三个在河南府。河北士族迁往两京地区的情况也极为明显,如清河崔氏悉数迁移河南府附近;范阳卢氏、赵郡李氏、博陵崔氏绝大多数迁往河南府,少数迁向京兆府;渤海高氏族迁移京兆和河南各半②。这些士族往往追求科第仕进,注重诗文传家,自然也促使着文学家族的进一步发展壮大。但安史之乱时,中原鼎沸,士族多播迁南方,"自中原多故,贤士大夫以三江五湖为家,登会稽者如鳞介之集渊薮"③。崔峒《送王侍御佐婺州》云:"闻君作尉向江潭,吴越风烟到自谙。客路寻常随竹影,人家大抵傍山岚。缘溪花木偏宜远,避地衣冠尽向南。"如柳宗元、崔翰、梁肃、王质等北地文人皆转徙南方,扶风窦叔向家族则举家迁往江东,这对南方文学家族的发展无疑起着推波助澜的作用。山东地区,虽然饱受战争的破坏蹂躏,但凭藉教育的普及和深厚文化传统的底蕴,其文学家族数量依然可观,并且在州县的分布上也比较均衡,如河东道的蒲州、绛州、太原府及河北道的深州、赵州等地文学家族数量均在五个以上,其他如潞州、博州及邢州等也多有文学世家。

（二）文学家族的构成及其分析

唐代的文学家族,在人员构成上,或父子,或祖孙几代,或兄弟多人。首先,父子皆擅长文学的有万年李氏、河南府于氏、侯氏、吕

---

① 《通典》卷十七《选举》五,中华书局,1982年版。

② 参见毛汉光《中国中古社会史论》第八章《从士族籍贯迁移看唐代士族之中央华》,上海书店出版社,2002年版,第330页至332页。

③ 穆员《鲍防传》,《全唐文》卷七百八十三。

氏、魏州罗氏、博陵崔氏、延陵包氏、金城窦氏、句容刘氏、义兴蒋氏及东阳滕氏等。而延及几代人的文学世家则更多,如万年王珪族、韦应物族、长安韩休族、颜真卿族、华原柳公权族、洛阳张说族、陕州姚合族、郑州李益族、徐州刘知幾族、齐州崔融族、蒲州薛元超族、绛州王勃族、荆州岑文本族、润州权德舆族、湖州钱起族及袁州郑谷族等,其中绛州王氏与博陵、清河的崔氏,皆是文人辈出,盛极一时。此外,兄弟皆通诗文者也极为普遍,如曲阿皇甫冉、皇甫曾;洛阳李渤、李涉;相州沈佺期、沈佺交、沈佺宇;下邽白居易、白敏中、白行简;同州乔知之、乔侃、乔备;定州赵夏日、赵东曦、赵和璧、赵安贞、赵居贞、赵颐贞、赵汇贞等。最后,还有一种情况应值得我们注意,即在家族的文人中,尚有许多擅长诗文的女性作家,如上官仪孙女上官婉儿,一度秉掌宫廷文坛创作,并多次参与游宴唱和,诗作绮丽,有其祖父之风,时人多有讽诵。张说《上官昭容集序》云:"上官昭容者,故中书侍郎仪之孙也。明淑挺生,才华绝代,敏识聪听,探微镜理。开卷海纳,宛若前闻;摇笔云飞,咸同宿构。"有《上官昭容集》二十卷,已佚,今《全唐诗》存诗三十二首。又贝州宋氏姊妹,除著有《女论语》外,还精通诗文,与德宗君臣多诗文酬唱。另如杨炯侄女杨容华,幼善属文,曾作《新妆诗》。杨敬之之女杨德邻,十三岁时即题诗于长安奉慈寺。而元稹妻裴氏、杜羔妻刘氏及元载妻王氏皆擅诗文。

　　从时间上看,唐初文学家族一般为传统的文化世家,多集中在两京地区与河东道、河北道,这些文学家族,传统文化底蕴深厚,不但诗文传家,骚雅相续,还擅长经术、史学。如长安韩休家族,工诗文,但韩滉还熟精《易象》、《春秋》,并善绘画。徐州刘知幾家族,虽以词学著称,但史学成就更知名于时,如刘知幾《史通》、刘秩《政典》等。而在南方,只有吴郡陆氏、兰陵萧氏还能冠冕蝉联,其他如陈郡谢氏、吴郡的朱氏、顾氏也都光彩不再,全面没落了。但唐中期以后,随着科举仕进的进一步发展,一些出身寒门的文学家族也崭露头角,这在南方的江南东道尤为明显,如润州包融族、常州蒋子慎族、蒋义族、湖州徐齐聃族、钱起族、苏州归崇敬族、沈既济族、睦州皇甫湜族、章八元族等,皆通过科考仕进,凭藉文学才华成了新兴文学家族,并进而在仕宦之中占有一席之地。

第四节　唐代文学家族研究(下)

一、唐代文学家族藏书述略

在唐朝,家族的兴盛仅依靠敬宗睦族、孝悌慈惠的礼法家传显然不够,一些家族也充分地认识到只有文化教育的传承才是世代簪缨的保证,"虽有子弟,无书不能训也"①。又俗谚云:"遗子黄金满籯,不如教子一经。"而培养家族博学好文的文化品质,最基本的条件就是必须拥有大量的庋藏书籍,只有这些丰富的文化资源才能为家族积淀出深厚的文化底蕴,进而在科第与文学上获得成功,并以此保持家族的延续与壮大。据统计,唐代的藏书家人数多达六十人②。当然,唐代私家藏书的兴盛,主要原因是受到官家藏书与社会风气的影响。

唐代官府的藏书,主要来源于前朝的遗书及对社会散佚书籍的征收,《旧唐书》卷二云:"太宗入据宫城,令萧瑀、窦轨等封守府库,一无所取,令记室房玄龄收隋图籍。"又《唐会要》卷三十五《经籍》云:"秘书监令狐德棻奏:今乘丧乱之馀,经籍亡逸,请购募遗书。重加钱帛,增置楷书,专令缮写。数年间,群书毕备。至贞观

---

① 《旧唐书》卷一百六十六。

② 参见范凤书《中国私家藏书史》第四章《唐代的私家藏书》,大象出版社,2001年版,第40页至45页。又可见傅璇琮、谢灼华主编《中国藏书通史》第三章《隋唐五代私家藏书》,宁波出版社,2001年版。

二年,秘书监魏徵,以丧乱之后,典章纷杂,奏引学者,校定四部书,数年之间,秘府粲然毕备。"此外,唐初百年间,曾三次补充校阅藏书,一些著名的学者文人如令狐德棻、魏徵、虞世南、吴兢、马怀素、元行冲等皆参与整理校对,他们在补遗续缺、校整秘书时,接触到大量的典藏书籍,这也为他们以后私家庋藏提供便利。如《旧唐书·韦述传》云:"述好谱学,秘阁中见常侍柳冲先撰《姓族系录》二百卷,述于分课之外手自抄录,暮则怀归。如是周岁,写录皆毕,百氏源流,转益详悉。乃于《柳录》之中,别撰成《开元谱》二十卷。其笃志忘倦,皆此类也。"其实,唐初藏书家大部分都曾任职于秘书省、史馆等官藏机构,如苏弁曾授秘书省正字,韦处厚曾授集贤校书郎,柳公绰及其子柳仲郢皆曾授秘书省校书郎,吴兢任职于史馆、修文馆长达三十余年,他们在校勘典籍之馀,也为自己转钞了大量的内府藏本。如柳仲郢,"退公布卷,不舍昼夜。《九经》、《三史》一钞,魏、晋已来南北史再钞,手钞分门三十卷,号《柳氏自备》。又精释典,《瑜伽》、《智度大论》皆再钞,自馀佛书,多手记要义。小楷精谨,无一字肆笔"①。

　　随着文化的普及,唐人也热衷于买书、抄书及藏书,并以家富藏书作为文化身份的象征。这种社会风气对唐人的藏书事业也起着一定的促进作用,如:

　　　　览镜改容色,藏书留姓名。时来不假问,生死任交情。(卢照邻《首春贻京邑文士》)
　　　　藏书挂屋脊,不惜与凡聋。我愿拜少年,师之学崇崇。(孟郊《劝善吟(醉会中赠郭行馀)》)
　　　　相惭五秉粟,尚癖一车书。(杨发《小园秋兴》)
　　　　朱氏西斋万卷书,水门山阔自高疏。我来穿穴非无意,愿

---

　　① 《旧唐书》卷一百六十五。

向君家作壁鱼。(张祜《题朱兵曹山居》)

　卖却屋边三亩地,添成窗下一床书。(杜荀鹤《书斋
即事》)

　万卷图书千户贵,十洲烟景四时和。(殷文圭《题吴中陆
龟蒙山斋》)

一些藏书家往往会受到世人的敬仰与尊崇,如王方庆,为王羲之后裔,"聚书甚多,不减秘阁,至于图画,亦多异本"①。连武则天都曾向他访求羲之墨迹,王氏也乘机好好炫耀家世与自己的庋藏,其云:"臣十代从伯祖羲之书,先有四十馀纸,贞观十二年,太宗购求,先臣并已进之。唯有一卷见今在。又进臣十一代祖导、十代祖洽、九代祖珣、八代祖昙首、七代祖僧绰、六代祖仲宝、五代祖骞、高祖规、曾祖褒,并九代三从伯祖晋中书令献之已下二十八人书,共十卷。"②又晚唐徐修矩,拥有图书数万卷,颇受皮日休与陆龟蒙的推崇。陆龟蒙《奉和袭美二游诗》中赞云:"吾闻徐氏子,奕世皆才贤。因知遗孙谋,不在黄金钱。插架几万轴,森森若戈铤。风吹签牌声,满室铿锵然。"皮氏《二游诗·徐诗》也云:"念我曾苦心,相逢无间别。引之看秘宝,任得穷披阅。轴闲翠钿剥,签古红牙折。帙解带芸香,卷开和桂屑。……东皋耨烟雨,南岭提薇蕨。何以谢徐君,公车不闻设。"

　唐人藏书,与以前庋藏相比,藏书卷数更多,如吴兢、蒋乂、韦述等藏书家的典藏都在万卷以上,其中李泌多达三万馀卷。另外藏书方式更具特色,如有专门的藏书楼,其中著名的有江夏李磎的万卷书楼、眉山孙长孺书楼及莆田许寅的万卷楼。此外,尚有上官婉儿书楼(吕温《上官昭容书楼歌》)、白居易池北书库(白居易《池

---

　①　《旧唐书》卷八十九。
　②　《旧唐书》卷八十九。

上篇序》)、曹郎中书楼(张蜍《贻曹郎中》)、王秘书书楼(张籍《赠王秘书》)、郭家书楼(王建《郭家溪亭》)等。而在藏书的分类上,还出现了以不同牙签颜色来区分各部类,如明彭大翼《山堂肆考》卷一百二十四云:"唐李邺侯泌起书楼,积书三万馀卷,经用红牙签,史用绿牙签,子用青牙签,集用白牙签。"如果书籍丰富,还有私家编目,如吴兢《西斋书目》、杜信《东斋籍》及蒋彧《新集书目》等。

唐代文学家族,注重诗文传世,同样也有不少藏书世家。如荆州段氏、蒲州张氏、京兆李氏等,其庋藏皆是代代相传。

1. 陇西李氏族

李唐崇文,皇亲宗室也热衷于诗文创作与书籍的收藏,如邓王元裕,颇有时誉,富于典藏,张鹭《朝野佥载》卷六云:"王有书十二车,(卢)照邻总披览,略能记忆。"琅琊王李冲,少以文采知名,坟典庋藏甚多。又李元嘉父子,更以典藏著称。元嘉,高祖第十一子,封韩王,少好学工诗,《全唐诗》录其诗《奉和同太子监守违恋》一首,《旧唐书·李元嘉传》云:"元嘉少好学,聚书至万卷,又采碑文古迹,多得异本。闺门修整,有类寒素士大夫。"其子李谟,也嗜好藏书,"时天下犯罪籍没者甚众,唯冲与谟父子书籍最多,皆文句详定,秘阁所不及"①。

2. 京兆韦氏

韦述,少笃志于学,父景骏,有祖传藏书二千馀卷,韦述舅元行冲,善经术,曾任弘文馆学士,撰《魏典》三十卷,参与《群书四部录》编撰,家富典藏,每逢外出,常载书数车自随②。韦述自幼便在元氏书斋中观书、抄录,所得甚多,后与马怀素、元行冲等掌管秘阁,"述在书府四十年,居史职二十年,嗜学著书,手不释卷……家聚书二万卷,皆自校定铅椠,虽御府不逮也。兼古今朝臣图,历代知名

---

① 《旧唐书》卷六十四。

② 《旧唐书》卷一百零二。

人画,魏、晋已来草隶真迹数百卷,古碑、古器、药方、格式、钱谱、玺谱之类,当代名公尺题,无不毕备。及禄山之乱,两京陷贼,玄宗幸蜀,述抱《国史》藏于南山,经籍资产,焚剽殆尽。"①韦氏典藏,有印谱、古碑及各种器物,已非一般的藏书家所能比拟,可惜安史之乱以后,散佚殆尽。

3. 京兆李氏

李泌,自幼博览经书,为张九龄赏识,曾作《感遇诗》以讽时政,工诗文,梁肃《宰相邺侯李泌文集序》云:"用比兴之文,行易简之道。赞事盛圣,辨章品物。疏通以尽理,闳丽而合雅。舒卷之道,比形于辞,其伟矣夫。"其子繁,善著录,有《北荒君长录》三卷、《玄圣蘧庐》一卷、《说纂》四卷,佚,今存《邺侯家传》一卷。李氏家族善于藏书,李泌父李承休,每遇秘籍,则购买或抄录,藏书渐多,后为李泌所继承。王应麟《困学纪闻》卷十四云:"李泌,父承休,聚书二万馀卷。诫子孙不许出门,有求读者,别院供馔。"李泌子李繁后任随州刺史,书籍也随之而走,韩愈《送诸葛觉往随州读书》云:"邺侯家多书,插架三万轴。——皆牙签,新若手未触。"李繁大和三年为舒元舆诬构下狱赐死,其书籍也渐渐散佚。

4. 蒲州张氏

张弘靖家族,三代为相,弘靖祖张嘉贞,应五经举,善属文,平生好储图书,刻有"河东张氏"之印。子张延赏,工诗,有才名,亦好藏书,并刻以"乌石(矦)瑞"印,延赏子弘靖,少为才俊,为杜佑赏识,后居相位,致力于典籍收藏,"家聚书画,侔秘府"②,藏书印有"鹊"、"瑞"、"鹊瑞"等字,其子张文规著有《法书要录》,另弘靖孙张彦远熟精书法名画,作《历代名画记》一书,对历代书画名迹述略赅备,誉满一时。

① 《旧唐书》卷一百零二。
② 《新唐书》卷一百二十七。

5. 华原柳氏

柳公绰、柳公权兄弟,书法传家,也工诗文,公绰子柳仲郢、孙柳珪皆有文名。柳氏一家也以藏书著名,公权,史称不善理家,但"唯研、笔、图籍,自镏秘之"①,公绰家藏书千卷,其子柳仲郢曾为校书郎,家里藏书颇丰,《新唐书·柳仲郢传》云:"家有书万卷,所藏必三本:上者贮库,其副常所阅,下者幼学焉。"仲郢子柳玭在《柳氏序训》中也提及其家升平里西堂富有藏书。

6. 京兆杜氏

京兆杜氏,诗文传家,西晋杜预,有书"别置一宅中,勿复以借人"②。杜佑博通经史,藏书甚多,并撰《通典》二百卷。杜牧《冬至日寄小侄阿宜诗》云:"旧第开朱门,长安城中央。第中无一物,万卷书满堂。家集二百编,上下驰皇王。"杜牧曾任弘文馆校书郎,其安仁里家中藏书多达三万余卷,《上知己文章启》云:"上都有旧第,唯书万卷。"③

7. 江夏李氏

江夏李墉为北海太守李邕从孙,任京兆尹时,家富藏书,至李栻、李磎时,积藏已达万卷。《新唐书·李墉传》云:"磎好学,家有书至万卷,世号'李书楼',所著文章及注解诸书传甚多。"至李沈时,广求天下秘本,建"万卷书楼",历唐、宋、元三代,至明季毁坏,明曾泰曾作《万卷书楼记》叙其始末。

8. 常州蒋氏

蒋乂,博览经书,擅长史学,祖瓌为弘文馆学士,父蒋明为集贤殿学士,自幼居住外祖父吴兢家,吴兢隶史职多年,家藏典籍甚多。晁公武《郡斋读书志》卷二下云:"《吴氏西斋目》一卷,吴兢录,其家

---

① 《新唐书·柳公权传》。
② 杜预《与子耽书》,严可均《全上古三代秦汉三国六朝文》卷四十二。
③ 《樊川集》卷十三。

藏书凡一万三千四百六十八卷。"吴氏藏书大部分后皆归蒋乂所有,蒋氏后曾入集贤殿校点官藏,"结发志学,老而不厌,虽甚寒暑,卷不释于前,故能通百家学,尤明前世沿革。家藏书至万五千卷"①。

9. 荆州段氏

段文昌,自幼博览经史,后为相二十余年,藏书颇丰,但往往凭权势所得,如《旧唐书·钱徽传》载云:"文昌好学,尤喜图书古画。故刑部侍郎杨凭兄弟,以文学知名,家多书画,钟、王、张、郑之迹在《书断》、《画品》者,兼而有之。凭子浑之求进,尽以家藏书画献文昌,求致进士第。文昌将发,面托钱徽,继以私书保荐。"段氏藏书后皆归其子段成式,《旧唐书·段成式传》云:"家多书史,用以自娱。"如其《酉阳杂俎》,内容繁杂,足见书籍征引之广泛。

另外,一些著名的文学家也富有庋藏。如白居易,有书一车,并作池北书库②。其《题文集柜》云:"破柏作书柜,柜牢柏复坚。收贮谁家集,题云白乐天。我生业文字,自幼及老年。前后七十卷,小大三千篇。诚知终散失,未忍遽弃捐。自开自锁闭,置在书帏前。身是邓伯道,世无王仲宣。只应分付女,留与外孙传。"白氏对自己的著述也珍爱有加,如其《白氏长庆集》即有五个复本,"一本在庐山东林寺经藏院,一本在苏州南禅寺经藏内,一本在东都圣善寺钵塔院律库楼,一本付侄龟郎,一本付外孙谈阁童"③。卢仝,《唐才子传》卷五云:"家甚贫,惟图书堆积。"后自扬州迁徙洛阳,唯书一船而已。孟郊《忽不贫,喜卢仝书船归洛》也云:"卢仝归洛船,崔嵬但载书。"柳宗元也富有藏书,据《新唐书》卷一百八十一载其《诣京兆尹许孟容》云:"家有赐书三千卷,尚在善和里旧宅,宅今三

①　《新唐书》卷一百三十二。

②　《白居易集》卷六十九。

③　白居易《白氏长庆集后记》,《全唐文》卷六百七十五。

易主，书存亡不可知。"晚唐皮、陆二诗人，也皆藏书甚多，《新唐书·隐逸传》称陆龟蒙云："得书熟诵乃录，雠比勤勤，朱黄不去手，所藏虽少，其精皆可传。借人书，篇帙坏舛，必为辑褫刊正。"皮氏《读书》云："家资是何物，积帙列梁栭。高斋晓开卷，独共圣人语。英贤虽异世，自古心相许。案头见蠹鱼，犹胜凡俦侣。"皮日休与徐修矩交厚，多从徐氏家中抄录典籍，如《二游诗序》云："吴之士有恩王府参军徐修矩者，守世书万卷，优游自适。余假其书数千卷，未一年，悉偿夙志，醋饫经史，或日晏忘饮食。……林泉隐事，恣用研咏。"此外，如窦群、孙樵、司空图等，皆嗜好典藏，于此不一一枚举。

二、文学家族家学因素的考察

唐代的文学家族最显著的文化特性即诗文传家，而家族的这种文化特性又往往具有一定的延续性与稳定性。具体而言，一种创作模式形成后，在家族中一般都会得到因袭。如杜审言的律诗创作即有家学渊源，"杜必简于初唐流丽中，别具沉挚，此家学所有启也"①。又《艺圃撷馀》云："杜必简性好矜诞，至欲'衙官屈、宋'。然诗自佳，华于子昂，质于沈、宋，一代作家也。流芳未泯，乃有杜陵匒其家风，盛哉！"审言五言律诗，体格整栗，气局雄丽，乃律诗正宗，这也深深地影响到杜甫，《唐律消夏录》云："杜必简用意深老，措辞缜密，虽极平常句中，一字皆不虚设。其于射洪。犹班之于史也。后来尽得其法者，唯文孙公部一人。"杜甫对其能绍述家业，也极为自豪，如"吾祖诗冠古"（《赠蜀僧闾丘师兄》）、"诗是吾家事"（《宗武生日》），其《登衮州城》即与审言《登襄阳城》同一律，在气格、意象上皆相类似，《瀛奎律髓汇评》引冯班语云："不让乃祖。"又

---

① 翁方纲《石洲诗话》卷一。

张说，诗法特妙，晚贬岳阳，诗益凄婉，人谓得江山之助①，其子张均，诗风与张说相类，《岳阳晚景》意致哀恻，含情无限。《唐诗选脉会通评林》引周敬话曰："章法整，不病板；对法工，不嫌排。句调优柔明秀，不刻不肤，居然燕公家传。"又韩会，好谈经济略，以王佐自许，曾师从萧颖士、李华等人，提倡古文运动，为文主教化而非绮丽，韩愈幼时曾随从其兄求学多年，其后论文反骈偶，主张文道合一的文道观多出其兄，宋王铚《韩会传》则称"会兄弟师授伟矣"②。此外祁县温庭筠与温庭浩，润州皇甫曾与皇甫冉，定州三杨以及金城六窦等，诗风皆有因袭相似之处。

当然，唐代文学家族的家学内容丰富，除了诗文传家外，还包括经学、史学及书法绘画等艺术方面的传承。魏晋以来，世家累世经学，代代因袭，唐代儒学虽然受到一定冲击，但经学的家传在家族中依旧占有重要的地位，如绛州王氏，以文学著称，但也为儒学世家，王勃自称"吾家以儒辅仁，述作存者代矣"③。王通为隋末大儒，曾撰《礼论》、《乐论》、《续书》、《续诗》、《元经》、《赞易》等共计八十卷，并广收门徒以重振儒学④。王通弟王凝，精儒术，曾整缮王通《元经》与《中说》，并对王通子福郊、福祚、福畴三人言传身教，"召三子而教之《略例》焉"⑤。王绩受王通影响，也颇通儒术，此外尚精易学，《答处士冯子华书》云："床头素书数帙，《庄》、《老》及《易》而已，过此以往，罕尝或披。"王勃自幼熟精六经，并撰《元经》之传，为《续诗》、《续书》作序。王通五代孙王质，曾寓居寿春，以儒学教授门徒。又京兆柳氏，也代传儒术，柳公权博贯经术，尤精《左

---

① 辛文房《唐才子传》卷一。
② 洪兴祖《韩子年谱》，见吕大防等《韩愈年谱》，中华书局，1991年版。
③ 王勃《送劼赴太学序》，《全唐文》卷一百八十一。
④ 杜淹《文中子世家》，《全唐文》卷一百三十五。
⑤ 《中说·关郎篇》。

传》、《国语》、《尚书》、《毛传》、《庄子》，每解一义，必数十百言①。其兄公绰也儒素笃行，"公绰理家甚严，子弟克禀诫训，言家法者，世称柳氏云"②。公绰子柳仲郢，善礼仪，尤重义气，曾将九经、诸史等分门抄编为《柳氏自备》三十卷。仲郢子柳玭，作《柳氏叙训》训喻子弟，以绍述家业。此外，蒲州吕氏、京兆颜氏，皆以经术、礼法著称。如吕温，初随其父吕渭学《诗》、《礼》，后与族兄吕皋学《春秋》三传，贞元十年前后，又师从陆质，为中唐《春秋》学派中坚人物。颜真卿，精儒学，曾撰《五经要略》、《礼乐集》等，曾祖颜师古为唐初大儒，善训诂，参撰《五经正义》，其《汉书注》、《急就章注》、《匡谬正俗》等皆大显于时，真卿兄允南、弟浑及后辈子弟皆以儒术为世所重。南方文学家族中，也有通经术的，如苏州张后胤家族，后胤父张冲曾撰《春秋义略》、《孝经义》、《论语义》，后胤以文学著称，但通《春秋》，曾为太宗讲授《春秋》要义，其曾孙张镒，撰有《三礼图》、《五经微旨》、《孟子音义》等。又吴县陆氏，陆龟蒙通六经大意，善《春秋》之学。陆希声，通《易》、《春秋》及《老子》，著述颇丰，《新唐书·艺文志》著其《周易传》二卷、《春秋通例》三卷、《道德经》四卷，另《直斋书录解题》录《易传解说》一卷、《微旨》三卷，可惜均佚。

　　唐代文学家族中，兼通史学的情况更为普遍，如彭城刘氏家族，文名尤著，更以史学著称于世，如刘知幾、刘贶、刘𫷷、刘秩等皆为唐初史学大家，另外，贶子浃、滋及汇子赞皆有史名。

　　常州蒋乂，自幼博览典籍，曾为集贤院学士，祖蒋瑰，开元年间弘文馆学士，父蒋明为集贤殿学士，皆有文名。又外祖父吴兢，唐初著名史学家，曾任史馆、秘书监多年，神龙初参编《则天实录》，后撰梁、齐、周史各十卷、《陈史》五卷、《隋史》二十卷、《唐史》八十余卷、《中宗皇帝实录》二十卷、《太宗勋史》一卷、《睿宗实录》五卷、

---

① 《新唐书》卷一百六十三。
② 《旧唐书》卷一百六十五《柳公绰传》。

《唐名臣奏》十卷,均佚,尚存的有《贞观政要》十卷及《开元升平源》一卷。蒋氏受其影响,也精史学,著有《大唐宰辅录》、《凌烟阁功臣》、《秦府十八学士》、《建中实录》等,其子蒋系、蒋偕,也有史名,系参撰《宪宗实录》,偕预修《文宗实录》。

又京兆韦述,自幼博览经书,笃志文学,其舅氏元行冲,曾任弘文馆学士,家富藏书,曾编《群书四部录》,后撰《魏典》三十卷,韦述受其影响,也有史才,生平著述甚丰,有《唐春秋》二十卷、《开元谱》二十卷、《唐职仪》三十卷、《高宗实录》三十卷、《御史台记》十卷、《两京新记》五卷、《集贤注记》三卷、《东封记》一卷、《集贤书目》一卷。可惜多已散佚。韦处厚,受经学于其父韦万,学文于伯舅许孟容,以文名称著于世,有《韦处厚集》七十卷、《翰苑集》十卷,韦氏也熟精史学,曾预修《德宗实录》五十卷、《宪宗实录》四十卷、《大和国计》二十卷等。

此外,河东柳氏、京兆杜氏、吴郡沈氏及常州的秦氏等文学家族,皆擅长史学。唐代家族史学的盛行,应与朝廷注重史才的文化导向及社会重史尚学的文化观念有关。同样,这种重史的风气也会影响到文学创作,如中晚唐时,咏史怀古诗的大量出现,即是史学在诗歌领域的渗透与延伸。

唐代文化繁盛,各种艺术日臻成熟,一些文学家族也兼通其他技艺,有的甚至世代家传。如欧阳询早逝,其子欧阳通“母徐氏教其父书,每遗通钱,绐云:‘质汝父书迹之直。’通慕名甚锐,昼夜精力无卷,遂亚于询。”①通与其父欧阳询齐名,世号“大小欧阳体”。唐代文学家族,兼善的技艺一般以书法、绘画为主。

蒲州张氏,张氏家族工于诗文,又精于书画,张嘉贞,能诗善文,家聚图籍,子张延赏,精于典藏,也擅长书法,孙张弘靖精书法,《金石录》卷九录其《唐魏博田绪遗爱碑》。弘靖孙张彦远,博学有

---

① 《旧唐书》卷一百八十九上。

文辞，乾符中官至大理卿，擅长书画鉴赏，"余自弱年鸠集遗失，鉴玩装理，昼夜精勤。每获一卷，遇一幅，必孜孜葺缀，竟日宝玩……是以爱好愈笃，近于成癖"①。曾撰《法书要录》，评点历代书法，较详备。又著有《历代名画记》十卷，叙述绘画之源流及装裱、鉴赏等方法，并附有历代画家小传，其中隋唐二百二十八人，此书内容详实赅备，为古代绘画史之集大成者，被尊为"画史之祖"。

苏州陆氏，传统文化世家，善诗文，也工书法。陆柬之，少聪颖多才，学书于其舅虞世南，虞氏善文辞、书翰，精正行草书，风格遒劲，与欧阳询并称"欧虞"，其子虞纂与孙虞郁、虞焕皆善书法。柬之一族也书法传家，其子彦远、侄孙景融也精翰墨。彦远外甥张旭，工诗文，善书法，颜真卿曾师学之，称其"楷法精详，特为真正"②。景融四世孙陆希声，博学善文，工诗，《阳羡杂咏》十九首尤为著名，又精于正书，笔法多端，《唐诗纪事》卷四十八云："古之善书鲜有得笔法者，希声得之，凡五字：擫、押、钩、格、抵。用笔双构，则点画遒劲，而尽妙矣。"

另外，华原柳公权族、钱塘褚遂良族、会稽徐师道族及丹阳蔡希逸族，皆代代翰墨，以书法见称于时。而在一些文学家族中，也有文人兼通书画，如京兆李氏之李元嘉，聚书万卷，善画龙马虎豹③。蒲州薛氏之薛稷，薛收孙，多才艺，工书画，精人物花鸟，擅长画鹤，书法宗虞世南、褚遂良，称誉一时。太原王氏之王维，自称"宿世谬词客，前身应画师"（《偶然作》），工画山水，体涉古今。长安裴氏之裴休，长于书翰，《宣和画谱》称其"作行书尤有体法"、"字势奇绝"。京兆杜氏之杜牧，书画双绝，书法"潇洒流逸，深得六朝

---

① 张彦远《历代名画记》卷二《论鉴识收藏购求阅玩》。
② 颜真卿《怀素上人草书歌序》。
③ 《旧唐书》卷六十四。

人风韵"①, 米芾《画史》称其"精彩照人"。杜牧《赠张好好诗》手迹今存故宫博物院。又江陵岑文本、郑州李揆、弘农杨师道、洛阳于頔及高邑李岩, 皆工书画。

相比较而言, 唐代出身寒门的文学家族, 其家学略显单薄, 无法与世家大族深厚的文化根基相比拟, 但他们因文起家, 并跻身仕途, 也能累世不衰。如常州蒋子慎家族, 出身低微, 子慎子绘有文名, 绘子捷, 捷子洌、涣, 洌子链, 涣子铢, 皆进士第, 其后仕途通达, 成了典型的官宦世家②。又湖州徐光聘、吴县归崇敬家族, 俱无深远的家族底蕴, 但他们诗文传家, 也显赫一时。特别在中晚唐时, 随着士族门阀进一步衰微, 寒门家族日益崛起, 这种因家学背景而形成的士庶分化渐趋消失。

三、家族的文学实践及家学的变异性

唐代的文学家族, 以文著称于世, 文学的创作与实践是其主要的社会活动, 也是他们获得声誉的重要手段之一。下文主要从家族视域的角度来考察其具体的文学实践。

首先, 唐代文人创作的崇宗意识。如前文所揭, 家族的文学创作具有一定的因袭性与相似性, 辛文房《唐才子传》卷二曾云: "芝兰续芳, 重难改于父道; 骚雅接响, 庶不惭于祖风。"这种创作的趋同性往往表现为对家族文化传统的接受。如陈子昂, 家学传统尚儒业, 又兼诸家杂说, 既有慷慨任侠之气, 也善饵食炼丹之术。子昂自己也云: "少好三皇五帝霸王之经, 历观丘坟, 旁览代史, 原其

---

① 叶奕苞《金石录补》卷二十二《唐杜牧〈赠张好好诗〉》,《丛书集成初编》本, 商务印书馆, 1935 年版。

② 《旧唐书》卷一百八十五。

政理,察其兴亡。"①"余家世好服食,昔尝饵之。"②又《堂弟孜墓志铭》中云:"吾家代虽儒术传嗣,然豪英雄秀,济济不泯。常惧后来光烈,不象先风。每一见尔,慰吾家道。"陈氏的诗文创作也明显受到家学的影响。如《感遇诗》及其他一些古体诗"考察天人"、"幽观大运"的创作主题,则是家族善于幽观大运、觇时隆污的文化传统的诗学体现③。又杜甫,不仅在诗体创作上曾追摹其祖审言,在《宗武生日》、《又示宗武》等训喻诗文中也告诫子孙要秉承家业,维护诗文传家的美誉。此外如王勃、杜牧、陆龟蒙等的创作都有强烈的崇宗意识。此类情况在唐代家族文学中皆普遍存在,兹不胪列。

其次,家族内的文学研习与交流。如弘农杨凭、杨凝、杨凌,大历中擢进士第,时号"三杨",俱善属文。杨氏兄弟幼时皆一块研习艺文,《唐语林》卷二曾云:"杨京兆(凭)兄弟皆能文,为学甚苦,或同赋一篇,共坐庭石,霜积襟袖,课成乃已。"又怀州穆氏家族,穆宁,礼法传家,其子赞、质、员、赏,皆有文名,其中穆员尤善为文,许孟容《穆公集序》云:"属词匠意,必本于道。……其文融朗恢健,沉深理辨。墉阃四会,精铿百练。结而为峻极,散而为游衍。其工也异今而从古,其旨也惩恶而从善。"穆氏四子,曾于和州东四十里筑馆读书课文,崔祐甫《穆氏四子讲艺记》云:

> 检校秘书少监兼和州刺史侍御史河南穆宁,字子宁,以正直登朝,以严明作牧。……使君有四子,曰赞曰质曰赓曰赏,耸秀之姿,若瑶林植庭,雪羽驯庑,克岐克嶷,突而偕弁。方欲以六经百氏,播礼乐,务忠孝,正名器,导人伦。如兰有芳心,

---

① 陈子昂《谏政理书》,《全唐文》卷二百一十三。
② 陈子昂《观荆玉篇序》,《全唐诗》第二函第三册,上海古籍出版社,1986年版。
③ 杜晓勤《初盛唐诗歌文化阐释》,东方出版社,1997年版,第224页。

泉有清源，兆德之阶，于是乎始。使君曰："昔陈亢喜闻《诗》闻《礼》，闻君子之远其子于孔鲤，今兹赟之侪也。"其年或成人，或几成人，学《诗》学《礼》，则亦既戒，远子之节，吾事可不务哉。于是考州之东西四十里，因僧居之外，阶庭户牖，芳划拳石。近而幽，远而远旷，澶漫平田，臑沸温泉。可以步而适，可以濯而蠲，谓尔群子，息焉游焉。赟、质暨赓、赏拜手稽首曰："应惟惠施之车，仲舒之帷，苏秦之锥，三物毕具，而郡廷温清所在，今也改晨昏为旬朔。"……又适诸子之馆。使君第三子字绍古，于伯季之间，肄文史，考故实，甚精而成。……而绍古自执焉。欲以文经邦者宜董、贾，欲以文动俗者宜扬、马。言偃之文，郁而不见。卜商有《诗》序，其体近六经。屈原、宋玉怨刺比兴之词，深而失中，近于子夏。所谓哀以思，刻石铭座者取崔、蔡，论都及政者宗班、张，飞书走檄者征陈琳。曹、刘之气奋以举，潘、陆之词缛而丽。过此以往，未之或知。宋、齐以降，年代未远，有文之士，胄系皆存，议其优劣，其词未易，故阙焉。（《全唐文》卷四百零九）

此外，家族的诗文唱和往来也是诗艺交流的主要形式之一，柳宗元在《王氏伯仲唱和诗序》中云："间以兄弟嗣来京师，会于旧里。若璩、场在魏，机、云入洛。由是正声迭奏，雅引更和，播埙箎之音韵，调律吕之气候，穆然清风，发在简素。非文章之胄，曷能及兹？"①又白居易，与白行简、白敏中等多诗文唱和，并一起教喻子弟，其《孟夏思渭村旧居寄舍弟》云："前年当此时，与尔同游瞩。诗书课弟侄，农圃资童仆。"而当其学有所成时，欣喜之情则油然而生，《闻龟儿咏诗》云："怜渠已解咏诗章，摇膝支颐学二郎。莫学二郎吟太苦，才年四十鬓如霜。"可见，家族中的吟咏唱和不仅是情感的纽

---

① 《柳河东集》卷二十一，《全唐文》卷五百七十七。

带,也为艺文的切磋提供了便利。

第三,郡斋诗文集会中家族化现象,以浙西联唱为例。大历八年至十二年,颜真卿任湖州刺史,曾聚江东文士撰编《韵海镜源》,并有登临游赏、联句唱和之举。浙西联唱,以颜真卿、皎然为核心,前后共聚集九十五位文士①,其中多文人家族,典型的有颜氏家族、张氏家族等。真卿任职湖州,家人多参与当时诗文唱和,《嘉泰吴兴志》卷十二《古迹》云:"颜真卿及门生弟侄多携酒舣楫以游,作《李相石樽宴集联句》。"据真卿《湖州乌程县杼山妙喜寺碑铭》记载,参撰《韵海镜源》的颜氏家族文人有颜真卿、颜察、颜策、颜浑、颜暄、颜超、颜岘、颜顾等。其中颜岘、颜颙及颜须还参与竹山题潘氏书堂的联句唱和。作为诗文集会的主盟者,颜真卿的唱和诗文最多,存世的有《拟五杂组联句》、《重拟五杂组联句》、《滑言联句》、《醉言联句》、《重送横飞联句》、《喜皇甫侍郎见过南楼玩月联句》、《水堂送诸文士戏题潘丞联句》等,据统计,共有诗歌 24 首,文 10 篇②。深州张氏家族,诗文传家,张荐祖张鷟,精判策书文,著《龙筋凤髓判》四卷、《朝野佥载》三卷。荐精史学,其兄著、谟与弟芴也有文名,皆为真卿赏识,并一起参撰《韵海镜源》。其中张荐还与颜真卿、皎然、李萼等联句唱和,如《夜宴咏灯联句》、《月夜啜茶联句》、《大言联句》、《乐言联句》、《谗言联句》、《送李侍御联句》等。又弘农杨氏之杨凭、杨凝于大历十一年来湖州聚会,并多唱和,今存《水亭咏风联句》、《溪馆听蝉联句》中四联,即"回人飘华幕,轻来叠晚流(杨凭)。桃竹今已展,羽翣且从收(杨凝)"、"高树多凉吹,疏蝉足断声(杨凭),已催居客感,更使别人惊(杨凝)"。此外,河南

---

① 见贾晋华《唐代集会总集与诗人群体研究》,北京大学出版社,2001 年版,第 93 页。

② 见贾晋华《唐代集会总集与诗人群体研究》,北京大学出版社,2001 年版,第 295 页至第 327 页。

之房薨、房益均有唱和诗什留世。另外，隋末唐初的河汾作家群的酬唱往来就有王氏家族（王通、王绩）、薛氏家族（薛收、薛德音、薛元敬）。大历年间，鲍防、严维等于浙东联唱，江南文士登会稽者如鳞介之集渊薮，南阳谢氏家族的谢良辅、谢良弼兄弟即参与其盛况。而晚唐五代时的詹氏家族（詹敦仁、詹琲）则是泉州诗人群后期的积极倡导者。

第四，家集的编撰。为了彰显家族的创作，唐代文人往往乐意于家集的整理编撰。如杜牧《冬至日寄小侄阿宜诗》云："家集二百编，上下驰皇王。多是抚州写，今来五纪强。尚可与尔读，助尔为贤良。"①皇甫松《古松感兴》云："我家世道德，旨意匡文明。家集四百卷，独立天地经。"②唐人家集存世不多，史籍记载的有《李敬方家集》三百首，李敬方，长庆三年进士，工诗文，顾陶《唐诗类选后序》云："歙州敬方，才力周备，兴比之间，独与前辈相近。亡殁虽近，家集已成三百首。"又《廖氏家集》一卷，《新唐书·艺文志》著录匡图《廖氏家集》一卷，后《崇文总目》总集类及《通志·艺文略》皆著录。廖氏为虔州著名的文学家族，匡爽，工诗文，其子匡图、匡齐、匡凝、匡偓皆有文名。齐己《寄廖匡图兄弟》云："风骚作者为商榷，道去碧云争几程。"又《窦氏联珠集》五卷，褚藏言编，收窦常、窦牟、窦群、窦庠、窦巩五人诗一百首。此外尚有《李氏花萼集》二十卷、《韦氏兄弟集》二十卷及李逢吉的《家集》等③。

要之，唐代家族文人在文学实践中，具有明显的家族化特征。主要体现为创作上的崇宗意识及文风因袭的相传性。而家族内部的诗文唱和则为其研习交流、切磋艺文提供了便利。另外，对家集

---

① 杜牧《樊川文集》卷一。

② 《全唐诗》卷三百六十九。

③ 参见陈尚君《唐代文学丛考》之《唐人编选诗歌总集叙录》，中国社会科学出版社，1997年版，第218页至219页。

的整理，一方面使家族文献得以保存，另一方面则是彰显家族的文业功德，以增强后人的自豪感与凝聚力。

最后我们谈谈家学的变异问题，家学一旦形成，就具有一定的稳定性与因袭性。但仅有传承而无创新开拓的一面，那么这个家族就很难适应外部新的文化环境，可能就会被时代淘汰。就家学的内部传承而言，因生活环境与个人禀性的不同，家学的世代传承还是具有一定的异质的因素，如杜审言，精五言律，为律体之正宗，杜甫诗学虽有家学的一面，但更多是以"尽得古今之体势，而兼人人之所独专"为后人敬仰。又京兆韦氏，韦应物五言诗高雅闲淡，自成一体，至韦庄，诗风雅正兼有神韵，有家学的色彩，但韦氏更以词学著称，与温庭筠并称"温、韦"。当然，家学的变异性，还受到外部因素的影响，如时代的变迁、家族的迁徙、新的文化时尚及科举标准的变化等，都会对传承中的家学产生很大的冲击。如郭峰先生研究吴郡张氏家学时曾说："吴郡张氏后胤一支，家学自南朝至唐肃宗、代宗时期，经历了一个玄易——玄儒佛兼综——经学为主——道学这样一个变化过程，这个过程，又与时代好尚之变迁一致。"[①]此外，外家之学介入也会引起家学的变异。唐代的文学家族，特别是文化世家，其婚娅网络极为发达，这为外家之学的产生提供了便利，一些文人也多受学于外家，如元稹受教于姊夫陆氏[②]；韩弘从舅氏学[③]；薛据、薛播、薛塞等早孤，悉为伯母济南林氏教以文辞[④]；韦丹以甥孙从太师颜真卿学[⑤]，这些外家之学既延续着家族的文化传统，又为家学带来了新的内容。以京兆颜氏为例：

---

① 郭峰《唐代士族个案研究——以吴郡、清河、范阳、敦煌张氏为中心》，厦门大学出版社，1999 年版，第 152 页。

② 《元稹集》卷三十《诲侄等书》。

③ 《韩昌黎文集校注》卷七《司徒兼侍中中书令赠太尉许国公神道碑铭》。

④ 《旧唐书》卷一百四十六《薛播传》。

⑤ 《韩昌黎文集校注》卷六《唐故江西观察使韦公墓志铭》。

魏晋以来，颜氏家族皆儒学传家，如颜之推、颜师古、颜杲卿等皆以通经义、重节气著称于时，至真卿一族，与殷氏家族累世联姻，殷氏奕世工书尚画，如殷仲容、殷践猷等，以书额、草隶擅名。真卿及其父惟贞、伯父元孙皆早孤，并都养育于舅家，其书艺成就则明显受益于舅氏之学。又常州蒋乂，家传儒术，工诗文，乂幼时受史学于外祖父吴兢，颇得吴氏亲传，后蒋氏以史传家，则应源于吴兢。此外，苏州陆柬之家族，精于书法，则受到了舅氏虞世南的影响，陆氏书法后又传于张旭，而张氏为陆彦远之外甥。可见，正是这种姻亲关系的存在，外家之学才得以传承，并在一定程度上丰富了家族原有的文化传统，为其补充了新鲜血液，在新的文化环境中也能表现出灵活的适应性，进而为家族的延绵兴盛提供强有力的保证。

第五章　唐代古文运动的私学性阐释

关于唐代古文运动，宋祁《新唐书》卷二百零一《文艺传序》曾云："唐有天下三百年，文章无虑三变。高祖、太宗，大难始夷，沿江左馀风，绨句绘章，揣合低卬，故王、杨为之伯。玄宗好经术，群臣稍厌雕琢，索理致，崇雅黜浮，气益雄浑，则燕、许擅其宗。是时，唐兴已百年，诸儒争自名家。大历、贞元间，美才辈出，擩哜道真，涵泳圣涯，于是韩愈倡之，柳宗元、李翱、皇甫湜等和之，排逐百家，法度森严，抵轹晋、魏，上轧汉、周，唐之文完然为一王法，此其极也。"其实，宋氏"文章三变"之说，源于梁肃的"唐文三变"，只是梁氏所言的三变是以陈子昂、张说、萧颖士等人为代表①。唐代古文运动，渊源甚早，赵翼《廿二史札记》卷九《古文自姚察始》云："世但知六朝之后，古文自唐韩昌黎始，而岂知姚察父子已振于陈末唐初也哉！"②自南北朝以来，苏绰、裴子野、颜之推及李鄂、王通等人皆提倡文质，反对绮丽，为文体复古导夫先路。唐初，陈子昂、卢藏用及张说等人力主革五代馀习，摒弃浮华。天宝中，李华、萧颖士、颜真卿及独孤及等人继起，一扫骈文华靡陋习，在文体革新方面成绩显著，"公（李华）与兰陵萧茂挺、长乐贾幼几勃焉复起，振中古之风，以宏文德。……于时文士驰骛，飙扇波委，二十年间，学者稍厌《折

---

①　梁肃《补阙李君集序》，《全唐文》卷五百一十八。
②　赵翼著，王树民校证《廿二史札记校证》，中华书局，1984年版，第196页。

杨》、《皇华》而窥《咸池》之音者什五六。识者谓之文章中兴"①。
其后，韩愈、柳宗元、吕温、刘禹锡、李翱、皇甫湜等人继往开来，积
极倡导文体和文风的改革，此为古文运动的全面兴盛与高潮阶段，
宋姚铉《唐文粹序》云："惟韩吏部超卓群流，独高遂古，以二帝三王
为根本，以六经四教为宗师，凭陵辐辏，首倡古文，遏横流于昏垫，
辟正道于夷坦；于是柳子厚、李元宾、李翱、皇甫湜又从而和之，则
我先圣孔子之道，炳焉悬诸日月……世谓贞元、元和之间，辞人咳
唾皆成珠玉，岂诬也哉！"

　　有关中唐古文运动兴盛的原因，前哲时贤立论颇多，如王锡昌
先生的《唐代古文运动》、孙昌武先生的《唐代古文运动通论》及刘
国盈先生的《唐代古文运动论稿》等论著对其文体特征、创作风格
及理论建树等方面都作了深入的分析评价。而本书拟从私学的角
度对此阶段古文繁盛的学术背景及家学渊源进行阐述，并进一步
探讨其师承关系。

第一节　古文运动与《春秋》学派

　　《朱子语类》卷一百三十九《论文》上云："大率文章盛，则国家
却衰。如唐贞观、开元都无文章。及韩昌黎、柳河东以文显，而唐
之治已不如前矣。"安史之乱以后，复古道、革旧弊已成了时代的呼
声，政治上，有二王、韦执谊及柳宗元等人倡导的永贞革新，罢宫
市、黜月贡、免租赋，矛头直指藩镇、宦官，虽历时短暂，但影响深
远。学术上，啖、赵、陆《春秋》学派讨论《春秋》宗旨，评议三传得
失，主张依经立意、学以干政，具有很强的经学革新意义。与此相
呼应，韩、柳等人的古文运动也揭橥着"文以载道"、"文以明道"的
旗帜，以恢复儒家道统为己任，致力于经世之文的创作。当然，古

_____

①　独孤及《检校尚书吏部员外郎赵郡李公中集序》，《全唐文》卷三百八十八。

文运动与永贞革新有着千丝万缕的关系,而从学术精神上看,唐代古文运动明显受到《春秋》学派的影响,他们皆有着相同的政治指向与鲜明的现实批判性。

一、古文运动兴起的时代背景与思想基础

唐代古文运动的兴盛,一方面是文体革新自然发展的结果。另一方面,则受到外部环境诸如社会、政治、文化等因素的影响。

首先,让我们看看古文运动的时代背景。开元前期,玄宗励精图治,社会稳定,经济繁荣,国家处于太平盛世的阶段。但开元十五年张说致仕,二十四年张九龄罢相及李林甫任中书令,则标志着唐王朝渐趋衰微。安史之乱以后,虽然叛乱得以镇压,但祸根未除,时局依旧动荡不安。如《文献通考》卷一百五十一《兵考三》云:"大盗既灭,而武夫战卒以功起行阵,列为侯王者皆除节度使。由是方镇相望于内地,大者连州十馀,小者犹兼三四。故兵强则逐帅,帅强则叛上,或父死子握其兵而不肯代,或取舍由于士卒,往往自择将吏,号为'留后',以邀命于朝。天子顾力不能制,则忍耻含垢,因而抚之,号为姑息之政。盖姑息起于兵骄,兵骄由于方镇,姑息愈甚,而兵将愈俱骄。"此外,宦官专权也是唐王朝的覆灭的原因之一,德宗以后,宦官典职禁军,执掌机要,控制朝政,"万机之与夺任情,九重之废立由己"①,如郭忠敬、田令孜等甚至操纵皇嗣废立,其爪牙更是肆意掠夺,鱼肉百姓。加之中唐以来,均田制遭到破坏,租庸调制无法实施,各种名目繁多的赋税日益增多,"通津达道者税之,薪蔬艺果者税之,死亡者税之"②。广大百姓陷于凋敝困顿的深渊,阶级矛盾也日益尖锐,各种民变事件相继不绝,如浙东袁晁起义,江东地区

---

① 《旧唐书》卷一百八十四《宦官传》。
② 《旧唐书》卷四十八《食货志》。

方清、陈庄起义等,这对朝廷的统治产生极大冲击。面对严峻的统治危机,李唐王朝的一些士大夫也积极地倡导变革,企图拯救日渐颓丧的封建统治,如陆贽,关心民谟,力主革新救弊,其《均节赋税恤百姓六条》则是赋税改革的纲领,这六条是《论两税之弊须有厘革》、《请两税以布帛为额不计钱数》、《论长吏以增户加税辟田为课绩》、《论税期限迫促》、《请以税茶钱置义仓以备水旱》、《论兼并之家私敛重于公税》,企图通过税改减轻农民负担,增加国家财政收入,虽然整体上看,收效不是很明显,但这些举措对稳定税收与缓和阶级矛盾都有很大的作用。此后韦执谊、王叔文、王伾、柳宗元及刘禹锡等永贞党人入主朝政,倡导政治革新,旨在打击豪门贵族、阉党及强藩。宪宗亲政后,永贞党人被贬下台,革新失败,但在政治上、思想上的影响却一直延续了下来。中唐以来的政治变革,虽然势单力薄,但却是时代进步思潮的体现,而这也是古文运动的社会基础,韩、柳等人提倡复古文风的同时,也关心现实,如评议时政、批判藩镇、痛斥宫市等,这与时代改革的思潮是相契合的。

其次,古文运动的思想基础。唐代的古文运动,不仅是一场文体、文风的改革,更是一场文化运动,其身后有着深远的思想、学术背景。中唐以来,国家权威失坠,道德沦丧,异端之学渐起,思想秩序临近崩溃。为了强化皇权,巩固帝国的权威,重建儒家思想文化体系也成了当务之急。在文章领域,早在韩、柳之前,独孤及、梁肃及柳冕等人即提倡复古文风以崇尚儒术,如独孤及《检校尚书吏部员外郎赵郡李公中集序》云"志非言不形,言非文不彰",接着批评文章若过于追求形式,则徒然华丽,不切实用,"故作者往往先文字后比兴。其风流荡而不返,乃至有饰其词而遗其意者,则润色愈工,其实愈丧。及其大坏也,俪偶章句,使枝对叶比,以八病四声为梏拲,拳拳守之,如奉法令。"①对李华、萧颖士及贾至等人的"振中

---

① 《全唐文》卷三百八十八。

古之文风,以宏文德"极为赞许。此后一些古文家也认为文章之道应本于教化,以风雅为指归,以五经为源泉,如梁肃《秘书监包府君集序》云:"文章之道,与政通矣。世教之污崇,人风之薄厚,与立言、立事者邪正、臧否,皆在焉。"①又《补阙李君前集序》云:"文本于道,失道则博之以气,气不足则饰之以辞。盖道能兼气,气能兼辞。辞不当,则文斯败矣。"②此外,柳冕也同样主张道为文之根本,"儒之用,文之谓也"。甚至有其道必有其文,"君子之儒,必有其道。有其道,必有其文。道不及文则德胜,文不知道则气衰。文多道寡,斯为艺矣。语曰:'文质彬彬,然后君子'"③。

通过文学创作提倡义理、反对章句,以彰显先王之道,这是早期古文运动的儒学贡献,而后期韩愈、柳宗元、李翱等人,则受《春秋》学派及时代学风的影响,逐渐摆脱两汉经学的束缚,进一步转变了儒学学风。在文风、文体改革上,他们继承早期古文运动本道、宗经的主张,提出"文以载道"、"文以明道",如韩愈的载道说即以仁义为根本,《答李翊书》云:"将蕲至于古之立言者,则无望其速成,无诱于势利,养其根而俟其实,加其膏而希其光。根之茂者其实遂,膏之沃者其光晔。仁义之人,其言蔼如也。"④又《原道》中云:"博爱之谓仁,行而宜之之谓义;由是而之焉之谓道,足乎己,无待于外之谓德。其文《诗》、《书》、《易》、《春秋》,其法礼乐刑政,其民士农工贾,其位君臣、父子、师友、宾主、昆弟、夫妇,其服麻丝,其居宫室,其食粟米果蔬鱼肉,其为道易明,而其为教易行也。"⑤柳宗元为文也同样力主明道,如《答韦中立论师道书》:"及长,乃知文者以明道,是固不苟为炳炳烺烺、务采色、夸声音而以为能也。凡

---

① 《全唐文》卷五百七十一。
② 《全唐文》卷五百一十八。
③ 《答荆南裴尚书论文书》,《全唐文》卷五百二十七。
④ 《韩昌黎全集》卷十六。
⑤ 《韩昌黎全集》卷十一。

吾所陈，皆自谓近道。"又云："此吾所以羽翼夫道也。本之《书》以求其质，本之《诗》以求其恒，本之《礼》以求其宜，本之《春秋》以求其断，本之《易》以求其动。此吾所以取道之原也。"①与早期古文运动的理论倡导相比，韩、柳等虽然也主张王道、宗经，但他们更重视文章的现实意义，如韩愈的"文以载道"还具有强烈的现实指向性，即反佛、老，以维护儒家道统的思想秩序；反对藩镇割据，加强中央集权，维护严格的封建等级制②。而柳宗元的明道虽有宗经的一面，但更主张"及物"，要有益于时政。"道假辞而明，辞假书而传，要之之道而已耳。道之及，及乎物而已耳"③，"然而圣人之道，不穷异以为神，不引天以为高，利于人，备于事，如斯而已矣"④。此外，韩愈他们还提出"不平则鸣"的口号，创作中主张创新，"师其意，不师其辞"，重视文章的抒情性与写实性等，这些因素也是古文运动取得巨大成就的重要原因之一。

　　唐代古文运动兴盛，除了一定时代背景与儒学复兴的思想基础外，还受到了其他文体的影响，如游宴记序文及唐代的传奇，都为古文所借鉴，特别是中唐传奇的繁荣，其题材、情节、构思以及语言等各方面都影响到古文的创作。此外，唐人科考中的行卷也推动着古文运动的发展。程千帆先生于《唐代进士行卷与文学》中云："古文运动与进士科举及行卷风尚关系的密切，主要还不是表现在韩愈等人在文坛上初露头角、以古文行卷从而获得进士登第的时候，而是表现在后来他们在社会上文坛上已经成为当世显人、其力量已经足以左右文坛并能够接受后进行卷，将其向主司或其通榜者加以揄扬和推荐的时候……这就形成了一种更有利于促进

---

① 《柳河东集》卷三十四。
② 参见罗宗强《隋唐五代文学思想史》，中华书局，1999 年版，第 205 页至210 页。
③ 柳宗元《报崔黯秀才论为文书》，《柳河东集》卷三十四。
④ 柳宗元《时令论》，《柳河东集》卷三。

这一当时新兴的文学运动的连锁反应。"①尚须补充的是,韩愈攘斥佛、老,但佛经的俗讲、变文等却为古文的兴盛创造了条件,关于这一点,刘国盈先生《唐代古文运动与佛教》②、孙昌武先生《唐代"古文运动"与佛教》③等文章中论述颇详,兹不赘述。

二、古文运动与《春秋》学派的关系

唐代的古文运动,我们可以分成三个阶段:第一阶段为发展准备期,古文运动的源头可以追溯至唐初魏徵、陈子昂等的反骈偶的诗文创作,但真正在理论探讨与创作实践皆有建树的还是萧颖士、李华、元结、独孤及等人,他们虽然未标举"古文",但实为韩、柳古文运动的先驱者。第二阶段即贞元、元和年间,以韩愈、柳宗元为代表,在理论、创作上全面成熟,为古文运动的兴盛期。第三阶段为古文运动的延续期,晚唐骈文复兴,古文运动声势渐衰,皮日休、陆龟蒙、罗隐等小品杂文则是古文的后劲嗣响。与古文运动的传衍一致,中唐以来《春秋》学派传承也同样经历了起伏的过程,而且两者之间相互促进,相互影响。

1. 早期古文家的崇儒重教与《春秋》学派的兴起

唐初官学兴盛,但中唐以后渐趋停滞,特别是受安史之乱的破坏,京城两监鞠为茂草,《新唐书·儒学传》云:"禄山之祸,两京所藏,一为炎埃,官膡私楮,丧脱几尽,章甫之徒,劫为缦胡。"李绛《请崇国学疏》也云:"顷自羯胡乱华,乘舆避狄,中夏凋耗,生人流离,儒硕解散,国学毁废,生徒无鼓箧之志,博士有倚席之讥,马厩园

---

① 《程千帆全集》卷八,河北教育出版社,2000年版,第69页。
② 《首都师范大学学报》,1982年第1期。
③ 《文学遗产》,1982年第3期。

疏,殆恐及此。"①与京城官学的衰微相比,地方教育特别是南方私学则得到极大的发展。一些古文家也避离两京,于地方州县聚徒教授,如元德秀,善文章,"与古同辙,自为名家"②,与萧颖士、刘迅合称"三贤",曾辞官乡居,"是时程休、邢宇、宇弟宙、张茂之、李崿、崿族子丹叔、惟岳、乔潭、杨拯、房垂、柳识皆号门弟子"③。又萧颖士,古文大家,好奖掖、推举后人,名重于时,曾"奉使括遗书赵、卫间,淹久不报,为有司劾免,留客濮阳。于是尹征、王恒、卢昇、卢士式、贾邕、赵匡、阎士和、柳并等皆执弟子礼,以次授业,号萧夫子"④。安史之乱以后,大量文士迁徙南方,这也促使江南学术文化的进一步繁荣。梁肃《昆山县学记》云:"于是遝迤学徒,或童或冠,不召而至,如归市焉。公听治之暇,则往敷大猷以耸之,博考明德以翼之。优而柔之,使自求之;揭而厉之,使自趋之。故民见德而兴行,行于乡党,洽于四境。父笃其子,兄勉其弟,其不被儒服而行,莫不耻焉。"⑤而转徙江南的文章饱学之士,也开筵授徒,大煽儒风,如独孤及,"以德行文学,为政一年,儒术大行,与洙泗同风。公以为使民悦以从教,莫先乎讲习;括五经英华,使夫子微言不绝,莫备乎《论语》。于是俾儒者陈生,以《鲁论》二十篇,于郡学之中,率先讲授。"⑥又李栖筠,文章"简实而粹精,朗拔而章明"⑦,大历三年迁苏州刺史,兼御史中丞、浙西团练观察使时,"则又增学庐,表宿儒河南褚冲、吴何员等,超拜学官为之师,身执经问义,远迩趋

---

①　《全唐文》卷六百四十五。

②　李华《元鲁山墓碣铭》,《全唐文》卷三百二十。

③　《新唐书》卷一百九十四。

④　《新唐书》卷二百零二。

⑤　《全唐文》卷五百一十九。

⑥　梁肃《陪独孤常州观讲论语序》,《全唐文》卷五百一十八。

⑦　权德舆《唐御史大夫赠司徒赞皇文献公李栖筠文集序》,《全唐文》卷四百九十三。

慕,至徒数百人"①。此外,李华、元结、颜真卿及韩滉等或起庐讲学,或聘经术之士讲教生徒,也都致力于地方的文教兴学之事。江南的这种大规模的传学治学活动,也为《春秋》学派的兴起提供了学术契机,如《春秋》学派的创始人啖助,天宝末为临海尉,后任丹阳主簿时便开馆授学,陆质、卢庇皆师承啖氏,后窦群隐居毗陵时,学《春秋》于卢庇,并著有《史记名臣传》三十四卷。另外,《春秋》学派又一重要人物赵匡,天宝年间曾师事萧颖士,而萧氏与刘贶友善,刘贶博通经史,曾著《六经外传》三十七卷,赵匡熟精刘氏《春秋》之学,《春秋啖赵集传纂例》卷一曾载:

> 或曰:"左氏非授经于仲尼,则其书多与《汲冢纪年》符同,何也?"答曰:"彭城刘惠卿(名贶)著书云:'记年序诸侯列会,皆举其谥,知是后人追修,非当时世正史也。至如齐人歼于遂,郑弃其师,皆夫子褒贬之意。而竹书之文亦然。'其书郑杀其君某,因释曰'是子亹',楚囊瓦奔郑,因曰'是子常',率多此类。别有《春秋》一卷,全录左氏传卜筮事,无一字之异,故知此书按《春秋经传》而为之也。'刘之此论当矣。"

可见赵匡《春秋》之学也多受益于刘氏。此外,浙江东西道观察使韩滉也精通《春秋》之学,顾况《韩公行传》载其作《春秋通例》六卷,《新唐书·艺文志》录为《春秋通》一卷,另《唐语林》卷二《文学》云:"韩晋公治《左氏》,为浙江东西道制节。属淮宁叛乱,发戎遣馈,案籍骈杂,而未尝废卷。在军中撰《左氏通例》一卷,刻石金陵府学。"韩氏典掌浙西时,与幕中顾况、姚南仲、戴崇等多有讲学、唱和,其《春秋》之学自然传播人口,虽然在现存文献中,我们无法找到韩滉与啖助、赵匡等人往来的线索,但学术的影响肯定是

---

① 《新唐书》卷一百四十六。

存在的。

要之,大历以来,江南地方文化繁盛,为早期古文家的聚徒教授提供便利,而他们崇儒重经的学术倾向也直接影响到《春秋》学派的形成。

2. 中晚唐古文家与《春秋》新学

《春秋》学派,啖、赵导其源,陆质发扬光大。陆氏师事啖助长达十一年,后由陈少游推荐入京,并进献《集注春秋》,顺宗时,任太子侍读,参与永贞革新。陆氏在京期间,著书讲学,"盖讲道者二十年,书而志之者又十馀年,其事大备,为《春秋集注》十篇,《辩疑》七篇,《微指》二篇。明章大中,发露公器。其道以圣人为主,以尧舜为的,包罗旁魄,胶葛下上,而不出于正。其法以文武为首,以周公为翼,揖让升降,好恶喜怒,而不过乎物。既成,以授世之聪明之士,使陈而明之,故其书出焉,而先生为巨儒"①。其再传弟子中以吕温、柳宗元最为著称。吕温、柳宗元皆为中唐著名的古文家、思想家,正是他们的赓续阐扬,《春秋》新学才为中唐文士所接受,成为当时的一大显学。中唐的古文运动,以韩、柳为中心,形成了两大团体,韩愈周围有李翱、皇甫湜、樊宗师等人,世称"韩门弟子",热衷于儒道的复兴,政治上略趋于保守,但也受到了《春秋》新学的影响。柳宗元、吕温等人参与永贞革新,在他身边也形成一个政治指向性很强的创作团体,他们思想激进,以《春秋》新学自居,在创作上有强烈的批判精神。

首先,以柳宗元、吕温为代表,参与永贞革新的文人对《春秋》学术的全面接受。从柳宗元《答元饶州论〈春秋〉书》中我们可以看出《春秋》新学在永贞党人中广为传播,影响甚大。除吕温、柳宗元、刘禹锡外,凌准、李景俭、陈谏及韩泰等人在积极参与政治革新的同时,也致力于古文的创作,可惜作品多已散佚。如,凌准精《春

---

① 柳宗元《唐故给事中皇太子侍读陆文通先生墓表》,《全唐文》卷五百八十八。

秋》之学，"读书为文章，著《汉后春秋》二十馀万言。又著《六经解围人文集》未就"①。尚古文，柳宗元《哭连州凌员外司马》云："六学诚一贯，精义穷发挥。著书逾十年，幽颐靡不推。天庭揽高文，万字若波驰。"②此外又著有《邠志》二卷，详建中动乱之事，后《资治通鉴考异》多有摘录。又李景俭，善诗文，与元稹、白居易等多酬唱往来，但著述已散佚。今《全唐文》卷七百九十二只存其文一篇。

　　在永贞党人中，既揭橥《春秋》新学，又在古文创作中颇有建树者，首推吕温。吕氏幼时曾学《春秋》于族兄吕皋，其《与族兄皋请学〈春秋〉书》云："尝阅雅论，深于《春秋》，其间所得，实曰渊正。窃不自揣，愿以《春秋》三传，执抠衣之礼于左右。童蒙求我，兄得辞乎？朝闻夕死，某可逆乎？无以流俗所轻，而忽贤圣之所重也。其馀五《经》，当今孰可为某师者，幸详鄙志而与择焉。"③后又师承陆质，"早闻《诗》、《礼》于先侍郎，又师吴郡陆质，通《春秋》；从梁肃，学文章，勇于艺能，咸有所祖。"④又《祭陆给事文》也自云："某以弱龄，获谒于公，旷代之见，一言而同，且曰：'子非入吾之域，入尧舜之域；子非观吾之奥，睹宣尼之奥。良时未来，吾老子少。异日河图出，凤鸟至，天子威临泰阶，清问理本，其能以'生人为重，社稷次之'之义，发吾君聪明，跻盛唐于雍熙者，子若不死，吾有望焉。'"⑤受陆质《春秋》新学的影响，吕温反对章句之学，主张通《春秋》以致用。在文、道的关系上，吕温提倡"文者，盖言错综庶绩，藻绘人情，如成文焉，以致其理"⑥。又《送薛大信归临晋序》中云："吾闻贤者

---

① 柳宗元《故连州员外司马凌君权厝志》，《柳宗元集》卷十。
② 《全唐诗》卷三百五十二。
③ 《全唐文》卷六百二十七。
④ 刘禹锡《唐故衡州刺史吕君集纪》，《刘宾客文集》卷十九。
⑤ 《全唐文》卷六百三十一。
⑥ 吕温《人文化成论》，《全唐文》卷六百二十八。

志其大者。文为道之饰，道为文之本。专其饰则道丧，反其本则文存。"①可见他的文道观与韩、柳等人的文体革新理论是一致的。此外，吕氏的古文创作，文体赡逸，风格多样，《旧唐书》本传云："文体富艳，有丘明、班固之风。"清李慈铭《越缦堂读书记》卷八云："不在同时刘梦得、张文昌之下。"其政论文《功臣恕不死议》、《三不欺先后论》等针砭时弊，提倡法治，有着强烈的现实意义。而铭赞类及赠答、记序类也颇具特色，王士禛《香祖笔记》卷五称其云："温于诗非所长，赞颂等时有奇逸之气，如史所称《凌烟阁功臣赞》、《张始兴画像赞》，及集中《三受降城》、《古东周城》、《望思台》、《成皋》诸碑铭，皆有可传者。"另《送友人归蜀序》及《虔州三堂记》也传诵一时。

柳宗元受《春秋》新学的影响，应始于贞元末，柳氏曾从韩泰处借得《春秋微旨》，又从吕温处得到《春秋集注》，并以陆质为师，"时闻要论，尝以易教诲见宠"②，贬邵州后，又于凌准处取《春秋宗旨》、《春秋辨疑》、《春秋集注》，加以研习。柳宗元治学的思想与方法多继承了《春秋》学派的疑经精神，依经取义，不守旧说，其《非〈国语〉》一书，即可视为《春秋》之学的后续之作。另《封建论》、《贞符》、《天说》、《六逆论》等针砭时事，与《春秋》新学以古驳今、因事明义的学术精神是相同的。关于柳宗元古文创作及特色，论者颇多，此不费辞。

永贞党人中，以文著称的还有刘禹锡，刘氏也深受《春秋》学派的影响。《辨迹论》云："观书者当观其志，慕贤者当慕其心。"③刘禹锡文章擅长说理，注重时政，其《天论》、《因论》、《华佗论》等见解明晰，题旨深刻，切中时弊，为时人称许。其《犹子蔚适越诚》中也

---

① 《全唐文》卷六百二十八。
② 柳宗元《答元饶州论〈春秋〉书》，《柳河东集》卷三十一。
③ 《全唐文》卷六百七十。

云："昔吾友柳仪曹尝谓吾文隽而膏，味无穷而炙愈出也。"①宋谢采伯《密斋笔记》卷三云："唐之文风，大振于贞元、元和之时。韩柳倡其端，刘白继其轨。"

其次，《春秋》新学也影响到韩愈集团。韩愈等人反对永贞革新，如《和张十一忆昨行》、《永贞行》、《赴江陵途中赠三学士》及《顺宗实录》中极力抨击新政，但在学术、思想上却受到永贞党人《春秋》新学的影响。韩愈治学反对章句注疏，《读皇甫湜公安园池诗书其后二首》之一云："《春秋》书王法，不诛其人身。《尔雅》注虫鱼，定非磊落人。"②其经学观与《春秋》新学的依经立意说是一致的，如《论语笔解》中"告朔之饩羊"条的注解即与《春秋啖赵集传纂例》卷二"告月视朔例第十一"中的赵匡的解说相契合，并对赵匡的思想作了进一步的发挥③。又殷侑，精《春秋》之学，著有《公羊春秋》，韩愈称其云："兼通三传，傍习诸经，注疏之外，自有所得。"④后又曾私淑殷氏，如《答殷侍御书》云：

> 前者蒙示新注《公羊春秋》，又闻口授指略，私心喜幸，恨遭逢之晚，愿尽传其学。职事羁缠，未得继请，怠惰因循，不能自强，此宜在摈而不教者。今反谓少知根本，其辞章近古，可令叙所著书；惠出非望，承命反侧，善诱不倦，斯为多方，敢不喻所指？八月益凉，时得休假，傥矜其拘缀不得走请，务道之传而赐辱临，执经座下，获卒所闻，是为大幸。
>
> 况近世《公羊》学几绝，何氏注外，不见他书。圣经贤传，

---

① 《全唐文》卷六百八十。

② 钱仲联《韩昌黎诗系年集释——中晚唐诗风的一种文化考察》，上海古籍出版社，1984年版，第1081页。

③ 查屏球《唐学与唐诗》，商务印书馆，2000年版，第38页。

④ 韩愈《冬荐官殷侑状》见马其昶校注、马茂元整理《韩昌黎文集校注》，上海古籍出版社，1986年版，第603页。

屏而不省，要妙之义，无自而寻。非先生好之乐之，味于众人之所不味，务张而明之，其孰能勤勤缱缱，若此之至？固鄙心之所最急者。如遂蒙开释，章分句断，其心晓然，直使序所注，挂名经端，自托不腐，其又奚辞？将惟先生所以命。愈再拜。

　　殷侑《春秋》之学，尊公羊，因事明义，这与啖、赵、陆《春秋》新学不屑旧说，以意去取得学术风尚是相通的。明何焯《义门读书记》卷一云："此类是《春秋》大义，忽自韩公发之，殷员外及啖氏三家，岂得以其专门骄公哉！"清李光地也意识到《春秋》新学对韩、柳古文运动的影响，并言："韩公于殷侍御，子厚于陆文通，欧阳于胡翼之，皆极致尊崇；今人欲学三公之文，而不尽心于经，斯失其本矣。"①

　　在韩愈古文集团中，受到《春秋》新学影响的还有樊宗师等人，樊氏博览经书，勤于著述，为文艰涩深刻，"必出于己，不袭蹈前人一言一句"②，熟精《春秋》之学，著《春秋集传》十五卷。又卢仝，通《春秋》经学，其解经不守《左传》、《公羊》、《穀梁》旧说，依经立意，独抒己见，《郡斋读书志》录其《春秋摘微》四卷。

　　除了韩、柳的古文集团，中唐时期尚有许多文章家也受到了这经学新思潮的影响，如权德舆，典章贡举时，便将《春秋》新学的思想引入科场，其《春秋》策问中评议三传得失，追问三代之弊，不但与啖、赵《春秋》新学的革新求变的学术精神相契合，更有着强烈的现实指向性。其政论文《两汉辩亡论》、《世祖封不义侯议》等也同样立意新颖，思想激进。又白居易、元稹为应制举而作《策林》，其中许多观点也汲取于《春秋》新学，如《策林一》第十五《忠教质文损益》即与《春秋纂例》卷一《春秋宗指议》中"唯立忠为教，原情为本"

－－－－－－－－－－

　　①　见马其昶校注，马茂元整理《韩昌黎文集校注》，上海古籍出版社，1986年版，第208页。

　　②　韩愈《南阳樊绍述墓志铭》，《韩昌黎文集》卷七。

的思想相同。此外,刘蕡也受到了啖、赵《春秋》学术的影响。其贤良对策全以《春秋》立意,针砭时弊,《新唐书》本传云:"明《春秋》,能言古兴亡事,沈健于谋,浩然有救世意。"

永贞革新失败后,《春秋》新学并没有销声匿迹,反而成了学术的热点,如冯伉《三传异同》、韦表微《春秋三传异同》、刘轲《三传指要》、陈岳《春秋折衷论》等皆延续着啖、赵、陆《春秋》新学会通三传、直寻《春秋》大义的思路。这种学术背景也同样影响到晚唐诸多古文家,如陆龟蒙,论文强调惩劝之道,小品著述抨击现实,寓意深刻。陆氏还精《春秋》之学,曾自云:"性野逸无羁检,好读古圣人书。探六籍,识大义,就中乐《春秋》,抉摘微旨。见有文中子王仲淹所为书,云'三传作而《春秋》散',深以为然。贞元中,韩晋公尝著《春秋通例》,刻之于石,意以是学为己任,而颠倒漫漶,翳塞无一通者。殆将百年,人不敢指斥疵类。先生恐疑误后学,乃著书撼而辨之。"①而他的尊王道、正陵僭的观点则受到中唐《春秋》新学的影响,如其《求志赋》序云:"吾志在《春秋》。予以求圣人之志,莫尚乎《春秋》,得文通陆先生所纂之书,伏而诵之,作《求志赋》。"赋中云:"师道之不存,安能尽识乎疑义。乐夫夫子之《春秋》,病三家之若仇。得啖、赵疏凿之与损益,然后知微旨之可求。乃服膺而诵之,见圣人之远猷。"②又皮日休有《春秋决疑》十篇,其疑传释经、以学干世的学术精神也与啖、赵的新学相同。此外,大中时陈商,早受学于韩愈,为文有方,曾预修《敬宗实录》,著《春秋左传学议》。《北梦琐言》卷一载云:

　　大中时,工部尚书陈商立《汉文帝废丧议》、立《春秋左传学议》,以"孔圣修经,褒贬善恶,类例分明,法家流也。左丘明

---

　①　陆龟蒙《甫里先生传》,《唐甫里先生文集》卷十六。
　②　《全唐文》卷八百。

为鲁史，载述时政。惜忠贤之泯灭，恐善恶之失坠。以日系月，修其职官。本非扶助圣言，缘饰经旨，盖太史氏之流也。举其《春秋》则明白而有实，合之《左氏》则丛杂而无征。杜元凯曾不思夫子所以为经当与《诗》《书》《周易》等列，丘明所以为史当与司马迁、班固等列，取二义乖剌不侔之语参而贯之，故微旨有所未周，琬章有所未一"。文多不载。

又睹吴郡陆龟蒙亦引啖助、赵匡为证，正与陈工部义同。葆光子同僚王公贞范精于《春秋》，有驳正元凯之谬，条绪甚多，人咸讶之。独鄙夫尝以陈、陆、啖、赵之论窃然之，非苟合也，唯义所在。

由此可见，晚唐时一些文章大家，治《春秋》多沿啖、赵《春秋》新学的思路。他们载述时政、重义理阐述的学术风格，也开了宋代新儒学的先河。

三、《春秋》致治之学与古文运动的经世文风

以上我们讨论了《春秋》学派与古文运动之间的关系，从中可以看出啖、赵、陆等人的《春秋》新学的学术新潮与大历以来务实尚新的社会风尚是相契合的。随着《春秋》学派的进一步发展壮大，其以学干政、因事明义的学术精神也同样深深地影响到以儒学复古为根基的古文运动。韩、柳等人倡导古文运动，主张文以明道，同时关注时弊，具有强烈的政治批判意识。这与《春秋》学派的政治指向是一脉相承的，对此我们可以从以下几个方面作进一步的分析。

一、"去文从质"与"文以载道"。啖助在讨论《春秋》宗旨时，认为"三传"之说不符合孔子修《春秋》的旨意，如《春秋纂例》卷一中言："夏政忠，忠之弊野，殷人承之以敬；敬之弊鬼，周人承之以

文；文之弊塞，救塞莫若以忠，复当从夏政。"其中夏政"忠"，殷政"敬"，周政"文"，周之"文"，即礼乐法度，流于繁琐，徒具虚文，"夫文者，忠之末也，设教于本，其弊犹末，弊将若何？"那么如何救周之弊？啖氏主张革礼之薄，去文从质，并以忠道为本，"何氏所云：'变周之文，从先代之质。'用此其所，不用之于性情，而用之于名位。失指浅末，不得其门者也。周德虽衰，天命未改，所言变从夏政，唯在立忠为教，原情为本，非谓改革爵列，损益礼乐者也。"①啖氏肯定何休"变周之文，从先代之质"，并进一步指出"质"的原则在于忠道原情，"在尊王室，正陵僭，举三纲，提五常，彰善瘅恶，不失纤芥，如斯而已"②。从文、质关系的讨论中引申出"因史制经，以明王道"的政治指向，可见《春秋》新学有着明显的现实针对性，而这一点，古文运动与《春秋》学派有着相同的思想倾向。早在古文运动的前期，一些文章家就文质关系进行了讨论，如陆贽《策问博通坟典达于教化科》云："尚文则弥长其浇风，复质又莫救其鄙俗。"③虽然陆氏并没有全面肯定为文之质，但"去文从质"的学术倾向还是在韩、柳等人的"明道说"中得到了响应，只是他们多从文风的角度加以阐述。如柳宗元《柳公行状》赞柳浑云："凡为学，略章句之烦乱，采摘奥旨，以知道为宗；凡为文，去藻饰之华靡，汪洋自肆，以适己为用。"④又《亡友故秘书省校书郎独孤君墓碣》中称独孤申叔云："其为文深而厚，尤慕古雅，善赋颂，其要咸归于道。"⑤韩愈《送陈秀才彤序》中也云："读书以为学，缵言以为文，非以夸多而斗靡也。盖学所以为道，文所以为理耳。"⑥韩、柳的古文运动提倡以道

---

① 《春秋纂例》卷一。
② 《春秋啖赵集传纂例》卷一，《赵氏损益义第五》。
③ 《全唐文》卷四百六十四。
④ 《柳河东集》卷八。
⑤ 《柳河东集》卷十一。
⑥ 《韩昌黎全集》卷二十。

为本,以文为末,与《春秋》学派"去文从质"、恢复王道的观念在本质上是一致的。此外他们皆批评远离实用的章句注疏之徒,主张经世致用,政治上也同样反对藩镇割据。在时局板荡的年代,古文运动与《春秋》学派都企图重申儒家文化的淑世精神以拯时救弊。就其目标而言,两者殊途同归。

　　二、疑古辨伪的经学取向与尚奇求新的文风。以啖、赵为首的《春秋》学派,对传统儒学章句注疏的解经方式进行了严厉的批评,如赵匡《选举议》云:"疏以释经,盖筌蹄耳。明经读书,勤苦已甚,既口问义,又诵疏文,徒竭其精华,习不急之业。"[1]他们在考辨"三传"得失时,也多指出其谬误之处,大开疑古辨伪之风,"《春秋》之文,简易如天地焉,其理著明如日月焉,但先儒各守一传,不肯相通,互相弹射,仇雠不若,诡辞迂说,附会本学,鳞杂米聚,难见易滞。益令后人不识宗本"[2]。认为《公羊》、《穀梁》二传,"初亦口授,后人据其大义,散配经文,故多乖谬,失其纲统",而且"守文坚滞,泥难不通,比附日月,曲生条例,义有不合,亦复强通。踳驳不伦,或至矛盾,不近圣人夷旷之体也"[3]。习《左传》者,"皆遗经存传,谈其事迹,玩其文彩,如览史籍,不复知有《春秋》微旨"[4]。除了对"三传"的内容辨析外,他们还就公羊高、穀梁赤及左丘明的作者身份进行了质疑。对《春秋》新学这种开放性的解经方式,《新唐书·儒学传》评之云:"不本所承,自用名学,凭私臆决。"但从学术创新的角度来看,啖、赵等人以意去取、依经立义的学术思维,是与元和以来务实通变的社会习尚是相契合的,另外,《春秋》学派的治经方法也深深地影响到韩、柳等人,如韩愈、李翱《论语笔解》、柳宗

---

① 《全唐文》卷三百五十五。
② 《春秋纂例·啖氏集传集注义》。
③ 《春秋纂例》卷一。
④ 《春秋纂例·啖氏集传集注义》。

元《非国语》、张籍《论语注辨》、樊宗师《春秋图》、《春秋加减》等，皆是啖、赵学术的后嗣之作。而在他们的古文创作上，这种创新的品质则体现为尚奇求新的一面。如韩愈倡导古文运动时，就反对因袭、模拟，力主革新求变，"唯陈言之务去"①、"不袭蹈前人一言一句"②，韩愈善于从口语、古语中提炼语句，以求戛戛独造之境，钱良择《唐音审体》评云："唐自李、杜崛起，尽翻六朝窠臼，文章能事已尽，无可变化矣。昌黎生其后，乃尽废前人之法，而创为奇辟拙拗之语，遂开千古未有之面目。"在文章的写作技巧与方法等方面，韩愈也同样有着创新的艺术追求。张耒《明道杂志》中云："韩退之穷文之变，每不循轨辙。"刘大櫆《论文偶记》也云："一集之中篇篇变，一篇之中段段变，一段之中句句变，神变，气变，境变，音节变，字句变，唯昌黎能之。"如《毛颖传》、《张中丞传后序》、《论佛骨表》等文章皆以独特的艺术创造力与表现力为后世评家所称赞。韩愈古文的创新还体现在尚奇的一面。柳宗元《先君石表阴先友记》评韩愈云"文益奇"，李汉《唐吏部侍郎昌黎先生韩愈文集序》也云："先生于文，摧陷廓清之功，比于武事，可谓雄伟不常者也。"这种尚奇的艺术旨趣也为韩愈以后的古文家所汲取，"元和中，后进师匠韩公，文体大变"③，李肇《唐国史补》卷下也云："元和以后，为文笔则学奇诡于韩愈，学苦涩于樊宗师。"如皇甫湜，为文强调意新而词高，《答李生第一书》云："夫意新则异于常，异于常则怪矣；词高出众，出众则奇矣。虎豹之文，不得不炳于犬羊，鸾凤之音，不得不锵于乌鹊；金玉之光，不得不炫于瓦石；非有意先之也，乃自然也。"主张以生词俊语来显示文章奇崛的独创性，又《答李生第二书》："夫谓之奇，则非正矣，然亦无伤于正也。谓之奇，即非常矣。非常者，

---

①　《答李翊书》，《韩昌黎全集》卷十六。
②　《南阳樊绍述墓志铭》，《韩昌黎全集》卷三十四。
③　赵璘《因话录》商部下。

谓不如常,乃出常也。无伤于正,而出于常,虽尚之亦可也。此统论奇之体耳,未以言文之失也。夫文者非他,言之华者也,其用在通理而已,固不务奇,然亦无伤于奇也。"樊宗师,深受韩愈推崇,樊文超越凡俗,辞义奇异,但其刻意追求奇僻窒涩的"涩体",多为后人訾垢。如其《绛守居园池记》,梅圣俞《寄题绛守园池》云:"黑石镌辞涩如棘,今昔往来人不识。酸睛欲抉无声形,既不可问不可听。"元吴师道补注《绛守居园池记》时,曾跋云:"绍述文甚多,鲜有传。是篇独为好事者蓄示诡异,折儇浅以资笑,甚矣,人情之好奇也。"此外,柳宗元、刘禹锡、沈亚之及孙樵等人,皆能独辟蹊径、织剪己思,致力于"至奇之文"的创作。这种反因循、反传统的审美倾向与中唐以来尚新求异的学术思维是一致的。

三、春秋学派的"王道之志"与古文家的经世之作。啖、赵、陆《春秋》学派,强调"以权辅正,以诚断礼"、"从宜救乱,因时黜陟"①,其救时弊、尊王道的《春秋》旨趣在政驰民困的中唐具有明显的现实意义,而他们政治批判精神也为中唐的古文家所继承。如尊王权与反对诸侯割据,《春秋集传纂例》卷一载啖助言:"先王人以黜诸侯,不言战以示莫敌,称天王以表无二尊。唯王为大,邈矣崇高。"通过对王权的肯定,以维护大一统的局面。又《春秋集传纂例·盟会例》中反对诸侯盟会,认为春秋无义战,主张立贤君、行王道。在《用兵例》中他们认为"兵者,残杀之道,灭亡之由",也极力地反对诸侯间的扩军备战。与《春秋》学术指向一致,中唐的古文运动也体现了这一精神,如韩愈《守戒》中揭露强藩"彼之屈强者,带甲荷戈,不知其多少,其绵地则千里,而与我壤地相错,无有丘陵江河洞庭孟门之关,其间又自知其不得与天下齿,朝夕举踵引颈,冀天下之有事,以乘吾之便,此其暴于猛兽穿窬也甚矣"。又《平淮西碑》中也鲜明地表达韩愈反藩镇逆乱、正名分、反僭越、明

①　《春秋啖赵集传纂例》卷一。

纲纪的思想。另外,柳宗元《封建论》、《六逆论》、《非国语》,李观《安边书》及孙樵《刻武侯碑阴》等文章,也都针砭时弊,论证古今,富有一定的批判意义。其次,仁政、民本思想。《春秋》学派强调王道之治在于行仁政,以民为本,如《春秋集传纂例·军旅例》及《春秋集传纂例·赋税例》中皆指出民为国之本,如果增虚名以奉私欲,则"国家危亡之道也"。又《纂例·兴作例》则主张动用民力不应该误农时。《纂例·改革例》中对淫君邪臣的行径及其政治弊端痛加指责,提出通权达变的改革观点。这些思想在古文家的创作中也得到体现,如韩愈《送郓州序》、《送李愿归盘谷序》对贪暴聚敛、腐朽的世风进行揭露,柳宗元《晋文公问守原议》借晋文公与寺人勃提一事来抨击宦官专权之弊。《憎王孙》、《骂尸虫》、《斩曲几文》等斥责现实的黑暗,《捕蛇者说》、《童区寄传》、《田家三首》等则对低层百姓悲惨的命运寄寓深深的同情。此外,晚唐的孙樵、刘蜕、皮日休及陆龟蒙等人,皆能有感而发,对衰败时代疮痍的侧面进行剖析讽喻,这种批判精神自然也是受到《春秋》学派的民本主义思想的影响。

中唐以来《春秋》新学的出现,摆脱了传统经学义疏章句的束缚,他们的疑经精神与因事明义的解经方式对固有的儒学观产生了极大的冲击,这种新的学术风尚也深深地影响到当时的文学创作。如元、白的新乐府运动,其诗学讽喻精神即以《春秋》学派的思想为政治导向。而韩、柳等倡导的古文运动,以复古革新为旗帜,致力于经世之文的创作,其批判现实的政治倾向则多源自于《春秋》新学的"王道之治",这一点毋庸置疑。

第二节　唐代古文家的家学

唐代的古文运动,不仅仅是文体、文风的改革创新,就思想领域而言,更属于一场文化复兴活动,其所倡导的儒学新学风,开宋学之先河。关于古文运动,许多学者从文学、思想的背景来探源溯流,如刘国盈先生将其兴盛原因归纳为三端:一、文体改革发展的必然。二、作者队伍的壮大。三、时代的需要①。孙昌武先生在论及古文运动的社会背景时,认为唐代阶级关系的变化产生了"文章之士"②。另王锡昌《唐代古文运动》从民族关系、社会制度等方面论述唐代古文运动兴盛的原因,"北方民族刚直成性,气质天赋,故不适雕章缛句之虚饰,更难拘于韵律声病之束缚……故古文运动得始盛北方,盖益由于其民族性之关系欤?"③在前人研究基础上,本节拟从门第、家学的背景来对这次古文潮流的文化特性作进一步的探讨。

一、古文家的家族门第背景

唐人重门第,古文家也不例外,如刘禹锡《唐故朝散大夫检校尚书吏部郎中兼御史中丞赐紫金鱼袋清河县开国男赠太师崔公神道碑》称赞崔倕门第云:"(崔氏)与姑臧李、范阳卢氏世为婚媾,入于姻党,无第二流,言门阀者许为时表。"又《送李庚先辈赴选》云:"一家何啻十朱轮,诸父双飞秉大钧。"《唐诗鼓吹》卷一何焯评之曰:"门第。"④萧颖士也曾以家世自诩,"南迁士族,有梁支孙"、"自梁涉唐,多著名迹。终古蕃盛,莫之与比"⑤。可见这种尚阀阅的心理已成了世人普遍的文化心态。鉴于此,我们可以通过考察古

---

①　刘国盈《唐代古文运动论稿》,陕西人民出版社,1984 年版,第 1 页。

②　孙昌武《唐代古文运动通论》,百花文艺出版社,1984 年版,第 18 页。

③　1935 年燕京大学国文系学位论文,抄本,第 9 页。转引自henne晓勤《隋唐五代文学研究》(下),第 1117 页。张燕瑾、吕薇芬主编《20 世纪中国文学研究》,北京出版社,2001 年版。

④　参见吴汝煜《刘禹锡传论》,陕西人民出版社,1988 年版,第 21 页。

⑤　萧颖士《赠韦司业书》,《全唐文》卷三百二十三。

文家的门第背景的情况来探究他们的家学渊源，进而分析其对古文运动的影响。首先让我们对古文家的家族、门第情况作初步的梳理①。

李华(715—774?)，字遐叔，属山东士族。《旧唐书》卷一百九十《文苑传》下云："李华字遐叔，赵郡人。"关于李华的先世，其《送观往吴中序》自云："在昔兰陵府君、平棘(阙)公、柏人懿公兄弟三人，有重名于天下。钜鹿，兰陵之穆也，故扬州孝公后之，观之世父也。高平，平棘之嫡也，吾后之。"②又据《新唐书·宰相世系表》载，李华曾祖太冲，雍王友；祖嗣业，同州参军；伯父虚己，安邑令；父恕己，典设郎，可见其为世代官宦之家。

萧颖士(717—768)，字茂挺，祖籍兰陵，北迁的南方士族。李华《扬州功曹萧颖士文集序》云："开元天宝间词人……以文学著于时者，曰兰陵萧君颖士，字茂挺，梁鄱阳忠烈王之后。"③《新唐书》本传载其云梁鄱阳王恢七世孙。其祖晶，"贤而有谋，任雅相伐高丽，表为记室"，后客死广陵，父旼尝官莒县县丞。西魏恭帝元年，江陵被攻陷后，萧氏北迁，颖士一族居于颍川，《赠韦司业书》自称"颍川男子萧颖士"、"仆生于汝、颍，幼而苦贫"④，其子萧存也热衷古文。

贾至(718—772)，字幼邻，亦作幼几，河南洛阳人，贾氏郡望长乐，为山东士族。据《新唐书·宰相世系表》载，远祖贾龚，居于武威，次子诩，魏时封太尉、肃侯，子玑，徙居长乐，为贾至一族。贾至祖言忠，乾符中为侍御史，父贾曾，以文辞著称，开元初与苏晋同掌

---

① 唐代古文运动虽说源头甚早，但真正在创作与理论上都明确提倡古文者，应是安史之乱后的李华、萧颖士等人，因此本书对唐代古文家的门第进行梳理时就从李华、萧颖士开始。

② 《全唐文》卷三百十五。

③ 《全唐文》卷三百十五。

④ 《全唐文》卷三百二十三。

制诰,时号"苏、贾"。

独孤及(725—777),字至之,河南洛阳人,为关陇士族。据崔祐甫《独孤及神道碑》载,其先祖刘姓,户利传六世至罗辰,始以独孤为氏,即独孤及前十一代祖;前六代祖永业,为北齐尚书令,封临川郡王;高祖义顺,唐武德中为民部侍郎,封洛阳郡公①。独孤及祖通理,殿中侍御史,赠秘书省,"刚方廉清,贞信宏宽,德厚性和"②;叔兄憕,专工《左氏春秋》,善书及音律;四弟丕,少聪敏,有节操,好学博古,十五能属文;六弟万,嗜古好学,诵老聃、庄周之书;独孤及夫人为博陵崔氏,子郎、郁皆有文名。

元结(719—772),字次山,河南洛阳人,鲜卑拓跋氏后裔,代北虏姓,为后魏常山王遵十二代孙。"祖利贞,霍王府参军,随镇改襄州。父延祖,清净恬俭,历魏城主簿、延唐丞"③。族兄元德秀,有卓行,元结十七岁折节读书,乃受学于族宗兄德秀先生。

颜真卿(708—784),字清臣,祖籍琅琊,五代祖颜之推居于长安,遂为京兆人氏。颜氏自晋历唐,历时六百余年,以儒学笃行为世所重,唐时如颜师古、颜杲卿、颜允南等,真卿舅氏殷仲容家族,善书画,为天下所宗,又精通诗文,对真卿影响甚大。

李翰(生卒年不详),赵州赞皇人,李华族人,山东士族。善古文,梁肃《补阙李君前集序》云:"博涉经籍,其文尤工。故其作,叙治乱则明白坦荡,纡徐条畅,端如贯珠之可观也;陈道义则游泳性情,探微豁冥,涣乎春冰之将泮也;广劝戒则得失相维,吉凶相追,焯乎元龟之在前也;颂功美则温直显融,协于大中,穆如清风之中

---

①　见罗联添《唐代诗文六家年谱·独孤及年谱》,学海出版社,1986年版,第9页。

②　《唐故朝散大夫颍川郡长史赠秘书省监河南独孤公灵表》,《全唐文》卷三百九十三。

③　颜真卿《唐故容州都督兼御史中丞本管经略使元君表墓碑铭》,《全唐文》卷三百四十四。

人也。"①

梁肃(753—793),字敬之,一字宽中,祖籍安定,世居陆浑,为关中士族。"至于隋氏,世有爵位,家贵门盛"②。高祖梁敬、曾祖梁愕、祖梁昱皆有文名,父遄,曾任司御率府兵曹参军,安史之乱后,家族避乱于吴越,其世少衰。

柳冕(生卒年不详),字敬叔,河东柳氏,山东著姓。远祖僧习,官后魏扬州大中正、尚书右丞。五代祖柳虬,为文主道,反对浮靡文风,父柳芳。历左金吾卫骑曹参军、史馆修撰、集贤殿学士等职,精于谱学,又识古今仪注③。柳芳与殷寅、颜真卿、陆据、萧颖士、李华、邵轸、赵骅友善,天宝时人称为"殷、颜、柳、陆、萧、李、邵、赵"④。

崔祐甫(721—780),字贻孙,博陵安平崔氏第二房,山东士族。安平崔氏,天下著姓,《元和郡县图志》卷十七《恒州》云:"获鹿县井陉口,今名土门口。皇唐贵族有土门崔家,为天下甲族,今土门诸崔是也。源出博陵安平。"祐甫父崔沔,博学能文,著《老子道德经疏》行于天下。又崔沔家法,以清俭尚礼为士林所重。

崔元翰(729—795),名鹏,博陵崔氏第三房,山东士族。权德舆《比部郎中崔君元翰集序》载云:"东汉济北相长岑令之后也。曾祖某,济州刺史。祖某,凤阁舍人。考某,以经明历卫州汲县尉、虢州湖城县主簿,亲殁遂不复仕。探古先微言,著《尚书演范》、《周易忘象》及三国春秋幽观之书,门人诸儒易其名曰贞文孝文。"⑤

权德舆(759—818),字载之,天水略阳人,关中士族。父权皋时举家迁往润州丹阳,德舆家族世次,韩愈《唐故相权公墓碑》所云

---

① 《全唐文》卷五百一十八。
② 崔元翰《右补阙翰林学士梁君墓志》,《全唐文》卷五百二十三。
③ 《太平广记》引《定命录》。
④ 《旧唐书》卷一百八十七下。
⑤ 《全唐文》卷四百八十九。

甚详:"其本出自殷帝武丁……后六世至平凉公文诞,为唐上庸太守荆州大都督长史,焯有声烈。平凉曾孙讳俋,赠尚书礼部郎中,以艺学与苏源明相善,卒官羽林军录事参军,于公为王父。郎中生赠太子太保讳皋,以忠孝致大名,去官,累以官征不起。追谥贞孝,是实生公。"①

李观(766－794),字元宾,李华从子,山东赞皇人,属山东士族。

欧阳詹(757－802),字行周,泉州晋江人,布衣之士。据李贻孙《故四门助教欧阳詹文集序》及韩愈《欧阳生哀辞》所载,欧阳詹家世贫寒,自幼工诗文,后为常衮所赏识。

韩愈(768－824),字退之,河阳人,郡望昌黎。"七代祖茂,后魏尚书令,封安定王。五代祖均,金部尚书。曾祖睃,唐银青光禄大夫,雅州刺史。祖泰,曹州司马,祖睿素,朝散大夫,桂州都督府长史"②,父韩仲卿,曾任武昌令、鄱阳令、秘书郎。长兄韩会,任起居舍人,次兄韩介,任率府参军。韩愈家族,虽非显贵,但也属于官宦世家。

李翱(774－836),字习之,出身陇西李氏姑臧房李冲支,凉武昭王暠之后。据李翱《皇祖实录》载云:"公讳楚金,谘议诏第二子。明经出身,初授卫州参军,又授贝州司法参军。夫人清河崔氏,父球,兖、郓、怀三州刺史。公伯兄惟慎,太原府寿阳县丞。"③李翱少受知于杨于陵,其妹也嫁给杨于陵之子杨嗣复,李翱后娶韩愈从兄弇之女。

皇甫湜(777?－835?),字持正,睦州新安人,郡望安定,家世不详。其舅王涯为宪宗、文宗时宰相。

① 《全唐文》卷五百六十二。

② 李白《武昌宰韩公去思颂碑》,《全唐文》卷三百五十。

③ 《全唐文》卷三百六十八。

吕温(772—811),字化光,家居洛阳,郡望东平,属山东士族。柳宗元《吕侍御恭墓志》云"吕氏世居河东,至延之始大。"①父渭,官至湖南都团练观察使、潭州刺史,与鲍防、严维等友善,工诗文,吕温弟恭,尚节气,喜兵家及纵横之术。

柳宗元(773—819),字子厚,解县人,河东著姓。柳氏、薛氏及裴氏被誉为"河东三著姓"②,柳宗元《故大理评事柳君墓志》也云:"柳族之分,在北为高,充于史氏,世相重侯。"③高祖柳子夏,唐初为徐州长史,高伯祖柳奭,高宗朝宰相。永徽六年、显庆四年,柳氏家族受到武则天二次打击,"子孙亡没并尽"④,宗元曾祖柳从裕、祖父柳察躬、父柳镇后皆仕宦于地方府县。柳镇深通经术,善诗文,与陈经、许孟容、梁肃、杨凭及韩会等人友善,宗元母卢氏,贤淑,有学识。

刘禹锡(772—842),字梦得,祖籍洛阳,为代北虏姓,匈奴族后裔。"曾祖凯,官至博州刺史。祖锽,由洛阳主簿察视行马外事,岁满转殿中丞、侍御史,赠尚书祠部郎中。"⑤父刘绪,精儒学,天宝末进士,与李栖筠等友善,刘禹锡母亲为范阳卢氏。

李德裕(787—850),字文饶,赵郡人。其五世族君逸,高祖肃然,为地方豪族,祖栖筠时,仕宦始显,并移居京洛,德裕父吉甫,元和时宰相,兄德修,敬宗宝历时为膳部员外郎,历舒、湖、楚三州刺史,袭爵赵国公,德裕妻为彭城刘氏。

杜牧(803—853),字牧之,为关中士族。京兆杜氏,高门望族,杜牧远祖杜预为西晋大儒,唐时杜氏家族奕世显赫,时谚云:"城南韦杜,去天尺五。"牧祖杜佑,为德宗、顺宗、宪宗三朝宰相,当时杜

---

① 《柳宗元集》卷十。
② 元稹《赠左散骑常侍薛公神道碑》,《元氏长庆集》卷五十三。
③ 《全唐文》卷五百九十。
④ 《旧唐书》卷七十七。
⑤ 刘禹锡《子刘子自传》,《全唐文》卷六百一十。

氏为一时之冠，"岐公外殿内辅，凡十四年，贵富繁大，孙儿二十餘人，晨昏起居同堂环侍"①，佑三子杜师损、杜式方、杜从郁皆仕宦通达，至杜牧一族，也同样鼎盛。

孙樵（生卒年不详），字可之，又字隐之。《自序》中云："樵家本关东，代袭簪缨，藏书五千卷，常以探讨。幼而工文，得之真诀，提笔入贡士列，于时以文学见称。"②祖籍山东，但家世不详。

皮日休（834？－883？），字逸少，又字袭美，襄阳人。自称家世云："子孙因家襄阳之竟陵，世世为襄阳人。自有唐以来，或农竟陵，或隐鹿门，皆不拘冠冕，以至皮子。"③

陆龟蒙（？－881？），字鲁望，苏州吴县人，江南旧族。七世祖陆元方，武后时宰相，祖陆正兴，仕宦不详，父宾虞，以文学历侍御史④。

以上所列举的古文运动的倡导者与支持者，主要根据乔象钟、陈铁民主编的《唐代文学史》与郭预衡著《中国散文史》所选的古文家中遴选而来，具有一定的代表性。其中属于中唐阶段的古文家有二十位，李华、贾至、颜真卿、李翰、崔祐甫、柳冕、崔元翰、李观、韩愈、李翱、柳宗元、吕温等均是山东士族，虽然有的家世衰微，但家族的渊源甚长，关陇的郡姓与虏姓有权德舆、元结、梁肃、独孤及刘禹锡五人。另外，萧颖士、萧存父子为北迁的南方士族，来自南方的只有欧阳詹、皇甫湜两人。晚唐杜牧、皮、陆等人属于古文运动的嗣向。其中李德裕为山东士族，杜牧为关中士族，而孙樵、皮日休及陆龟蒙等人家世不详。通过分析上述古文家的家族、门第背景，可以明显地看出古文运动的背后有着浓厚的北方区域文化

---

① 《樊川文集》卷六。
② 《全唐文》卷七百九十四。
③ 皮日休《皮子世录》，《全唐文》卷七百九十九。
④ 《北梦琐言》卷六。

基础,而山东的士族文化则是其核心根源。

陈寅恪先生在论及唐前学术变迁时曾言:"盖自汉代学校制度废弛,博士传授之风气止息以后,学术中心移于家族,而家族复限于地域,故魏、晋、南北朝之学术、宗教皆与家族、地域两点不可分离。"①可见家族文化的传延离不开区域文化的传统,延及唐代,古文家的家学也深受北方区域文化的影响,主要表现为两方面:

其一,具有经世致用的文化精神。汉时,山东士子重经尚儒,据《汉书·地理志》所载,齐地:其士多好经术,矜功名,舒缓阔达而足智。鲁地:其民好学、上礼仪重廉耻……丧祭之礼文备实寡,然其好学犹愈于它俗。梁宋:其民犹有先王遗风,厚重多君子②。魏晋以来,这种学宗儒术,兼及百家的情况尤为突出,如南北朝时,崔氏之崔浩,"百家之言,无不关综,研精义理,时人莫及。"③又权会,"少受《郑易》,探赜索隐,妙尽幽微,《诗》《书》、三《礼》,文义该洽,兼明风角,妙识玄象。"④后以儒术进迁为监知太史局事,皇建中,转加中散大夫。隋时,苏威、卢思道、李文博等莫不以经术进,河间的刘炫、刘焯更是以博儒通经为世人所推崇。隋末唐初,虽然太宗对山东士族采取抑制的政策,但高士廉、房玄龄、孔颖达、魏徵等山东士子凭借传统的文化优势跻身仕途,而王通的河汾讲学更是以传承山东经世致用的文化精神为己任。另外,关陇地域的文化士族也同样重经术,强调经学的学以致用。北方士族的这种进取意识也深深地影响到家世学业的传承,如河汾的王氏、薛氏,京兆的杜氏,弘农的杨氏及河东的柳氏,皆秉承缘经术进身的传统。延及中唐的古文运动,一些古文家在传承家业的时候,也充分汲取

---

① 陈寅恪《隋唐制度渊源略论稿》(外二种),河北教育出版社,2002年版,第20页。

② 转见李浩《唐代三大地域文学士族研究》,中华书局,2002年版,第45页。

③ 《魏书》卷三十五《崔浩传》。

④ 《北齐书》卷四十四《权会传》。

了北方区域的文化精神。如李观，李华族子，主张载道致用，其为文之术多源自李华。李华《送观往吴中序》也告诫其弟云："观于经，感士丏、郏子之祖德；于史，慕子长、孟坚之自叙。羁旅无书，往吴中搜，以备家传之遗阙，附之于篇。"①又独孤及，"公之文章，大抵以立宪诫世，褒贤遏恶为用"②，其子独孤郁，家学底蕴深厚，权德舆誉之为文学有父风③，独孤郁著有《元和制策》三卷，强调学尚儒术，以匡世求时。又河东柳氏，为山东著姓，世代儒术传家，柳芳兼善文史，精《仪礼》之学，其子柳冕，倡导古文，主张经世文风，"盖言教化发乎性情，系乎《国风》者，谓之道，故君子之文，必有其道"④。此外，颍川萧氏的萧颖士、萧存父子，陇西李氏的李岑、李舟父子，关中权氏的权皋、权德舆父子及洛阳吕氏的吕渭、吕温父子等皆提倡古文运动。同时，这些家族也多儒术传家，主张经世致用，有着强烈的进取意识。这种家族的文化传统无疑受到了北地尚功名、重经术的影响。

其二，反对浮靡文风。山东士子笃守汉儒经学，重实用，"河朔辞义贞刚，重乎气质"⑤，对浮靡的文风是极力反对的。颜之推《颜氏家训·文章篇》云："文章当以理致为心胸，气调为筋骨，事义为皮肤，华丽为冠冕。"对"趋末弃本，率多浮艳"的文风与"放逸者流宕而忘归，穿凿者补缀而不足"的时俗提出了批评。隋末唐初，王通、李鄂、魏徵、刘知幾及卢藏用等北方士子也反对淫放、绮艳的文风，如李谔《上隋高祖革文华书》云："降及后代，风教渐落。魏之三祖，更尚文词，忽君人之大道，好雕虫之小艺。下之从上，有同影响，竞骋文华，遂成风俗。江左齐、梁，其弊弥甚，贵贱贤愚，唯务吟

① 《全唐文》卷三百一十五。
② 崔祐甫《故常州刺史独孤公神道碑铭》，《全唐文》卷四百零九。
③ 《旧唐书》卷一百六十八。
④ 柳冕《答衢州郑使君论文书》，《全唐文》卷五百二十七。
⑤ 魏徵《隋书·文学传序》。

咏。遂复遗理存异,寻虚逐微,竞一韵之奇,争一字之巧。连篇累牍,不出月露之形,积案盈箱,唯是风云之状。"①受北方区域文化的影响,中唐古文家也反对绮靡文风,如独孤及《检校尚书礼部员外郎赵郡李公中集序》云:"故作者往往先文字,后比兴。其风流荡而不返,乃至有饰其词而遗其意者,则润色愈工,其实愈丧。"②柳冕《与徐给事论文书》云:"自屈、宋以降,为文者本于哀艳,务于恢诞,亡于比兴,失古意矣。虽扬、马形似,曹、刘骨气,潘、陆藻丽,文多用寡,则是一技,君子不为也。"③而后韩愈、柳宗元、刘禹锡等人也都致力于经世之文的创作,崇尚质朴文风,唯陈言之务去,对骈文雕琢、绮靡的文风进行革新,并以"文以载道"为口号,师其意不师其辞,追求感情浓郁、气势壮大而又质实的文风。

中唐古文家家学深厚,有着各自的传习特点。在内容上也各有差异,但就整体而言,都受到了北方地域文化的影响,具有强烈的经世致用的文化精神。在文风的追求上,也相应地呈现为反绮靡、重质实的特点。另外,尚需补充的是,韩、柳之后,随着古文运动的进一步展开,古文家北方士族文化的背景则越淡薄,如沈亚之、刘蜕、皮、陆等人皆不属于北方士族群体,韩门弟子则是为求科第而团聚于韩愈周围的士人群,无特定的家世背景可言。再者,中晚唐时,时局动荡,士族门阀渐趋衰微,家风礼法仅成点缀,传统的文化基础荡然无存,这一因素也加剧了古文运动复新之举的声息渐落。

二、古文家的家学渊源及其对创作的影响

鉴于史籍的散佚所带来的资料缺憾,我们无法一一核实士族

---

① 《隋书》卷六十六。
② 《全唐文》卷三百八十八。
③ 《全唐文》卷五百二十七。

知识谱系的世代相传,但毋庸置疑的是,家风的濡染是潜移默化的过程,而其家学的因袭肯定是存在的,只是表现得或隐或显而已。如前文所言,士族的门第观念主要体现为对门阀的推崇、守家风、讲家法等方面,而家学的传承更是其长盛不衰的体现。中唐时期,一些重经术、尚文史的家族也同样注重代传素业,如颜真卿曾撰《家教》三卷以传后世,内容多以儒家典籍的诠释讲解为主,但宋以后,已散佚不见①。柳仲郢曾将九经、诸史,分门手抄,编为《柳氏自备》三十卷,又柳玭《柳氏叙训》、柳珵《柳氏家学要录》二卷,皆是子孙后代必读之书。此外,史学传家在家学中也占有重要的地位,有的家族则世居史职,如权氏家族的权若讷曾任起居郎,权皋任起居舍人,另权德舆也曾任起居舍人并兼知制诰。柳氏家族的柳芳、柳冕与独孤家族的独孤朗、独孤郁皆曾充史馆修撰。又颜真卿家族世代习儒,也擅长史学,尤精《汉书》之学,如颜勤礼《后汉书注》、颜光庭《后汉书注》、颜师古《汉书注》等。当然,诗文传家也是古文家的家学的显著特征之一,如李岑,与萧颖士、李华、贾至等友善,曾问学于独孤及,后李舟从其父李岑学古文,在《独孤常州集序》载其父言:"吾友兰陵萧茂挺、赵郡李遐叔、长乐贾幼几,洎所知独孤至之,皆宪章六艺,能探古人述作之旨……呜呼! 三公皆不处此地,而连蹇多故,唯独孤至,常州刺史,享年亦促。岂天之未欲振斯文耶? 小子所不能知也已矣。"独孤及早卒,其子独孤朗、独孤郁则从学于伯父独孤汜,韩愈《唐故秘书少监赠绛州刺史独孤府君墓志铭》云:"宪公(独孤及)躬孝践行,笃实而辨于文,劝饬指诲,以进后生,名声垂延,绍德惟克。君(独孤郁)生之年,宪公殁世,与其兄朗畜于伯父氏,始微有知,则好学问,咨禀教饬,不烦提谕,月开日益,

---

①　《宋秘书省续编到四库阙书目》卷二。

卓然早成。"①又李翱从弟正曾问学于李翰为文之道,李翰告诫其云:"汝勿信人号文章为一艺,夫所谓一艺者,乃时世所好之文,或有盛名于近代者是也。其能到古人者则仁义之辞也,恶得以一艺而名之哉?……吾故书其所怀以张汝,且以乐言吾道云尔。"②

　　为了更好地理解古文家的家学渊源及其对创作的影响,下面我们结合具体的作家来谈论这一问题。

　　首先以韩愈为例,昌黎韩氏,世代官宦之家,至韩愈父辈时,家世衰微,只能任职于地方州县,韩愈父仲卿为武昌令,叔父少卿为当涂县丞,绅卿为扬州录事参军。他们虽然官职卑微,但敢于与权要斗争,并且政绩突出,为世人侧目。据李白《武昌宰韩君去思颂碑》所载,韩仲卿"自潞州铜鞮尉调补武昌令……人悦之。惠如春风……数盈万亿,公私其赖之。官绝请托之求,吏无丝毫之犯",少卿"感慨重诺,死节于义",绅卿"才名振耀,幼负美誉"③。这种施政为民的实干精神对韩愈救世济时的政治热忱与改造现实的变革意识都有很大的影响。不过,韩愈受家庭的影响更多地在于文学方面,如韩仲卿,与李白、杜甫等友善,为天宝儒士,有贤才,其弟云卿"文章冠世,拜监察御史,朝廷呼为子房"④,李翱《故朔方节度掌书记殿中侍御史昌黎韩君夫人京兆韦氏墓志铭》中云:"礼部君(云卿)好立节义,有大功于昭陵,其文章出于时,而官不甚高。"⑤皇甫湜《韩愈神道碑》云:"先叔父云卿当肃宗、代宗朝,独为文章官。"⑥

---

　　①　《韩昌黎文集校注》卷六,马其昶校注,马茂元整理,上海古籍出版社,1986年版,第448页。

　　②　李翱《李文公集》卷八,四部丛刊初编,民国十一年版。

　　③　李白《武昌宰韩君去思颂碑》,《李白集校注》卷二十九,上海古籍出版社,第1670页。

　　④　李白《武昌宰韩君去思颂碑》,《李白集校注》卷二十九,上海古籍出版社,第1671页。

　　⑤　《全唐文》卷六百三十九。

　　⑥　《全唐文》卷六百八十七。

韩愈《科斗书后记》也称其云："愈叔父当大历世,文辞独行中朝,天下之欲铭述其先人功行,取信来世者,咸归韩氏。"①韩愈少孤,由其兄韩会及嫂郑氏抚养,"我生不辰,三岁而孤,蒙幼未知,鞠我者兄,在死而生,实维嫂恩。"②韩会,代宗永泰中,与崔造、张正则、卢东美号称"四夔",以王佐自许,有王霸之略,能文章,"善清言,有文章,名最高"③。与萧颖士、梁肃等古文家友善,一起倡导古文运动。韩愈《考功员外卢君墓铭》云:"愈之宗兄故起居舍人君,以道德文学伏一世。"④又《韩滂墓志铭》云:"起居(韩会)有德行,言词为世轨式。"⑤其倡导的文以致用的主张对韩愈影响极大,如其《文衡》中云:

> 盖情乖性而万变生,圣人知变之无齐必乱,乃顺上下以纪物。为君、为臣、为父、为子,俾皆有经;辩道德仁义礼智信,以管其情,以复其性,此文所由作也。故文之大者,统三才、理万物。其次,叙损益、助教化。其次,陈善恶、备劝诫。始伏羲,尽孔门,从斯道矣。后之学者,日离于本,或浮或诞、或僻或放,甚至以靡以逾、以荡以溺,其词巧淫,其音轻促。噫!启奸导邪,流风薄义,斯为甚。而汉魏以还,君以之命臣,父以之命子,论其始,则经制之道老庄离之,比讽之文屈宋离之,纪述之体迁固败之。学者知文章之在道德五常,知文章之作以君臣父子,简而不华,婉而无为,夫如是,则圣人之情可思而渐也。

---

① 《韩昌黎文集校注》卷二,马其昶校注,马茂元整理,上海古籍出版社,1986年版,第94页。

② 韩愈《祭郑夫人文》,见《韩昌黎文集校注》卷五,马其昶校注,马茂元整理,上海古籍出版社,1986年版,第334页。

③ 柳宗元《先君石表阴先友记》,《全唐文》卷五百八十八。

④ 《全唐文》卷五百六十六。

⑤ 《全唐文》卷五百六十三。

（《全唐文纪事》卷三十九）

韩会对"文格绮艳，无道德之实"的文风提出严厉的批评，主张为文要"叙损益、助教化"，并以宗经征圣为旨归，这种文论观点虽然失之偏颇，但其反对文风绮靡、纤巧的一面就当时文学创作而言具有一定的针对性，当然，这对韩愈后来"文以载道"的文艺观的提出也产生一定的指引作用。

　　另柳宗元家学渊源也应引起我们的注意，魏晋以来，柳氏为北地著姓、诗书簪缨之家。宗元七世祖柳庆，文风质朴，反对丽靡之辞，《周书》卷二十二《柳庆传》载其云："近代以来，文章华靡，逮于江左，弥复轻薄。洛阳后进，祖述不已。相公柄民轨物，君职典文房，宜制此表，以革前弊。"柳庆兄柳虬，西魏大统年间监掌史书，其论文以史，主张秉笔直书，"古者人君立史官，非但记事而已，盖所以为监诫也。动则左史书之，言则右史书之，彰善瘅恶，以树风声。故南史抗节，表崔杼之罪；董狐书法，明赵盾之愆。是知直笔于朝，其来久矣。"①后撰《文质论》反对文章浮华轻绮之弊，以辨骈文之非。宗元父柳镇，通经术，"先君之道，得《诗》之群，《书》之政，《易》之直方大，《春秋》之惩劝，以植于内而文于外，垂声当时。天宝末，经术高第"②。善诗文，作《三老五更议》、《籍田书》以兴太学、劝耦耕，但未被重用，又作《晋文公三罪议》、《守边论》等讽喻时政，却"议事确直，世不能容"③，出为晋州录事参军。柳镇当时与"天下善士"交好，颇有名望，据柳宗元《先君石表阴先友记》载，平时友善的五六十余人中有许多为诗文大家，如弘农杨凭、杨凝、杨凌，河南穆赞、穆质，陕西李舟，安定梁肃，昌黎韩会，柳氏族兄弟柳并、柳中

① 柳虬《上文帝疏论史官》，《全后魏文》卷五十三。
② 柳宗元《先侍御史府君神道表》，《全唐文》卷五百八十八。
③ 柳宗元《先侍御史府君神道表》，《全唐文》卷五百八十八。

庸、柳登、柳冕等人。这种尚文的家学传统对其后人影响极大,如柳宗直,宗元弟,"勤学成癖,攻文致病"①、"作文辞,淡泊尚古,谨声律,切事类。撰《汉书》文章为四十卷,歌谣言议,纤悉备具,连累贯统,好文者以为工"②,而柳宗元自幼便以传承祖德家业为己任,自然在政治思想、文学观念等方面也受到家学的影响。柳宗元曾云幼时"乡闾家塾,考厉志业"③,在家里接受传统的儒学教育,其母范阳卢氏,聪识慧敏,亲自教导宗元读书学文,如柳宗元《先太夫人河东县太君归祔志》载云:

> 尝逮事伯舅,闻其称太夫人之行以教曰:"汝宜知之,七岁通《毛诗》及刘氏《列女传》,斟酌而行,不坠其旨。汝宗大家也,既事舅姑,周睦姻族,柳氏之孝仁益闻。岁恶少食,不自足而饱孤幼,是良难也。"又尝侍先君,有闻如舅氏之谓,且曰:"吾所读旧史及诸子书,夫人闻而尽知之无遗者。"某始四岁,居京城西田庐中,先君在吴,家无书,太夫人教古赋十四首,皆讽传之。以诗礼图史及剪制缝结授诸女,及长,皆为名妇。(《柳宗元集》卷十三)

卢氏不但在诗文等方面给柳宗元一定的启蒙教育,在思想信仰上也深深地影响着柳宗元,如卢氏信佛,宗元也深受熏染。其《永州龙兴寺西轩记》云:"余知释氏之道且久。"④《送巽上人赴中丞叔父召序》也云:"吾自幼好佛,求其道,积三十年。"⑤此序作于元和七年,宗元三十九岁,向前推三十年,正是在十岁左右。此外,宗元夫

① 柳宗元《祭弟宗直文》,《柳宗元集》卷四十一。
② 柳宗元《志从父弟宗直殡》,《柳宗元集》卷十二。
③ 柳宗元《与太学诸生喜诣阙留阳城司业书》,《柳宗元集》卷三十四。
④ 《柳宗元集》卷二十八。
⑤ 《柳宗元集》卷二十五。

人杨氏的外祖父李兼,宗元岳父杨凭及柳镇好友权德舆、梁肃等皆好礼佛,这些对柳宗元都有一定的影响①。

李德裕,位极台辅,又精《汉书》,善属文,"《会昌一品制集》骈偶之中,雄奇骏伟,与陆宣公上下"②。《穷愁志》、《丹扆箴》等针砭时弊、议论时政,皆为享誉一时之作。德裕的诗文成就,很大部分得益于其家学的素养。德裕祖李栖筠,为文自成一格,权德舆《唐御史大夫赠司徒赞皇文献公李栖筠文集序》云:"大凡出于《诗》之无邪,《易》之贞厉,《春秋》褒贬,且以宏夛钜衍为曼辞,丽句可喜非法言,故公之文,简实而粹精,朗拔而章明"③,"文约旨明,昭昭然足以激衰薄而申矩度。如昆邱元圃,积玉相照;景山邓林,凡木不植。"④德裕父李吉甫,博学能文,"尤精国朝故实,沿革折衷,时多称之"⑤。著有《六代略》三十卷、《元和郡县图志》五十四卷、《古今文集略》二十卷及《李吉甫集》二十卷等。李氏家族重经术,轻翰藻的家学传统对李德裕有着很大的影响。如会昌四年,李德裕曾对武宗说:"臣无名第,不合言进士之非。然臣祖天宝末以仕进无他伎,勉强随计,一举登第。自后不于私家置《文选》,盖恶其祖尚浮华,不根艺实。"⑥又《文章论》中主张为文要有气、势,对声律之弊痛加贬斥,并作《文箴》为作文之大旨,其云:"文之为物,自然灵气。恍惚而来,不思而至。杼柚得之,淡而无味。琢刻藻绘,珍不足贵。如彼璞玉,磨砻成器。奢者为之,错以金翠。美质既雕,良宝所弃。"⑦这种文论主张与其家学传统是一致的。

---

① 参见孙昌武《柳宗元传论》,人民文学出版社,1982年版,第284页。
② 王士祯《池北偶谈》卷十七。
③ 《全唐文》卷四百九十三。
④ 《全唐文》卷四百九十三。
⑤ 《旧唐书》本传。
⑥ 《旧唐书》卷十八上。
⑦ 《全唐文》卷七百零九。

　　杜牧，善属文，清人李慈铭《越缦堂读书记》卷八云："樊川文章风概，卓绝一代，其学问识力，亦复如是，予向推为晚唐第一人，非虚诬也。"洪亮吉《北江诗话》卷二云："中唐以后，小杜才识，亦非人所能及，文章则有经济，古近体诗则有气势，倘分其所长，亦足以了数子，宜其薄视元、白诸人也。"又云："有唐一代，诗文兼擅者，唯韩、柳、小杜三家。"杜牧对自己的文章也颇自负，《长安杂题长句六首》之一云："舐笔和铅欺贾马，赞功论道鄙萧曹。"当然，杜牧的文章风格与其家学渊源是密不可分的，杜牧《上李中丞书》曾云："某世业儒学，自高、曾至于某身，家风不坠，少小孜孜，至今不怠。"①其十六代祖杜预，军功卓著，精《左氏春秋》，杜牧曾为《孙子》作注，又著有《罪言》、《战论》、《守论》、《上李司徒相公论用兵书》等论文，都无疑受到杜预的影响。杜牧祖杜佑，博学古今，著《通典》二百卷，属文力主经世致用，对杜牧影响极大，如《冬至日寄小侄阿宜》中云："第中无一物，万卷书满堂。家集二百编，上下驰皇王。"其中"家集二百编"即是《通典》二百卷，杜牧那些重儒道、讲纲纪、治乱亡的经世之文则多源自于对家学的传承。此外，杜牧还受到沈传师的影响，杜、沈两家世交已久，传师，沈既济子，"博通群籍，史笔尤工"②，沈传师明《春秋》之学，也长于史笔，为文重实用，反对浮华靡丽之风，杜牧也多承其指点，如《唐故尚书吏部侍郎赠吏部尚书沈公行状》云："分实通家，义推先执。复以屡昧，叼在宾席。幼熟懿行，长奉指教。"③又《上知己文章启》中也云："某少小好为文章，伏以侍郎（沈传师）文师也。"④总之，杜牧这些文为事功、切合实用的创作，与其家学渊源是有很大的关系的。

①　《樊川文集》卷十二。
②　《旧唐书》本传。
③　《全唐文》卷七百五十六。
④　《全唐文》卷七百五十二。

　　唐代的古文家,多有门第背景,故其家学各有渊源可溯。上述
的韩愈、柳宗元、李德裕、杜牧等人,家世绵延显赫,文人辈出,因
此,在家业上能骚雅相承,芝兰继芳。另外,赞皇李氏的李华、李
观、李兑、李翰,洛阳吕氏的吕渭、吕皋、吕温,博陵崔氏的崔祐甫、
崔元翰,天水权氏的权皋、权德舆,虽然文献不足征,我们无法证实
其家学传承的实况,但家族文化的世代影响肯定是存在的,如赞皇
李氏,李观为李华从子,文风多有因袭李华之处,李兑为李观弟,也
受到了李观的指教,如李观《报弟兑书》中询问其弟云:"年不甚幼,
近学何书,拟举明经,为复有文。明经世传,不可堕也。文贵天成,
不可强高也。二事并良,苟一可立,汝择处焉,无乃不修。"①又李
翰为李华族人,曾师从独孤及,与梁肃友善,在作文的方法、技巧上
也受到李华的指点,而李翰的文学观又影响到其从弟李德裕,李德
裕在《文章论》中引用李翰的观点来论文之气、势,其云:"从兄翰常
言'文章如千兵万马,风恬雨霁,寂无人声',盖谓是矣。"②可见,学
术、学风的历代传衍通过家族文化链流惠后世,沾溉学界,这也使
得传统文化薪尽火传而又历久弥新。

第三节　古文运动的师承关系考述

　　唐代的古文运动,参与者人数众多,韩愈《与崔群书》中曾云:
"仆自少至今,从事于往还朋友间一十七年矣! 日月不为不久,所
与交往相识者千百人,非不多;其相与如骨肉兄弟者,亦且不
少。"③这些志同道合的文章之士在从事创作时,往往以著名的古

---

① 《全唐文》卷五百三十三。
② 李德裕《文章论》,《四部丛刊》影明本,《李文饶文集外集》卷三。
③ 《韩昌黎文集校注》,马其昶校注,马茂元整理,上海古籍出版社,1986 年版,第
187 页。

文家为中心,形成一个创作团体,彼此间相互影响,并形成一定的师承关系,进而掀起古文创作的高潮。关于古文运动的师承情况,汪晚香先生《论唐代散文革新中的萧李集团》①及屈光先生《盛唐李萧古文集团及其与中唐韩柳集团的关系》②等文章中有所涉及,但略显笼统。鉴于此,我们有必要对古文家师承、讲授的情况作进一步详细的考察,为探究古文运动中文学观念的传承及其嬗变提供有迹可循的线索。

一、早期古文运动的师承情况

大历前后,官学衰微,私学得到进一步发展,一些饱学之士多聚徒教授,如卢鸿退隐嵩山,"到山中,广学庐,聚徒至五百人"③。窦常,"大历十四年登进士第,居广陵之柳杨。结庐种树,不求苟进,以讲学著书为事,凡二十年不出"④。此外,一些地方州县也崇儒重教,大阐学风,如曾作《孟子注》的张镒,"大历初,出为濠州刺史,政条清简,延经术士讲教生徒。比去,州升明经者四十人"⑤。另外,韩滉、陈少游等地方官员也都致力于延师办学,这种浓厚的尚学风气为早期古文运动的师学传授提供了契机。

天宝末,一些以儒学文章著名者,身边往往有许多弟子相随,其中尤以元德秀、刘迅及萧颖士为其代表。李华在《三贤论》称其云:"元(德秀)之志行,当以道纪天下;刘(迅)之志行,当以六经谐人心;萧(颖士)之志行,当以中古易今世","元之道,刘之深,萧之志,及于夫子之门,则达者其流也"。元、刘、萧三人,同为天宝儒林

①　《湖北师院学报》,1987年,第2期。
②　《文学遗产》,1987年,第4期。
③　《新唐书》卷一百九十六。
④　《旧唐书》卷一百五十五。
⑤　《新唐书》卷一百五十二。

领袖,交游、从学者众,李华文章中记述颇详:

> 或曰:三子者各有所与游乎? 遐叔曰:若太尉房公,可谓
> 名公矣。每见鲁山,则终日叹息,谓予曰:"见紫芝眉宇,使人
> 名利之心尽矣。"若司业苏公,可谓贤人矣。每谓当时名士曰:
> "使仆不幸生于衰俗,所不耻者,识元紫芝。"广平程休士美端
> 重寡言,河间邢宇绍宗深明操持不苟,宇弟宙次宗和而不流,
> 南阳张茂之季丰守道而能断,赵郡李崿伯高含大雅之素,崿族
> 子丹叔南诚庄而文,丹族子惟岳谟道沈邃廉静,梁国乔潭德源
> 昂昂有古风,弘农杨拯士扶敏而安道,清河房垂翼明志而好
> 古,河东柳识方明退旷而才,是皆慕于元者也。刘在京下,尝
> 寝疾。房公时临扶风,闻之,通夕不寐,顾谓宾从曰:"挺卿(集
> 本作"柄卿",《英华》亦作"柄卿",注云:"《唐书》作捷,一作
> 挺。")若不起,无复有神道。"尚书刘公每有胜理,必诣与谈,数
> 日忘返,退而叹曰:"闻刘公清言,见皇王之理矣。"陈郡殷寅直
> 清有识尚,恨言理少对,未与刘面,常想见其人。河东裴腾士
> 举精朗迈直,弟霸士会峻清不杂,陇西李广敬仲坚明冲而粹,
> 范阳卢虚舟幼直质方而清,颍川陈谠言士然淡而不厌,吴兴沈
> 兴宗季长专静不渝,颍川陈兼不器行古之道,渤海高适达夫落
> 落有奇节,是皆重于刘者也。工部侍郎韦述修国史,推萧同
> 事。礼部侍郎杨浚掌贡举,问萧求人,海内以为德选。汝南邵
> 轸纬卿词举标干,天水赵骅云卿才美行纯,陈郡殷寅直清达于
> 名理,河南源衍季融粹微而周,会稽孔至惟微迹而好古,河南
> 陆据德邻恢恢善于事理,河东柳芳仲敷该练故事,长乐贾至幼
> 邻名重当时,京兆韦收仲成远虑而深,南阳张有略维之履道体
> 仁,有略族弟邈季遐温其如玉,中山刘颍士端疏明简畅,颍川
> 韩拯佐元行备而文,乐安孙益盈孺温良忠厚,京兆韦建士经中
> 明外纯,颍川陈晋正卿深于诗书,天水尹徵之(集本、《英华》作

"徽之"，《英华》又注云："一作微"）。诚明贯百家之言，是皆厚于萧者也。尚书颜公，重名节，敦故旧，与茂挺少相知。颜与陆据、柳芳最善，茂挺与赵骅、邵轸洎华最善，天下谓之颜萧之交。殷寅、源衍睦于二交之间①。

元德秀，字紫芝，曾为鲁山令，后退居陆浑山。元氏善文章，李华曾兄事之，在其《元鲁山墓碣铭》称其云："所著文章，根元极则《道演》……思善人则《礼咏》，多能而深则《广吴公子观乐》，旷达而妙则《现题》，穷于性命则《蹇士赋》，可谓与古同辙、自为名家者也。"②《新唐书》本传也云："率情而书，语无雕刻。"元德秀门人众多，《新唐书·卓行传》载云："是时程休、邢宇、宇弟宙、张茂之、李岏、岏族子丹叔、惟岳、乔潭、杨拯、房垂、柳识皆号门弟子。"比较《新唐书》与李华《三贤论》中所记载的元门弟子情况，两者完全一致，看来欧阳修是转述李华的记述。元门弟子中，李岏、乔潭、杨拯、柳识皆以诗文著称。李岏，曾参撰颜真卿主编的《韵海镜源》，并与真卿、皎然等人联唱，结为《吴兴集》十卷。乔潭，天宝十三年进士，以辞赋文章名世，李华《三贤论》中称其"德源昂昂有古风"，《全唐文》卷四百五十一收录《霜钟赋》、《素丝赋》等十一篇文章。杨拯，开元二十三年进士第，善属文，著有《杨骑曹集》十卷，所撰诗、赋、赞、序、颂、记、策共一百七十五篇，李华《杨骑曹集序》云"为文务申其志"、"所著文章，多入元中雅之才者也"③。柳识，与其兄柳浑笃意文章，享誉已久，柳文行文简洁，兼善理趣，《草堂记》、《新修四皓庙记》、《琴会记》、《茅山白鹤庙记》等文章情景交融而意蕴深远。此外尚需注意的是，古文运动早期著名文章家元结，也曾以

---

① 李华《三贤论》，《全唐文》卷三百一十七。
② 《全唐文》卷三百二十。
③ 《全唐文》卷三百一十五。

宗兄元德秀为业师,颜真卿《唐故容州都督兼御史中丞本管经略使元君表墓碑铭》云:"君聪悟宏达,倜傥而不羁,十七始知书,乃授学于宗兄先生德秀。"①《新唐书》卷一百三十四也云:"结少不羁,十七乃折节向学,事元德秀。"天宝十三年元德秀卒,元结哭之甚哀,并作《元鲁县墓表》以祭之,其云:"於戏! 吾以元大夫德行,遗来世清独君子、方直之士也歟。"②元结在思想品格及文体革新理论上皆深受元德秀的影响。其《时化》、《世化》、《五规》及《化虎论》等议论文立意新颖、构思独特,强烈批判社会上的各种陋习,而《恶圆》、《恶曲》、《订古五篇》等寓言杂文、随笔则简短精粹,寓意深刻。欧阳修《唐元次山铭》称其云:"次山当开元、天宝时,独作古文,其笔力雄健、意气超拔,不减韩之徒也,可谓特立之士哉!"③清潘相《浯溪诗序》也云:"唐自武德来,文人蔚起,昌黎服膺者数人,而次山居其一。所谓高出魏晋,浸淫汉代者歟!"而后柳宗元、吕温等古文家也受到了元结的影响。如吕温曾作《道州刺史厅后记》云:"贤二千石河南元结字次山,自作《道州刺史厅事记》,既彰善而不党,亦指恶而不诬,直举胸臆,用为鉴戒。昭昭吏师,长在屋壁,后之贪虐放肆以生人为戏者,独不愧于心乎? ……辄移元次山《记》于北牖下,而以其文代之。后亦有时号君子之清者莅此,熟视焉而莫之改。"④元结除了倡导复古文风,还自称元子,聚徒教授,传其为文之术,《文编序》云:"得以文史自娱,乃次第近作,合于旧编,凡二百三首,分为十卷,复命曰《文编》,示门人弟子,可传之筐箧耳。"⑤如王及之,"异夫乡人焉,以文学相求,不以羁旅见惧;以相安为意,不

① 《全唐文》卷三百四十四。
② 《全唐文》卷三百八十三。
③ 《集古录跋尾》卷七。
④ 《全唐文》卷六百二十八。
⑤ 《全唐文》卷三百八十一。

以可否自择,及于叟也,如是之多。叟在舂陵,及能相从游,岁馀而去"①。其门人弟子还有叔将②、季川③、叔盈④等。另外,蔡州袁滋也曾师事元结,如《新唐书》卷一百五十一云:"(袁滋)少依道州刺史元结,读书自解其义,结重之。后客荆、郢间,起学庐讲授。"

萧颖士,为天宝年间文坛领袖,韩柳古文运动的前驱,"四岁属文","十岁以文章知名"⑤,虽然仕宦困顿,但文名远扬,阎士和称当时"闻萧氏风者,五尺童子羞称曹、陆"⑥。可见其文章影响之大,以至"顷东倭之人,踰海来宾,举其国俗,愿师于夫子"⑦。萧氏不但以文章著称于世,还热衷于聚徒讲学,据上述李华《三贤论》所载,其中河南邵轸(纬卿)、天水赵骅(云卿)、陈郡殷寅(直清)、河南源衍(季融)、会稽孔至(惟微)、河南陆据(德邻)、河南柳芳(仲敷)、长乐贾至(幼卿)、京兆韦收(仲成)、南阳张有略(维之)、族弟邈(季遐)、中山刘颖(士端)、颍川韩拯(佐元)、乐安孙益(盈孺)、京兆韦建(士经)、颍川陈晋(正卿)及天水尹征皆深受萧颖士的影响。颖士聚徒教授应始于天宝二年客居濮阳时,《新唐书·萧颖士传》载:"(颖士)奉使括遗书赵、卫间,淹久不报,为有司劾免,留客濮阳。于是尹征、王恒、卢异、卢士式、贾邕、赵匡、阎士和、柳并等皆执弟子礼,以次授业,号萧夫子。"又刘太真《送萧颖士赴东府序》云:"从官三年,始参谋于洛京。家兄与先鸣者六七人,奉壶开筵,执弟子之礼于路左。太真以文求进,以无闻见举而不吝为夫子羞。舂云

① 《全唐文》卷三百八十一。
② 《出规》载云:"元子门人叔将出游三年,及还。"《全唐文》卷三百八十三。
③ 《订司乐氏》云:"季川问曰:'向先生谢乐官,不亦过甚?'"《全唐文》卷三百八十三。
④ 《元鲁县墓表》云:"门人叔盈问曰:'夫子苦从兄也哀,不亦过乎?'"《全唐文》卷三百八十三。
⑤ 《新唐书·萧颖士传》。
⑥ 《新唐书·文艺传中》。
⑦ 刘太真《送萧颖士赴东府序》,《全唐文》卷三百九十五。

轻阴,草色新碧,皎皎匹马,出于青门,吾徒喟然,瞻望不及。赋诗仰馈者,自相里造、贾邕以下,凡十二人,皆及门之选也。"①除相里造、贾邕,另外十人分别是刘太真、刘太冲、刘舟、长孙铸、房白、元晟、姚发、郑愕、殷少野及邬载②。天宝十三年十二月,萧颖士托疾辞去河南参军之职,反归颍川,收息夫牧为弟子,息夫牧《东夜宴萧十丈因馈殷郭二子西上》序云:"冬十有二月,家君宰邑许下,夫子问津颍上,二贤将驰会府,皆适兹土……顷夫子升堂之后,若卢贾刘尹之徒,半纪间接武鸣跃,实夫子训之导之斯至也……夫子以家君政事,百里无事,命门弟子赋鸣琴,亦以释仳离之怨焉。小子不敏,忝居门人之末,敢不敬书其事云。"③

根据上述的资料,可知跟随于萧氏左右的主要弟子有:尹征、王恒、卢异、卢士式、贾邕、赵匡、阎士和、柳并、刘太真、刘太冲、刘舟、长孙铸、房白、元晟、姚发、郑愕、殷少野、邬载、息夫牧等,共计十九人。其中善文者有刘太真,萧颖士曾言:"太真,吾入室者也,斯文不坠,寄是子云。征博闻强识,士和钩深致远,吾弗逮已。"④又《江有归舟三章序》云:"刘太真之文,首其选焉。"顾况《信州刺史刘府君集序》称其云:"游名山而窥洞壑者,略举奇峰,纪胜境,至于鬼怪,不可纪焉。临终赋诗,意不忘本,凡古人所咏山水、游仙、田家之什,脱屩罗走思以自适,其可得乎?"⑤《新唐书·艺文志》著录《刘太真集》三十卷,今佚。太冲也善属文,更以德行著称,与颜真卿友善,颜真卿《送刘太冲序》云:"尔来蹉跎,犹屑卑位,虽才不偶

① 《全唐文》卷三百九十五。

② 《全唐诗》卷二百零九中载有他们当时的赋诗相赠之作,其中相里造、刘太冲的诗作已佚。

③ 《全唐文》卷四百四十二。

④ 《新唐书》卷二百零二。

⑤ 《全唐文》卷五百二十八。

命,而德其无邻。"①而赵匡则以学术著称,赵氏精《春秋》,后陆质师事赵匡,传其与啖助之学,此派为《春秋》新学,影响颇大。

刘迅,刘知幾子,曾撰《诗》、《书》、《礼》、《乐》、《春秋》为五说。据李华《三贤论》载,陈郡殷寅(直清)、河东裴腾(士举)、腾弟霸(士会)、陇西李广敬(仲坚)、范阳卢虚舟(幼直)、颍川陈谠言(士然)、吴兴沈兴宗(季长)、颍川陈兼(不器)、渤海高适(达夫)皆深受刘迅赏识,此外李华、房琯、刘晏等也与刘迅友善,刘氏为文好古主质,有乃父之风,李肇《国史补》卷上"刘迅著〈六说〉"条云:"刘迅著《六说》,以探圣人之旨,唯《说易》不成,行于代者五篇而已,识者伏其精峻。"可惜其作品散佚失传,不能窥见其文章创作之实况。

元德秀、萧颖士、刘迅之后,倡导文章复古,为世所推崇者当属独孤及。独孤及文章卓著,为陈兼、贾至、高适所知,李华、苏源明称其为"词宗"。崔祐甫《故常州刺史独孤公神道碑铭》云:"公之文章,大抵以立宪诫世衰贤遏恶为用,故论议最长,其或列于碑颂,流于歌咏,峻如嵩华,盛如江河,清如秋风过物,邈不可逮。"②梁肃《唐故常州刺史独孤公毗陵集后序》也云:"其文宽而简,直而婉,辩而不华,博厚而高明。论人无虚美,比事为实录。天下凛然,复睹两汉之遗风。"③此外,独孤及也喜奖掖后进,梁肃、权德舆、朱巨川、崔元翰、陈京、唐次及齐抗皆曾师事独孤及④,其中梁肃、权德舆、崔元翰皆为古文大家,另朱巨川也善文章,所著《四皓碑》、《睢阳守城论》等文章称誉一时,李纾《故中书舍人吴郡朱府君神道碑》云:"凡载书之传信者,赞书之加命者,诏策之封崇者,愍策之褒厚者,其词必温,其道必直,洪而不放,纤而不繁,实根作者之心,无愧

---

① 《全唐文》卷三百三十七。
② 《全唐文》卷四百九十。
③ 《全唐文》卷五百一十八。
④ 参见梁肃《朝散大夫使持节常州诸军事守常州刺史赐紫金鱼袋独孤公行状》、《祭独孤常州文》,《全唐文》卷五百二十二。

前人之色。"①陈京,长于古文,柳宗元《唐故秘书少监陈公行状》称其文云:"深茂古老,慕司马相如、扬雄之辞,而其训诂多《尚书》、《尔雅》之说,纪事朴实,不苟悦于人,世得以传其稿。"②唐次,善诗文,有《盛山唱和集》,权德舆为之作序,又曾编古代忠贤遭谗放逐之事为《辩谤略》三卷,宪宗颇为赞许,后由沈传师增订为十卷,改名为《元和辩谤略》,李德裕作序,可惜此二书皆已不传。此外,韩愈虽非独孤及、梁肃弟子,却也深受其影响,《旧唐书·韩愈传》云:"大历、贞元之间,文字多尚古学,效扬雄、董仲舒之述作,而独孤及、梁肃最称渊奥,儒林推重。愈从其徒游,锐意钻仰,欲自振于一代。"

尚需补充的是,在早期古文运动中,李华、梁肃等古文大家虽然没有大规模的传授活动,但也有一些私淑弟子,如何苌曾师事李华,李华《送何苌序》云:"庐江何秀才,棹流千里,候余柴门,执弟子见师之礼,余辣然自愧,何德以堪之?"③又梁肃受学于独孤及,而后李观从梁肃学为文之道。如李观《上梁补阙荐孟郊崔宏礼书》云:"然观尝以未成名前,高见揄扬,远迩之人,以观为执事门生。"④又李翱早年也受知于梁肃,如其《感知己赋》云:"贞元九年,翱始就州府之贡举人事,其九月,执文章一通,谒于右补阙安定梁君",梁肃也称其"得古人之遗风"⑤。

梁肃《补阙李君前集序》曾云:"天宝已还,则李员外、萧功曹、贾常侍、独孤常州比肩而出,故其道益炽。"⑥在对早期古文运动以元德秀、萧颖士、独孤及等为中心的师友渊源进行考察后,我们不

---

① 《全唐文》卷三百九十五。
② 《全唐文》卷五百九十一。
③ 《全唐文》卷三百一十五。
④ 《全唐文》卷五百三十四。
⑤ 《全唐文》卷六百三十四。
⑥ 《全唐文》卷五百一十八。

难发现，古文运动正是通过这种师友传承的关系形成了一个紧密的富有生命力的创作团体，他们之间诗文联系密切，且就古文文体、文风的革新等问题相互切磋，这也为韩柳古文运动高潮的到来奠定了坚实的基础。

二、韩门弟子考辨

《新唐书·艺文志》云："大历、贞元间，美才辈出，擩哜道真，涵咏圣涯，于是韩愈倡之，柳宗元、李翱、皇甫湜等和之，排逐百家，法度森严，抵轹晋、魏，上轧汉、周，唐之文完然为一王法，此其极也。"古文运动发展至韩柳时期，已达到高潮阶段，其中以韩愈为首的古文创作群体更是为世所瞩目，旧称"韩门弟子"。但有关韩愈及其韩门弟子的关系，历代史籍及相关的笔记杂著的记载比较模糊，甚至有纰缪之处，如钱基博《韩愈志·韩门弟子记第五》云："韩门弟子众矣！尤著闻者：李翱、皇甫湜雄于文。孟郊、贾岛、李贺工于诗。独张籍兼能，而非其至。"①其中将孟郊视为韩门弟子则过于草率，孟郊出生于天宝十载，大韩愈十七岁，贞元八年，孟郊年几五十，与韩愈同应进士举，遂定契交。柳宗元《龙城录·韩退之梦吞丹篆》条载云："退之尝说'少时'梦人与《丹篆》一卷，令强吞之，傍一人抚掌而笑。觉后亦似胸中如物噎，经数日方无恙。尚记其上一两字，笔势非人间书也。后识孟郊，似与之目熟，思之，乃梦中傍笑者。信乎相契如此。"而韩愈对孟郊是极为敬服的，如其《醉留东野》云："低头拜东野，原得终始如驵蚿。东野不回头，有如寸筳撞巨钟。我愿身为云，东野变为龙。四方上下逐东野，虽有离别无由逢。"宋代马永卿对此辨析甚详，其《懒真子》卷四云：

---

① 钱基博《韩愈志》，中国书店出版社，1988 年版，第 75 页。

　　《韩退之列传》云："从愈游者若孟郊、张籍，亦皆有名于
时。"以仆观之，郊、籍非辈行也。东野乃退之朋友，张籍乃退
之为汴宋观察推官日所解进士也。而李翱、皇甫湜则从退之
学问者也。故诗云："东野窥禹穴，李翱观涛江。"又云："东野
动惊俗，天葩吐奇芬。张籍学古淡，轩昂避鸡群。"故于东野则
称字，而于群弟子则称名，若孔子称蘧伯玉、子产、回也、由也
之类。而唐史乃使东野与群弟子同附于退之传之后，而世人
不知，遂皆称韩门弟子，误矣。

　　韩门弟子所指虽略显模糊，但具体而言，主要指韩愈指授者与
"为求科第，多有投书请益"的后辈求进之士。李肇《国史补》卷下
《韩愈引后进》条云："韩愈引致后进，为求科第，多有投书请益者，
时人谓之韩门弟子。愈后官高，不复为也。"此外尚有许多资料对
韩门弟子的情况也都予以记载，如：

　　　　韩文公名播天下，李翱、张籍皆升朝，籍北面师之。（王定
　　保《唐摭言》卷四）
　　　　愈性明锐，不诡随。与人交，终始不少变。成就后进士，
　　往往知名，经愈指授，皆称"韩门弟子"……至其徒李翱、李汉、
　　皇甫湜从而效之，遽不及远甚。从愈游者，若孟郊、张籍，亦皆
　　自名于时。（《新唐书》卷一百七十六）
　　　　时又有贾岛、刘义，皆韩门弟子。（《新唐书》卷一百七
　　十六）
　　　　皇甫湜、李翱，虽为韩门弟子，而皆不能诗。（洪迈《容斋
　　随笔》卷八）
　　　　游韩门者，张籍、李翱、皇甫湜、贾岛、侯喜、刘师命、张彻、
　　张署等，昌黎皆以后辈待之。卢仝、崔立之虽属平交，昌黎亦
　　不甚推重。所心折者，惟孟东野一人。（赵翼《瓯北诗话》

卷三）

张籍、李翱、皇甫湜三人，他们与韩愈关系密切，亦师亦友。这三人是否属于韩门弟子尚需进一步考证，据《唐摭言》卷四《师友》载韩愈《答崔立之》云："近有李翱，张籍者，从予学文。"但是韩愈却没有将张籍、李翱视为弟子，而称其为"友"，如韩愈《此日足可惜赠张籍》云："我友二三子，宦游在西京，东野窥禹穴，李翱观涛江……子又舍我去，我怀焉所穷？"而张、李二人与韩愈的诗文往来中，也没有自称弟子云云，如张籍，年长韩愈二岁，长于乐府，"风雅比兴外，未尝著空文"①，周紫芝《竹坡诗话》也云："唐人作乐府诗者甚多，当以张文昌为第一。"②张籍曾著《上韩昌黎书》、《上韩昌黎第二书》督促韩愈著书以存圣人之道，又责备韩愈"多尚驳杂无实之论"，一些俳谐杂著不纯正，有违儒业，最后还劝勉韩愈不要"博塞之戏，与人竞财"。在此文中张籍并没有将自己视为韩愈的弟子，而是站在志同道合的立场上对韩愈提出中肯的批评，又其《祭退之》也云："观我性朴直，乃言及平生。由兹类朋党，骨肉无以当。坐令其子拜，常呼幼时名。追招不隔日，继践公之堂。出则连辔驰，寝则对榻床。搜穷古今书，事事相酌量。有花必同寻，有月必同望。为文先见草，酿熟偕共觞……公文为时师，我亦有微声。而后之学者，或号为韩张。"③可见，张、韩二氏应无明确的师生关系。李翱，曾娶韩愈从兄弇之女为妻，对韩愈极为敬服，但也没有自称弟子或门人，如李翱《与陆傪书》云："又思我友韩愈，非兹世之文，古之文也；非兹世之人，古之人也。"又《祭吏部韩侍郎文》云："贞元十二，兄在汴州，我游自徐，始得兄交。视我无能，待予以友，讲文

---

①　白居易《读张籍古乐府诗》。
②　何文焕《历代诗话》上，中华书局，2004年版，第354页。
③　《全唐诗》卷三百八十三。

析道,为益之厚。"由此可见,张、李二人,在为文上虽然得到韩愈的指点,但他们与韩愈之间的讲文析道只是友朋之交而已,皆不应属于韩门弟子。皇甫湜,年小韩愈九岁,曾长随韩愈左右,为文得韩愈之奇,其所撰《韩文公墓志铭》中称韩愈为"先生",故视其为韩门弟子则无多大争议。

李肇《唐国史补》中言,为求科第,投书请益者谓之韩门弟子,那么这一类应是谁呢?中唐时期,科举考试盛行通榜和公荐,而韩愈则喜奖掖后进,以举贤为己任。赵翼《廿二史札记》卷二十五《宋科场处分之轻》云:"韩愈负文名,遇举子之有才者,辄为延誉,并言于知贡举之人,往往得售,故士争趋之。"如贞元十八年,权德舆、陆傪典贡举,韩愈为四门博士,便向祠部员外郎陆傪推荐侯喜、侯云长等人。如韩愈《与祠部陆员外书》中也云:

> 执事之与司贡士者相知诚深矣;彼之所望于执事……文章之尤者,有侯喜者、侯云长者。……喜之文章,学西京而为也,举进士十五六年矣。云长之文,执事所自知。其为人淳重方实,可任以事,其文与喜相上下。有刘述古者,其文长于为诗,文丽而思深,当今举于礼部者,其诗无与为比,而又工于应主司之试。……有韦群玉者,京兆之从子,其文有可取者,其进而未止者也,其为人贤而有才,志刚而气和,乐于荐贤为善。其在家无子弟之过,居京兆之侧,遇事辄争,不从其令而从其义,求子弟之贤而能业其家者,群玉是也。凡此四子,皆可以当执事首荐而极论者。主司疑焉,则以辩之;问焉,则以告之;未知焉,则殷勤而语之。期乎有成而后止可也。有沈杞者、张苰者、尉迟汾者、李绅者、张俊馀者、李翊者,或文或行,皆出群之才也。凡此数子,与之足以收人望、得才实,主司疑焉则与解之,问焉则以对之,广求焉则以告之可也。(《全唐文》卷五百五十三)

据此,侯喜、侯云长、刘述、韦纾、张弦、尉迟汾、李绅、张俊馀等皆是韩门弟子,后来他们也都科举及第①。韩愈好为人师,又热衷于举荐,"颇能诱厉后进,馆之者十六七"②。一些士子也争着投奔韩愈门下,如区册"自南海挐舟而来"③;窦存亮"乘不测之舟,入无人之地,以相从问文章为事"④;李蟠"好古文,六艺经传皆通习之,不拘于时,学于余"⑤,此外,李汉、沈亚之、杨敬之、李师锡、胡直钧等皆曾投书请益于韩愈,并也得到韩愈的大力举荐。当然,这群后进之士,也有志于古文者,但不可否定,其中多数恐怕为科举而来的,从这一层面而言,韩门弟子的形成是具有一定的功利性的。

中唐时期,延誉后进成了普遍的科场风尚,"来者则接之,举城士大夫,莫不皆然"⑥,《唐语林》卷二《文学》云:"元和中,后进师匠韩公,文体大变。又柳柳州宗元、李尚书翱、皇甫郎中湜、冯詹事定、祭酒杨公、李公皆以高文为诸生所宗,而韩、柳、皇甫、李公皆以引接后学为务。杨公尤深于奖善,遇得一句,终日在口,人以为癖。"从学于柳宗元的士子也很多,"元和十年,例移为柳州刺史……江岭间为进士者,不远数千里皆随宗元师法;凡经其门,必为名士"⑦。韩、柳等人敢为人师,其弟子云集,这对古文运动的发展无疑起着推波助澜的作用。

综言之,从地域属性而言,古文运动的文化根基可溯及山东士子经世致用的传统积习。而家族中尚文、重经术的文化渊源

---

① 如《唐摭言》卷八《通榜》云:"贞元十八年,权德舆主文,陆傪员外通榜帖,韩文公荐十人于傪,其上四人曰侯喜、侯云长、刘述、韦纾,其次六人:张弦、尉迟汾、李绅、张俊馀,而权公凡三榜共放六人,而弦、绅、馀不出五年内,皆捷矣。"

② 《旧唐书》卷一百六十。

③ 韩愈《送区册序》,《韩昌黎文集》卷四。

④ 韩愈《答窦秀才书》,《韩昌黎文集》卷二。

⑤ 韩愈《师说》,《韩昌黎文集》卷一。

⑥ 韩愈《答刘正夫书》,《韩昌黎文集》卷三。

⑦ 《旧唐书》卷一百六十。

也为这场儒学复古运动确定了方向。此外,古文家不仅在具体的创作实践中张扬着宗经复古、文以载道,在其家训中也强调修身勉学。如穆宁、颜真卿及柳玭的家法庭训中,皆主张孝悌为本、勤俭为德;在为文之术的方面,他们的训喻诗文则有着浓郁的劝学崇文意识,如韩愈的《示儿》、《符读书城南》、李翱《寄从弟正辞书》、杜牧《冬至日寄小侄阿宜诗》等诗文皆主张以经书为根本,以史书中盛衰兴亡为针砭时弊之借鉴;在创作模式上,则要效法先贤之文。可见,古文家的明道、政教的文论观在其家训文化中也得到了传衍。

　　研究古文运动的家学渊源,外家之学的传承也同样值得我们注意。家学虽然有因袭稳定性的一面,但也会受到时代变迁等外部因素的制约而有所变化或渐趋式微。在这样的困境下,外家之学的传入既延续着家族的原有的文化传统,又为家学带来了新的内容。如颜真卿族本是儒史传家,其书艺成就则明显受益于舅氏之学。杜牧家学重儒道,讲纲纪,而史才则也受到沈传师的影响。又如柳宗元,家学渊源悠长,但思想中的佛学信仰多受到了其岳父杨凭及宗元夫人外祖父李兼等人的影响。可知,家学的延绵传承得力于多途径、多渠道文化源流的补充,这也正是宗法社会里家族长盛不衰的文化保障。

　　另外,通过对古文家的交游与师承关系的梳理,我们不难发现,在天宝末至贞元年间,古文运动存在着以元德秀、萧颖士、独孤及以及梁肃为核心的创作群体,他们不仅在创作上为韩、柳文体文风的变革导夫前路,理论上所倡导的宗经说、文气说、人文说也为韩、柳所继承并发扬光大。至韩、柳阶段,古文运动已全面兴盛,但也出现了尚奇求怪与短局滞涩的弊端,衰微之势也现其端倪。究其原因则复杂多样,但从人员的构成层面上看,早期古文创作的参与者,多有北方区域尚经术、重政教的文化传统,可随着时代改革、儒学复兴的失败及科考风尚的嬗变,"韩门弟子"的构成更多功利的色彩,他们不仅丧失了传统文化的根基,更缺乏惩时救弊的责任意识与开拓进取的勇气,这种精神文化上的衰微也致使古文运动走向没落。

第六章　唐代的书院、初级教育与文学

我国书院兴盛于两宋,其中白鹿洞书院、岳麓书院、应天府书院、石鼓书院、嵩阳书院、茅山书院被誉为宋初六大书院,南宋时,书院教育更加发达,据清乾隆十二年官修的《续文献通考》与盛朗西《中国书院制度》辑录,这一时期的书院共有六十二所,另有学者据各地方志统计宋代的书院达三百九十七所①,可见宋代书院的兴盛。书院虽兴盛于两宋,但不管是作为私人读书治学的场所,还是私家讲习的教育机构,其源头可追溯及唐代。唐代书院的产生,有传统的因素与现实背景,另外还受到佛、道讲习形式的影响。

私塾蒙学是唐人教育的初始阶段,受科举取士的影响,其修文习业除了传统的儒家典籍外,还有大量诗文类蒙学著述。再者,唐代进士科重诗赋,一些诗格、赋格也是私塾子弟必备的案头之作。鉴于此,我们可以通过对唐代初级教育的考察来分析这些蒙学、类书与文学之间的关系。

① 曹松叶《宋元明清书院概况》,《中山大学语言历史研究所周刊》第十集,第111、115期,转见陈元晖、尹德新、王炳照编著《中国古代的书院制度》,上海教育出版社,1981年版,第30页。

第一节　讲习应举的风宪与唐代书院的兴起

唐初的丽正、集贤两书院，就其性质而言，应属于修书、典藏的文化机构。据《新唐书·百官志》所载，开元六年，乾元院改为丽正修书院，十三年，改丽正书院为集贤书院。其主要职能如《旧唐书》卷四十三所言："掌刊缉古今之经籍，以辨明邦国之大典……而备顾问应对，凡天下图书之遗逸，贤才之隐滞，则承旨而征求焉。"书院中设有侍讲学士、侍讲直学士，他们有时也会为玄宗释疑经史，讲解诗文，如张说《恩制赐食于丽正殿书院宴赋得林字》云："东壁图书府，西园翰墨林。诵《诗》闻国政，讲《易》见天心。"但总体而言，这种侍讲只是作顾问应对之用，并非传统意义上的士子肄业治学。唐代作为士子读书治学的书院早在玄宗以前民间就有了，如湖南攸县光石山书院、陕西蓝田的瀛洲书院、山东临朐的李公书院、河北满城的张说书院①，虽然方志的记载有待进一步考察核实，但这些民间书院无疑是后世书院的雏形。唐代书院的兴起受科考的影响，有应举、讲习的特点，同时也集藏书、读书、教学为一体，并对宋以后书院制度的形成都有着直接地影响。

一、唐代书院兴起的原因探讨

唐代实行养士与取士相结合的教育体制，随着科举制度的完善，明经、进士两科成了士子应举的主要方向。明经科重视儒家典籍的学习，而进士科重诗赋。但中唐以后，明经及第为士林所轻，"明经以帖诵为功，罕穷旨趣"②。大中年间，宣宗讽为"鹦鹉能

---

①　邓洪波《唐代书院考》，《教育评论》，1990 年第 2 期。
②　《唐会要》卷七十五《贡举上·帖经条例》。

言"。《南部新书》乙卷云："大和中,上谓宰臣曰:'明经会义否?'宰臣曰:'明经只念疏,不会经义。'帝曰:'只念经疏,何异鹦鹉能言!'"而进士科则渐受重视,"进士为时所尚久矣。是故俊乂实集其中,由此出者,终身为闻人……故位极人臣,常十有二三,登显列十有六七"①。又宣宗爱慕进士,每对朝臣,便问:"登第否?""有以科名对者,必有喜,便问所赋诗赋题,并主司姓名。或有人物优而不中第者,必叹息久之。尝于禁中题'乡贡进士李道龙'。"②如果说儒经的诠释诵讲必须要有一定的师承讲授,那么,诗文策赋的研习则侧重于灵感悟性,有赖于环境的陶冶,徐锴《陈氏书堂记》云:"稽合同异,别是与非者,地不如人;陶钧气质,渐润心灵者,人不若地。学者察此,可以有意于居矣。"③因此,众多士子更乐意于闭门自学或读书山林以求仕,这就为书院的兴起提供了便利。当然,尚有其他诸因素为其创造了契机。

第一,官学衰微,私学兴盛是书院兴起的主要原因。安史之乱以后,官学学馆荒芜,生员锐减,而私学则得到进一步壮大,如私家讲学除了传统的经学传授外,诸生从业者多注重文学的研习,其中萧颖士、独孤及、韩愈、柳宗元等皆有文名,士子求学问道者极多,而韩门弟子更成了古文运动的中坚力量。此外,中晚唐时,士子热衷于隐读山林,如崔慎由,"父从,少孤贫。寓居太原,与仲兄能同隐山林,苦心力学。属岁兵荒,至于绝食,弟兄采梠拾橡实,饮水栖衡,而讲诵不辍,怡然终日,不出山岩,如是者十年。贞元初,进士登第"④。又薛肇,"与进士崔宇于庐山读书,同志四人,二人业未成而去,崔宇勤苦,寻已擢第"⑤。而文人寄寺修学的情况更为普

----

① 李肇《唐国史补》卷下。
② 宋王谠《唐语林》卷四《企羡》。
③ 《全唐文》卷八百八十八。
④ 《旧唐书》卷一百七十七。
⑤ 《太平广记》卷一百七十七。

遍,佛门寺院,环境清幽,皮藏丰富,士人乐意隐读于此,他们的读书之处多修葺着书院或书堂,如林嵩草堂书院、欧阳詹书堂、林蕴书院等,皆是士子肄业之所。

第二,精庐、精舍的影响。汉以来,私家读书治学之所多称为精庐或精舍,如包咸,"王莽末,去归乡里,于东海界为赤眉贼所得,遂见拘执。十馀日,咸晨夜诵经自若,贼异而遣之。因住东海,立精舍讲授。光武即位,乃归乡里"①。檀敷,"少为诸生,家贫而志清,不受乡里施惠。举孝廉,连辟公府,皆不就。立精舍教授,远方至者常数百人"②。李充,"充后遭母丧,行服墓次,人有盗其墓树者,充手自杀之。服阕,立精舍讲授"③。许迈,"(许迈)谓余杭悬雷山近延陵之茅山,是洞庭西门,潜通五岳,陈安世、茅季伟常所游处,于是立精舍于悬雷,而往来茅岭之洞室,放绝世务,以寻仙馆,朔望时节还家定省而已"④。范泰,"泰博览篇籍,好为文章,爱奖后生,孜孜无倦。撰《古今善言》二十四篇及文集传于世。暮年事佛甚精,于宅西立祇洹精舍"⑤。随着佛、道的兴盛,其布道之所也称为精庐或精舍,如"时有道士琅邪干吉,先寓居东方,来吴会,立精舍,烧香读道书,制作符水以疗病,吴会人多事之"⑥。又《晋书·孝武帝纪》云:"六年春正月,帝初奉佛法,立精舍于殿内,引诸沙门以居之。"至唐时,僧侣佛徒的精舍则更多了,如昌化山精舍(卢照邻《游昌化山精舍》)、龙泉寺精舍(孟浩然《疾愈过龙泉寺精舍,呈易、业二公》)、东西林精舍(韦应物《春月观省属城,始憩东西林精舍》)、香山精舍(钱起《同李五夕次香山精舍访宪上人》)等。

---

① 《后汉书·儒林传》。
② 《后汉书·党锢传》
③ 《后汉书·独行传》。
④ 《晋书》卷八十。
⑤ 《宋书》卷六十。
⑥ 《后汉书·襄楷传》。

一些儒生文人与方外之人多有往来,受其影响,也自建精舍,并隐读于此,如韦应物的同德精舍(韦应物《同德精舍养疾,寄河南兵曹东厅掾》、《李博士弟以余罢官居同德精舍共有伊陆名山……聊以为答》、《同德精舍旧居伤怀》)、扶风精舍(《过扶风精舍旧居,简朝宗、巨川兄弟》)、善福精舍(《酬令狐司录善福精舍见赠》、《善福精舍答韩司录清都观会宴见忆》、《始除尚书郎,别善福精舍》)、沣上精舍(《沣上精舍答赵氏外生伉》)、庄严精舍(《庄严精舍游集》)、蓝岭精舍(《蓝岭精舍》)、永定精舍(《寓居永定精舍(苏州)》),柳宗元的龙兴精舍(《湘岸移木芙蓉植龙兴精舍》),李廓精舍(姚合《酬李廓精舍南台望月见寄》),窦常方山精舍(窦常《晚次房山精舍却寄张荐员外》)等。这种精舍与书院则无显著的差别,只是称谓不同而已。此外,唐代佛教繁盛,其禅林清规对后世讲学的书院制度也有很大的影响,如朱熹的《白鹿洞书院教条》无疑受到了禅林的"清规",尤其是"百丈清规"的影响。书院的山长、堂长、直学等职称,大约相当于禅林的上坐、寺主、都维那。书院教学所采取的"讲义"和"语录"文体则脱胎于禅林的经籍文本①。

第三,雕版印刷术的出现为书院书籍的普及提供了便利。叶梦得《石林燕语》卷八云:"唐以前,凡书籍皆写本,未有模印之法,人以藏书为贵,人不多有。"其实唐代书籍的流传,也多是手抄笔录来完成的,《旧唐书·柳公绰》云:"(仲郢)退公布卷,不舍昼夜。《九经》、《三史》一钞,魏、晋已来南北史再钞,手钞分门三十卷,号《柳氏自备》。又精释典,《瑜伽》、《智度大论》皆再钞,自余佛书,多手记要义。小楷精谨,无一字肆笔。"一些藏书家的庋藏一般皆是转抄而来,如吴兢任史职时,摘抄了大量的内府藏本。卢仝,家甚贫,藏书一般也多转抄而来,社会上还出现了专门以抄书为生计

_____

① 转见陈元晖、尹德新、王炳照编著《中国古代书院制度》,上海教育出版社,1981年版,第40页。

者。如《宣和书谱》卷五《吴彩鸾》云："彩鸾为以小楷书《唐韵》一部，市五千钱为糊口计。然不出一日间，能了十数万字，非人力可为也。钱囊羞涩，复一日书之，且所市不过前日之数。由是彩鸾《唐韵》，世多得之。"唐代的雕版印刷，始于唐初，明代史学家邵经邦的《弘简录》卷四十六载贞观九年"太宗后长孙氏，洛阳人……遂崩，年三十六，上为之恸。及官司上其所撰《女则》十篇，采古妇人善事……帝览而嘉叹，以后此书足垂后代，令梓行之"。虽然唐代印刷术主要用于佛经、日历的刻印。但也包括许多文人著述，如元稹《白氏长庆集序》云："其缮写模勒，炫卖于市井，或因之以交酒茗者，处处皆是。其甚者有至盗窃名姓，苟求自售，杂乱间厕，无可奈何。"①从中可见，当时模刻销售文集是非常普遍的。又徐寅，善于辞赋，其集子也曾被刻印售卖，《自咏十韵》云："拙赋偏闻镌印卖，恶诗亲见画图呈。"②特别是晚唐五代时期，随着印刷术的进一步提高，书籍的流通更为便捷，这也为文人士子隐居山林书院、闭门自学创作了条件。

二、隐居读书的风气与早期书堂式书院

与丽正殿书院、集贤殿书院相比，唐代私人书院是士子肄业的场所，而非国家修书、藏书的机构。中唐以后，官学废坏，庠序不修，文人士子或隐居山林，或退居于家中别墅精研典籍。如裴休"志操坚正，童龀时，兄弟同学于济源别墅。休经年不出墅门，昼讲经籍，夜课诗赋"③，"周济川，汝南人，有别墅在扬州之西。兄弟四

---

①　《全唐文》卷六百五十三。

②　《全唐诗》卷七百一十一。

③　《旧唐书》卷一百七十七。

人俱好学,尝一夜讲授罢,可三更,各就榻将寐"①。也有许多贫士寄学于荒郊野外,熟读诗文,以伺科举,如"东都陶化里,有空宅,大和中张秀才借得肄业"②,又"(柳)璨少孤贫好学,僻居林泉。昼则采樵,夜则燃木叶以照书"③。相对而言,山林寺院,或环境清幽,或富于典藏,往往成了士子隐读的最佳选择,严耕望先生稽考出唐代隐读山林者达二百余人④,可见其风气之盛。唐人隐读之所尝冠以书院、书堂,如瀛洲书院、林蕴书堂等。有关唐人读书治学的书院,仅从《全唐诗》诗题中就可得书院十三所,即李泌书院、第四郎新修书院、赵氏昆季书院、杜中丞书院、宇文裔书院、费君书院、李宽中书院、南溪书院、李群玉书院、田将军书院、沈彬进士书院、曹唐子侄书院、樊铸书院。又邓洪波先生《中国书院史》中稽考出唐代书院四十九所,其中陕西一所,山西一所,河北二所,山东一所,浙江五所,福建六所,江西七所,湖南八所,广东二所,贵州一所,四川六所。五代时期的书院也达十三所⑤。又李兵先生《书院与科举关系研究》中稽检地方史志,将晚唐五代以书院、书堂命名的士人读书、藏书之所详加统计,共得书院三十七所⑥。

唐人的书院、书堂,其环境清幽秀美,杜荀鹤《和舍弟题书堂》

---

① 《太平广记》卷三百四十二。

② 《太平广记》卷三百七十。

③ 《旧唐书》卷一百七十九。

④ 严耕望《唐人习业山林寺院之风尚》,《唐史研究丛稿》,香港新亚研究所,1969年版,第414页。

⑤ 具体内容可参见邓洪波《唐代地方书院考》,载《教育评论》,1990年第2期。又见其《中国书院史》第一章《书院:新生文化教育组织》,第19至20页;第43至48页。

⑥ 李兵《书院与科举关系研究》第6至9页,此外,我们还可以从一些诗文之中也稽检出书院、书堂若干,如惠山寺书堂(李绅《过梅里七首家……今列题于后·忆题惠山寺书堂》)、周匡物读书堂(周匡物《自题读书堂》)、杜荀鹤弟侄书堂(杜荀鹤《题弟侄书堂》)、杜荀鹤舍弟书堂(杜荀鹤《和舍弟题书堂》)、刘昚虚读书堂(刘昚虚《阙题》云:"闲门向山路,深柳读书堂")、王龟书堂(钱易《南部新书》丙"王龟"条云:"王龟,起之子……太和初,从起于蒲,于中条葺书堂以居之。")

云:"岩泉遇雨多还闹,溪竹唯风少即凉。藉草醉吟花片落,傍山闲步药苗香。"杨发《南溪书院》云:"茅屋住来久,山深不置门。草生垂井口,花发接篱根。入院将雏鸟,攀萝抱子猿。曾逢异人说,风景似桃源。"书院之中,花木成荫,琴声相衔,"从此静窗闻细韵,琴声长伴读书人"(李群玉《书院二小松》),"行背曲江谁到此,琴书锁著未朝回"(贾岛《田将军书院》),"书院欲开虫网户,讼庭犹掩雀罗门。耳虚尽日疑琴癖,眼暗经秋觉镜昏"(许浑《疾后与郡中群公宴李秀才》),笋石碧松,前后掩映,"解向花间栽碧松,门前不负老人峰"(杨巨源《题五老峰下费君书院》)。宁静宜人的自然环境便于士子修炼心性,潜心读书。除此之外,书院中尚有一些日常生活的器物,如樊铸《及第后读书院咏物十首上礼部李侍郎》所咏之物就有廉钩、鞭鞘、箭括、门店、钥匙、药臼、泸水罗、井辘轳、塼道等。此外,士子书院中,一般都富有典藏,莫宣卿《答问读书居》云:"书屋倚麒麟,不同牛马路。床头万卷书,溪上五龙渡。"顾况《题元阳观旧读书房赠李范》云:"此观十年游,此房千里宿。还来旧窗下,更取君书读。"白居易曾有池北书库及其书楼,藏书一车,其《池上闲咏》云:"青莎台上起书楼,绿藻潭中系钓舟。"

　　如前文所述,唐代书院的兴起深受佛、道的影响,因此,士子这种书堂式书院之中,也多参禅炼丹之事,如白居易《竹楼宿》云:"小书楼下千竿竹,深火炉前一盏灯。此处与谁相伴宿,烧丹道士坐禅僧。"而宇文裔的书院则与山寺僧院相连,于鹄《题宇文裔山寺读书院》云:"读书林下寺,不出动经年。草阁连僧院,山厨共石泉。云庭无履迹,龛壁有灯烟。年少今头白,删诗到几篇。"又如无锡惠(慧)山寺庋藏丰富,士子多来此修葺书堂,以寄寺修学。李绅贞元、元和中肄业于慧山寺书堂,始年十五六①,后其《忆题惠山寺书堂》云:"故山一别光阴改,秋露清风岁月多。松下壮心年少去,池

----

① 李濬《慧山寺家山记》,《全唐文》卷八百一十六。

边衰影老人过。"湛贲《别慧山书堂》也云："卷帘晓望云平槛,下榻
宵吟月半窗。病守未能依结社,更施何术去为邦。"与佛教的浸润
相比,士子书院中炼丹求药的道教氛围则更为浓厚,如:

> 白云斜日影深松,玉宇瑶坛知几重。把酒题诗人散后,华
> 阳洞里有疏钟。(韩翃《题玉真观李秘书院》)
>
> 披卷最宜生白室,吟诗好就步虚坛。愿君此地攻文字,如
> 炼仙家九转丹。(吕温《同恭夏日题寻真观李宽中秀才书院》)
>
> 羽衣道士偷玄圃,金简真人护玉苗。长带九天馀雨露,近
> 来葱翠欲成乔。(李绅《新昌宅书堂前有药树一株今已盈拱前
> 长庆中……名之天上树》)
>
> 曾住炉峰下,书堂对药台。斩新萝径合,依旧竹窗开。(王
> 建《题别遗爱草堂兼呈李十使君(李十亦尝隐庐山白鹿洞)》)
>
> 外郎直罢无馀事,扫洒书堂试药炉。门巷不教当要闹,诗
> 篇转觉足工夫。(张籍《寄元员外》)
>
> 爱君紫阁峰前好,新作书堂药灶成。见欲移居相近住,有
> 田多与种黄精。(张籍《寄王侍御(一作奉御)》)

如果说读书应举是为士子仕宦之通畅,则书院则成其闭门苦
读的场所,"学就晨昏外,欢生礼乐中"(卢纶《同耿拾遗春中题第四
郎新修书院》),"家山虽在干戈地,弟侄常修礼乐风。窗竹影摇书
案上,野泉声入砚池中。少年辛苦终身事,莫向光阴惰寸功"(杜荀
鹤《题弟侄书堂》)。但是,面临着"却对芸窗勤苦处,举头全是锦为
衣"(萧项《赠翁承赞漆林书堂诗》)的诱惑,中晚唐的一些文人士子
有时也会反其道而行之,有着浓厚的隐逸情怀,如"何人更肯追高
蹈,唯有樵童戏藓床"(罗邺《费拾遗书堂》)。又杨巨源《题五老峰
下费君书院》云:"解向花间栽碧松,门前不负老人峰。已将心事随
身隐,认得溪云第几重。"这种心态一方面是受到佛、道方外之术的

影响,另一方面则是因为中晚唐时期国势衰微,战乱纷纭、士子不得不避居山林的一种生存选择。

三、私家讲习书院的兴盛

洪迈《容斋三笔》卷五《州郡书院》中认为聚生徒讲学的书院始自北宋太平兴国五年,时江州白鹿洞主明起为褒信主簿,尝聚生徒数百人①。王夫之《宋论》卷三《真宗一》中也云:"咸平四年,诏赐《九经》于聚徒讲诵之所,与州县学校等,此书院之始也。"其实,作为聚徒教学的书院在唐时已现端倪。陈元晖先生等主编《中国古代的书院制度》中列举了四所书院,如皇寮书院,"刘庆霖建以讲学"。松洲书院,"陈珦与士民讲学处"。义门书院,"陈衮即居左建立,聚书千卷,以资学者,子弟弱冠,皆令就学"。梧桐书院,"罗靖、罗简讲学之所"②。李劲松稽考出江西尚有石室、仰山二书院(书堂),元和年间,施肩吾隐居洪州西山天宝洞附近,建石室,读书修真,赋诗著述,授徒讲学。其学徒颇多,其中既能得道又成道者十余人。该书院或可名曰"施肩吾书院",或名曰"石室书堂"。又郑谷居仰山书堂,桑梓旧谊,文人学者多有向其求教请益者。著名的诗人孙鲂、虚中、齐己、黄损等皆曾入其门下③。五代时期,以教学授业为主的书院规模更大,数量更多,如窦氏书院、龙门书院、梧桐书院、东佳书院等。邓洪波先生《中国书院史》列举五代民间书院十三所,其中明确记载有教学活动的有八所,占总数的 61.53%④,

---

①　宋洪迈《容斋随笔》,上海古籍出版社,1978 年版,第 477 页。

②　陈元晖等主编《中国古代的书院制度》,上海教育出版社,1981 年版,第8 页。

③　参见李劲松《唐代江西石室、仰山书堂(书院)考》,《江西教育学院学报》,2001年第 5 期。

④　邓洪波《中国书院史》,东方出版中心,2004 年版,第 49 页。

又李兵先生统计出晚唐五代有教学功能的书院、书堂则有十五所①。下面我们对唐五代一些著名的讲学书院略加介绍。

松洲书院，景龙二年，漳州龙溪县就创办了松洲书院。乾隆《龙溪县志》卷四有载："松洲书院在二十三、四都，唐陈珦与士民讲学处。"陈珦为刺史陈元光之子，陈氏奖掖农耕、通商惠工，并移风易俗，兴办学校，其《请建州县表》"其本则在创州县，其要则在兴庠序。盖伦理谨则风俗自尔渐孚，治理彰则民心自知感激"②。万岁通天元年，陈珦举明经，授职翰林承旨学士，景龙二年，龙溪县令席宏隆礼聘请他主持乡校，"乃辟书院于松洲，与士民论说典礼。是时州治初建，俗固陋，珦开引古义，于风教多所稗益"③。陈氏父子对漳州的文化教育功莫大焉，后人在漳州虎文山侧建忠义孝悌祠，祀陈珦等人。《漳州府志》论曰："陈珦将家子，揭德振华，能以儒术显功名于景云、开元间。清漳自宋迄今多钜人长德，以鸿文粹学，衣被天下。先河后海，必以珦称首焉。"

桂岩书院，中唐时幸南容创建于江西高安。雍正《江西通志》卷二十一云其"尝卜此山，开馆授业"，幸南容，字惕微。贞元九年进士，官至国子祭酒，柳宗元与其友善，柳氏《唐故开国子祭酒文贞公墓志铭》云："肆力文学，颇获士望。"至宋代，规模更大，幸元龙《桂岩书院记》称书院"水泉清冽而草木敷茂"、"烟云吐纳，明晦变化，丹青莫状"，又云："日与诸弟课书其中，相勉以振祭酒遗绪。"④

华林书院，五代胡铛所建，也称"潜园书音"、"华林书舍"。南北朝时，胡氏远祖胡藩因有功于刘宋朝廷，赐土豫章之西，食邑五百户。传至唐末胡魁，官迁侍御史，因唐朝覆灭，便归隐华林祖居

①　参见李兵著《书院与科举关系研究》，华中师范大学出版社，2005年版，第11至12页。

②　《全唐文》卷一百六十四。

③　《福建通志·列传》卷二。

④　《江西通志》卷八十一，清光绪七年刊本。

地,"大兴华林之旧地",修建房屋,创建家塾,督课儿孙,以教育振
兴家族①。至胡铦时,书院"筑室百区,广纳英豪,藏书万卷,俾咀
其葩。出其门者,为相为卿,闻其风者,载褒载嘉"②。宋张齐贤
《豫章胡氏华林书堂》也云:"一百年来烟爨同,衣冠江左慕家风。
儿孙歌舞诗书内,乡党优游礼让中。孝弟笃编争纪录,门闾天语赐
褒崇。莫交六阙方朱氏,叶叶蒸尝奉始终。"

　　义门书院,又称东佳书院(书堂)、陈氏书院(书堂)。江州义门
陈氏,据胡旦《义门记》所载,五世祖陈兼为唐玄宗进士,官右补阙,
赠秘书少监。兼子陈京,德宗朝进士,官给事中、集贤殿学士。乏
嗣,以从子褒为嗣。陈褒为盐官令,生瑰。瑰为高安县丞,其孙避
难于福建泉州,生伯宣。后陈旺再徙居德安县太平乡常乐里。陈
氏十分重视子孙的教育,大顺元年,陈崇在《陈氏家法三十三条》中
规定:"立书堂一所于东佳庄,弟侄子姓有赋性聪敏者,令修学。稍
有学成应举者,除现置书籍外,须令添置。于书生中立一人掌书
籍,出入须令照管,不得遗失。"又"立书屋一所于住宅之西,训教童
蒙,每年正月择吉日起馆,至冬月解散。童子年七岁令入学,至十
五岁出学。有能者令入东佳"。此外对德育要求也非常严格,《陈
氏推广家法十五条》中云:"子孙于蒙养时,先当择师,稍长,令从名
师习圣贤书,教给礼义。不可读杂字及学习滑词讼之事,以乖行谊
心术;亦不可学诬罔淫邪之说。如果资性刚敏,明物清醇者,严教
举业,期正道以取青紫。若中人以上,亦教之知理明义,使其去其
凶狠骄惰之习,以承家教。又当教之以忠厚而俭朴,因之庶免习为
轻浮以入败类。"总而言之,义门陈氏因材施教,"礼乐以固之,诗书

---

　　①　参见明杨士奇《东里续集》卷十二《华林胡氏族序》。
　　②　胡逸驾《祭华林始祖侍御史城公祖妣耿氏夫人二墓文》,清宣统《甘竹胡氏修族
谱》。转见邓洪波《中国书院史》,东方出版社,2004年版,第46页。

以文之"，"子弟之秀者，弱冠以上皆就学焉"①！延及后来，随着书堂规模逐渐扩大，开始向外姓招生，"延四方学者，伏腊皆资焉！江南名士皆肄业于其家"②，徐锴在《陈氏书堂记》中也写道："堂庑数十间，聚书数千卷，田二十顷，以为游学之资……四方游学者自是宦成名立者盖有之。"东佳书堂当时名震朝野，蜚声全国，"往时冠盖如流水，撞钟鼎食三万指"（揭傒斯《寄题九江义门陈氏寿安堂》），"居住东佳对白云，义风深可劝人伦。儿童尽得诗书力，门巷偏多车马尘"（钱若水《东佳书堂》），"旌阙书亭焕水乡，四时烟景似沧浪"（陈尧叟《过义门山庄》）③。而书院也是人才辈出之地，如陈氏"八英九才子"、"同榜三进士"，此外，进士章谷、夏竦也曾是东佳书堂学生。

　　唐五代具有教学功能的书院尚有匡山书院、光禄书院及飞麟书院等。这些书院不仅是个人读书、治学的场所，还为地方的文化建设作出了积极贡献。如魏州贵乡罗绍威，"好招延文士，聚书万卷，开学馆，置书楼，每歌酒宴会，与宾佐赋诗，颇有情致"④。范阳昌平窦禹钧"于宅南构一书院，四十间，聚书数千卷。礼文行之儒，延置师席。凡四方孤寒之士贫无供须者，公咸为出之"⑤。此外，唐五代的书院虽然在规模、数量上还处于初始阶段，但它的教学形式对宋以后的书院影响极大，后世一些规模颇大的书院，其源头皆可追溯到唐五代的书院或书屋。如衡阳石鼓书院，建于寻真观李宽中书院，朱熹《衡州石鼓书院记》云："石鼓据蒸湘之会，江流环带，最为一郡佳处。故有书院起唐元和间州人李宽之

①　徐锴《陈氏书堂记》，《全唐文》卷八百八十八。
②　释文莹《湘山野录》卷上。
③　以上诗歌摘自《同治德安县志》卷三。
④　《旧五代史·梁书》卷十四。
⑤　范仲淹《窦谏议录》，《范文正别集》卷四。

所为。"①宋太宗至道三年创建州学,景佑二年仁宗赐"石鼓书院"额。又白鹿洞书院也源自唐李渤、李涉庐山读书处,南唐升元年间,白鹿洞正式辟为书馆,称白鹿洞学馆,亦称"庐山国学",由李善道为洞主,掌教授,置田聚徒,成为讲学和藏书之所。宋太宗太平兴国二年赐九经,宋仁宗皇佑五年,孙琛在故址建学馆十间,称"白鹿洞之书堂",与当时的岳麓书院、应天书院、嵩阳书院并称为"四大书院"。

古代书院,其讲习办学的性质颇具争议。有人将其归属于官学体系,有人认为它是私学的重要组成部分,还有人视其为独立于官学、私学之外的特殊的教学形式。一般而言,书院教育的形成、发展及其演变,具有阶段性的特点。另外,还会受到时代环境、官学教育体制等外部因素的制约,它的官、私属性不好作全面或整体的判定。但若从书院中讲习者的身份及书院的管理来看,还是可以略加区分的,如明清时期,地方书院多由官府拨款、赐田,州学教授兼任书院山长,这种情况我们可以将书院视为官府之学,但也有地方家族或个人,甚至官员倡率集资创办书院的情况,如东林书院、姚江书院及紫阳书院等,则应属于私学的范畴。晚唐五代时期,士子隐读书院或讲习书堂,一般皆以科举为目的,不受官学体系的束缚,从这一层面看来,早期的书院及其教学,是具有私学的属性。当然,晚唐五代的书院,虽然在规模及其影响日益增大,但就培养仕进的人才而言,也仅仅是官学体系的补充而已。

第二节　唐代初级教育著作述略

唐代官学体系有中央与地方的区别,其中地方官学除了州、县学之外,还有乡里村学,这些基层教育体系,在设置上虽然有国家

---

① 　转见陈谷嘉、邓洪波主编《中国书院史资料》,浙江教育出版社,1998 年版,第111 页。

的明文规定①,但实际上是带有官助民办的性质。如《旧唐书》卷一百一十三《苗晋卿传》载天宝年间苗晋卿归乡里,"俸钱三万为乡学本,以教授子弟"。而当国势衰微,战乱纷纭之时,国家财政也无暇顾及基层教育体系的运行,乡里村学的教育多属于私学的范围。此外,中晚唐时,一些寺院之中也有传统的儒学教育,如敦煌寺学,其子弟称为学郎、学仕郎或学使郎。唐代的乡里村学、寺学及私塾虽然都属于教育的初始阶段,但也受到科举制度的影响,在教授童蒙识字、培育品德之余,也注重儒家典籍、当代诗文的学习。因此其教材除了童蒙读物、识字类书外,还有大量的诗文、经史类类书。为了科考,一些综合性类书也成了他们的必读之物。本节主要对唐代初级教育的特性进行一定的探讨,并对其著述的情况略加考述。

一、唐代初级教育的特点

作为社会基层的教育,唐代的初级教育主要有私塾、乡里村学及家塾等。其最显著的特征即启蒙性。按唐制,士子一般在十四岁时方能入中、高级学校。而在此之前的教育则始于私塾或乡里村学。如《旧唐书·刘邺传》云:"六七岁能赋诗,李德裕尤怜之,与诸子同砚席师学。"刘邺与德裕诸子同砚席师学,即在家塾中完成了自己的启蒙教育,而家塾是私塾的重要组成部分。此外,如柳宗元就学于"乡间家塾"②,窦易直"家贫,就业村学,教授叟有道术,而人不知。一日近暮,风雨暴至,学童悉归家不得,而宿于漏屋之

————————

① 《通典》卷五十三《礼典》"大学"条武德七年云:"诏诸州县及乡,并令置学。"《全唐文》卷三百载玄宗天宝三年诏曰:"乡学之中,倍增教授,郡县官长,明申劝课。"又《唐会要》卷三十五《学校》云:"贞元三年正月,右补阙宇文炫上言:请京畿诸县乡废寺,并为乡学。并上制置事二十余件。疏奏,不报。"

② 柳宗元《与太学诸生喜诣阙留阳城司业书》,《柳宗元集》卷三十四。

下"①。韦述,"弘机曾孙。家厨书二千卷,述为儿时,诵忆略遍"②。其次,唐代的初级教育,层次性广,具有广泛的社会性。唐代中央国学、太学、四门学及弘文馆、崇文馆等官学,其入学皆有严格的等级限制,一般家族子弟只能望门兴叹,遑论平民庶子。而私塾、乡里村学等私学教育则打破了学在官府的教育垄断,无论是达官子弟,还是百姓孤儿,皆可入学。另外,这些私学教育机构,分布广泛,数量众多又因地而异,具有一定的分散性与灵活性,能较好地满足底层教育的需要。再者,教育内容的丰富多样化也是其重要的特征之一。首先童蒙教育以识字为先,注重品德教育,一些传统的蒙学读物就成了案头必备之书。受崇圣尊儒的影响,唐代的初级教育也极为重视儒家经史典籍的学习。如王庆"七岁能自致于乡校,乃心专经,笃意儒业"③。高郢"九岁通《春秋》,能属文"④。又刘知幾《史通·内篇》卷十中云:"先君奇其意,于是始授以《左氏》,期年而讲诵都毕。于时年甫十有二矣……次又读《史》、《汉》、《三国志》。既欲知古今沿革,历数相承。于是触类而观,不假师训。"另外,唐人科考重诗文,因此在初始的私学教育过程中,也重视当代诗文的学习。杨绾在批评诗文取士时曾云:"幼能就学,皆诵当代之诗;长而博文,不越诸家之集。"⑤可见诗文取士对私塾蒙学的影响是巨大的。

二、著作述略

　　士子文人为了科举仕进,往往会储材待用,以备撰文、作诗之

① 《因话录》卷六。

② 《新唐书》卷一百三十二。

③ 《唐故处士王君碣》,周绍良《唐代墓志汇编》,上海古籍出版社,1992年版,第1226页。

④ 《旧唐书》卷一百四十七。

⑤ 《旧唐书》卷一百一十九。

需,而各种类书也为文人"堆砌成章"提供了便利。宋傅自得为叶廷珪《海录碎事》作序云:"予尝得见侯所谓《海录》者,凡十数大册,皆亲书蝇头,细字惟谨,盖无虑十馀万事,大抵皆诗才也。侯因自言,游宦四十馀年,未尝一日不作诗,食以饴口,怠以饴神,此书之力为多。其博与专乃如此,以是其诗老而益工。"唐代类书主要有官修与私撰两大类型,官修的有《艺文类聚》、《文思博要》、《累璧》、《玄览》、《三教珠英》等大型类书,它们"顿天网于蓬莱,纲目自举;驰云车于策府,辙迹可寻。……义出《六经》,事兼百氏"①。而私撰类书多为文人科第之需,如《白氏六帖事类集》,王士禛《白孔六帖跋》云:"白乐天作《六帖》,本当时科第之书。"②从应用的层面来看,唐代的官修类书主要流播于上流贵族的文化阶层。这也为他们的诗文创作提供藻缋之资。而私撰的类书,普及面似乎更为广泛,在民间也极为流行,有的还成了幼童的启蒙读物。如李商隐的《义山杂纂》,《通志·艺文略》、《宋秘书省续编到四库缺书目》卷二、《直斋书录解题》卷十一以及《宋史·艺文志》五皆有记载,其内容以民间通俗的口语、俚语及俗语为主,"俚俗常谈鄙事,可资戏笑,以类相从"③。如《相似》中云:

> 京官似冬瓜,暗长。鸦似措大,饥寒则吟。
> 印似婴儿,常随身。县官似虎,动则害人。
> 尼姑似鼠,入深处。燕似尼姑,有伴方行。
> 婢似猫,暖处便住。穷亲情似破袖肘,常自出。
> 馒头似表亲,独见相亲。乐官似喜鹊,人见不嫌。

---

① 高士廉《文思博要序》,《全唐文》卷一百三十四。
② 《带经堂集》卷七十一。
③ 陈振孙《直斋书录解题》卷十一,上海古籍出版社,1987 年版。

或许是受到文人私撰类书的影响,敦煌蒙书的编纂也多采用类书的形式。如《事森》、《古贤集》、《杂抄》等。余嘉锡《内阁大库本碎金跋》云:"诸家目录皆收此书入类书类,盖以其上自乾象、坤仪,下至禽兽、草木、居处、器用,皆分别部居,不相杂厕,颇类书钞、御览之体。然既无所引证,又不尽涉词藻,其意在使人即物以辨其言,审音以知其字,有益多识,取便童蒙,盖小学书也。"①并将这些小学童蒙之书分成字书、蒙求、格言三大类。又郑阿财、朱玉凤《敦煌蒙书研究》一书中将其分为识字类、知识类及德行类②。其实,在古代私塾蒙训的教学之中,主要的教学目标有两个,其一是启蒙识字,其二文化的普及提升。如伦理道德宣传、历史知识及诗文的诵读讲解等。据此,我们也可将其划分成识字蒙学类与经史文词两大类,下面对一些流传广泛的著述作相应的介绍。

(一) 识字蒙学类著述

1.《千字文》。《千字文》,原为南朝梁武帝时周兴嗣编撰。唐李绰《尚书故实》云:"梁武教诸王书,令殷铁石于大王书中拓一千字不重者,每字片纸,杂碎无序。武帝召兴嗣谓曰:'卿有才思,为我韵之。'兴嗣一夕编缀进上,鬓发皆白,而赏赐甚厚。右军孙智永禅师自临八百本,散与人间,江南诸寺,各留一本。"③《千字文》以四言一韵,句式工整,内容丰富,上至天文地理,下及人伦纲常。褚人获《坚瓠集》戊集卷四云:"局于有限之字,而能条理贯穿,毫无舛错,如舞霓裳于寸木,抽长绪于乱丝,固自难展技耳。"唐时《千字

---

① 余嘉锡《余嘉锡论学杂著》,河洛图书出版社,1976年版,第605页。

② 郑阿财、朱凤玉《敦煌蒙书研究》,甘肃教育出版社,2002年版,第7页。另外,该书还统计出敦煌蒙书共计25种,254件抄本,其中《千字文》47件抄本,《开蒙要训》37件抄本,《杂抄》13件抄本,《新集文词九经抄》18件抄本,《百行章》14件抄本,《太公家教》42件抄本;《武王家教》11件抄本,《王梵志诗》(一卷本)16件抄本(第445页至446页)。

③ 《唐五代笔记小说大观》,上海古籍出版社,2002年版,第1170页。

文》流传广泛,何延之《兰亭始末记》载智永禅师"常居永欣寺阁上临书,所退笔头,置之于大竹簏,簏受一石馀,而五簏皆满。凡三十年于阁上临真、草《千文》八百馀本。浙江东诸寺各施一本,今有存者,犹值钱数万"①。王定保《唐摭言》卷十也曾记载广陵人顾蒙"避地至广州,人不能知,困于旅食,以至书《千字文》授于聋俗,以换斗筲之资"。又《唐语林》卷六云:"西蜀官妓曰薛涛者,辩慧知诗。尝有黎州刺史作《千字文令》,带禽鱼鸟兽,乃曰:'有虞陶唐。'坐客忍笑不罚。至薛涛云:'佐时阿衡。'其人谓语中无鱼鸟,请罚。薛笑曰:'衡字尚有小鱼子,使君有虞陶唐,都无一鱼。'宾客大笑。"《太平广记》卷二百五十二"千字文语乞社"条,出于候白《启颜录》,其中转引《千字文》多达六十馀句。此外,在敦煌文献中,也发现《千字文》的抄本,共六十余卷,有真书、草书、习书及各种注本,其中斯坦因十一卷、伯希和二十五卷、北图一卷、俄罗斯一卷②。有确切纪年的抄本为:P. 3561,题记云:"贞观十五年七月临出此本蒋善进记。"P. 3211,题记云:"乾宁三年岁丙辰二月十九日学士郎汜贤信书。"P. 2059,题记云:"天福五年庚子岁正月一日。"S. 3853题记云:"庚寅年十二月□日押衙索不子自手记耳。"

《六千字文》,即《千字文》的句中增添两字而成。敦煌遗书中只有两卷,为 S. 5961 与 S. 5467,《六千字文》没有传世本,遗书中只有两件都为残卷,可以互校的极少。S. 5467 前部为《妙法莲华经》卷第七《观世音菩萨普门品第二十五》,后部倒书《六千字文》十三行,又断为二片,但内容相连。有首题"六千字文一□",正文起自"梁帝仍付周兴"至"□水海碱河淡",中间缺二句:"寒来暑往,秋收冬藏。"此件书写稚拙,显然出自儿童习书,S. 5961 为独立抄卷,

---

① 《全唐文》卷三百一十。
② 参见施萍婷《俄藏敦煌文献经眼录》之二,《敦煌吐鲁番研究》1997 年第 2 卷,北京大学出版社。

首全尾残，有首题"新合六字千文一卷"。正文起自"钟铢撰集千字文"，至"□□适口充肠"结束，存七十行。现存七十行中，自四十五行至七十行残存下部，尚少四十八句，完整者一百八十句①。

2.《太公家教》。《太公家教》为唐五代童蒙读物，据王重民先生《敦煌遗书总目索引》所载，共计三十六个写本，其中有确切年代的 S. 0479（乾符六年）、P. 2825（大中四年）、P. 2937（中和十年）、P. 3569（景福二年）。宋王明清认为《太公家教》乃唐五代村里私塾教授子弟的读本，其《玉照新志》卷五云："世传《太公家教》，其书极浅陋鄙俚，然见之唐《李习之文集》，至以《文中子》为一律，观其中犹引周汉以来事，当是有唐村落间老校书为之。"李翱《答朱载言书》云："义不深不至于理，言不信不在于教劝，而词句怪丽者有之矣。《剧秦美新》、王褒《僮约》是也。其理往往有是者，而词章不能工者有之矣。刘氏《人物表》、王氏《中说》、俗传《太公家教》是也。"②另外《太公家教·自序》也称："余乃生逢乱代，长值危时，亡乡失土，波迸流离，只欲隐山学道，不能忍冻受饥；只欲扬名于后代，复无晏婴之机；才轻德薄，不堪人师，徒消人食，浪费人衣，随缘信业，且逐时之宜。"周丕显先生认为，所谓"生逢乱世"指的是安史之乱或安史之乱后③。再者，《太公家教》保存了许多隋唐时代的一些口语特征，语句上还有承袭杜正伦《百行章》之处。在内容上，《太公家教》以儒家经义为主，宣扬忠孝、信悌等纲常观念，如其序云："辄以讨论坟典，简择诗书，依经傍史，约礼时宜，为书一卷，助诱童儿，留传万代。幸愿思之，经论曲直，书论上下，易辩刚柔，诗分风雅，礼尚往来，乐尊高下。"

唐五代以后，《太公家教》久传不衰，朱熹《朱子语类》中屡有提

① 转引邰惠莉《敦煌写本〈六千字文〉初探》，《敦煌研究》，1997 年，第 1 期。

② 《全唐文》卷六百三十五。

③ 周丕显著《敦煌"童蒙"、"家训"写本之考察》，《敦煌学辑刊》1993 年，第 1 期。

及,元人甚至将其编成诸宫调,如陶宗仪《南村辍耕录》卷二十五中就将《太公家教》列为《诸杂院爨》中的院本名目①。清代《太公家教》还译成满文,《八旗通志·阿什坦传》载:"阿什坦翻译《大学》、《中庸》、《孝经》及《通鉴总论》、《太公家教》等书刊之,当时翻译者咸奉为准则。"②另外,在 P. 2600、P. 2825 两卷《太公家教》后面,附有《武王家教》,以武王与太公的问答为主,内容上多抄袭于《太公家教》。

3.《蒙求》。又名《李氏蒙求》,《周易·蒙卦》云:"匪我求童蒙,童蒙求我。"《蒙求》之意即本于此,作者为李瀚,李良《荐〈蒙求〉表》云:"窃见臣境内寄住客前信州司仓参军李瀚,学艺淹通理识,精究古人之状迹,编成音韵,属对事类,无非典实,名曰《蒙求》,约三千言,注下转相敷演向万馀事。"③晁公武《郡斋读书志》卷十四、陈振孙《直斋书录解题》卷二及《文献通考》卷一百九十皆承此说,以李瀚为《蒙求》作者。而纪昀《四库全书总目》中则认为作者是五代后晋人,其云:"李瀚为翰林学士,好饮而多酒过,晋高祖以为浮薄,当即其人也。"后周中孚《郑堂读书记》卷六十与余嘉锡《四库提要辨证》卷十六均详加辨析,认为《李氏蒙求》作者应是唐末李翰,而非李瀚。对此,傅璇琮先生曾撰文予以详细地考索④。在语言形式及内容上,《蒙求》四字一句,二句一韵,以采摭经传故实为主。既有历史人物的记述,也有学术文化、典章制度等方面的内容,"骈罗经史,属对工整,于初学大有裨益,因刻诸家塾,为课孙之助"⑤,如"匡衡凿壁,孙敬闭户"、"毛义奉檄,子路负米"、"程邈隶书,史籀大篆"、"萧何定律,叔孙制礼"等。与以往的启蒙读物相比,《蒙求》

---

① 陶宗仪《南村辍耕录》,元明史料笔记丛刊,中华书局,1959 年版,第 309 页。

② 转见周丕显著《敦煌"童蒙"、"家训"写本之考察》,《敦煌学辑刊》,1993 年,第1 期。

③ 杨守敬《日本前书志》卷十一。

④ 傅璇琮著《寻根索源:〈蒙求〉流传与作者新考》,《寻根》,2004 年第 6 期。

⑤ 张海鹏《蒙求序》,《学津新源》本。

的注文通俗易懂、简易扼要，如"羊祜识环"，注曰："晋羊祜，字叔之。……年五岁时，令乳母取所弄金环，乳母曰：'汝先无此物。'祜即诣邻人东垣桑树中，探得之。主人惊曰：'此吾亡儿所物，云何持去。'乳母具言之，李氏悲惋。时人异之。"又"祢衡一鹗"，注曰："后汉祢衡，少有才辨，孔融上书荐之曰：'鸷鸟累百，不如一鹗。'"

《蒙求》流传广泛，影响巨大。陈振孙称其为"遂至举世诵之，以为小学发蒙之首"①，元好问为《十七史蒙求》作序云："迄今数百年之间，孩幼入学，人挟此册，少长则遂讲授之。"②后世也多续作，如宋朝有范镇《本朝蒙求》、方逢辰《名物蒙求》、王逢原《十七史蒙求》、徐益伯《训女蒙求》等，元时吴庭秀、吴庭俊仿王逢原之作另撰《十七史蒙求》，明万历时姚光祚有《广蒙求》，清代有罗泽南《养正蒙求》等③。

二、经史、文词类等著述

1.《兔园策府》。《旧唐书》、《新唐书》均无著录，《宋史·艺文志》集部著录为十卷，作者为杜嗣先。王应麟《困学纪闻》卷十四《考史》云："《兔园策府》三十卷，唐蒋王恽令僚佐杜嗣先仿《应科目策》，自设问对，引经史为训注。"《郡斋读书志》著录为十卷，但作者为虞世南。其云："《兔园策》十卷，唐虞世南撰，奉王命纂古今事为四十八门，皆偶俪之语。"④元以后，此书散佚，但在敦煌遗书中发现《兔园策府》抄本的残卷，分别为 P. 2537，S. 1722，S. 0614，S. 1086。在 P. 2537 中明确记载道："《兔园策府》卷第一并序，杜嗣先奉敬撰。"可见作者应是杜嗣先。

与一般的识字类蒙书相比，《兔园策府》更注重应科目策的意

---

① 陈振孙《直斋书录解题》卷十四。

② 《元遗山文集》卷三十六。

③ 有关《蒙求》的具体内容及研究，可参考汪泛舟《〈蒙求〉补足本》、邰惠利《敦煌本〈李翰自注蒙求〉初探》、郑阿财《敦煌本〈蒙求〉及注文之考订研究》等论著。

④ 《郡斋读书志》卷十四。

义，"斯乃对问之大体，询考之良图。求之者期于济时，言之者期于造务。使文不滞理，理必回文，削谀论以正辞，剪浮言而体要。非夫宏才博古，达政通机，无以登入室之科，徒用践高门之地。"①在内容上涉及天文、地理等方面，据敦煌古抄本第一卷记载，就有《辩天地》、《正历数》、《议封禅》、《征东夷》、《均州壤》等内容②。另外，在伯希和、斯坦因所劫的一些无名类书中，王重民先生认为P. 2524与 P. 4636、S. 78、S. 79、S. 2588 等零星内容即是《兔园策府》的部分残卷③。

　　《兔园策府》正文、注文所征引的书籍非常多，有《周易》、《论语》、《诗经》、《孝经》、《尔雅》、《庄子》等文，一些书籍现已散佚。刘师培先生《敦煌新出唐写本提要》云："若夫已佚之书，此书所引，有《齐职仪》一则，《先贤传》三则，《语林》三则，《谯子》一则，《招贤记》一则，《竹林七贤传论》二则，《傅子》一则，《襄阳记》、《三辅录》、《魏略》、《续汉书》、《巴东记》、《幽明录》、《异苑》各一则，《孝子传》四则，谢承《后汉书》、《列女传》、《晋诸公赞》、魏文帝《典论》、《石室星经》、《神仙经》各一则。其中标注出'王条宋书'、出'淮南国志'者又各一则。或与他籍所引同，或为他籍所未引，撷拾佚籍，不得不资于斯编。惜乎书名之莫可征也。"

　　唐五代，《兔园策府》流传甚广，但多遭微辞。五代孙光宪《北梦琐言》卷十九云："宰相冯道，形神庸陋。……北中村墅，多以《兔园册》教童蒙，(刘岳)以是讥之。然《兔园册》乃徐庾文体，非鄙朴之谈，但家藏一本，人多贱之也。"晁公武《郡斋读书志》卷十四也云："至五代时，行于民间，村野以授学童，故有'遗下兔园策'之诮。"但也有人认为此乃科举必备之书，如《旧五代史·冯道传》云：

---

①　杜嗣先《兔园策府序》。

②　参见周丕显《敦煌古抄〈兔园策府〉考析》，《敦煌学辑刊》，1994 年，第 2 期。

③　王重民《敦煌遗书总目索引》，中华书局，1983 年版，第 483 页。

"有工部侍郎任赞,因班退,与同列戏道于后曰:'若急行,必遗下《兔园策》。'道寻知之,召赞谓曰:'《兔园册》皆名儒所集,道能讽之。中朝士子止看文场秀句,便为举业,皆窃取公卿,何浅狭之甚耶!'赞大愧焉。"①

2.《新集文词九经抄》。《新集文词九经抄》在敦煌遗书中所存甚多,有英藏、法藏及俄藏三种,分别为: S. 5754、S. 8336,P. 2557、P. 2598、P. 3196、P. 3368、P. 3469、P. 3615、P. 3621、P. 3990、P. 4525、P. 4971、P. 4022、ДХ2135、ДХ2179、ДХ1368、ДХ2752、ДХ2842、Φ247。其作者不详,宋郑樵《通志·艺文略》著录《九经抄》二卷,《九经要抄》一卷,均无作者。而 P. 2598 的背后有题记:"中和三年四月十七日未时书了,阴贤君书。"据书中所征引的《九谏书》的情况来看,此书应成于唐之初期②。

与其他蒙学类书相比,《新集文词九经抄》也同样注重经史内容的教化,"包括九经,罗含内外,通阐三史,是要无遗,古今参详"(见 S. 5754)。其中以伦理道德、修身养性为主。此外,此书还从《西京赋》、《离骚》、《神女赋》等诗文著述中衷辑了大量的文词。虽然在转引或转录经史典籍中,《新集文词九经抄》出现了许多误讹之处,但其内容丰富,可读性强,流传也较广泛。

另外,在敦煌遗书中,尚有《文词教林》抄本,编撰的性质及方式与《新集文词九经抄》大同小异,多有承袭③。

---

①　《旧五代史·周书》卷一百二十六。

②　P3399 上题有"幽州都督张仁亶上《九谏书》",另宋《秘书省续编斯库全书》杂家类载有张仁亶《九谏书》一卷。张仁亶,华州下邽人,《旧唐书·突厥传》与《旧唐书·张仁愿传》中均载其于万岁通天元年检校幽州都督。

③　有关它的进一步研究,我们可以参考郑阿财《敦煌写卷新集文词九经抄研究》(台北文史哲出版社,1989 年版)、李丹禾《敦煌残新集文词九经抄初探》(《古文献研究》,1995 年,第 2 期)及郑炳林、徐晓丽《俄藏敦煌文献〈新集文词九经抄〉写本缀合与研究》(《兰州大学学报》,2002 年,第 3 期)等论著。

3.《珠玉抄》。又名《杂抄》、《益智文》、《随身宝》，共计一卷，《新唐书·艺文志》中著录为王起撰，但宋《秘书省续编到四库阙书目》则云其为孟宪子所撰。《珠玉抄》在敦煌遗书中有较多的抄本，如 P. 2721、P. 3649、P. 3393、P. 3739、P. 2861、P. 3683、P. 3671、P. 3906、S. 4663、S. 5755、S. 5658 等。其中 P. 3649 题记云："丁巳年正月十八日，净土寺学仕郎贺安住自手写诵读记过耳。"可见此书为敦煌寺学重要的启蒙读本。刘铭恕云："此书久已失传。按之《大元通制条格》卷五'传习差误'条云：'至元十年五月……外据村庄各社请教冬学，多系粗识文字之人，往往读《随身宝》、《衣服杂字》之类，枉误后人，皆宜禁约。'"①

《珠玉抄》内容丰富，涉及面广。如提倡忠孝仁义："人有百行，以孝为本"、"人有三事，一事父，二事君，三事师，非父不生，非君不事，非师不教"、"君子一日三省其身则谦恭，勿轻慢他人常自损。"天文地理类则有论三川、八水、五岳、四渎："何名五岳？东岳泰山，豫州；西岳华山，华州；南岳衡山，衡州；北岳恒山，定州；中岳嵩山，告成县。"此外还涉及社会习俗、道德训诫等方面，如"十种札室之事"中强烈批判以下十种劣行："世上略有十种札室之事，见他着新衣，强问他色目，是一；见他鞍乘好，强逞解乘骑，是二；见他人书籍，擅把披辱，是三；见他人弓矢，擅拈张挽，是四；见他所作，强道是非，是五；见他文字，强生弹驳，是六；见他斗打，出热助拳，是七；见他争论，傍说道德，是八；买卖之处，假会廛谈，是九；不执一文，强酬物卖，是十。"又"十无去就者"、"五不达时宜者"、"五不自思度者"等，皆有较强的世俗指向性②。

4.《童子洽闻记》。唐许塾著，共三卷，此书杂抄诸经史，可视

① 王重民《敦煌遗书总目索引》，中华书局，1983 年版，第 228 页。
② 有关《珠玉抄》的详细内容，可见周一良《敦煌写本杂抄考》(《燕京学报》，1948 年，第 35 期）王三庆《敦煌类书》等著述。

为发蒙之作。晁公武《郡斋读书志》卷十四云："右不题撰人，分二十门，杂记经史名数，或题《童子洽闻记》，云唐塾撰。"另《崇文总目》卷三、《宋志》卷六均作《童子洽闻》一卷，其中《崇文总目》中不著撰者，而《宋史》卷二百零七载："李虚一《溉漕新书》四十卷，《童子洽闻》一卷，《麟角抄》十二卷。"

5.《蠡金》。又称《略出蠡金》。《汉书·韦贤传》云："遗子黄金满蠡，不如一经。"可见《蠡金》一书乃蒙教读本，其序云："采摭诸经，参详诸史，纂当时之行事，缉随物之恒务。庶无烦博览，而卒备时需。举其宏纲，撮其机要。合为百篇，分为五卷，先录其事，后叙其文。"在敦煌遗书中，《蠡金》共有十几个抄本，其中 P. 3907 题记云："《蠡金》一部，少室山李若立撰。"又 P. 2537 云："《略出蠡金》一部并序，小（少）室山处士李若立撰。"此书共计百余篇，每篇先录事后叙论，文多四六骈体，为童蒙读书写作之范本。

6.《步天歌》。也作《丹元子步天歌》，是有关唐代道家星宿观的重要著述，敦煌遗书中有"敦煌星图甲本"与"敦煌星图乙本"，其中甲本为一长卷，卷首已残缺，前半部分绘有云气图二十五幅，图下附有占语，后半部分共有星图十三幅，前十二图以十二次为序列，最后为紫微垣图①。《步天歌》将星空分成三垣与二十八宿，每星区歌词中分别介绍了星官、星数及星座位置，共计三十一章歌辞。即：紫微垣歌、太微垣歌、天市垣歌、角宿歌、亢宿歌、氐宿歌、房宿歌、心宿歌、尾宿歌、箕宿歌、南斗歌、牵牛歌、婺女歌、虚宿歌、危宿歌、营室歌、东壁歌、奎宿歌、娄宿歌、胃宿歌、昂宿歌、毕宿歌、觜宿歌、参宿歌、东井歌、舆鬼歌、柳宿歌、七星歌、张宿歌、翼宿歌、轸宿歌。《步天歌》七言一韵，简明通俗，民间流传广泛，作为童蒙读本，既提高了大众的文化水平，也普及了一定的天文知识。如

---

① 参见伊世同《〈步天歌〉星象——中国传承星象的晚期定型》，《株洲工学院学报》，2001 年，第 1 期。

《牵牛歌》云:"六星近在河岸头,头上虽然有两角,腹下从来欠一脚。牛下九黑是天田,田下三三九坎连。牛上直建三河鼓,鼓上三星号织女。左旗右旗各九星,河鼓两岸右边明,更有四黄名天桴。河鼓直下如连珠。罗堰三乌牛东居,渐台四星似口形,辇道东足连五丁。辇道渐台在何许?欲得见时近织女。"

7.《华林遍略》。《华林遍略》为南北朝时重要的类书,"天监十五年,敕太子詹事徐勉举学士入华林撰《遍略》,勉举思澄、顾协、刘杳、王子云、钟屿等五人以应选。八年乃书成,合七百卷"①。是书在民间广为流传,《北齐书·祖珽传》云:"(祖珽)后为秘书丞,领舍人,事文襄。州客至,请卖《华林遍略》。文襄多集书人,一日一夜写毕,退其本曰:'不须也。'珽以《遍略》数帙质钱樗蒲,文襄杖之四十。"唐时,此书为学童启蒙读物,敦煌遗书中 P.2526 号即为《华林遍略》的残本,首尾皆佚,书题、卷次及编纂者姓名均缺失。存"鸟部"二百九十五行,计鹤类条目四十六条,鸿类十八条,黄鹄类十五条,雉类九条,共计八十八条,其中引书六十六种(注中所引尚有六种)②。

8.《类林》。《类林》十卷,于志宁子于立政撰。《新唐书·艺文志》、《崇文总目》、《宋史·艺文志》皆有著录,敦煌写本有P.3956、P.2678、P.2635 及 S.6011。王重民先生《巴黎敦煌残卷叙录》第一辑卷三云:"是书取资鸿富,抗衡官家。所征引如司马彪《续汉书》,《晋阳秋》、《晋记》、《赵记》、《蜀王本纪》、《典略》、《新论》、《丹阳记》、《语林》、《帝王世说》、《续齐记》、《幽明传》之类,今并散佚,则此戋戋两卷书,在今日尤为鸿宝矣。是书写本,虎字、民字缺笔,基字不缺笔,殆写于开、天以前。按于志宁碑立于乾封元年,顾炎武《金石文字记》谓碑为立政所书,则立政之卒,恐不能下

---

①　《南史》卷七十二《何思澄传》。

②　白化文《敦煌遗书中的类书简述》,《中国典籍与文化》,1999 年,第 4 期。

及玄宗之世。则此书之书写年代，距脱稿日固甚迩也。"此外，还有西夏文《类林》刻本，此本卷一缺，卷二、卷五、卷九、卷十为残卷，而卷三、卷四、卷六、卷七、卷八则保留完整，共三十六篇，四百余则①。

《增广分门类林杂说》，为《类林》增补本，金大定二十九年王朋寿撰，其自序云："前贤有区别而为书，号曰《类林》者，其求尚矣。惜乎次第失序，门类不备。予因暇日，辄为增广，第其次叙，将旧篇章之中，添入事实者加倍；又复增益至一百门，遂篇稡之以赞，为十五卷。较之旧书，多至三倍。"而清代海虞张蓉镜为明钞本作跋云："原书十卷，此十五卷，序言称多至三倍，盖实多至三分之一耳。"增加部分主要集中在第十一卷至第十八卷，共计三十八篇。现通行本为嘉业堂丛书本。

9.《珂玉集》。《崇文总目》、《宋史·艺文志》皆有著录，为二十卷，但无著者，又《日本国见在书目》载有唐代传入日本的《珂玉集》十五卷。在敦煌遗书中，有 S.2070 残钞本，存十二篇，一百零一则，王三庆《敦煌类书》一书认为《珂玉集》是改编《类林》而成的。

除了上述这些著述外，尚有许多蒙学读物及各种私撰类书，如李峤《杂咏》、孟铣《锦带书》等，又敦煌遗书中 P.2621《事林》，辑录了苏秦、董仲舒、儿宽等人的事迹，突出其廉俭、孝友、敦信的品行，S.1380《应机抄》、P.2607《勤读书抄》皆是童蒙读本，如《勤读书抄》题记云："勤读书抄示颡"，所引书有《论语》、《墨子》、《抱朴子》、《风俗通》、《颜氏家训》等，其中《颜氏家训·勉学篇》引用甚多。此外 P.2524《语对》则很可能是敦煌地区私学教育的教本。当然，唐代蒙学事类，散佚的著述非常多，如欧阳询《麟角》、王义芳《笔海》、光乂《十九部书语类》、颜真卿《金銮秀集》、陆贽《备文举要》、张仲

_____

　　① 详细内容可参见史金波、黄振华、聂鸿音所著《类林研究》，宁夏人民出版社，1993 年版。

素《词圃》、元稹《元氏类集》、李商隐《金钥》等。

第三节 唐代训蒙著述的文学性透析

唐代的童蒙教育,初始阶段多以识字启蒙为主,如上述的《千字文》、《急就章》、《太公家教》等,虽然简略粗浅,但有助于学童的记诵。同样,传统的儒经、史籍的学习也是童蒙教育必须具备的,如卢照邻"十岁从曹宪、王义方授《苍》、《雅》"①,李绅"六岁而孤,母卢氏教以经义"②。在敦煌遗书中,我们还发现了许多《孝经》、《毛诗》、《论语》等学仕郎的抄本③。此外,受诗文取士的影响,童蒙教育也注重诗文辞赋的学习,一些辞章、声律俱佳的诗什成了他们揣摩、仿拟的范本。如《兔园策府》,"乃徐、庾文体,非鄙朴之谈"、"皆偶丽之语,至五代时流行于民间村塾,以授学童"。在敦煌遗书中,尚有《秦妇吟》、《渔父歌》、《沧浪赋》、《燕子赋》、《贰师泉赋》、《王梵志诗集》等学仕郎的诗文抄本。可见,在唐代训蒙教育中,诗文的学习是占有重要的地位,下面我们将对一些训蒙著述的文学特性作进一步考析。

一、蒙学视野中的咏史、咏物之作

南北朝以来,近体咏物之作大盛,唐初的宫廷游宴也以咏物为时尚,追求体物赋形、偶对声律。其中李峤尤以句法鸿丽著称,"咏物诗,齐、梁多有之。其标格高下,犹画之有匠作,有士气。征故实,写色泽,广比譬,虽极镂绘之工,皆匠气也。又其卑者,饱凑成

---

① 《新唐书》卷二百零一。
② 《旧唐书·李绅传》。
③ 如 S.0728《孝经》、S.1386《孝经》、P.3698《孝经》、P.2570《毛诗》残卷。

篇,迷也,非诗也。李峤称'大手笔',咏物尤其属意之作,裁剪整
齐、而生意索然,亦匠笔耳。至盛唐以后,始有即物达情之作"①。
而李氏《杂咏诗》百首,意象精致,事典丰富,更是盛传一时,成了童
蒙模写的范本。

　　李峤《杂咏诗》二卷,又名单题诗。晁公武《郡斋读书志》卷四
上《李峤集》云:"集本六十卷,未见。今所录一百二十咏而已,或题
曰单题诗,有张方注。"嘉庆间日本天瀑《佚存丛书》有刻本,天瀑山
人《李峤百咏跋》云:"李郑公杂咏二卷,或称百咏,或称百二十咏。
皇朝中叶,甚喜此诗,家传户诵,致使童蒙受句读者亦必然背焉。
以故诸家传本,不一而足,在彼中则其诗虽散见诸类书各门而单行
本后世盖轶矣。"②天宝六年,登仕郎信安郡博士张庭芳为之作注,
并序云:

　　　　尝览尊德叙能,述古不作。窃所企慕,情发于中,顾有阙
　　于慎言,诚见贻于尤悔者矣。然夫禁鸡虽谬,周鼠徒珍,犹遇
　　兼金以答,岂独卢胡致哂?顷寻绎故中书令李郑公百二十咏,
　　藻丽词清,调谐律雅,宏溢逾于灵运,密致掩于延年。特茂霜
　　松,孤悬皓月。高标凛凛,千载仰其清芬;明镜亭亭,万象含其
　　朗耀。味夫纯粹,罕测端倪。故燕公刺异词曰"新诗冠宇宙",
　　斯言不佞,信而有征。于是欲罢不能,研章摘句,辄因注述,思
　　郁文繁。庶有补于琢磨,俾无至于疑滞,且欲启诸童稚,焉敢
　　贻于后贤?于时巨唐天宝六载,龙集强圉之所述也。

　　"且欲启诸童稚,焉敢贻于后贤",可见,李峤《杂咏诗》百首不
仅是咏物诗体创作的典范,同时其蒙学特色也为世人所称道。唐

---

① 王夫之《姜斋诗话》卷二。
② 《佚存丛书》第一帙。

时，士子文人手中也多李氏诗作，"有所属缀，人多传讽"①，在敦煌遗书中就有张庭芳《李峤杂咏注》的残卷抄本，如 S. 0555，有残诗十七行，《咏银》末三句，讫《布》，共六首又三句，在《佚存》本玉帛部十首中。P. 3738《咏羊》末二句、《咏兔》和《咏凤》各一首全，《咏鹅》仅存开端二句。《咏凤》诗前有"灵禽十首"一目②。又如宋刘克庄《后村诗话》后集卷一载云："鹤相（丁谓）在海南，效唐李峤为《单题诗》，一句一事凡一百二十篇，寄洛中子孙各《青衿集》，徐坚《初学记》之类也。"而在日本平安时期，李峤《杂咏诗》一百二十首与李瀚《蒙求》等皆被列入中国传入日本的基本幼学蒙书。那么，李氏的百首杂咏，其蒙学特色又体现在哪里呢？

首先，所涵盖的知识面广，具有类书的性质与体制。《周易·系辞传》云："方以类聚，物以群分。"类书最大的特点即博稽众籍，采摭菁英，以备临时取给和文章储材之用。柳宗元《柳宗直西汉文类序》云："幸吾弟宗直爱古书，乐而成之。搜讨磔裂，捃摭融结，离而同之，与类推移，不易时月，而咸得从其条贯。森然炳然，若开群玉之府。指挥联累圭璋琼瑶之状，各有列位，不失其序，虽第其价可也。"③李氏百咏杂诗，以名物系题，取事载籍，具有明显的类书性质。如《百咏》的分类类似《初学记》，《百咏》所分十二类：乾象、坤仪、芳草、嘉树、灵禽、祥兽、居处、服玩、文物、武器、音乐、玉帛，大致对应《初学记》的天部、地部、文部、武部、宝器部、居处部、器物部、花草部、果木部、鸟部、兽部；所咏一百二十种物名与《初学记》相同的有九十二种。各种物名在其所属类目中的编排顺序也大致相近。《百咏》所用典故与《初学记》相合者甚多，《百咏》中有百分

---

①　《新唐书·李峤传》。

②　王重民《敦煌古籍叙录》，中华书局，1979 年版，第 289 至 290 页。

③　《全唐文》卷五百七十七。

之六十的诗,至少有二至三个典故与《初学记》所选典故相同①。此外,李峤与张说等人均参撰了武则天时大型类书《三教珠英》,在编纂的体例及采撷的事典上也有一定的相似之处。因此,如果说《初学记》的编撰是为了玄宗"儿子等欲学缀文,须检事及看文体"的需要,那么李峤《百咏》的创制也同样具有启蒙示范的作用。

其次,李峤《百咏》按事义分类,一事一题,敷衍成篇,其程式化的创作为童蒙的仿习提供了范例。《四溟诗话》卷二云:"《诗人玉屑》集唐人句法,悉分其类,有裨于初学。"分类属事,有利于童蒙系统地掌握知识,如《初学记》每一子目内有"叙事"、"事对"及"诗文",所征集的类事次第相属又精简骈括,中山刘子仪曾言:"非止初学,可为终身记。"②又《千字文》,虽以识字为主,但也按天文地理、人伦教化为序,并四字一韵,便于吟诵,如"天地玄黄、宇宙洪荒"、"寒来暑往、秋收冬藏"、"闰余成岁、律吕调阳"等。李峤《百咏》也将常见的事物分成十二类,依类隶事,注意到物象、事典及诗歌建构的完整性,即有知识性,又通俗浅切,有益于童蒙的吟诵与仿习。如:

> 英英大梁国,郁郁秘书台。碧落从龙起,青山触石来。官名光邃古,盖影耿轻埃。飞感高歌发,威加四海回。(《云》)

此诗以云为题,从写貌入手,"英英"即白云之状,《诗·小雅·白华》云:"英英白云,露彼菅茅。"大梁,魏国古都,《艺文类聚》卷一引《归藏》云:"有白云出自苍梧,入于大梁。"接着以秘书台阁的蔚然壮观来形容云烟的氤氲。陆机《浮云赋》云:"若层台高观,重楼

---

① 参见葛晓音《创作范式的提倡和初盛唐诗歌的普及——从〈李峤百咏〉谈起》,《文学遗产》,1995 年,第 6 期。

② 孔平仲《谈苑》卷五。

叠阁。"沈约《和王中书白云诗》也云:"城阙已参差,白云复离离。""碧落从龙起,青山触石来",此联着重描摹云卷云舒的动态之美,飞龙御气,触云而起,何其壮丽!"官名光邃古,盖影耿轻埃"。《史记·五帝本纪》云:"官名皆以云命,为云师。"即追溯远古云瑞官祥之事,又赞扬了浮云兀然不群的气节。尾联以汉高祖《大风歌》结尾,突出其威猛之势。全诗即有近景的刻画,又有远景的描摹。在构思上,以云的形态变迁为中心,引经据典,构筑了一幅完整的图画,也为童蒙提供了大量的事实原典。此外,诗中创作技巧的运用,也让学童有迹可循,并能培养他们的诗性思维。

　　唐代诗文取士,启蒙教育也多从诗歌入手,如刘邺,六岁能赋诗①。元稹,"九岁学赋诗,长者往往惊其可教,年十五六,粗识声病"②。而李峤《百咏》专咏五律,既有大量的事类意象,又精于属对、比拟等创作技巧,而完整的格律形式也同样为初学者提供仿习的模式。

　　除了李峤的《百咏》外,尚有许多咏史组诗也成了童蒙讽诵的教材。张政烺先生《讲史与咏史诗》中曾言:"自晚唐至明人,常用咏史七言绝句为小学课本,学者童而讽诵,不免沾染其习气。故在此时期,仿而作者颇多。"③如晚唐胡曾《咏史诗》、佚名《古贤集》以及汪遵、周昙诸家的咏史诗作,虽然粗浅通俗,颇为评论家所轻视④,但这些敷衍成篇的咏史诗作,在民间私塾中却有大量的学童

----

① 《旧唐书》卷一百七十七。
② 元稹《叙诗寄乐天书》,《元氏长庆集》卷三十。
③ 《历史语言研究所集刊》第十本、第一分册,台湾"中央研究院"历史语言研究所,1948年版。
④ 以胡曾《咏史诗》为例,方东树《昭昧詹言》卷二十一云:"尤为坠入恶道。"管世铭《读雪山房唐诗钞凡例》评曰"轻佻浅鄙"、"不识何以流传至今"。王士祯《万首唐人绝句诗》也云:"读之辄作呕秽。"

在吟诵，"初由童蒙讽诵，既而宫廷讲学，以至走向十字街头"①。其中赵嘏《读史编年诗》尤具特色。

　　赵嘏《读史编年诗》，共二卷，《崇文总目》、《新唐书·艺文志》、《秘书省续编到四库阙书目》等均有著录。《唐才子传》卷五《赵嘏传》云："今有《渭南集》及《编年诗》二卷，悉取十三代史事迹，自始生至百岁，岁赋一首、二首，总得一百一十章，今并行于世。"此书明清时期已散佚，但在敦煌遗书中却有残卷，存诗三十六首，S. 0619序云："编年者，十三代史间，自初生至百岁，赋其诗以编纪古人百年之迹。其有不尽举一年之事，而复杂以释老者，盖唯诗句之所在，七言八句，凡百一十口，然古今帝王必有异也，备之帝口口口口知，故略（下缺）。"

　　赵嘏《读史编年诗》，以年岁为类，人物为纲，用律诗的形式对历史人物进行描述评价，突出其事迹，为童蒙树立榜样。如：

　　　　虞夏奇童帝王师，齐梁小子皆能诗。何人雅与素琴合，有客本自回文知。不独彦龙称幼异，须怜孝嗣好风姿。武侯有子亦聪惠，丧国亡家安用为。（《八岁二首》之一）

　　对历史上不同时期的杰出人物，从建功立业、德行节操及诗文才能等角度予以高度的赞扬，如"帝王师"即指蒲衣子曾为舜之师；"孝嗣风姿"指南朝徐孝嗣八岁即袭爵枝江县公；而武侯之子诸葛瞻早年聪慧，后为国捐躯；"雅与素琴合"指王慈早年独好素琴，表现出与众不同的情操。此外"齐梁小子"丘迟、庾肩吾、何逊等人工诗善文，范云更是天赋异禀，能即席赋诗。这些少年才俊足以成为童蒙学习仿效的楷模。

_____

　　① 张政烺《讲史与咏史诗》，《历史语言研究所集刊》，第十本，第一分册，台湾"中央研究院"历史语言研究所，1948 年版。

作为训蒙类咏史组诗,王重民先生将《读史编年诗》与《百岁叙谱》、《新刻授集群书记载大千生鉴》等类书视为重要的训蒙著述①,在于其编写的内容具有丰富的历史知识,这为童蒙从小接触传统的历史,涵养史学素养提供了便利。同时,这种小型类书也有利于他们吟诗作赋时的临时检事与取资。与其他同类题材的类书如李瀚《蒙求》、佚名《古贤集》相比,赵嘏《读史编年诗》虽内容丰富,但因缺乏一定的艺术欣赏性,如语言略显呆滞晦涩,人物形象不鲜明等,一直为后人所诟病,故其流传并不广泛。

二、《兔园策府》及一些初学类诗格所涵摄的诗文观

唐代科举考试重诗赋,蒙学教育也深受影响,有着大量的诗文类读物及便于科考取资的各种文学类类书和诗格。如《兔园策府》、《文场秀句》、《词圃》、《翰苑》等,这些著述,在一定程度上也反映出唐人的诗文创作的观念。

杜嗣先《兔园策府》,虽然是"乡校俚儒教田夫牧子之所诵也"②,但却文字典雅,词句偶俪,孙光宪誉之为"徐庾"文体③。其序言中肯定了六朝以来律诗的声律之美,但也提出了中允的批评,如:

> 自周征造仕,汉辟贤良,擢高第以登庸,悬甲科而入仕。刘君诏问,吐河洛之词,仲舒抗答,引阴阳之义。孙弘则约文而切理,杜钦则指事以陈谋,鲁丕以雅素申规,马融以儒宗献可,斯乃对问之大体,询考之良图。求之者期于济时,言之者

---

① 王重民《中国善本书提要·子部类》,上海古籍出版社,1983 年版,第 386 页。
② 《新五代史》卷五十五《刘岳传》。
③ 《北梦琐言》卷十九《诙谐所累》。

期于适务，使文不滞理，理必会文，削谀论以正辞，剪浮言而体要。非夫宏才博古，达政通机，无以登入室之科，徒用践高门之地。

　　自魏晋之后，藻丽渐繁，齐梁以还，文华竞轶，构虚词而饰巧，穿异辨以邀能，文皆理外之言，理失文中之意。将陈正道，掩巢燧于毫端，欲叙升平，摈唐虞于字末，境才臻于九服，远述幽冥之荒，德末静于一戎，先动云雷之气。奏谀言而窃位，假繁论以丰词，匪穷理之大猷，乖得贤之雅训。

　　……顾惟虚贱，谬奉恩光，昔因耕鑿之勤，颇览诗书之训，登学山而覆篑，鼓文河以滥觞，爰从羁贯之年，肇应杨庭之问，以兹下隶，来赔上藩，暂赴长裾之门，更对修篁之苑。璿灭屡变，缇袭空珍，忝游梁之一班，同背淮之千里。忽垂恩教，令修新策，今乃勒成十卷，名曰《兔园策府》，并引经史，为之训注，虽则谬言斐论，无取贵于缃缈，然而野识刍词，理难周于翰墨。传之君子，有惭安国之言，悬之市人，深乖吕韦之旨。

　　魏晋以来，齐梁文体大盛，为文讲究声律，但也出现了因文损意的趋势，杜嗣先则批评其"文华竞轶，构虚词而饰巧，穿异辨以邀能"过度讲究辞藻的弊端。为了防止"文皆理外之言，理失文中之意"的文理背离，杜氏提出两个为文主张：其一，"求之者期于济时，言之者期于适务，使文不滞理，理必会文"，即文以理为主，要有充实的内容，讲究务实、实际，华丽的辞藻及各种修辞必须为"达意"服务。其二，"削谀论以正辞，剪浮言而提要"，追求博古达政，言辞要提要，一切浮言、谀论则应该剔除掉。

　　此外，诗格、文格一类之书，虽然有些过于琐屑俗陋，被人讥讽为"三家村"之语，但一些具体的写作法则的规定对童蒙的诗文仿习来讲，还是具有一定的参考意义。罗根泽先生在《中国文学批评史》中指出："诗格有两个盛兴的时代，一在初盛唐，一在晚唐五代以至宋代的初年。"①其中多数为童蒙初学者而作,如徐寅《雅道机要·叙通变》中提及四十通变,并言:"以上略叙梗概,要学诗之人,善巧通变,兹为作者矣。"王梦简《诗要格律》云:"夫初学诗者,先须澄心端思,然后遍览物情,所以昼公云:'放意须险,定句须难。虽取由我衷,而得若神授。'"又晁公武《郡斋读书志》卷二十评冯鉴《修文要诀》云:"杂论为文体式,评其误谬,以训初学云。"当然,也有为应举者所写的。如赵璘《因话录》卷三云:"李相国程、王仆射起、白少傅居易兄弟、张舍人仲素为场中词赋之最,言程式者,宗此五人。"据史志著录,除李程外,其余四人都有诗格类著述,如王起《大中新行诗格》,白居易《金针诗格》、《文苑诗格》、白行简《赋要》、张仲素《赋枢》等,其中亦有伪托者。所以朱彝尊《沈明府〈不羁集〉序》云:"唐以赋诗取士,作者期见收于有司,若射之志于彀,故于诗有格、有式、有例、有秘密旨、有秘术、有主客图,无异揣摩捭阖之学。"②

另外,尚有一些佚名及伪托者,如《吟窗杂录》卷六著录旧题李峤撰《诗评格》,书中杂有王昌龄《诗格》的"八病",不仅如此,此书还杂抄了崔融《唐朝新定诗格》中的内容。当然,李峤撰《百咏》,在蒙学中影响甚大,因此伪托者也就僭用李氏的盛名。此外,还有佚名的《文笔式》、《诗赋格》、《骚雅式》、《吟体类例》、《诗林句范》、《杜氏诗律诗格》及旧题魏文帝撰的《诗格》,多为初学者必备之书。在敦煌遗书 S.3011 中,还发现一些学仕郎《诗格》抄本,内容与《文镜秘府论》东卷《二十九种对》有相同之处,如:

　　第一的名对。第二隔句对。第三双拟对。第四联绵对。第五互成对。第六异类对。第七赋体对。

---

①　罗根泽《中国文学批评史》第二册,古典文学出版社,1959 年版,第 186 页。

②　朱彝尊《曝书亭集》卷三十八。

天清白云外，山峻紫微中。鸟飞随影去，花落逐摇风。

这些诗文格，讲究体势、作用、声对及义类等内容，在一定程度上丰富了唐诗的表现手法，但同时也桎梏着诗体的进一步发展①。

三、私塾、蒙学等初级教育对唐代诗歌的普及与传播

在雕版印刷术尚未大力普及的唐代，唐诗的流传并不广泛。顾陶《唐诗类选·后序》曾云：

> 若元相国稹、白尚书居易，擅名一时，天下称为元白，学者翕然，号元和诗。其家集浩大，不可雕摘，今共无所取，盖微志存焉。所不足于此者，以删定之初，如相国令狐楚、李凉公逢吉、李淮海绅、刘宾客禹锡、杨茂卿、卢仝、沈亚之、刘猛、李涉、李璟、陆畅、章孝标、陈罕等十数公，诗犹在世，及稍沦谢，即文集未行，纵有一篇一咏得于人者，亦未称所录。僻远孤儒，有志难就，粗随所见，不可弹论。终愧力不及心，庶非耳目之过也。近则杜舍人牧、许鄂州浑，洎张祜、赵嘏、顾非熊数公，并有诗句，播在人口。身没才二三年，亦正集未得绝笔之文，若有所得，别为卷轴，附于二十卷之外，冀无见恨。若须待见全本，则撰集必无成功②。

虽然唐诗流传不易，但其普及的途径还是较多的。有传抄，如王建《哭孟东野》云："但是洛阳城里客，家传一首《杏殇》诗。"姚合

---

① 有关它们的研究，可参考王运熙、杨明《中国文学批评通史·隋唐五代卷》及张伯伟《全唐五代诗格汇考》等著述。

② 《全唐文》卷七百六十五。

《寄贾岛》也云:"新诗有几首,旋被世人传。"有寄赠,《诗话总龟》卷二十六云:"罗隐以讽刺之深,久而不第。刘赞赠之诗曰:'人皆言子屈,独我谓君非。明主既难谒,青山何不归? 年虚侵雪鬓,尘枉污麻衣。自古逃名者,至今名岂微。'隐见之,遂起归欤之兴,作《五湖诗》云云。"有题壁,唐时题诗之处所遍及公署、驿亭、私舍、酒店、妓馆各处,几乎无处不可题壁作诗,其中题诗最多的处所是寺院、馆驿、廨署厅壁。有伎唱,唐代音乐及其词章发达,歌舞艺术也成了唐诗传播的重要媒介之一,如薛能《柳枝词》五首序云:"乾符五年。许州刺史薛能于郡阁与幕中谈宾酣饮醑酳,因令部妓少女作《杨柳枝健舞》,复歌其词,无可听者,自以五绝为杨柳新声。"此外尚有宴咏等途径,如武后、中宗时,宫廷宴咏盛况空前,《新唐书·李适传》云:"凡天子飨会游豫,惟宰相及学士得从。……帝有所感即赋诗,学士皆属和,当时人所歆慕。然皆狎猥佻亵,忘君臣礼法,惟以文华取幸。"但若从接受的角度而言,私塾、蒙学对唐诗的传播也起着一定的推动作用,"幼能就学,皆诵当代之诗。长而博文,不越诸家之集"①。一些乡里村学的学童也多把著名诗人的诗歌著作视为启蒙读物。如中唐时期,元稹、白居易的诗文流传甚广,村校童蒙皆能讽诵。元稹《白氏长庆集序》云:"予尝于平水市中(自注:镜湖傍草市名),见村校诸童,竞习歌咏,召而问之,皆对曰'先生教我乐天、微之诗'。"又白居易《与元九书》云:"自长安抵江西,三四千里,凡乡校、佛寺、逆旅、行舟之中,往往有题仆诗者。"除元、白之外,其他一些著名诗人的诗集在乡村私塾中也同样流播人口,如尤袤《全唐诗话》卷五《严恽》条引皮日休《伤严子重序》云:"余为童在乡校时,简上抄杜舍人牧之集,见有与进士严恽诗。"

　　另外,敦煌遗书约有四万余卷,多数为手抄的写本,其中敦煌寺院学仕郎的诗文抄本,占有一定的比例,也保留了大量的唐人诗

---

① 《旧唐书》卷一百一十九。

歌。如王梵志诗歌，就有二十余种抄本，即 S. 778、S. 2710、S. 3393、S. 4669、S. 5641、S. 5794、S. 5441、S. 5474、S. 5796；P. 2824、P. 2914、P. 4094、P. 2718、P. 3266、P. 3558、P. 3656、P. 3716、P. 3833；散 219、1504、1772 等。王诗主要宣传伦理纲常等教化内容，如其序云："纵使大德讲说，不及读此善文。逆子定省翻成孝，懒妇晨夕事姑嫜。查郎躬子生惭愧，诸州游客忆家乡。慵夫夜起□□□，懒妇彻明对织筐。悉皆咸臻知罪福，勤耕恳苦足糇粮。一志五情不改易，东州西郡并称扬。但令读此篇章熟，顽愚暗蠢悉贤良。"因此，在民间王诗广受僧俗的欢迎，范摅《云溪友议》下《蜀僧喻》云："或有愚士昧学之流，欲其开悟，别吟以王梵志诗。"又宗密《禅源诸诠集都序》也云："或咏歌至道，或以嗟叹凡迷。或但释义，或唯励行，或笼罗诸教，竟不指南，或偏赞一门，事不通众。"但明清以后，王梵志的诗歌已散佚不见，自敦煌遗书被发现后，王诗才重见天日，今人曾将其整理为五种诗集，如《王梵志诗集卷上并序》、《王梵志诗集卷中》、《王梵志诗集卷第三》、《王梵志诗一卷》、《王梵志诗一百一十首》。经张锡厚、朱凤玉、项楚诸先生的整理，现有王梵志诗歌共计三百九十余首。

又如《秦妇吟》，唐末黄巢攻陷长安，韦庄曾作《秦妇吟》，当时影响颇大，孙光宪《北梦琐言》卷六云："蜀相韦庄应举时，遇黄寇犯阙，著《秦妇吟》一篇，内一联云：'内库烧为锦绣灰，天街踏尽公卿骨。'尔后公卿亦多垂诮，庄乃讳之，时人号'秦妇吟秀才'。他日撰家戒，内不许垂《秦妇吟》障子。以此止谤，亦无及也。"天复三年韦庄弟韦蔼编其诗近千首为《浣花集》，《秦妇吟》避而不收，以致后世失传。随着敦煌遗书的发现，《秦妇吟》重现于世，共有十余个写卷抄本。如学仕郎张龟、马福德、阴奴儿、安友盛抄本，其中张龟抄本为天祐二年，当时韦庄还健在，距《秦妇吟》创作之时仅有二十余年。另 S. 0692 安友盛《秦妇吟》抄本还有后题诗，其云："今日写书了，合有五升米。高代（贷）不可得，坏（还）是自身焚。"书写《秦妇吟》，尚可得五斗米，可见在敦煌寺学之中，韦庄《秦妇吟》作为学郎的读本，影响还是挺大的。此外，敦煌遗书中尚有《东皋子集》、《故陈子昂遗集》、《李峤杂咏注》、《高适诗集》、李翔《涉道诗》、《张祜诗集》、《岑参诗集》、崔融《珠英集》及李翔《涉道诗》等诗集。从中可以看出敦煌地区诗文教育的兴盛，从另一个侧面也说明了唐诗在此地也广为流传①。

　　唐代的教育发达，民间的私学蒙训也极为普遍，但与儒家文化体系中高文典册的长流不衰相比，这些发蒙读本的蒙书，因其内容的低层次性及不规范性，往往为一些正统的史志所不录。加之流传时多为手抄本，保存不易，很容易湮灭于时代的潮流之中。随着敦煌藏经洞大量写本文书的发现，唐五代地方及民间的社会生活似乎跨越了时空的隧道又全面真实地出现在我们面前。敦煌遗书中大部分是九世纪的抄本，内容丰富多彩，涉及佛教、道教、法律、天文以及音乐舞蹈等各种艺术，当然，也保留下大量的蒙训抄本。这些蒙训读本，不仅具有辑佚考订的文献价值，也为敦煌地区社会生活、语言风俗等研究提供翔实可信的资料。因此，从这一角度来看，也有必要对其作进一步的挖掘与研究。

---

① 详细情况可参阅徐俊纂辑《敦煌诗集残卷辑考》，中华书局，2006 年版。

第七章　唐代的隐读修业与文学

唐代初期,政治清平,社会稳定,官学教育全面发展,一些隐居乡里、聚徒讲学的硕儒经师如马嘉运、陆德明、孔颖达、颜师古等皆应召入仕,士子也很少隐读山林。安史之乱后,强藩称雄,阉寺弄权,加之战乱纷纭,时局动荡,官学教育便呈颓滞式微之势。与早期仕宦坦途相比,此阶段文士的青云之路则显得艰险壅塞,隐居者也日趋增多。他们或隐读山林寺观,或居于茅屋陋室,择一清幽之地修文习业,以备科考。唐人的隐读,受到了传统隐逸观念与佛、道遁世思想的影响,因此在其诗文创作上除了表示一定的乱世心态外,多数则在孤寂、感伤之中吟唱其萧疏淡泊的人生情趣,诗风既有清淡闲远的一面,时而也略显寒苦僻涩。此外,在唐人小说中,许多故事皆以士子隐读山林、寺院为题材而展开的,既有人鬼相恋,也有神仙际遇之事,对其作进一步的分析,有助我们更深入地理解隐读的文化意蕴。

第一节　隐读修业的文化背景及其特征

隐读山林是文士隐逸的特殊形式,与传统的"不复以世事为心,不系累于职位,故不承事王侯,但自尊高慕"①、"大隐心何远,

---

① 孔颖达《周易正义》,北京大学出版社,1999年版,第35页。

高风物自疏"(钱起《过王舍人宅》)的隐遁相比,隐读有着遁迹山林,远离都市淡泊恬退的生存方式,但在本质上却追求仕进,以科第为目标,"皆期早躐青云路,谁肯长为白社人"(李咸用《与刘三礼陈孝廉言志》)、"静想青云路,还应寄此身"(张乔《别李参军》),是仕、隐的融合体,随着专制政治的成熟与科举制度的完善,唐人的隐读更多的被纳入功利的范畴。再者,从教育的角度而言,隐读山林者,相互习业,彼此教授,这种会聚山林的读书模式对宋代书院的形成也有一定的影响。

一、唐代隐逸观念的嬗变及其仕、隐的契合统一

隐逸的产生,主要根源于文士主体人格的张扬与专制政治的矛盾,此外,自然环境、经济形态以及社会结构都会对其产生深远的影响。作为古代士人的精神支柱之一,隐逸的形态往往会随着时代的变化而发生嬗变。先秦的隐逸观念受到儒、道思想的制约,儒家认为"用之则行,舍之则藏"[①]、"隐居以求其志,行义以达其道"[②],主张达则兼济天下,穷则独善其身,天下有道则见,无道则隐的"德隐",这种守道待时的权衡之术体现了中庸哲学的体现。而道家则以自我为中心,主张无为而无不为,"役人之役,适人之适,而不自适其适"[③]、"非伏其身而弗见也,非闭其言而不出也,非藏其知而不发也"[④],追求物我合一的境界,否定社会,回归自然。儒、道的隐逸思想及其人格模式在诸侯争霸的社会环境中,有着鲜明的现实指向性,而这种生存方式也往往为后世的文人所继承。

---

① 程树德《论语集释》卷十三《述而上》,中华书局,1990 年版,第 450 页。
② 程树德《论语集释》卷三十三《季氏》,中华书局,1990 年版,第 1162 页。
③ 郭庆藩《庄子集释》卷三上《大宗师第六》,中华书局,1961 年版,第 232 页。
④ 郭庆藩《庄子集释》卷六上《缮性第十六》,中华书局,1961 年版,第 555 页。

唐代前期，士人的隐逸观念继承了前代的传统，以回归自然为宗旨。如王绩不愿端簪理笏，其《赠程处士》云："百年长扰扰，万事悉悠悠。日光随意落，河水任情流。礼乐囚姬旦，诗书缚孔丘。不如高枕枕，时取醉消愁。"可见其与丘壑同栖、琴书自娱的隐逸情趣。又王维，经历张九龄罢相和被迫受伪职等事之后，则亦官亦隐，与道友裴迪泛舟往来，弹琴赋诗，吟啸终日。王维晚年"一生几许伤心事，不向空门何处销"（《叹白发》），成了虔诚的佛教徒，在"焚香独坐，以禅诵为事"中度过余生。

中唐时期，政治环境恶化，南衙北司之争日趋激烈，一些士大夫选择了既能远离朝堂斗争，又能免于山林冻馁冷落的中隐。中隐也称郡斋之隐，与"身处朱门，而情游江海，形入紫闼，而意在青云"①的吏隐相比，它更注重于身心合一，主张超越环境的局限，无沉浮之忧，也无纷争之扰，追求闲适自得，知足常乐。其中的典型应是白居易，白居易早期便与佛教徒往来，深受洪州禅与净土宗的影响，元和十年《自悔》中云："而今而后，汝宜饥而食，渴而饮；昼而兴，夜而寝。无浪喜，无妄忧；病则卧，死则休。"②这种自适其意的处事方式与马祖道一的"平常心是道"的修行是一致的。大和三年，白氏作《中隐》，阐述其隐逸的思想，其云：

> 大隐住朝市，小隐入丘樊。丘樊太冷落，朝市太嚣喧。不如作中隐，隐在留司官。似出复似处，非忙亦非闲。不劳心与力，又免饥与寒。终岁无公事，随月有俸钱。君若好登临，城南有秋山。君若爱游荡，城东有春园。君若欲一醉，时出赴宾筵。洛中多君子，可以恣欢言。君若欲高卧，但自深掩关。亦无车马客，造次到门前。人生处一世，其道难两全。贱即苦冻

---

① 《南史》卷四十一《衡阳元王道度传附继子钧传》。
② 《白居易集》卷三十九。

馁，贵则多忧患。唯此中隐士，致身吉且安。穷通与丰约，正在四者间。

　　如果说小隐于山林泽薮，能摆脱俗务的羁縻，但远离尘世的苦修生活却过于乏味漠落，而"大隐住朝市"也同样"贵则多忧患"。艰险的仕宦也非白居易所愿，最好的方式即"似出复似处，非忙亦非闲"，只求自适，无意于官之冷热。又如白居易《三适赠道友》云："足适已忘履，身适已忘衣。况我心又适，兼忘是与非。三适今为一，怡怡复熙熙。"身心俱适的人生哲学便是中隐的最高境界。同样持有中隐观念的还有韦应物，韦应物除滁州、江州、苏州三地时，沉湎于南国山水，创作了大量的郡斋体诗歌，如《郡斋雨中与诸文士燕集》、《郡中西斋》等，表现出其隐逸情怀与闲适的情趣。当然，中隐之道，折衷了入仕与退隐，调和了文人人格独立与集权专制的对立，但从另一个层面来理解，这也可以说是对专制社会官本位价值观的妥协，一种隐逸本性的消融。

　　晚唐时期，战乱不休，朝纲紊乱，加之科举失衡，大量的文士退隐山林，与以前的大隐、小隐及中隐相比，他们的退居山林更多是被逼无奈的选择。"唐兴迨季叶，治日少而乱日多，虽草衣带索，罕得安居。当其时，远钓弋者，不走山而逃海，斯德而隐者矣。自王君以下，幽人间出，皆远腾长往之士，危行言逊，重拨祸机，糠核轩冕，挂冠引退，往往见之"①。黄滔《司直陈公墓志铭》也云："咸通乾符之际，龙门有万仞之险，莺谷无孤飞之羽。才名则温歧、韩铢、罗隐，皆退黜不已。"②据不完全统计，唐末著名隐逸文人多达三十余人。尤以司空图、李群玉、方干、周朴、唐求、皮日休、陆龟蒙等为其代表，而他们多数退隐于南方，究其原因在于北方战乱频繁，时

---

① 《唐才子传》卷一。
② 《全唐文》卷八百二十六。

局不稳,而南方相对而言更为平静。另外,秀丽的山水更能慰藉他们受创伤的心灵。晚唐文人的隐逸诗作,多表现淡泊的情致与萧散的山林之趣,但也弥漫着对仕途功名的渴望,如许裳《寄江上弟妹》诗云“垂老登云路,犹胜守钓矶”。又崔涂《言怀》诗云:“干时虽苦节,趋世且无机。及觉知音少,翻疑所业非。青云如不到,白首亦难归。所以沧江上,年年别钓矶。”这种仕、隐的困惑与无奈皆展露无遗。

　　唐代的隐逸之士,主动走向隐居之路者并不多,多则不得已而为之,“无媒径路草萧萧,自古云林远市朝”(杜牧《送隐者一绝》)。在隐逸山林之前,他们皆胸怀大志,渴望功名,如李泌“博涉经史,精究易象,善属文,尤工于诗,以王佐自负”①,张镐“廓落有大志,涉猎经史,好谈王霸大略”②。因各种原因,他们隐居山林,但却心在魏阙。因此,他们的隐逸观念往往呈现出仕、隐相契合的两面性,即身在丘林,表面上巢云采菊,高卧林壑,“石室扫无尘,人寰与此分”(于武陵《赠王隐者山居》),但在内心深处,却有博取功名之心。如陈陶《避世翁》云:“自古隐沦客,无非王者师。”方干《赠中岩王处士》云:“商于避世堪同日,渭曲逢时必有年。直恐刚肠闲未得,醉吟争奈被才牵。”体现在行为方式上,这些隐逸者也很少能做到临颍洗耳、击壤放歌,一旦机缘来临,便会伺机而动。如房琯“性好隐遁,与东平吕向于陆浑伊阳山中读书为事”③,开元十二年却进献《封禅书》于玄宗,被授予秘书省校书郎。又“山中四友”之符载,建中至贞元年间,虽隐居庐山,却多次干谒权贵,僚佐幕府。此外,卢藏用以隐逸来沽名钓誉,随驾少室、终南二山,遭人讥讽,其隐逸之途被贬为“终南捷径”,成了假隐逸的典型。那么,是什么原

---

①　《旧唐书》卷一百三十《李泌传》。

②　《旧唐书》卷一百一十一《张镐传》。

③　《旧唐书》卷一百一十一《房琯传》。

因造成仕、隐的融通合流呢？我们认为，这仕、隐的两面性根源于士大夫儒、道互补的人格特征，当朝政太平之时，他们"兼济天下"，而仕途舛错之时，便"夫凤不憎山栖，龙不羞泥蟠，君子不苟洁以罹患，不避秽而养精也"①，老庄的退隐之思则占上风。随着封建专制的加强与官本位价值观念的深入人心，文人很难实现自我超越，去追求人格的独立。另外，唐代科举制度的盛兴，各种制举的征召举措，也都为隐逸从属于入仕提供了契机。

二、科举制度对文人隐读山林的影响

唐代科举制度的确立，不仅是古代取士制度的一次变革，更是士、庶阶层斗争的必然结果。它一方面扩大了国家的统治基础，另一方面又深深的、长久地影响到文人的生活道路、思想面貌，甚至是家族的兴衰荣辱。"三百年来，科第之设，草泽望之起家，簪绂望之继世。孤寒失之，其族馁矣；世禄失之，其族绝矣"②，同样，文人的隐读山林也深受其影响。

首先，科举制度的逐步完善是唐人隐读山林的前提条件。

第一，唐代取士，有门荫与科举二途，门荫为特权阶层所把握，而科举则无等级的限制，"举选不由馆、学者，谓之乡贡，皆怀牒自列于州、县"③。只要通过逐级的地方考核，即可来京参加科考，不问门第，不问士庶，皆由科举而入仕，这对寒门庶子来说，无疑是巨大的诱惑，他们虽然不能就读于国子监、弘文馆、崇文馆，甚至地方的州学与县学，但可以通过隐读山林、寺院的形式来完成自我教育，并参加科考以求功名。如柳璨，"少孤贫好学，僻居林泉，昼则

---

① 《新唐书》卷一百九十六《隐逸传》。
② 王定保《唐摭言》卷九。
③ 《新唐书·选举志》。

采樵,夜则燃木叶以照书"①。又《鉴戒录》卷八《衣锦归》载罗珦习业佛寺之事,其云:"常投福泉寺僧房寄足,每旦随僧一食,学业而已。"

第二,唐代的科考以进士科为重,而进士科试特重诗赋。胡震亨《唐音癸签》卷十八《进士科故实》云:"唐试士重诗赋者,以策论惟剿旧文,帖经只抄义条,不若诗赋可以尽才。又世俗偷薄,上下交疑,此则按其声病,可塞有司之责。"开元以后,"四海晏清,士无贤不肖,耻不以文章达"②。而诗文习业,重视个性与灵性,不重师承。幽静的山水田园更有助于性情的陶冶。

第三,唐代帝王对隐逸者多加旌扬,设有专门的制科征召天下隐士。如"则天初革命,大搜遗逸,四方之士应制者向万人"③。玄宗时,曾多次下诏招徕隐士,如《处分高蹈不仕举人敕》云:

> 卿等各因旌贡,来赴阙庭,诚合尽收,以光是举。然孔门荷条,唯数七人;商山采芝,空传四老。今之应辟,其数颇多。朕顷缘幸汤,粗令探赜,或全诚抗迹,固辞避于呈试,或含光隐器,不耀颖于文词,未测津涯,难于处置,语默之际,用舍遂殊。其弟子春等,并别有处分。自馀人等,宜各赐物十段,用成难进之美,以全至高之节。宜皆坐食,食讫好去,仍依前给公乘还贯。其华阴郡李岗等十六人,虽所举有名,或称疾不到,宜令本郡取诸色官物,各赐二十段,以充药物之资。(《唐大诏令集》卷一百零六)

其中应试者颇受礼遇,如元稹《自述》云:"延英引对碧衣郎,江

---

① 《旧唐书》卷一百七十九《柳璨传》。
② 杜佑《通典》卷十五《选举三》。
③ 刘肃《大唐新语》卷八《文章》。

砚宣毫各别床。天子下帘亲考试，宫人手里过茶汤。"①这比一些
进士试时的"寒馀雪飞，单席在地"的处境要好得多。又据《唐会
要》卷七十六《制举科》所载，从高宗显庆四年至文宗太和二年，共
有六十三次制举考试，其中招隐征逸的有十三科，即高宗显庆四
年：养志丘园嘉遁之风戴远科；麟德元年：销声幽薮科；乾封六年：
幽素科；中宗神龙三年：草泽遗才科；景龙二年：藏器晦迹科；玄宗
开元二年：哲人奇士隐沦屠钓科；开元十五年：高才草泽科；天宝
四年：高蹈不仕科；代宗大历二年：乐道安贫科；德宗建中元年：
高蹈丘林科；贞元十一年：隐居丘园不求闻达科；穆宗长庆二年：
山人科；文宗太和二年：草泽应制科②。这些举措也自然激励着文
人士子在山林中修文习业。

　　其次，如果说科举制度的完善为文士提供了相对公平的入仕
平台，那么，科场失衡不公，也造成了士子远离科考，避世隐读去
了。中晚唐时，随着宦官、权要以及强藩介入科场，士子干谒权贵、
钻营援引之风炽盛，科考的公平性遭到严重破坏。黄滔《莆山灵岩
寺碑铭》中云："咸通、乾符之际，豪贵塞龙门之路，平人艺士，十攻
九败。"③《唐摭言》卷九《表荐及第》云：

　　　　乾宁中，驾幸三峰。殷文圭者，携梁王表荐及第，仍列于
　　榜内。时杨令公镇维扬，奄有宣浙，杨汴榛梗久矣。文圭家池
　　州之青阳，辞亲间道至行在，无何随榜为吏部侍郎裴枢宣谕判
　　官，至大梁以身事叩梁王，王乃上表荐之。文圭复拟饰非，遍
　　投启事于公卿间，略曰："于菟猎食，非求尺璧之珍；鹡鹈避风，

―――――――――――

①　《元稹集》卷七。
②　参见李红霞、张彩红《论科举对唐代隐逸风尚兴盛的影响》，《重庆工商大学学
报》，2004年，第2期。
③　《全唐文》卷八百二十五。

不望洪钟之乐。”既擢第，由宋汴驰过，俄为多言者所发；梁王大怒，亟遣追捕，已不及矣。自是屡言措大率皆负心，常以文圭为证，白马之诛，靡不由此也。

这种权势把持津要、延誉后进之举，虽然有善识“璞玉”之称，但实际上更多是谋私纳贿、因缘为奸。在权贵的面前，一些士子的独立人格扭曲了，甚至流于卑琐①。晚唐科场的失衡与腐败，造成了大量的士子偃蹇蹀躞于龙门青云之路，康骈《剧谈录》卷下《元相国谒李贺》条云：

自大中咸通之后，每岁试春官者千馀人。其间章句有闻，亹亹不绝。如何植、李玫、皇甫松、李孺犀、梁望、毛涛、贝庥、来鹄、贾随，以文章著美；温庭筠、郑渎、何涓、周钤、宋耘、沈驾、周繁，以词赋标名；贾岛、平曾、李陶、刘得仁、喻坦之、张乔、剧燕、许琳、陈觉，以律诗流传；张维、皇甫川、郭郇、刘延辉，以古风擅价。皆苦心文华，厄于一第。然其间数公，丽藻英词，播于海内。其虚薄叨联名级者，又不可同年而语矣。

这些落第文人，“青云路不通，归计奈长蒙”（罗隐《遣兴》），于是便退居山林，或啸傲烟霞或读书自娱，以候清平之日，再伺机缘。

此外，中晚唐时，学校教育弊端百出，学风僵化，科举与教育相脱节，传统的儒学教育难以适应科考的变化，士子多轻视经书记诵的学习，“明经问义，有幸中所记者，则书不停缀，令释通其义，则墙

① 《文献通考》卷二十九载云：“风俗之弊，至唐极矣。王公大人巍然于上，以先达自居，不复求士。天下之士什什伍伍，戴破帽骑蹇驴，未到门百步辄下马奉幣刺，再拜以谒于典客者，投其所为之文，名之曰求知己。如是而不问，则再如前所为者，名之曰温卷。如是而又不问，则有执贽于马前自赞曰：‘某人上谒者。’嗟乎，风俗之弊至此极矣。”

面木偶"①。学规败坏,学子无鼓箧之志,"国子监诸馆生,浇杂无良"②。再者,校舍破坏不堪,士生无立锥之地,也自然无法安心修业了,《唐语林》卷五《补遗》云:"天宝中,国学增置广文馆,在国学西北隅,与安上门相对。廊宇粗建,会十三年秋霖一百馀日,多有倒塌。主司稍稍毁撤,将充他用,而广文寄在国子馆中。寻属边戈内扰,馆宇至今不立。"《新唐书》卷四十四也云:"元和二年,置东都监生一百员。然自天宝后,学校益废,生徒流散。"综上因素,士子自然更愿意选择山林丘壑读书以求仕,甚至一些权要子弟也不屑于官学的教育,而选择了隐读山林。如牛僧孺,幼时读书于乡间别墅,数年业成,名声入都中,登进士第③。弘农杨真伯,世代官宦,却于洪州精舍中课文修业④。

唐人隐读山林寺观,有时也称过夏,李肇《国史补》卷下云:"退而肄业,谓之过夏;执业而出,谓之夏课。"落第的士子,一般会选择便捷之地温习功课,以待下次科考,而山林寺观环境清幽宁静,又可寄食寄宿,往往成了士子的首选,如《太平广记》卷一百八十《宋济》曾记载书生宋济于西明寺过夏时巧遇唐德宗一事,虽有杜撰的嫌疑,但从另一个侧面反映出唐人隐读山林寺观之风尚。

三、隐读修业的类型及其特点

唐人的隐读,若按其目标而言,可以分成三类,其一,避世隐居者,这类隐逸者,说诗教礼,以琴书自乐,淡泊无欲,应视为真正的隐逸之士,如武则天时期的隐者史德义,"咸亨初,隐居武丘

---

① 权德舆《答柳福州书》,《全唐文》卷四百八十九。
② 李肇《国史补》卷中。
③ 杜牧《樊川文集》卷七《唐故太子少师奇章郡开国公赠太尉牛公墓志铭并序》。
④ 《太平广记》卷五十三《杨真伯》。

山，以琴书自适，或骑牛带瓢，出入郊郭廛市，号为逸人。高宗闻其名，征赴洛阳。寻称疾东归，公卿已下，皆赋诗钱别，德义亦以诗留赠，其文甚美"。武则天谓其"高蹈愚公之谷。博闻强识，说《礼》敦《诗》，缮性丘园，甘心畎亩"①。又如王播之子王龟，性简澹潇洒，不乐仕进，少以诗酒琴书自适，不从科试。"京城光福里第，起兄弟同居，斯为宏敞。龟意在人外，倦接朋游，乃于永达里园林深僻处创书斋，吟啸其间，目为'半隐亭'。及从父起在河中，于中条山谷中起草堂，与山人道士游，朔望一还府第，后人目为'郎君谷'。及起保厘东周，龟于龙门西谷构松斋，栖息往来，放怀事外。起镇兴元，又于汉阳之龙山立隐舍，每浮舟而往，其闲逸如此"②。其二，隐读山林，以伺征辟者。在唐代，辟召入仕是士子仕宦的重要途径之一，一些名公巨卿也往往由辟召而入仕。如房琯，少好学，曾以门荫补弘文生。性好隐遁，与东平吕向于陆浑伊阳山中读书达十余年。开元十二年，玄宗将封岱岳，琯撰《封禅书》一篇及笺启以献。中书令张说奇其才，奏授秘书省校书郎，调补同州冯翊尉。借隐读应召，并仕途显达者，尚有卢藏用、裴坦、张浚等辈，这些应召者也多有沽名钓誉之辈。《新唐书·隐逸传》序云："唐兴，贤人在位众多，其遁戢不出者，才班班可述，然皆下概者也。虽然，各保其素，非托默于语，足崖壑而志城阙也。然放利之徒，假隐自名，以诡禄仕，肩相摩于道，至号终南、嵩少为仕途捷径，高尚之节丧焉。"如杜如晦叔父淹，"聪辩多才艺，弱冠有美名，与同郡韦福嗣为莫逆之交，相与谋曰：'上好用嘉遁，苏威以幽人见征，擢居美职。'遂共入太白山，扬言隐逸，实欲邀求时誉"③。又《新唐书·李绅传》载其族子李虞，"有文学名，隐居华阳，自言不愿仕,时来省绅,雅与柏耆、程昔范善。及耆为拾遗,虞以书求荐,绅恶其无立操,痛诮之"。其三,隐读以伺科考。这一类以科举为目的,按唐制,中央的学校,也即国子监的六学及弘文馆、崇文馆,其生员入学资格是有严格的限制的,必须有极高的家庭官阶和门荫地位,一般的庶族子弟只能望而却步。地方虽有州学、县学,但也有生员名额的限制,《旧唐书·儒学上》载:"上郡学置生六十员,中郡五十员,下郡四十员。上县学并四十员,中县三十员,下县二十员。"而多数州县及边陲地区的教育依旧落后。如檀州,韦弘机出任刺史时,"边人陋僻,不知文儒贵"①,房州"俗参蛮夷,好淫祀而不修学校"②,加上"今之胶庠,不闻弦歌,而室庐圮废,生徒衰少,非学官不欲振举也,病无赀财以给其用"③。一些士子只能另辟蹊径,"要路知无援,深山必遇师"(刘得仁《送车涛罢举归山》),隐读山林去了。如崔慎父崔从"少孤贫。寓居太原,与仲兄能同隐山林,苦心力学。属岁兵荒,至于绝食,弟兄采梠拾橡实,饮水栖衡,而讲诵不辍,怡然终日,不出山岩,如是者十年。贞元初,进士登第"④。又孔述睿"少与兄克符、弟克让,皆事亲以孝闻。既孤,俱隐于嵩山。述睿好学不倦,大历中,转运使刘晏累表荐述睿有颜、闵之行,游、夏之学。代宗以太常寺协律郎徵之,转国子博士,历迁尚书司勋员外郎、史馆修撰"⑤。又崔宇与薛肇于庐山读书,"同志四人,二人业未成而去,崔宇勤苦,寻已擢第"⑥。此类例子甚多,不一一胪列。

　　唐代隐读山林者,家境一般都为贫寒。如吕向,"少孤,托外祖

---

① 《新唐书》卷一百。
② 《旧唐书》卷一百八十五。
③ 刘禹锡《奏记丞相府论学事》,《刘宾客文集》卷二十。
④ 《旧唐书》卷一百七十七。
⑤ 《旧唐书》卷一百九十二《隐逸传》。
⑥ 《太平广记》卷十七。

母隐陆浑山。工草隶，能一笔环写百字，若萦发然，世号'连锦书'。强志于学，每卖药，即市阅书，遂通古今"①。《旧唐书》卷一百七十七载裴休"志操坚正，童龀时，兄弟同学于济源别墅。休经年不出墅门，昼讲经籍，夜课诗赋。虞人有以鹿赠俦者，俦、俅食之，召休食，休曰：'我等穷生，菜食不充，今日食肉，翌日何继？无宜改馔。'独不食。长庆中，从乡赋登第"。而柳璨、马怀素等人家徒四壁，无灯烛，昼采薪樵，夜燃木叶以照书②。当他们寄食寺院时，虽然有时会受到礼遇，如"唐韦令公昭度，少贫窭，常依左街僧录净光大师，随僧斋粥。净光有人伦之鉴，常器重之"③。但也时常遭到寺僧的讥讽，甚至殴打，如：

> 王播少孤贫，尝客扬州惠昭寺木兰院，随僧斋餐。僧厌怠，乃斋罢而后击钟。后二（三之误）纪，播自重位出镇是邦，因访旧游，向之题名，皆以碧纱幕其诗。播继以二绝句曰："三十年前此院游，木兰花发院新修。而今再到经行处，树老无花僧白头"，"上堂已了各西东，惭愧阇黎饭后钟。三十年来尘扑面，如今始得碧纱笼。"（《唐诗纪事》卷四十五《王播》条）

又李绅，贞元中曾肄业惠山寺，曾遭寺僧殴打，据范摅《云溪友议》卷上《江都事》云：

> （李绅）初贫，游无锡惠山寺，累以佛经为文稿，致主藏僧殴打，终身所憾焉。后之剡川天官精舍，凭笈而昼寝……老僧

---

① 《新唐书》卷二百零二。
② 柳璨事见《旧唐书》卷一百七十九；马怀素事见《旧唐书》卷一百零二。
③ 《唐摭言》卷七。

知此客非常，延归本院，经数年而辞赴举。将行，赠以衣钵之资，因喻之曰："郎君身必贵矣。然勿以僧之尤过，贻于祸难。"及领会稽，僧有犯者，事无巨细，皆至极刑。唯忆无锡之时也，遂更剡川为龙宫寺额。嗟老僧之已逝，为其营塔立碑，平生之修建，只于龙宫一寺耳。

虽然这些隐读之士穷愁潦倒，但他们勤学苦之精神，却矢志不渝，可谓文人之楷模。如：

> 宝历中，有封陟孝廉者，居于少室。貌态洁朗，性颇贞端。志在典坟，僻于林薮，探义而星归腐草，阅经而月坠幽窗，兀兀孜孜，俾夜作昼，无非搜索隐奥，未尝暂纵惕时日也。(《太平广记》卷六十八)

> 崔曙，宋州人。少孤贫，不应荐辟，志况疏爽，择交于方外。苦读书，高栖少室山中。与薛据友善。(《唐才子传》卷二)

> 张易，字简能，魏州元城人……后徙莱州掖县，易性豪举尚气，少读书于长白山，又徙王屋及嵩山。苦学自励，食无盐酪者无岁……数年入洛，举进士，不中。(《南唐书》卷十三)

> (殷文圭)池州人，居九华……苦学，所用墨池，底为之穴。举进士。(《唐诗纪事》卷六十八)

> (张)乔池州人，也隐居九华山，有高致，十年不窥园。以苦学，诗句清雅，迥少其伦(《唐才子传》卷十)

> (王)绍宗少勤学，遍览经史，尤工草隶。家贫，常佣力写佛经以自给。……寓居寺中，以清净自守，垂三十年。(《旧唐书》卷一百八十九)

历经寒窗苦读之后，士子一般皆能通过科考踏上仕途，有的文声鼎盛,有的还成了一代名臣,甚至官居宰相。据严耕望先生统计,唐代隐居之士众多,其中官至宰相的有:姚崇、韦昭度、张镐、徐商、张仁亶、房琯、李逢吉、朱朴、杨收、李泌、刘瞻、段文昌、王播、李藩、李绅、张浚、齐抗、裴坦、柳璨等,其中房琯为世家子弟,其余皆贫寒①。

从私学角度来讲,唐人隐居读书,对社会、教育等都产生深远的影响。譬如士子隐读山林之时,会相互切磋研讨,并建有书院或读书堂,数人聚集一块,往往会形成会聚山林教学的传授模式,而这则开了宋代书院教育之先河。此外,唐人隐读之时,居无定点,学无专师,师徒授受关系较为随意,具有很大的开放性。受时代隐逸风气的影响,隐居不再是山人隐者的专利,大众的参与使得隐居山林更平民化,更具有社会性②。

第二节 唐代文人的隐读修业与创作

作为士子的一种生存状态,唐人的隐读山林,是时代风云剧变与科考体制双重制约的结果,他们既憧憬着猎取功名的仕宦理想,同时又保留出世人格中纯粹性的一面,两者相悖离又缓冲合一。在时空的分布上,隐读既具有阶段性,又呈现出区域性的特点。此外,山林中寺观林立,又富有典藏,文人士子来此寄寺修学极为普遍。从创作角度而言,来山寺隐读的士子思想上受佛教禅思及隐居生活的影响,诗文创作也多林泉之趣与萧疏之感。

---

① 严耕望《唐人习业山林寺院之风尚》,《唐史研究丛稿》,香港新亚研究所,1969年版,第415页。

② 宋大川《略论唐代士人的隐居读书》将其隐读对社会的影响归纳为教育性、社会性、开放性三方面,可参阅。

一、文人隐读的统计与分析

唐代前期,朝野富庶,士子很少隐读求仕,但安史之乱以后,隐读者剧增。严耕望先生《唐人习业山林寺院之风尚》中列举出二百余人,本书参考其论著,并从新旧《唐书》及诗文笔记中再稽考一些隐读情况,列表如下:

序号	隐读地点	隐读者	文献出处	补充
1	京畿一带的终南山、华山等地区	阎防(终南山)	《唐才子传》卷二云:"(阎防)好古博雅……于终南山丰德寺结茅茨读书,百丈溪是其隐处。"	杨祯:应昭县石瓮寺(《太平广记》卷三百七十三);林校书:终南山花岩寺(孟郊《题林校书花岩寺书窗》);沈津:同州法轮寺(《太平广记》卷三百零七)范璋:梁山(《太平广记》卷三百七十三);宋济:西明寺过夏(《太平广记》卷一百八十);韩愈从侄:京城街西僧院(《太平广记》卷四百零九)。
		张仲殷(终南山)	《太平广记》卷三百零七云:"户部郎中张滂之子,曰仲殷,于南山内读书,遂结时流子弟三四人。"	
		卢元裕(终南山)	《太平广记》卷四百二十二云:"唐安太守卢元裕子翰言,太守少时,尝结友读书终南山。"	
		许稷(终南山)	《蜀川名士传》云:"(许稷)深入终南山,隐学三年,出就府荐。"	
		李绅(华山)	《太平广记》卷二十七云:"相国李绅,字公垂,常习业于华山。"	
		班行达(华山)	《太平广记》卷六十三云:"大历中,有书生班行达者,性气粗疏,诽毁释、道,为学于观西序。"	
		张策(华山)	《北梦琐言》卷四云:"张策早为僧,败道归俗,后为梁相。先在华山云台观修业。"	

序号	隐读地点	隐读者	文献出处	补充
2	都畿及嵩山地区	李渤（嵩山）	《旧唐书》卷一百七十一云："励志于文学，不从科举，隐于嵩山，以读书业文为事。"	李密：缑山从包恺习业（《新唐书》卷八十四）；封陟：少室山（《太平广记》卷六十八）；崔曙：少室山（《唐才子传》卷二）；张易：长白山、王屋山、嵩山（《南唐书》卷一十三）；房琯：伊阳山（《旧唐书》卷一百一十一）；吕向：陆浑山（《新唐书》卷二百零二）；刘长卿（《唐才子传》卷二）。
		孟郊（嵩山）	《旧唐书》卷一百六十云："孟郊者，少隐于嵩山，称处士。李翱分司洛中，与之游。荐于留守郑馀庆，辟为宾佐。"	
		孔述睿（嵩山）	《旧唐书》卷一百九十二云："述睿少与兄克符、弟克让，皆事亲以孝闻。既孤，俱隐于嵩山。述睿好学不倦，大历中，转运使刘晏累表荐述睿有颜、闵之行，游、夏之学。"	
		韦思恭（嵩山）	《太平广记》卷四百二十三云："元和六年，京兆韦思恭与董生、王生三人结友，于嵩山岳寺肄业。"	
		岑参（嵩山）	《感旧赋》云："参相门子，五岁读书，九岁属文，十五隐于嵩阳，二十献书阙下。"	
		庞式（嵩山）	《太平广记》卷三百一十三云："唐长兴三年，进士庞式，疑业于嵩阳观之侧，临水结庵以居。"	
		张谭（嵩山）	《唐才子传》卷二云："初隐少室山下，闭门修肄，志甚勤苦，不及声利。"	

序号	隐读地点	隐读者	文献出处	补充
3	河南、河东地区	徐商（中条山）	《唐摭言》卷七云："徐商相公常于中条山万固寺泉入院读书。"	王龟：中条山（《南部新书》丙卷）；段维：中条山（《唐摭言》卷十《海叙不遇》）；张镐：王屋山（《太平广记》卷六十四）；李华：济源山庄（《太平广记》卷三百七十二）；王洙：邹鲁间名山（《太平广记》卷四百九十）。
		阳城（中条山）	《旧唐书》卷一百九十二云："家贫不能得书，乃求为集贤写书吏，窃官书读之，昼夜不出房，经六年，乃无所不通。既而隐于中条山，远近慕其德行，多从之学。"	
		姚氏三子（中条山）	《太平广记》卷六十五云："唐御史姚生，罢官，居于蒲之左邑。有子一人、外甥二人，各一姓，年皆及壮，而顽驽不肖。姚之子稍长于二生。姚惜其不学，日以诲责，而怠游不悛。遂于条山之阳，结茅以居之，冀绝外事，得专艺学。"	
		崔信明（太行山）	《旧唐书·文苑传》上云："遂逾城而遁，隐于太行山。贞观六年，应诏举，授兴世丞。"	
		徐彦伯（太行山）	《新唐书》卷一百一十四云："七岁能为文。结庐太行山下。薛元超安抚河北，表其贤，对策高第。"	
		光化寺客（徂徕山）	《太平广记》卷四百一十七云："兖州徂徕山寺曰光化，客有习儒业者，坚志栖焉。"	
		苏源明（泰山）	杜甫《八哀诗》云："武功少也孤，徒步客徐兖。读书东岳中，十载考坟典。"	

续　表

序号	隐读地点	隐读者	文　献　出　处	补　充
4	江州、荆楚地区	李渤（庐山）	《新唐书》卷一百一十八云："渤耻之，不肯仕，刻志于学，与仲兄涉偕隐庐山。"	张璪：庐山（《北梦琐言》卷一十二）；李涉：庐山（《唐才子传》卷五）；"山中四友"杨衡、符载、窦群、李渤：庐山五老峰下（《唐才子传》卷五）；欧阳询、欧阳通：临湘书堂寺（《嘉庆长沙县志》卷二十四《寺观·书堂寺》）；卢肇读书台：江州丰城（《同治清江县志》卷二《疆域志下·寺观》"石溪龙居院"）；李白、皮日休：江夏头陀寺（《同治江夏县志》卷二《疆土·古迹》"头陀寺"）；韦寅：衡山承天禅寺（《南岳总胜集》，《大正新修大藏经》第二千零九十七卷）。
		刘轲（庐山）	刘轲《上座主书》云："贞元中，轲仅能执经从师。元和初，方结庐于庐山之阳，日有芟黄畚筑之役。虽震风凌雨，亦不废力火耨。或农圃徐隙，积书窗下，日与古人磨砻前心。岁月悠久，浸成书癖。故有《三传指要》十五卷，《十三代名臣议》十卷，《翼孟子》三卷。"	
		伍乔（庐山）	《唐才子传》卷七云："少隐居庐山读书，工为诗，与杜牧之同时擢第。"	
		杨收（庐山）	《北梦琐言》卷十二云："收相少年于庐山修业，一日，寻幽至深隐之地……收持疑，坚进取之心，忽遣人之语。"	
		李端（庐山）	《唐才子传》卷四云："端，赵州人，嘉佑之侄也。少时居庐山，依皎然读书……大历五年李搏榜进士及第，授秘书省校书郎。以清羸多病，辞官，居终南山草堂寺。……移家来隐衡山，自号衡岳幽人。弹琴读《易》，登高望远，神意泊然。"	
		李泌（衡山）	《太平广记》卷三十八云："泌尝读书衡岳寺。"	
		李宽中（石鼓山）	吕温《同恭夏日题寻真观李宽中秀才书院》云："愿君此地攻文字，如炼仙家九转丹。"	

序号	隐读地点	隐读者	文献出处	补充
5	淮扬地区	许棠（九华山）	《九华山志》卷六云："(许棠)字文化,登咸通十三年进士,为泾县尉。后避世乱,归隐九华。时与张乔、俞坦之、剧燕、任涛、张蟾、郑谷、李栖远、李昌符辈,谓之'诗中十哲'。"	许棠、张乔、张蟾、周繇、顾云、杜荀鹤、殷文圭、罗隐、郑谷皆曾隐读九华山,其中许棠、张乔、张蟾、周繇又称"九华四俊";李蕃隐读扬州(《旧唐书》卷一百四十八)。
		张乔（九华山）	《唐才子传》卷十云："张乔隐居九华山,池州人也。有高致,十年不窥园以苦学。诗句清雅,迥少其伦。"	
		顾云（九华山）	《九华山志》卷六云："(顾云)字垂象,池州人。风韵详整,与杜荀鹤、殷文圭相友善,同肄业九华。咸通中,登第,为高骈淮南从事。师度之乱,退处旧隐,杜门著书。"	
		吕温、薛大信（广陵灵岩寺）	吕温《送薛大信归临晋序》云："大信与予最旧,始以孝弟馀力,皆学于广陵之灵岩寺,云卷其身,讨论数岁。"(《全唐文》卷六百二十八)	
		王绍宗（扬州）	《旧唐书》卷一百八十九云："少勤学,遍览经史,尤工草隶。家贫……寓居寺中,以清净自守,垂三十年。"	
		王播（惠昭寺）	《唐诗纪事》卷四十五云："王播少孤贫,尝客扬州惠昭寺木兰院,随僧斋餐。"	
		罗珦（福泉寺）	《鉴戒录》卷八《衣锦归》云："(罗珦)常投福泉寺僧房寄足,每旦随僧一食,学业而已。"	

续　表

序号	隐读地点	隐读者	文献出处	补充
6	蜀中、闽蒲及岭南地区	陈子昂（金华山）	《唐才子传》卷一云："初，年十八时，未知书，以富家子，任侠尚气弋博，后入乡校感悔，即于州东南金华山观读书，痛自修饬，精穷坟典，耽爱黄、老、《易象》。"	福建莆阳莆山为中晚唐隐读的集中之地，如贞元年间林藻、季蕴、欧阳詹及大中年间陈蕴、黄楷、欧阳碣、黄滔皆隐读于此（黄滔《莆山灵岩寺碑铭》，《全唐文》卷八百二十五）。
		符载、杨衡、宋济（青城山）	《北梦琐言》卷五云："唐武都符载，字厚之，本蜀人，有奇才。始与杨衡、宋济栖青城山以习业，杨衡擢进士第，宋济先死无成，唯符公以王霸自许，耻于常调怀会之望。"	
		司门仲陵（峨眉山）	权德舆《尚书司门员外郎仲君墓志铭（并序）》云："君卯岁好古学，与同门生肄业于峨眉山下，采撷前载可以为文章枢要者，绅绎区别，凡数十万言。大历十三年举进士甲科。"	
		段文昌（龙华山）	《唐诗纪事》卷五十云其"尝杜门力学于此，俗谓之段公读书台"。	
		陈峤（莆山）	黄滔《司直陈公墓志铭》云："讳峤字延封，龆龀好学，弱冠能文。与高阳许龟图、江夏黄彦修居莆之北岩精舍，五年而二子西去，复居北平山。两地穴管宁之榻，十霜索随氏之珠。"	
		毛炳（南台山）	《南唐书》卷十五云："（毛炳）后聚生徒数十，讲诵于南台山。"	
		杨环（罗浮山）	《罗浮山志会编》卷六《隐逸》云："杨环，南海人。力学工诗，隐居罗浮。咸通末进士。"	

序号	隐读地点	隐读者	文　献　出　处	补　充
7	两浙地区	李绅（慧山）	李濬《慧山寺家山记》云："（李绅）肄业于慧山寺，始年十五六。"	顾非熊：句容茅山（项思《送顾非熊及第归茅山》）；郭全：灵山（顾况《送郭全归灵山读书诗》）；裴秀才：会稽山（皎然《送裴秀才往会稽山读书》）；沈秀才：石门山（皎然《同明府章送沈秀才还石门山读书》）；四明山书生：施肩吾《寄四明山子》云："高栖只在千峰里，尘世望君那得知。长忆去年风雨夜，向君窗下听猿时。"（《全唐诗》卷四百九十四）
		李骘（惠山）	李骘《题惠山寺诗序》云："肄业于惠山寺。居三岁，其所讽念：《左氏春秋》、《诗》、《易》及司马迁、班固《史》、屈原《离骚》、庄周、《韩非》书记，及著歌诗数百篇。其诗凡言山中事者，悉记之于屋壁，文则不载。"	
		李频（睦州西山）	《新唐书》卷二百零三云："李频字德新，睦州寿昌人。少秀悟，逮长，庐西山，多所记览。其属辞于诗尤长。"	
		齐抗（会稽剡中）	《旧唐书》卷一百三十六云："抗少隐会稽剡中读书，为文长于笺奏。"	
		许寂（四明山）	《太平广记》卷一百九十六云："蜀许寂少年栖四明山，学《易》于晋征君。"	
		李元平（东阳山）	《太平广记》卷一百一十二云："大历五年，客于东阳寺中，读书岁馀。"	
		赵璘（会稽昌安寺）	赵璘《书戒珠寺》云："余长庆中始冠，将为进士生，寓此肄业，时怀表己名字众人中。"（《全唐文》卷七百九十一）	

据上述表格统计可知，唐代的隐读山林，多汇聚于名山，如京畿、都畿一带的终南山、华山、嵩山等地，因靠近两京，为文士所聚

集，"放利之徒，假隐自名，以诡禄仕，肩相摩于道，至号终南、嵩少为仕途捷径"①。而南方则以庐山、九华山、衡山等地为胜。究其原因在于它们靠近繁华之地，交通便捷。严耕望先生认为："综观此诸区域：嵩山、终南、中条、华岳在河渭两岸，逼近两都。庐山当东西南北水道交通之枢纽。衡山为自昔名岳，亦当南北交通要道。罗浮山则在昔人文蔚盛之中心地带。青城山则邻近接西南军政经济文化中心之成都。扬州尤为中叶以后东南水陆交通之最大中心，亦为当时中国第一大商业都市。"②下面我们以庐山为例作进一步分析。

李群玉《劝人庐山读书》云："怜君少隽利如锋，气爽神清刻骨聪。片玉若磨唯转莹，莫辞云水入庐峰。"③庐阜招提，隐读者众多，其中著名的隐读者有李渤、李涉、刘轲、伍乔、符载、杨衡等。与其他隐读的名山相比，匡庐作为隐逸的渊薮吸引着大量的文人士子来此结庐隐读，其主要原因有以下几个方面：

其一，东晋南北朝时期，江州隐逸文化底蕴深厚，"翟家四世"、"浔阳三隐"的遗风一直为唐代文人所仰慕，而慧远十八贤的"莲社"及陆修静、王羲之等人的高风亮节也深深地影响到唐代文士的隐读。正如白居易《访陶公旧宅诗并序》所云："予凤慕陶渊明为人，往岁渭川闲居，尝有《效陶体诗》十六首，今游庐山，经柴桑，过栗里，思其人，访其宅，不能默默，又题其诗云。"又韦应物《题从侄成绪西林精舍书斋》云："栖身齿多暮，息心君独少。慕谢始精文，依僧欲观妙。"④士子瞻仰和凭吊历代遗址时，都会产生情感的认同，如"愿守黍稷税，归耕东山田"（刘眘虚《浔阳陶氏别业》）；"空悲

---

① 《新唐书》卷一百九十六《隐遗传》。
② 严耕望《唐人习业山林寺院之风尚》，《唐史研究丛稿》，香港新亚研究所编，1969年版，第414页。
③ 《全唐诗》卷五百七十。
④ 《全唐诗》卷一百九十二。

虎溪月，不见雁门僧"（灵澈《远公墓》）；"紫霄峰下草堂仙，千载空遗石磬悬"（张祜《简寂观》）。浮屠名刹，宫观旧宅，庐山凭借其丰厚的文化沉淀成了唐代文士的隐读重镇。

其二，浓厚的宗教氛围与多元的文化交融，也吸引着士子来此肄业。随着经济、文化中心的南移，庐山成了一个重要的文化、宗教活动中心。唐时庐山的道教兴盛，有简寂观、白鹤观、广福观及太平宫等道观，隐读者与道士也多有来往，如"山中四友"符载、杨衡、李群、李渤与黄洞元交往，服膺其神仙生长之术。顺宗永贞元年，李渤复至庐山，作《真系》并《梁茅山贞白先生传》等。五代时，杨徽之、孟贯等隐读庐山，与道士谭峭相酬唱。佛教方面，唐五代时期是庐山佛教最为鼎盛的时期，其中西林、东林、大林，称为"三大名寺"，归宗、栖贤、开先、圆通，称为"四大丛林"。大小寺院达百余所。南宗更是极盛一时，道一祖师慧能，于洪州创业，提倡"自心是佛"、"随处任真"等禅理体悟方式，曾于庐山大力弘法，其弟子智常驻锡栖贤、归宗等禅院，与李渤、白居易等皆有交往。元和十二年夏，白居易又与东林、西林两寺僧朗、满、悔等结为诗社，其《游大林寺序》云："余与河南元集虚、范阳张允中、南阳张深之、广平宋郁、安定梁必复、范阳张时、大东寺沙门法演、智满、士坚、利辩、道深、道建、神照、云皋、息慈、寂然凡十七人，自遗爱草堂历东、西二林，抵化城，憩峰顶，登香炉峰，宿大林寺。"这种大规模的诗社创作，对苦吟诗赋的隐读士子来说，是具有很大的吸引力的。另外，文人士子也有居寺院从僧肄业的，如陆元浩《仙居洞安禅院记》云："永安院者，唐乾宁中高僧如义卜焉。结茆单楼，屡更寒燠。尝有庞眉之叟，不知何许而来。四望岩峦，三兴嘉叹。曰'斯之胜地，后必聚徒'……仙居禅宇，自是聿兴。参学之流，远迩辐凑。鄙其旧制，易创新基。芟辟荒芜，缔建精舍。祛彼茆茨之陋，俨其鸳瓦之容。回廊掩正殿香厨，虚槛枕法堂僧室。洞源深处……师又运四无量心，行四摄法事。以诗礼而接儒俗，以衣食而求孤恫。来者安之,终者葬之。其问羁旅书生,咸成事业。告行之日,复遗资粮。登禄仕者甚多,荣朱紫者不一。"①

南唐升元四年,李璟在白鹿洞建国学,江南士子多来此肄业,"浔阳庐山,学舍甚盛,四方髦俊,辐辏其间"②。受此影响,许多士子也隐居匡庐,读书求仕,如保大中,谭峭遁居庐山习隐洞,学者有百余人之多。又陈贶、江为、刘洞、夏宝松等均隐读于此,后皆参加科考并入仕。

其三,庐山北临浔阳,东傍鄱阳湖,横则可以达淮泗、通川滇,纵则可以接闽粤,往北可以上荆襄,直抵长安。中唐时,藩镇割据,中原地带满目疮痍。《旧唐书·地理志》卷三十九云:"自至德以后,中原多故,襄邓百姓,两京衣冠尽投江湘,故荆南井邑十倍其初。"建中元年,李希烈叛乱,攻陷汝州,扼断汴河水路及邓州南路。江南供奉及商旅只得溯江而上,经荆襄,然后北折,才能抵达两京地区,江州自然成了水陆交通的中心。而一些文人士子往往以庐山为其活动中心,进则左右逢源,退则隐居求名。如前文所提及的"山中四友"中的符载则是其典型的代表人物。

其四,匡庐景色奇秀,甲天下山,"中流见匡阜,势压九江雄"(孟浩然《彭蠡湖中望庐山》);"今古长如白练飞,一条界破青山色"(徐凝《庐山瀑布》)。桑乔《庐山纪事》卷一中云:"山无主峰,横溃四出,茏茏寥寥,各为尊高,不相揖供,异于武当、太华诸明岳。"③这些断崖峭壁、飞泉幽谷,以及山间盆地、封巅湖池,衬以万里长江,千顷鄱阳,构成了庐山瑰丽多姿的绝胜景观,也自然吸引文人来此隐居读书。

此外,唐人隐读山林,还有一定的教学色彩。如开元初,卢鸿

---

① 《全唐文》卷八百六十九。

② 杨亿《武夷新集》卷十一《杨公(徽之)行状》。

③ 桑乔《庐山纪事》,《四库全书存目丛刊》本,齐鲁书社,1996年版。

隐居嵩山,广学庐,聚徒五百人①。颜真卿在福山寺时,也授徒,其《泛爱寺重修记》云:"予未仕时,读书讲学,恒在福山,邑之寺有类福山者,无有无予迹也。始偦居,则凡海印、万福、天宁诸寺,无有无予迹者。既仕于昆,时授徒于东寺,待客于西寺。"②五代进士庞士也在嵩阳观教授生徒③。此外,南唐时,庐山隐读的江为、刘洞,奉陈贶为师,夏宝松则师承江为,如:

> 处士陈贶者,闽中人。少孤贫好学,出游庐山刻苦进修,诗书蓄数千卷,有诗名闻于四方。慵于取仕,宇于山麓,岁时伏腊,庆吊人事,都未暂住,时辈多师之。……有诗数百首,骨务强鲠,超出常态,颇有浪仙之致,脍炙人口。(《江南野史》卷六)

> 江为……游庐山白鹿洞,师事处士陈贶,居二十年,有风人之体。(马令《南唐书》卷十四)

> 刘洞,庐陵人也。少游庐山,学诗于陈贶,精思不懈,至浃日不盥。……诗长于五言,自号"五言金城"。(马令《南唐书》卷十四)

> 夏宝松,庐陵吉阳人也。少学诗于建阳江为。……与处数年,终就其业,与诗人刘洞俱显名于当世。(马令《南唐书》卷十四)

这种相互传习的教学方式,虽然略显松散,但却扩大了教育的范围,特别是在教育日益衰微的晚唐五代时期,聚学山林的教学模式成了官学的重要补充。

---

① 《新唐书》卷一百九十六《隐遗传》。
② 《全唐文》卷三百三十七。
③ 《北梦琐言》卷九。

二、文人寄寺修学与创作

唐代佛教鼎盛,寺院众多,"有寺山皆遍"(张籍《送朱庆馀及第归越》),寺院的山水形胜对文士有着巨大的吸引力。如梁肃《游云门寺诗序》云:"先会一日,沙门释去喧命我友,相与探玉笥,上会稽,然后溯若耶,过凤林而南。意欲脱人世之羁鞅,穷林泉之遐奥。于是舍舟清澜,反策间原;递杳霭而历岖嵚,入深翠以泛回环,遂至于云门。观其群山叠翠,秦望拔起;五峰巉巉,列壑沈沈,上摩碧落,旁涌金界。其下则百泉会流,蓄为澄潭,涵虚镜彻,激濑玉漱。泠泠之声,与地籁唱和,不待笙磬,而五音迭作。"①又李白《送通禅师还南陵隐静寺》也云:"我闻隐静寺,山水多奇踪。岩种朗公橘,门深杯渡松。道人制猛虎,振锡还孤峰。他日南陵下,相期谷口逢。"这些山水奇观、禅房花木的幽谧宜人风景,不仅是持戒安禅的宗教场所,也体现出中国传统文化中崇尚自然的审美情趣。寓居于此的文人,自然可以息心揽胜,濯洗掉世俗的尘土与烦恼。

其次,佛寺之中富有庋藏,除了释门经典之外,也有外家典籍,白居易《东林寺经藏西廊记》中曾赞许东林寺藏经廊云:"一切经典,尽在于内,盖释宫之天禄石渠。"②另外敦煌寺院中也有大量的儒家古籍抄本,如《古文尚书》(P. 2643)、《礼记郑玄注》(S. 575)、《周易王弼注》(P. 2530)、《春秋穀梁传范宁集解》(P. 2590)、《汉书·萧望之传》(P. 2485)等。除了经史著作外,寺院中也有一些文人的诗集,如庐山东林寺、苏州南禅寺、东都圣善寺皆藏有白居易的诗集③。此外,一些高僧佛儒兼修,不仅熟精佛理要义,还擅长

① 《全唐文》卷五百一十八。

② 《全唐文》卷六百七十六。

③ 白居易《白氏长庆集后序》,《全唐文》卷六百七十五。

儒学,如:

> 有僧甚高洁,好事因说其先师,名彦范,姓刘,虽为沙门,早究儒学,邑人呼为刘九经。颜鲁公、韩晋公、刘忠州、穆监宁、独孤常州皆与之善,各执经受业者数十人①。

> 僧守亮,受业上元古瓦官寺,学行无所闻,而好言《周易》中象象……及与论《易》道,亮乃分条析理,出没幽赜,凡欲质疑,亮乃敷衍出人意表②。

有的佛寺甚至还有学院、义学,如《北梦琐言·逸文》卷二《蜀王先主礼僧》载云:"西域僧至蜀,蜀人瞻敬,如见释迦,舍于大慈三学院。"另裴休视事之余,游践太原、凤翔僧寺,多与义学僧讲求佛理③。又遂州有义学院,大阐儒风,宗密从果州至此受业长达二年④。佛教文化深厚,许多文人也深受释教的影响,有的还皈依佛门。如王维,开元十七年便从大荐福寺道光禅师学顿教,白居易与道一弟子章敬怀晖、兴善惟宽、佛光如满等人深有交往。裴休留心释氏,精于禅律,师圭峰密禅师,得达摩顿门⑤。同样,佛门释徒与文人交往中,耳濡目染,也有擅长诗文创作的,如灵一、皎然、广宣、齐己、贯休等,"背笈簏,怀笔牍,挟海溯江,独行山水间。翛翛然模状物态,搜伺隐隙,登高远望,凄怆超忽,游其心以求胜语,若有程督之者,则已被缁艾,茹藊芹,志终其身"⑥。他们与文人群游之时,多有联唱之举。如浙西诗会时,皎然与陆士修、杨巨川、陆羽、

---

① 《因话录》卷四。
② 《金华子杂编》卷下。
③ 《旧唐书》卷一百七十七《裴休传》。
④ 《圆觉经大疏钞》卷一下。
⑤ 《北梦琐言》卷六。
⑥ 柳宗元《送文郁师序》,《全唐文》卷五百七十九。

顾况联唱,有《建安寺西院喜王郎中遭恩命除至联句(时郎中正入西方道场)》、《建安寺夜会对雨怀皇甫侍御曾联句》等。另外,皮日休、陆龟蒙等游赏寺院时,也有联句,如《北禅院避暑联句》、《寂上人院联句》、《开元寺楼看雨联句》、《报恩寺南池联句》等。可见,佛门圣地也是诗文创作的佳地,隐读山林寺观的士子也多课诗文,如能参与诗文集会的集体创作,对他们而言,无疑是一次提高诗歌创作技巧或立身扬名的机会。

再者,佛陀寺院,依山傍水,风景秀丽,一些名公显宦或地方官员皆喜欢在寺院旁修建亭台楼阁,以便闲暇之游。如白居易在灵隐寺山下建冷泉亭①,柳宗元在永州法华寺西侧修西亭②,颜真卿于妙喜寺中建三癸亭等③。若夏日苦热,他们还会在寺院里避暑纳凉:

> 支公好闲寂,庭宇爱林篁。幽旷无烦暑,恬和不可量。蕙风清水殿,荷气杂天香。明月谈空坐,怡然道术忘。(严维《僧房避暑》)

> 追凉寻宝刹,畏日望璇题。卧草同鸳侣,临池似虎溪。树闲人迹外,山晚鸟行西。若问无心法,莲花隔淤泥。(李端《同苗发慈恩寺避暑》)

> 火入天地炉,南方正何剧。四郊长云红,六合太阳赤。赫赫沸泉壑,焰焰焦砂石。思减祝融权,期匡诸子宅。因投竹林寺,一问青莲客。心空得清凉,理证等喧寂。开襟天籁回,步履雨花积。微风动珠帘,蕙气入瑶席。境闲性方谧,尘远趣皆适。淹驾殊未还,朱栏敞虚碧。(杨巨源《夏日苦热同长孙主

---

① 白居易《冷泉亭记》,《全唐文》卷六百七十六。
② 柳宗元《永州法华寺新作西亭记》,《全唐文》卷五百八十一。
③ 皎然《奉和颜使君真卿与陆处士羽登妙喜寺三癸亭》,《全唐诗》卷八百一十七。

簿过仁寿寺纳凉》)

有时寺僧尚有香茶迎待。如刘禹锡《西山兰若试茶歌》云：

> 山僧后檐茶数丛，春来映竹抽新茸。宛然为客振衣起，自
> 傍芳丛摘鹰觜。斯须炒成满室香，便酌砌下金沙水。骤雨松
> 声入鼎来，白云满碗花徘徊。悠扬喷鼻宿醒散，清峭彻骨烦襟
> 开。阳崖阴岭各殊气，未若竹下莓苔地。炎帝虽尝未解煎，桐
> 君有篆那知味。新芽连拳半未舒，自摘至煎俄顷馀。木兰沾
> 露香微似，瑶草临波色不如。僧言灵味宜幽寂，采采翘英为嘉
> 客。不辞缄封寄郡斋，砖井铜炉损标格。何况蒙山顾渚春，白
> 泥赤印走风尘。欲知花乳清泠味，须是眠云跂石人。

此外，武元衡《津梁寺采新茶与幕中诸公遍赏芳香尤异因题四
韵兼呈陆郎中》、《资圣寺贲法师晚春茶会》、李嘉祐《秋晓招隐寺东
峰茶宴送内弟阎伯均归江州》及刘长卿《惠福寺与陈留诸官茶会
(得西字)》等诗中皆详细记载了僧俗之间的品茗饮茶、诗文雅集之
事。因此，寺院虽是宗教礼佛的场所，但从文化属性来看，更像开
放的文化沙龙，可以容纳各个文化阶层，并为他们的交流创造条
件，提供平台。那些在寺院里功课诗赋的隐读文士，也往往能结交
到这些显要之士，并得到认可举荐。譬如刘轲隐读匡庐时，结识了
白居易，后白居易曾为之作《代书》一封，将其举荐于洛阳同僚：

> 庐山自陶、谢洎十八贤已还，儒风绵绵，相续不绝。贞元
> 初，有符载、杨衡辈隐焉，亦出为文人。今其读书属文，结草庐
> 于岩谷间者，犹一二十人。即其中秀出者，有彭城人刘轲。轲
> 开卷慕孟子为人，轲秉笔慕扬雄、司马迁为文，故著《翼孟》三
> 卷、《豢龙子》十卷、杂文百馀篇，而圣人之旨，作者之风，虽未

臻极,往往而得。予佐浔阳郡三年,轲每著文,辄来示予。予知轲志不息,异日必能跨符、杨而攀陶、谢。轲一旦尽赍所著书及所为文,访予告行,欲举进士。予方沦落江海,不足以发轲事业,又羸病无心力,不能遍致书于台省故人,因援纸引笔,写胸中事授轲。且曰:子到长安,持此札为予谒集贤庾三十二补阙、翰林杜十四拾遗、金部元八员外、监察牛二侍御、秘书萧正字、蓝田杨主簿兄弟,彼七八君子,皆予文友,以予愚直,尝信其言,苟于今不我欺,则子之道庶几光明矣。又欲使平生故人知我形体已悴,志气已惫,独好善喜才之心未死。去矣,持此代书。三月三日乐天白。(《全唐文》卷六百七十七)

刘轲,郡望彭城,沛县人,曾徙家韶州。据其《与马植书》的记载可知早年漫游江浙时,曾师从寿春杨生,“杨生以传书为道者也。始则三代圣王死,而其道尽留于《春秋》,《春秋》之道,某以不下床而求之,求之必谋吾所传不失其指。每问一卷,讲一经,说一传,疑周公、孔子、左丘明、公羊高、穀梁赤,若回环在座,以假生之口以达其心也。迤来数年,精力刻竭,希金口木舌,将以卒其业”①。元和初,隐读于匡庐,师从隐士茅君,“匡庐有隐士茅君,腹笥古今史,且能言其工拙赘蠹,语经之文、圣人之语,历历如指掌,予又从而明之者”②。并撰有《三传指要》十五卷,《汉书右史》十卷,《黄中通理》三卷,《翼孟》三卷,《隋监》一卷,《三禅五革》一卷。隐读期间,刘氏与寺僧多有交往,如元和十年,东林寺具寿大师去世,曾作《庐山东林寺故临坛大德塔铭(并序)》以纪之,此外,尚有《智满律师塔铭》、《庐山黄石岩院记》皆作于此时。元和十年至十四年,白居易贬居江州,多次游庐山,“曾在庐峰下,书堂对药台”(《题别遗爱草堂》),

① 《全唐文》卷七百四十二。
② 《全唐文》卷七百四十二。

十二年,与寺僧法演、智满、道深、神照及云皋等十七人游大林寺,后又与朗、满、悔等僧人结为诗社,其中道深、云皋是具寿大师的门人,与刘轲甚熟。因此,刘轲结交白居易也在情理之中。白居易《代书》中提及的庾三十二是庾敬休,杜十四是杜远颖,元八是元宗简,牛二是牛僧孺,杨主簿兄弟为杨虞卿、杨汝士。这些人在当时虽非朝中显宦重臣,但也有相当的声誉地位,有他们的举荐,刘轲的科举之路自然是青云直上。所以次年(元和十三年)刘轲的进士及第也是意料之中了,在呈献给知贡举庾承宣的《上座主书》中,刘轲也自言:"元和初,方结庐于庐山之阳,日有芟黄畚筑之役。虽震风凌雨,亦不废力火耨。或农圃馀隙,积书窗下,日与古人磨砻前心。岁月悠久,浸成书癖。故有《三传指要》十五卷,《十三代名臣议》十卷,《翼孟子》三卷。虽不能传于时,其于两曜无私之烛,不为堕弃矣。流光自急,孤然一生。一日从友生计,裹足而西。"①其中"一日从友生计",显得委婉含蓄,应是指白居易吧。

综言之,唐代寺院林立,佛教文化发达,文人士子隐读寺院,既能修心养性,温习科试,又能交游达官名士,这也应算是一条终南捷径。

唐代文人寄寺修学以备科考,其习业多以儒经为主,吕温《送薛大信归临晋序》云:"大信与予最旧,始以孝弟馀力,皆学于广陵之灵岩寺,云卷其身,讨论数岁。常见大信述作,必根乎六经,取《礼》之简,《乐》之易,《诗》之比兴,《书》之典刑,《春秋》之褒贬,《易》之变化,错落混合,峥嵘特立。"②此外也有其他一些诗文典籍,如李翱《题惠山寺诗序》:"居三岁,其所讽念《左氏春秋》、《诗》、《易》及司马迁、班固史、屈原《离骚》、庄周、韩非书记及著歌诗数百篇。"③习业之余,这些士子也有大量的诗文创作,"读书林下寺,不

---

① 《全唐文》卷七百四十二。
② 《全唐文》卷六百二十八。
③ 《全唐文》卷七百二十四。

出动经年。……年少今头白，删诗到几篇"（于鹄《题宇文裔山寺读书院》）。又《全唐诗话》卷六《周朴》云："朴，唐末诗人，寓于闽中僧寺……性喜吟诗，尤尚苦涩，每遇景物，搜奇抉思，日旰忘返，苟得一联一句，则欣然自快。"

寄宿寺院，与佛陀为伍，文士的诗文创作自然受到了禅林哲理的影响，《唐才子传·李端》云："少时居庐山，依皎然读书，意况清虚，酷慕禅侣。……自号衡岳幽人。弹琴读《易》，登高望远，神意泊然。……'诗更高雅，于才子中名响铮铮。'"他们的隐逸诗风，多表现出对参禅礼佛的向往与体认，如：

> 身未立间终日苦，身当立后几年荣。万般不及僧无事，共水将山过一生。（杜荀鹤《题道林寺》）
>
> 云山已老应长在，岁月如波只暗流。唯有禅居离尘俗，了无荣辱挂心头。（杜荀鹤《题开元寺门阁》）
>
> 一径穿缘应就郭，千花掩映似无溪。是非生死多忧恼，此日蒙师为破迷。（方干《书法华寺上方禅壁》）
>
> 庐阜东林寺，良游耻未曾。半生随计吏，一日对禅僧。泉远携茶看，峰高结伴登。迷津出门是，子细问三乘。（黄滔《题东林寺元祐上人院》）

这些充满禅思的隐逸诗作，一方面是隐读士子生活环境与生活情调的真实体现，另一方面，也表明了文人躲避现实，企图在禅悦的境界里追寻身世两忘的自我超脱。受此影响，他们诗文中的其他闲适类题材也同样有着宁静淡远的韵味与萧散的风神。当然，文人的隐读创作，也并非全部都表现禅林之趣的，有的也同样寄予着对仕途科第的向往与功名的渴望。如伍乔《闻杜牧赴阙》云："旧隐匡庐一草堂，今闻携策谒吾皇。"又《送江少府授延陵后寄》云："五老云中勤学者，遇时能不困风尘。束书西上谒明主，捧橄南归慰老亲。"刘禹锡《送曹璩归越中旧隐诗》也云:"数间茅屋闲临水,一盏秋灯夜读书。地远何当随计吏,策成终自诣公车。"但求仕不就时,他们也会流露出时不我待的深深忧虑,如罗隐《所思》中曾言:"西上青云未有期,东归沧海一何迟。"

　　文人隐读寺院时,还曾题诗寺壁,留下了大量的题壁诗歌。唐人的题壁之举,多是有感而发,如"杨文公罢处州,过饶州余干县,登干越亭,前瞰琵琶洲,后枕思禅寺,天下绝境,古今留题百馀篇"①。后张祜、刘长卿皆有附和之作。在公共场所的题诗创作,也能为诗人赢得声誉,"长安慈恩寺浮图起开元。至大和之岁,举子前名登游题纪者众矣。文宗朝,元稹、白居易、刘禹锡唱和千百首,传于京师,诵者称美。凡所至寺观台阁林亭,或歌或咏之处,向来名公诗板潜自撤之,盖有愧于数公之咏也。会元白因传香于慈恩寺塔下,忽睹章先辈(八元)所留之句,命僧拂去埃尘。二公移时吟味,尽日不厌,悉令除去诸家之诗,唯留章公一首而已。"②又张祜性爱山水,多游名寺,如杭州灵隐寺、天竺寺,苏州灵岩寺、楞伽寺,润州甘露寺、招隐寺等,皆题咏唱和,《韵语阳秋》卷四称之云:"张祜喜游山而多苦吟,凡历僧寺,往往题咏……信知僧房佛寺,赖其诗以标榜者多矣。"有的诗人也能凭一二首题诗而名噪一时,典型的例子莫过于若耶女子的一首《题三乡驿》,竟然引起当时文士十一人同题附和③。

　　唐人隐读寺院之时,也有题诗之举,一般会题于树叶、竹林、树

————————

　　①　《诗话总龟》卷十五《留题门》,引自《谈苑》,人民文学出版社,1998年版,第174页。

　　②　《鉴戒录》卷八。

　　③　若耶女子诗云:"昔逐良人西入关,良人身殁妾空还。谢娘卫女不相待,为雨为云过此山。"陆贞洞、王祝、刘谷、王条、李昌邺、王硕、李缟、张绮、高衢、韦冰、贾驰等皆有和诗。见《云溪友议》卷中《三乡略》。

林、石头、门梁、佛房等①,这些题诗,一般皆描述寺院禅房的清幽景色,如张乔隐读九华山时,曾有《题诠律师院》诗:"院凉松雨声,相对有山情。未许溪边老,犹思岳顶行。纱灯留火细,石井灌瓶清。欲问吾师外,何人得此生。"又李洞读书西明山时,作《题西明寺攻文僧林复上人房》:"谁寄湘南信,阴窗砚起津。烧痕碑入集,海角寺留真。楼憩长空鸟,钟惊半阙人。御沟圆月会,似在草堂身。"而当科举及第、仕途畅达后,他们旧地重游,也会题诗寺院以展现猎取功名之后得意的心态,如王播回到以前隐读的扬州惠照寺木兰院,见其旧日题诗皆以碧纱笼罩,便又题诗云:"上堂已了各西东,惭愧阇黎饭后钟。三十年来尘扑面,如今始得碧纱笼。"②又罗珦也曾题诗福泉寺云:"二十年前此布衣,鹿鸣西上虎符归。行时宾从过前事,到处杉松长旧围。"③

总之,佛教寺院为隐读的文人提供了诗文创作的场所,受禅林隐逸之风的影响,他们的创作主题多以隐居、禅悦为主,在林泉雅事之中追求淡泊萧散的情趣。此外,寺院题诗、联体唱和,也是文人赢取声誉、实现自我价值的途径之一。

第三节 隐读修业与唐人小说

唐人小说,内容驳杂,举凡地理风俗、志怪琐闻皆有记述。若就题材而言,多以爱情、侠义、神怪、宗教以及商贾等类型为主。近些年来,研究者不仅深入分析了唐人小说的创作技法、叙述模式、文本理念等艺术成就,还多层次、多角度地探讨唐人小说与市民意识、时代趣味以及文化信仰等因素之间的关系。本书在前人研究

① 参见戴军《唐代寺院题诗与寺院学习之风》,《中国典籍与文化》,2004 年,第 2 期。

② 《唐诗纪事》卷四十五《王播》。

③ 《鉴戒录》卷八《衣锦归》。

基础之上,以小说中文士的隐居修业为切入点来探讨隐读文化的发生机制。

一、美色际遇:文人的异类恋情

婚恋内容是唐人小说的重要主题之一,其中关于文人异类恋情的描述,也占了很大的比例。洪迈《容斋随笔》卷十五《唐诗人有名不显者》云:"大率唐人多工诗,虽小说戏剧,鬼物假托,莫不婉转有思致,不必颛门名家而后可称也。"士子隐读山林寺观,寂寞难耐,青春苦闷,唐代文人往往会据此虚拟出鬼神之恋或美色际遇。当然,这一方面是唐人对婚姻自由的向往,另一方面,也是文士生活乃至社会风气的间接反映。

有关文士隐读时的异类恋情,我们可以分成两大类:一类为人神(仙)之恋。如《博异志·杨真伯》载:

> 弘农杨真伯,幼有文,性耽玩书史,以至忘寝食。父母不能禁止,时或夺其脂烛,匿其诗书,真伯颇以为患,遂逃过洪、饶间,于精舍空院肄习半年余。中秋夜,习读次,可二更已来,忽有人扣学窗牖间,真伯淫于典籍,不知也。……真伯殊不应,青衣自反。三更后,闻户外珩璜环珮之声,异香芳馥,俄而青衣报:"女郎且至。"年可二八,冠碧云凤翼冠,衣紫云霞日月衣,精光射人。逡巡就坐,真伯殊不顾问一言。久之,于真伯案取砚,青衣荐笺,女郎书札数行,腆然而去。真伯因起,乃视其所留诗曰:"君子竟执逆,无由达诚素。明月海上山,秋风独归去。"其后亦不知女郎是何人也。岂非洞庭诸仙乎?观其诗思,岂人间之言欤!

又《续玄怪录·张庚》载:

　　张庾举进士,元和十二年,居长安升道里南街。十一月八日夜,仆夫他宿,独庾在月下。忽闻异香氛馥,惊惶之次,俄闻行步之声渐近。庾屣履听之,数青衣年十八九,艳美无敌,推开庾门,曰:"步月逐胜,不必乐游原,只此院小台藤架,可以乐矣。"遂引少女七八人,容色皆艳,绝代莫比,衣服华丽,首饰珍光,宛若公王节制家。庾侧身走入堂前,垂帘望之。诸女徐行,直诣藤下。须臾,陈设华丽,床榻并列,雕盘玉樽,杯杓皆奇物。八人环坐,青衣执乐者十人,执板立者二人,左右侍立者十人。……转观之次,忽堕地,遂不复见。庾明年春进士上第焉。

　　此类美色际遇中的仙子,大多为容貌美艳,主动向男子表白情意。如《杨真伯》中的洞庭仙子、《张庾》中的富贵女子皆是美貌尊贵、词韵清媚,并自荐枕席。程国赋先生认为这种人与神女、仙女之间的恋情隐射世间贵族女性与文人交往乃至私通的社会现象。并进一步指出唐代婚恋有胡人风俗,"闺门失礼之事,不以为异",改嫁、私奔的现象非常普遍,如严挺之妻、王缙之妻,而唐代公主改嫁者多达三十余人①。此外,人神相恋的模式在一定的程度上也反映了士子与女冠游冶之风。在唐代,道教发展的一个重要特点是女仙崇拜的兴盛,女子出家入道成了潮流,龚自珍曾说:"唐之道家,最近刘向所录房中家。唐世武曌、杨玉环皆为女道士;而玉真公主奉张真人为尊师。一代妃子,凡为女道士,可考于传记者四十余人;其无考者,杂见诗人风刺之作。鱼玄机、李冶辈之于下。韩愈所谓'云窗雾阁事窈窕',李商隐又有'绛节飘摇空国来'一首,尤为妖冶。皆有唐一代道家支流之不可问者也。"②在文人的一些诗

---

① 　程国赋《唐五代小说的文化阐释》,人民文学出版社,2002年版,第152页。
② 　龚自珍《龚自珍全集》,上海人民出版社,1975年版,第297页至298页。

作中,也多将女道士描述成女仙之流,如李白《江上送女道士褚三清游南岳》云:"吴江女道士,头戴莲花巾。霓衣不湿雨,特异阳台云。足下远游履,凌波生素尘。寻仙向南岳,应见魏夫人。"又刘言史《赠成炼师四首》之一云:"曾随阿母汉宫斋,凤驾龙轺列玉阶。当时白燕无寻处,今日云鬟见玉钗。"这种文人与女道士暧昧亲昵的关系,在小说中也常常刻画成人神(仙)之恋。

还有一类是人鬼(妖)之恋,主要指隐读文士与鬼魂精魅的恋情。如《异物志·李元平》载:

> 唐李元平,故睦州刺史伯诚之子。大历五年,客于东阳寺中。读书岁馀,薄暮,见一女子,红裙绣缛,容色美丽,娥冶自若,领数青衣,来入僧院。元平悦之,而窥见青衣,问其所适及姓氏。青衣怒曰:"谁家儿郎,遽此相逼。俱为士类,不合形迹也。"元平拜求请见,不许。须臾,女自出院回顾,忽见元平,有如旧识。元平非意所望,延入,问其行李。……元平乃自视,实如其言,及晓将别,谓元平曰:"托生时至,不可久留。后身之父,见任刺史。我年十六,君即为县令,此时正当与君为夫妇未间,幸存思恋,慎勿婚也。然天命已定,君虽别娶,故不可得。"悲泣而去。他年果为夫妇。(《太平广记》卷一百一十二)

又《广异记·朱敖》载:

> 杭州别驾朱敖旧隐河南之少室山。天宝初,阳翟县尉李舒在岳寺,使骑招敖。乘马便骋,从者在后,稍行至少姨庙下,时盛暑……至寺具说其事,舒等尤所叹异。尔夕既寐,梦女子至,把被欣悦,精气越泄,累夕如此。嵩岳道士吴筠为书一符辟之,不可。又吴以道术制之,亦不可。他日,宿程道士房。

程于法清净，神乃不至。(《太平广记》卷三百三十四)

此外，《慕异记·杨祯》、《集异记·光化寺客》及《法苑珠林·王志》也都载有隐读的士子与鬼怪之间的异类恋情。有关人鬼恋事的幽冥情缘，在《列异传》、《幽冥录》等六朝志怪小说中就有一些记载，虽然撰写技法与叙事模式略显"粗陈梗概"，但其情节格局对唐代的幽冥故事还是有一定的影响。如《列异传》中的谈生冥婚之恋，叙事模式为女子暴亡后与士子在冥界成欢——离别馈赠物品，被女子家属发现——士子招赘为婿。整个人鬼情缘的故事，其原型可追溯及中世纪的冥婚仪式，反映了当时民间"鬼神不诬"的诡异风气。在唐代，这种魂魄共合、阴阳相通的情节设计在小说的创作中得到进一步的继承。如《王志》中一书生与王志亡女在寺院缱绻相恋，并得女子铜镜、巾帨相赠，后经开棺验证，被王志招为女夫，甚得怜爱。唐人这种婚恋的题材，一方面是对六朝志怪创作技法的继承，另一方面则是民间幽婚，乃至朝廷冥配风气之使然。如敦煌文献 S. 1725《大唐吉凶书仪》中详细记载了民间鬼魂婚媾的程序，有订婚、迁葬、同棺、合葬以及祭墓等过程①。在朝廷上也有此举，如中宗为太子冥婚，聘国子监丞裴粹亡女②，萧至忠亡女与韦庶人亡弟也曾冥配③。

除了冥婚情节的一脉相承，唐人小说中文士隐读的异类恋情更多的则是侧重于游冶经历的艺术写照及对女子情态缠绵、风情万种的细腻刻画。如《朱敖》、《张庚》中有大量情色的叙述。这种对美色的追求以及两情相悦的情感体验多为现实生活中文人与妓

---

① 《英藏敦煌文献：汉文佛经以外部分》，第三册，中国社会科学院历史研究所编，四川人民出版社，1990 年版，第 126 页。

② 刘昫《旧唐书》卷八十六。

③ 刘昫《旧唐书》卷九十二。

女恋情的反映。陈寅恪先生《读莺莺传》中指出："会仙即遇仙或游仙之谓也。又六朝人已奢谈仙女杜兰香、萼绿华之世缘,流传至于唐代,仙(女性)之一名,遂多用于妖艳妇人或风流放诞之女道士之代称,亦竟有以目娼伎者。"①小说中的女鬼容貌美艳,但身份低微,如《光化寺客》中的百合花妖自称"幸不以村野见鄙,誓当永奉恩顾",又《金友章》中的枯骨精乃"少小孤遗。今且托身于姨舍,艰危受尽,无以自适",这与妓女低下的身份是相吻合的。此外,唐代歌妓具有一定的文学修养,擅长歌舞、吟诗,"其中诸妓,多能谈吐,颇有知书言语者,自公卿以降,皆以表德呼之"②。同样,小说中女鬼也红裙侑觞,与文士诗文酬唱,如《朱敖》中的绿袍女子,"状如天仙,对舞筵上。兼有诸神若观世音。终其两舞,如半日许。曲终,有数人状如俳优,卷筵回去"。又《杨祯》中的红衣灯鬼既能歌善舞,又擅长诗文。再者,在人妖恋爱的小说描述中,许多细节与文人狎妓活动相差无异。如《光化寺客》中客子"心以殊尤,贪其观视。且挑且悦,因诱致于室。交欢结义,情款甚密",这无疑是文士狭邪求欢的再现。又红衣灯鬼曾告诫杨祯云:"公违晨夕之养,就岩谷而居者,得非求静,专习文乎? 奈何欲使采过之人,称君为亲而就偶。一被瑕玷,其能洗涤乎?"这与欢乐场中妓女告诫文士勿耽于欢娱享乐的口吻是完全一致的。

综上可见,唐人小说中文人隐读时的美色际遇,体现了文士对婚姻与性爱的向往与追求,从社会文化心态上看,小说中文士恃才放荡、崇尚浮华反映出唐人"以色当婚"的风尚,而人鬼相恋结局的悲剧性则暗示着唐代女子特别是歌妓地位的低贱,在婚姻关系成了被支配甚至是被抛弃的对象。

---

① 陈寅恪《元白诗笺证稿》,上海古籍出版社,1978 年版,第 107 页。
② 孙棨《北里志序》,《唐五代笔记小说大观》,上海古籍出版社,2000 年版,第1403页。

二、志怪杂谈、阴府梦幻：唐人好奇的文化心理及幽冥体验

李肇《唐国史补》卷下云："贞元之风尚荡，元和之风尚怪也。"唐人好奇，特别是中唐以后，"嗜奇"、"好异"之风炽盛，在诗歌领域，体现为对尚奇怪、重主观的审美追求。明谢榛《四溟诗话》卷四云："予夜观李长吉、孟东野诗集，皆能造语奇古，正偏相半，豁然有得，并夺搜奇想头，去其二偏。险怪如夜壑风生，暝岩月堕，时时山精鬼火出焉；苦涩如枯林朔吹，阴崖冻雪，见者靡不惨然。"在小说领域，文人更热衷于志怪杂谈，征其异说，胡应麟《少室山房笔丛》卷三十六《二酉缀遗》云："凡变异之谈，盛于六朝，然多是传录舛讹，未必尽幻设语。至唐人乃作意好奇，假小说以寄笔端。"其中一些志怪题材多以文士隐读为切入口，通过士子神异的际遇来描述怪诞之事。主要有以下几种类型：

其一为各种动物精魅。

1. 猿类怪物。《许敬张闲》：贞元中，许敬、张闲同读于偃月山，自春徂冬，各秉烛而学，有怪物"长可五尺馀，虎牙狼目，毛如猿獿，爪如鹰鹯，服豹皮裤，见许生顾盼，乃叉手端目，并足而立"（《太平广记》卷三百六十五，出自《传信志》）。

2. 小犬怪。《范璋》：宝历二年，明经范璋居梁山读书，"有物扣门，因拊掌大笑，声如婴儿"、"其物状如小犬，连却击之，变成火，满川而灭"（《太平广记》卷三百七十三，出《酉阳杂俎》）。

3. 人参妖。天宝中，赵生隐晋阳山，葺茅为舍。生有书百余编，笈而至山中，昼习夜息，有翁前来相谈，自称段氏子，言讫不见，生后"因持锸发其下，得人参长尺馀，甚肖所遇翁之貌"，此乃人参妖也（《太平广记》卷四百一十七，出《宣室志》）。

4. 狐狸精怪。《张简》：张简为乡学讲学《文选》，有野狐狸变

成张简及络丝者。(《太平广记》卷四百四十七,出《朝野佥载》)《孙甑生》中有"狐数十枚读书。有一老狐当中坐,迭以传授"(《太平广记》卷四百五十一,出《广异记》)。

5. 人身鸟首怪。《元庭坚》:元庭坚于州界居山读书,有人身鸟首者来访,"衣冠甚伟,众鸟随之数千,而言曰:'吾众鸟之王也,闻君子好音律,故来见君。'因留数夕,教庭坚音律清浊,文字音义,兼教之以百鸟语。如是来往岁馀。庭坚由是晓音律,善文字,当时莫及。阴阳术数,无不通达"(《太平广记》卷四百六十,出《纪闻》)。

6. 守宫(壁虎)怪。《守宫》:太和末,松滋县南有士人,寄居亲故庄中肄业,守宫怪贞官"小人半寸,葛巾,策杖入门"、"其声大如苍蝇"(《太平广记》卷四百七十六,出《酉阳杂俎》)。

其二为各种神祇。

1. 山神。《张仲殷》:张仲殷于南山内读书,遂结交时流三四人,与同伴挟弹游步于林薮时,遇山神,"视其状貌,不多类人,或似过老变易,又如猿玃之状",学其持弓射箭之术(《太平广记》卷三百零七,出《原化记》)。

2. 溪神、湖神、江神等。《蒋琛》:雩人蒋琛,精熟二经,常教授于乡里。每秋冬,于雩溪太湖中流,设网罟以给食,常获巨龟,以其质状殊异,并释之,后与巨龟一起参与太湖雩溪松江神会境,其中龟鼍、鱼鳖、蛟蜃不胜其数,还有各种水神,如:溪神、江神、湖神、湘神、范相国、汨罗屈副使、申徒先生、徐处士、鸱夷君等(《太平广记》卷三百零九,出《集异记》)。

3. 雷神、龙神。《杨询美从子》:杨询美从子皆幼,始从师学,有雷鬼劈古槐,后诸子两髀咸有赤文,横布十数,状类杖痕。似雷鬼之所为也(《太平广记》卷三百九十五,出《宣室志》)。《韦思恭》:元和六年,京兆韦思恭与董生、王生三人结友,于嵩山岳寺肄业,后董、王两人烹杀一黑蛇,乃蛟龙化身,后遭龙神雷劈,惟韦生于寺廊下无事。(《太平广记》,出《博异志》)《嵩山客》:元和初,嵩山有五六客,皆寄山习业者也,曾杀一蛇,后龙神怒而震杀之,惟一客不欲杀者生存(《太平广记》卷四百五十八,出《原化记》)。

其三为其他怪诞荒异之事。

1. 骰子怪。《张秀才》:大和中,张秀才借东都陶化里空宅肄业,有道士、僧徒各十五人,形容长短相似,排作六行,又有二物相谓曰:"向者群僧与道流,妙法绝高,然皆赖我二物,成其教行耳。不然,安得称卓绝哉?"明日,搜寻之,于壁角中得一败囊,中有长行子三十个,并骰子一双耳(《太平广记》卷三百七十,出《宣室志补遗》)。

2. 文笔怪。《崔珏》:元和中,博陵崔珏者,自汝郑来,侨居长安延福里。常一日,读书牖下。忽见一童,长不尽尺,露发衣黄,善诗文,其僮笑而下榻,遂趋北垣,入一穴中。珏即命仆发其下,得一管文笔。珏因取书,锋锐如新,用之月余。亦无他怪(《太平广记》卷三百七十,出《宣室志》)。

3. 白骨小儿。《周济川》:周济川,汝南人,有别墅在扬州之西。兄弟四人俱好学,尝一夜讲授罢,可三更,各就榻将寐。忽闻窗外有格格之声,久而不已。济川于窗间窥之,乃一白骨小儿也。腾趠之捷若猿玃,后家人先备大木,凿空其中,如鼓扑,拥小儿于内,以大铁叶,冒其两端而钉之,然后锁一铁,悬巨石,流之大江。负欲趋出,云:"谢以棺椁相送。"自是更不复来,时贞元十七年(《太平广记》卷三百四十二,出《详异记》)。

4. 肉祖刻字。《庞式》:唐长兴三年,进士庞式,疑业于嵩阳观之侧,临水结庵以居。一日,晨往前村未返。庵内唯薛生,东郡人也,少年纯悫,师事于式。(薛生)见庵之东南林内,有五人,"皆星冠霞帔,或缝掖之衣,衣各一色,神彩俊拔,语音清响,目光射人,香闻十馀步",后他们刻字于薛生之背,有朱字一行,字体杂以篆籀,唯两字稍若官体贵人字,余皆不别(《太平广记》卷三百一十三,出《玉堂闲话》)。

上述各种怪诞神异之事,就小说本身的创作来看,叙述较单一,缺乏细节的刻画描绘,并没多大的艺术价值。但还是体现了唐人好奇的文化心理,并从一个侧面反映出文士的生活及修业的习尚。如《张简》中载张简为乡学讲学《文选》,表明了《文选》在唐代的普及层面之广,而《元庭坚》中人身鸟首者"教庭坚音律清浊,文字音义",则折射出唐代科试诗赋讲究声律,注重音韵的运用。

　　唐人的好奇,还体现在阴府的幽冥体验上。魏晋以来,佛教的地狱说与民间的冥府信仰日益炽盛,这种观念也深深地影响到志怪类小说的创作,如刘义庆《宣验记》、《幽冥录》,王琰《冥详记》,颜之推《冤魂志》等,记载一些灵异应验、因果报应的佛家故事,被称为释氏辅助之书。唐代冥报类小说也非常多,如敦煌遗书中的《唐太宗入冥记》、《黄仕强传》等。另外,牛僧孺《玄怪录》中也裒集了大量灵异冥报之事,如《杜子春》、《崔环》、《董慎》、《南缵》、《王国良》等,可见阴府冥游之说在唐代也非常流行。在一些文士隐读类小说中,也常常记载着唐人的幽冥体验。如《灵异录·韦安之》载韦安之与张道同入少室山,师事李潜,张道博学精通,为学流之首,但却是冥府之人,因才识尚寡而游学人间。《补录记传·柳晦》载咸通末,柳晦庐于终南山,曾饭一乞丐,此人是阴府管事者,并告诉柳晦三年之后当为相,后果如其言。《仙传拾遗·田先生》中的田先生,隐于饶州鄱亭村,作小学以教村童十数人,却主管地界诉讼。《录异记·李生》中的李生受命于冥府,主给一城户口逐日所用之水。这些冥报类小说,一个最显著的特征,即是今生之事,前世注定,不能更改。当然,小说结局的这种安排,一方面宣传了地狱苦乐与因果报应的佛家思想,另一方面也迎合了文人士子对仕途的憧憬与向往。

三、科举仕宦与得道成仙: 隐读士子的两种人生模式

　　文人士子,隐居读书,"十载同栖庐岳云,寒烧枯叶夜论文"(杜荀鹤《哭山友》),其人生目标在于科举及第、金榜题目。但科场取士,十不及一,大部分士子累举不第,受挫于科场。由于科场的蹉

蹬蹭蹬，许多士子往往会退居山林，隐居方外，甚至从虚幻的神仙体验之中寻找精神的寄托，以超越现实的束缚。如杨炯《游废观》云："青幛倚丹田，荒凉数百年。独知小山桂，尚识大罗天。药败金炉火，苔昏玉女泉。岁时无壁画，朝夕有阶烟。花柳三春节，江山四望悬。悠然出尘网，从此学神仙。"又李昭象《学仙词寄顾云》云："记得初传九转方，碧云峰下祝虚皇。丹砂未熟心徒切，白日难留鬓欲苍。无路洞天寻穆满，有时人世美刘郎。仙人恩重何由报，焚尽星坛午夜香。"

隋唐时期，道教全面繁盛，符箓斋戒、炼丹服气之术发展迅速，其神仙思想也多为士大夫所信奉。在许多文学作品里面，同样充斥着道教灵异的修行理论，"于是道箓三清之境，佛氏轮回之思，负才则自放于丽情，摧疆则酣讴于侠义。罔不经纬文心，奔赴灵圃，繁文绮合，缛旨星稠"①。唐人小说的创作，也深受其影响，如杜光庭曾撰《神仙感遇传》、《仙传拾遗》等神仙小说集。而《太平广记》中，神仙、女仙之类的灵怪故事有七十五卷之多。这些神异小说，在关于文人隐读类题材的描述中，一般皆会通过悟道成仙和科举仕宦的对比，来彰显"洞天福地"的虚幻世界，进而宣传其神仙美学。如《太平广记》卷十七《卢李二生》：

> 昔有卢李二生，隐居太白山读书，兼习吐纳导引之术。一旦，李生告归曰："某不能甘此寒苦，且浪迹江湖，诀别而去。"后李生知橘子园，人吏隐欺，欠折官钱数万贯，羁縻不得东归，贫甚。偶过扬州阿使桥，逢一人，草蹻布衫，视之乃卢生。生昔号二舅，李生与语，哀其褴缕。……路侧朱门斜开，二舅出迎。星冠霞帔，容貌光泽，侍婢数十人，与桥下仪状全别。邀李生中堂宴馔，名花异木，若在云霄。又累呈药物，皆殊

---

① 　汪辟疆《唐人小说》，中华书局，1958年版，第1页。

美。……李生曰："某安敢?"二舅许为成之,又曰："公所欠官钱多少?"曰："二万贯。"乃与一拄杖曰："将此于波斯店取钱,可从此学道,无自秽身陷盐铁也。"……李生具说扬州城南卢二舅亭中筵宴之事。妻曰:"少年兄弟戏书此。昨梦见使者云:'仙官追',一如公所言也。"李生叹讶,却寻二舅之居,唯见荒草,不复睹亭台也。(出《逸史》)

又《太平广记》卷十七《薛肇》:

> 薛肇,不知何许人也,与进士崔宇,于庐山读书。同志四人,二人业未成而去,崔宇勤苦,寻已擢第。唯肇独以修道为务,不知师匠何人。数年之间,已得神仙之道。……崔宇既及第,寻授东畿尉,赴任,过三缑驿,忽逢薛肇。下马叙旧,见肇颜貌风尘,颇有哀嗟之色。宇自以擢第拜官,扬扬矜负。……薛先入,有数十人拥接升殿。然后召崔升阶,与坐款话。久之,谓崔曰:"子有好官,未可此住,但一宵话旧可尔。"促令召乐开筵。顷刻,即于别殿宴乐。更无诸客,唯崔薛二人。女乐四十馀辈,拜坐奏乐。选女妓十辈同饮。有一箜篌妓,最为姝颖,崔与并坐。……及明,与崔送别,遗金三十斤,送至官路,惨别而去。崔至官月馀,求婚得柳氏。常疑曾识而不记其处。暇日,命取箜篌理曲,崔见十字书在焉,问其故,云:"某时患热疾……与薛及客崔少府同饮一夕,觉来疾已愈。薛君即神仙也,崔少府风貌,与君无异。"各话其事,大为惊骇,方知薛已得道尔。(出《仙传拾遗》)

与此情节相一致的尚有《薛肇》、《闾丘子》等,此类小说,一般皆有两组对立的人物形象,一类是向往科第仕宦,如《卢李二生》中的李生,《薛肇》中的进士崔宇,他们虽然擢第授官,但奔波仕途,劳碌一生。而李生后来更是贫苦潦倒,为人吏所欺负,还"欠折官钱数万贯,羁縻不得东归"。另一类为得道成仙的隐读者,他们华屋鼎食,侍妾成群,享受着人间的荣华富贵。其实,小说中这种仕、隐的对立表现出中、晚唐文士在"入世"与"出世"上的矛盾心态。安史之乱以后,文士积极进取的功业心远不如之前那么迫切,甚至产生"仕"不如"隐"的思想,如韦应物"郡斋之隐"与白居易"中隐"成了文人生存模式的典范,这在小说中就呈现出对隐逸的仙境一种企慕情怀,有意思的是,故事的结局总是以仕宦者得到仙界钱财及美女的馈赠而告终。虽然这类小说极力宣传成仙得道必须有一定的慧根以及虔诚的向道之心,但对仙界的描述更多的是财富的追求及物质的铺陈。如同《逸史·太阴夫人》、《逸史·李林甫》中的卢杞、李林甫之流不爱仙界而重人间宰相之职位一样,隐读小说中对神仙生活的夸饰及文士对富贵仙界的向往在一定程度上折射出中晚唐人世尚浮华、重富贵享乐的习气。

四、馀论

有关隐读类唐人小说的研究,尚有一点应引起我们的注意,即这些隐读文士的美色际遇多发生在寺院之中,这里面又有怎样的文化蕴意呢? 要明乎此,尚得从以下两方面作进一步的阐释。

第一,寺院乃宗教场所,宣传的是六道轮回等鬼神观念,在一些寺院的殿、堂、廊、庑的壁画中常常刻有佛生本相、地狱游历之事,里面也多各种神魔鬼怪。如常乐坊赵景公寺"南中三门里东壁上,吴道玄白画地狱变,笔力劲怒,变状阴怪,睹之不觉毛戴,吴画中得意处"、"西中三门里门南,吴生画龙及刷天王须,笔迹如铁"[①]。又宣阳

---

① 段成式《酉阳杂俎续集》卷五《寺塔记》上,《唐五代笔记小说大观》,上海古籍出版社,2000年版,第754页。

坊静域寺"禅院门内外,《游目记》云:'王昭隐画。门西里面和修吉龙王有灵。门内之西,火目药叉及北方天王甚奇猛。门东里面,贤门也野叉部落。鬼首上蟠蛇,汗烟可惧。东廊树石险怪,高僧亦怪。西廊万寿菩萨院,门里南壁,皇甫轸画鬼神及雕,形势若脱"①。这些鬼蜮世界显然可以刺激隐读之士的幽冥体验,唐代的寺院壁画极为发达,许多著名的画家也擅长壁画,如吴道子,《太平广记》卷二百一十二云:"(吴道子)大略宗师张僧繇千变万状,纵横过之。两都寺观,图画墙壁四十馀间,变像即同,人相诡状,无一同者。其见在为人所睹之妙者。上都兴唐寺御注金刚经院,兼自题经文。慈恩寺塔前面文殊普贤,西面降魔盘龙等。又小殿前门菩萨,景公寺地狱帝释龙神,永寿寺中三门两神,皆绝妙当时。"又如周昉,善画水月观音,为古今冠绝,德宗修章敬寺,召(周)皓云:"卿弟昉善画,朕欲宣画章敬寺神,卿特言之。"经数月果召之,昉乃下手。落笔之际,都人竞观,寺抵园门,贤愚毕至。或有言其妙者,或有指其瑕者,随意改定。经月有余,是非语绝,无不叹其精妙为当时第一②。文人士子面对着这神异的壁画时,在思绪上也多受其感染,如韩愈,在其诗歌中就曾多次提及壁画:

> 僧言古壁佛画好,以火来照所见稀。(《山石》)
> 森然魄动下马拜,松柏一径趋灵宫。粉墙丹柱动光彩,鬼物图画填青红。(《谒衡岳庙遂宿岳寺题门楼》)
> 友生招我佛寺行,正值万株红叶满。光华闪壁见神鬼,赫赫炎官张火伞。然云烧树火实骈,金乌下啄赪虬卵。魂翻眼倒忘处所,赤气冲融无间断。有如流传上古时,九轮照烛乾坤

　　① 段成式《酉阳杂俎续集》卷六《寺塔记》下,《唐五代笔记小说大观》,上海古籍出版社,2000年版,第761页。
　　② 朱景玄《唐朝名画录·神品中一人》。

旱。二三道士席其间，灵液屡进玻黎碗。忽惊颜色变韶稚，却信灵仙非怪诞。(《游青龙寺赠崔大补阙》)

沈曾植《海日楼札丛》卷七评韩愈《游青龙寺赠崔群补阙》诗云："从柿叶生出波澜，烘染满目，竟是《陆浑山火》缩本。吾尝论诗人兴象，与画家景物感触相通。密宗神秘于中唐，吴、卢画皆依为蓝本。读昌黎、昌谷诗，皆当以此意会之。"韩愈《陆浑山火和皇甫湜用其韵》中写火神与水神的战斗场面，也是受到壁画的启发①。

再者，唐代寺院壁画中的仙子皆美艳动人，如"执炉天女，窈眸欲语"(段成式《寺塔记》上《常乐坊赵景公寺》)、"今寺中释梵天女，悉齐公妓小小等写真也"(段成式《寺塔记》上《道政坊宝应寺》)、"寺西廊北隅，杨坦画《近塔天女》，明睇将瞬"(段成式《寺塔记》下《崇仁(一作圣)坊资圣寺》)，这些婀娜多姿、明眸善睐的青年女子形象也会令文士产生极大的幻想。在唐人有关士子隐读寺院题材的小说中，就有许多天仙女子从壁画中来。如朱敖隐读于河南少室山，路过少姨庙，"见绿袍女子，年十五六，姿色甚丽。敖意是人家臧获，亦讶其暑月挟纩。驰马问之，女子笑而不言，走入庙中。敖亦下马，不见有人。遂壁上观画，见绿袍女子，乃途中睹者也，叹息久之"(《太平广记》卷三百三十四《朱敖》)。又光化寺习儒业者，坚志栖焉，"夏日凉天，因阅壁画于廊序。忽逢白衣美女，年十五六，姿貌绝异"(《太平广记》卷四百一十七《光化寺客》)，这些艳丽多情的女子，虽为异类，却也能成为隐读之士恋情的对象。

第三，寺院停客税居的功能及唐代"坟寺"风俗的影响。唐代寺观林立，文人俗客多有寄居之举，《新唐书》卷三十五《五行二》云："天宝后，诗人多为忧苦流寓之思，及寄兴于江湖僧寺。"一些著

---

① 参见陈允吉《论唐代寺院壁画对韩愈诗歌的影响》，《复旦大学学报》，1983年，第1期。

名的文人如白居易、元稹等人皆曾寓居寺院,并有大量的诗文酬唱。为了防止寄寓佛寺者滋生事端,朝廷曾多次下诏予以禁止,如常衮《禁天下寺观停客制》云:"如闻天下寺观,多被军士及官吏、诸客居止,狎而黩之,曾不畏忌。……其军士,委州县长吏与本将商量,移于稳便处安置;其官吏、诸客等,频有处分。"①但这种寄寓的习尚并非一张公文就能禁止的,元和年间,举子赴京应试便可以租借寺院以备科考,"举子试讫,有逼夜纳策,计不得归者,并于光宅寺止宿"②。如牛僧孺进京科考时,也曾租居于坊间寺庙③。牛氏后期《玄怪录》中曾记载了大量的佛寺怪异小说,这应与其早期栖居寺院的经历有密切的关系。当然,僧寺中这种大量停客止宿的现象,一方面反映了文人流寓佛寺的习气,另一方面也同样为唐人隐读类小说中提供了大量的素材。

"坟寺"风俗是指唐人客死于外,不能及时归葬,家人往往会将其葬身寺院以作权衡之计的习尚。如《唐代墓志汇编》景龙〇三三《唐故陆胡州大安君墓志》云:"(夫人)殡于洛城南敬善寺东……粤以景龙三年九月十四日,于长安龙首原南启发先灵,以其年十月廿六日于洛州大葬,礼也。"又《云溪友议》卷中《葬书生》载:"(刘轲)又居庐岳东林寺,习《南山钞》及《百法论》,咸得宗旨焉。独处一室,数梦一人衣短褐曰:'我书生也,顷因游学,逝于此室,以主寺僧不闻郡邑,乃瘗于牖下,而尸骸局促。死者从真,何以安也,君能迁葬,必有酬谢。'乃访于缁属,果然。刘解所著之衣,覆其骸骼。具棺改窆于虎溪之上。"在小说中,文士隐读寺院的时候也常常遇到葬身寺院的女鬼,如《太平广记》卷三百二十八《王志》云:

① 《全唐文》卷六百七十七。
② 王溥《唐会要》卷七十六《制科举》。
③ 王定保《唐摭言》卷七《升沉后进》。

　　唐显庆三年，岐州人王志，任益州县令，考满还乡。有女美，未嫁道亡，停县州寺中累月。寺中先有学生，停一房，夜初见此女来，妆饰华丽，欲伸缱绻，学生纳之。相知经月，此女赠生一铜镜，巾栉各一。令欲上道，女与生密共辞别。家人求此物不得，令遗巡房求索，于生房得之。令遣左右缚此生，以为私盗。学生诉其事，非唯得此物，兼留上下二衣。令遣人开棺验之，果无此衣。既见此征，于是释之。问其乡里，乃岐州人，因从父南任，父母俱亡，游诸州学问，不久当还。令给衣马装束同归，以为女夫，怜爱甚重。（出《法苑珠林》）

　　此外，《太平广记》中《刘轲》、《刘道济》等也叙述了隐读士子与寺院女鬼的风流韵事，总体来讲，这类题材的创作，不仅在一定程度上反映唐人墓葬的习俗，同时也迎合了文人猎奇艳美的文化心理[1]。

　　唐代小说的成就，可与诗文比肩，洪迈《容斋随笔》附录中曾言：“唐人小说，不可不熟。小小情事，凄婉欲绝，洵有神遇而不自知者，与诗律可称一代之奇。”[2]宋赵彦卫在谈及唐人小说繁盛原因时曾云：“唐之举人，先藉当世显人以姓名达之主司，然后以所业投献。逾数日又投，谓之‘温卷’，如《幽怪录》、《传奇》等皆是也。盖此等文备众体，可以见史才、诗笔、议论。”[3]虽然小说的勃兴与行卷之风的关系尚须进一步探讨[4]，但毋庸置疑的是，它的背后肯定有着深刻的社会因素，我们以文士隐读作为题材的切入基点，来

_____

　　① 　有关唐代“坟寺”的具体内容及其影响，可参考戴军《“坟寺”与唐人小说》，《南阳师范学院学报》，2003 年第 2 期，该文从《唐代墓志汇编》、《续编》及新、旧《唐书》中勾稽了大量唐人葬身寺院的史料，并对其影响作了详细的分析。

　　② 　程国赋《隋唐五代小说研究资料》，上海古籍出版社，2005 年版，第 13 页。

　　③ 　赵彦卫《云麓漫钞》卷八。

　　④ 　可参见程千帆《唐代进士行卷与文学》、袁维国先生《唐传奇行卷质疑》、于天池《唐代小说的发达与行卷无关涉》等文章。

探索他们的科举观、婚恋观及其幽冥体验等内容，这不仅仅是士子文化心态的一个侧面，同时，在一定程度上也深深地再现了时代的审美情趣与社会思潮。

结　语

　　唐代是我国封建社会的鼎盛时期,由于崇圣尊儒的文教政策与科举制度的推行,教育事业繁盛一时,这种昌盛的局面在唐代初期便出现了,但随着政局的动荡,经济逐渐恶化,加之教育体制本身的弊端,唐王朝的教育危机特别是官学教育危机在早期便显端倪。如高宗嗣位,薄于儒术,学校呈衰颓之势,武则天称制时,"二十年间,学校顿时隳废矣"①。玄宗安史之乱以后,学校益废,官学陷于困顿的绝境。而在官学式微之时,民间的私学则发展迅速,并形成相对独立的体系,其形式多样,内容丰富,具有广泛的社会性,这对唐代人才的培养及文化的普及大有裨益。

　　唐代的私学,除了传统的私家讲学、家族教育外,尚有寺学、书院等教育形式。此外,文人为了科考而隐读山林也属于私学的范围。本书在探讨唐代私学的基础上,还就私学与文学的关系进行了较深入的阐述。首先,私人讲学对文学的影响。如王通的河汾之学与中唐的《春秋》学派,他们的学术思想皆具有极强的现实意义,这在意识形态上表现为对传统儒家观念的冲击与动摇,从而产生新的政治指向与文化批评,当然也对文学创作有着深远的影响。此外,唐初《文选》学的兴盛,也使得《文选》流誉甚广,文人在诗文创作之时,也多摭拾《文选》,规模齐梁。其次,家学与文学的互动。

---

① 《旧唐书》卷一百八十九上《儒学传序》。

受科场诗赋取士的影响,唐代的家学致力于诗赋教育,这种重文的家学传统对唐代文学的繁盛起着极大的促进作用。如唐代的文学家族众多,父子兄弟以文学著称的情况比较普遍,此外,家族文人在创作时,往往有着文风因袭的特点,表现为一定的崇宗意识。而家族内部诗文唱和及对家族文献的整理也是家族文学实践的重要特征之一。唐代家学中,尚有一个重要的文化现象应引起我们的注意,即治家勉学之家训。唐人家训,形式多样,内容丰富,在一些士大夫文人的家训中,不但蕴含着作者的人生信仰,还在一定程度上表现出他们诗文的创作风格与特征。再者,隐读山林对文学的影响。文人隐读山林,一般会选一清幽之地修文习业以备科考。受传统隐逸及佛、道观念的影响,隐读文士的诗文创作多林泉之趣与佛理禅思。另外,在唐人小说中,隐读类题材较多,从中我们可以探索唐人的科举观、婚恋观等内容。

尚需注意的是,唐代的书院、私塾蒙学等虽然并非私学的主要模式,但也同样与文学联系密切。如文人肄业于书院,也多有诗文的创作。而私塾、蒙学等初始教育对唐代诗歌的普及与传播也起着一定的作用。

以上所论,皆是私学对文学的影响,若从文化视域的角度来透视私学的发生状况,可以发现私学对文化传承有着特殊的意义。在古代社会发展的历程中,随着政治、经济、教育诸因素的变化,文化版图的重心由北往南迁移的变化。隋唐以前,文化重心处于北方,而宋元以后,重心在南方,唐代则是文化重心迁移转捩的关键时期,这种文化的嬗变在唐代的私学中也得到印证,如唐代文学家族、书院的地域分布,乡贡取士的来源以及唐人隐读的情况皆能说明这一点。唐初文学家族多集中在两京地带及河东、河北道,且多为传统的文化世家,除了诗文传家外,还擅长经术、史学。唐代中后期,一些出身寒门的文学家族崭露头角,但多集中在江南东道,如环太湖地区就有润州包融家族、常州蒋乂家族、湖州钱起家族、苏州沈既济家族等。就书院的发展而言,南方则明显盛于北方,据李国均《中国书院史》记载,唐代书院共计三十所,其中北方五所,只占百分之十七,而南方书院有二十五所,占了百分之八十三。从乡贡取士来看,安史之乱以后,南方乡贡人数增长迅速,如荆州"衣冠薮泽,每岁解送举人,多不成名,号曰'天荒解'。刘蜕舍人以荆解及第,号为'破天荒'。尔来余知古、关图、常修,皆荆州之居人也。率有高文,连登上科。"①另外,江南西道、淮南道等地的乡贡人数也有大幅度的增加。再者,文人隐读之地也多在南方,如庐山、衡山、九华山、蜀中、闽莆以及两浙地区的山林寺院聚集着大量的士子。总体而言,中唐以后,随着经济的发展,南方的文化教育已经得到了进一步提高,甚至有赶超北方的趋势。

　　唐代私学不仅对文学有着深远的影响,在一定程度上还引起了唐人士风、学风的转变。譬如中唐时期的《春秋》新学,评议三《传》得失,倡导经学革新,其疑经辨伪的经学取向多为中唐以后的学者所继承,他们的学术观念更具有现实性的评判精神。如韩愈、柳宗元、刘禹锡以及皮日休、陆龟蒙等人,反对章句注疏,注重学术思辨,其依经立义的学术思维也开宋儒治学之先河。另外,晚唐时期士子习业山林,其讲习模式对宋代书院制度也有很大的影响,严耕望先生《唐人习业山林寺院的风尚》中曾言:"宋代书院制度,不但其性质由唐代士子习业山林寺院风尚演进而来,即'书院'之名称亦由此风尚中所形成。宋人承之而大其规制,以为群居讲学之所耳。"②当然,唐代的私学还具有一定的地域性特色,江南、关中以及山东等文化区域的学术水平、民俗习惯、艺术风格各有差异,这在私学当中也应有所体现。有关这些私学与文化的研究,本书虽有一些论述,但限于篇幅及能力,未有更多的阐述。

————————

① 　孙光宪《北梦琐言》卷四《破天荒解》。
② 　严耕望《唐史研究丛刊》,新亚研究所编,1969年版,第423页。

　　此外，在研究唐代的私学时，我们也不能不注意到它的一些局限性。作为教育的支柱之一，私学是古代文化传承的重要纽带，它的文化历史作用是不容忽视的。但应当指出的是，唐代私学教育从属于封建政治的需要，受科举制度的制约，它的局限性也是很明显的。就教育内容而言，私学教育与官学相一致，多以传统的儒家典籍作为基本教材，内容略显单一。另外，在官学教育中，还有书学、算学、医学等职业教育，但在私学中则极为少见。文献中有零星记载，但却无法形成完整的教育体系。再者，唐代的私学教育，虽然形式多样，具有广泛的社会性，但其缺陷也显而易见，即缺乏稳定性与连续性。它没有相应充足的经费来源，也无特定的考核制度，甚至有时还没有固定的教学场所，这些因素也都制约着私学的进一步发展。总之，在整个封建专制的体系内，唐代私学教育所起的作用，仅仅是官学教育的一种补充而已，它不可能超越制度以及阶级的限制而独立自由地发展，因此，伴随着唐王朝走向衰落，私学教育是不可能挽救教育衰颓之势，也无法阻止教育危机的全面爆发。

附录：唐代文学家族稽考

唐代的文学家族，在地域分布上并不均衡。相对而言，京畿道、都畿道、河北道及江南东道等地，地处繁华，经济发达，文学家族的数量较多，而黔中、岭南地带，地处边隅，经济落后，文学家族较少。下文对唐代一些著名的文学家族进行相应的稽考①。

京畿道

万年李氏家族。李适，号东山子，武后时期进士，任修书学士、文馆学士等，曾参修《三教珠英》，景龙年间多与中宗及宫廷诗人游宴唱和，如《九月九日登慈恩寺》、《立春游苑》等。睿宗时，曾诗赠司马承祯，文辞雅致，当时和者多人，徐彦伯编之为《白云记》。李氏诗什虽多应制奉和之作，但也有清新的作品。贾至《工部侍郎李公集序》云其"言近而兴深，语细而讽大"，另《旧唐书·经籍志》著录《李适集》二十卷，但已佚。《全唐诗》卷十有其诗一卷。李适子叔卿，与李白多有往来，诗集若干，已佚，《全唐诗》卷七十七录诗二首。

---

① 本书所叙录的文学家族主要从相关的史书、诗文集以及笔记小说中稽考而来，同时也参阅周祖譔《中国文学家大辞典·唐五代卷》、陈尚君《唐代诗人占籍考》及周绍良《唐代墓志汇编》、《唐代墓志汇编续集》等书，但对一些方志及新出土的碑志等文献所涉及的家族尚未搜集，这一文献整理工作有待日后进一步完善。另景遐东《江南文化与唐代文学研究》对淮南道、江南东道的家族诗人也有叙述，可参考。

　　韩氏家族。韩仪，字羽光，工诗文，乾符年间曾任翰林学士。弟韩偓，号"玉樵山人"，十岁能诗，李商隐称其云："雏凤清于老凤声。"有《韩偓集》一卷，《香奁集》一卷及《金銮密记》五卷，今存《香奁集》。韩偓诗文秀丽，词致婉约，《石洲诗话》评曰："韩致尧《香奁》之体，溯自于《玉台》，虽风骨不及玉溪生，然致尧笔力清澈，过于皮、陆远矣。"南窜之后，诗歌多感叹时事，有亡国之悲，《四库全书总目》云："其诗虽局于风气，浑厚不及前人，而忠愤之气，时时溢于语外。性情既挚，风骨自遒，慷慨激昂，迥异当时靡靡之响。"

　　韦氏家族。韦镒，开元中进士，登宏词科，诗文雅丽。其侄韦应物，年少负气，后折节读书，工诗文，五言诗高雅闲澹，自成一体。白居易《与元九书》云："韦苏州歌行，才丽之外，颇近兴讽。其五言诗又高雅闲澹，自成一家之体。今之秉笔者谁能及之？"苏轼《书黄子思诗集后》也云："李、杜之后，诗人继作，虽间有远韵，而才不逮意。独韦应物、柳宗元发纤秾于简古，寄至味于澹泊，非馀子所及也。"韦氏诗集，北宋王钦臣校订编次为《韦应物集》十卷。韦应物曾孙韦式，也工诗，白居易分司东都时，式曾赋诗以赠。韦式侄韦庄，为晚唐著名诗人，少时才敏过人，曾作《秦妇吟》，被人称为"秦妇吟秀才"。韦庄工诗，《唐才子传》云："四愁九怨之文，一咏一觞之作，俱能感动人也。"韦氏词作多男女之情，与温庭筠并称"温、韦"，陈廷焯《词则》评云："词至端己者，语渐疏，情意却甚厚，虽不及飞卿之沉郁，亦古今绝构也。"

　　长安韩氏。韩休，字良士，为官敢犯颜直谏，工诗文。《大唐新语》卷八《文章》引张说评曰："韩休之文，有如太羹玄酒，虽雅有典则，而薄于滋味。"著有《朝英集》三卷，已佚。子滉，工诗善画，精《易象》、《春秋》，常与顾况、姚南仲、戴嵩等唱和。滉侄韩章，大历年间任湖州武康令，与皎然、顾况等多有酬唱。今《全唐诗》仅存联句三首。韩滉孙察，也有诗名。

颜氏家族。颜氏以儒学传家,但文名也盛极一时。颜真卿,天宝元年,登文词修逸科,官至太子太师,后为李希烈所杀,谥号文忠,颜真卿书法精绝,也工诗文,任湖州刺史时,多延交文士,著《韵海镜源》三百六十卷。颜氏著述还有《吴兴集》、《卢陵集》、《临川集》,已散佚,今有《颜鲁公集》十五卷。其兄允南,工草隶,也有诗名,颜真卿《正议大夫行国子司业上柱国金乡县开国男颜府君神道碑铭》云:"每应制及朝廷唱和,比警绝佳对,人人称说之。"从弟颜浑、侄岘、顗、须、琐擅长诗文,湖州联唱时,也有诗文留世。

金城窦氏家族。窦叔向,大历初登进士第,有诗名,《唐才子传》云:"诗法谨严,又非常格。一流才子,多仰飙尘。"《容斋四笔》卷六《窦叔向诗不存》道:"《窦氏联珠集序》云,五窦之父叔向,当代宗朝,善五言诗,名冠流辈。时属贞懿皇后山陵,上注意哀挽,实时进三章,内考首出,传诸人口。有'命妇羞苹叶,都人插柰花','禁兵环素帟,宫女哭寒云'之句。可谓佳唱,而略无一首存于今。荆公《百家诗选》亦无之,是可惜也。予尝得故吴良嗣家所抄唐诗,仅有叔向六篇,皆奇作。念其不传于世,今悉录之。"《新唐书·艺文志》著录《窦叔向集》七卷,已佚。其子窦常、窦牟、窦群、窦庠、窦巩皆长于诗文,多已散佚。大中中,褚藏言编窦常五兄弟诗为《窦氏联珠集》,今存,《唐才子传》卷四评其曰:"常兄弟五人,联芳比藻,词价霭然,法度风流,相距不远。且俱陈力王事,膺宠清流,岂怀玉迷津区区之比哉。后人集所著诗通一百首为五卷,名《窦氏联珠集》,谓若五星然。"另外,窦常子窦宏馀也有诗名。

高陵于氏家族。于志宁,字仲谧,太宗时,多次参与宫廷唱和,曾预修《隋书》、《大唐仪礼》、《五经正义》等书,并自撰《谏苑》二十卷,文集四十卷,已佚。曾孙于休烈,幼好文,与贺朝、万齐融、崔融等友善,肃宗时进献《五代帝王论》,颇受嘉赏。有文集二十卷,已佚。休烈孙于敖,少负盛名,与白居易多有唱和,敖子于瑰,大中七年状元,任绵州刺史时,与朝中文士多诗词往来。

武功苏氏家族。苏瑰,字昌言,自幼博览经史,尤善属文,谥号文贞。其子苏颋,工诗能文,《唐诗观澜集》云:"苏公诗气味深醇,骨力高峻,想其落纸时总不使一直笔,故能字字飞动,而无伤于浑雅。"《奉和春日幸望春宫应制》,虽是应制之作,但壮丽而有韵致,徐增《而庵说唐诗》评曰:"七言律,初唐最称工丽,余于许公此作,赞叹不绝,不以其词之工丽,而以其用意之细也。"苏颋文章乔皇典丽,与燕国公张说并称,时号"燕许大手笔"。苏瑰从弟缙,有诗名,曾与杜审言、孙逖唱和,芮挺章《国秀集》收其诗《奉和姚令驾幸温汤喜雪应制》。

华原令狐氏家族。令狐德棻,博览经史,曾参撰《艺文类聚》、《晋书》、《大唐仪礼》等,自撰《凌烟阁功臣故事》四卷、《令狐家传》、《皇帝封禅仪》六卷,另有文集四十卷,已佚。令狐峘,为令狐德棻四世孙,长于修史,著《玄宗实录》一百卷、《代宗实录》四十卷并预修《唐书》,均佚。令狐楚也为令狐德棻后裔,工诗,长于乐府,吴师道《吴礼部诗话》云:"武元衡、令狐楚皆以将相之重,声盖一时,其诗宏毅阔远,与灞桥驴子上所得者异矣。"有《漆奁集》一百三十卷,又有与刘禹锡唱和诗《彭阳唱和集》三卷,与李逢吉唱和诗《断金集》一卷,已散佚。元和中与王涯、张仲素同时为中书舍人,有乐府、绝句,编为《元和三舍人集》,今存。此外,令狐楚还长于对策笺奏,并教授李商隐作骈文。令狐楚子令狐绹,也有文名,《全唐文》卷七百五十九录其文三篇。

华原柳氏家族。柳氏书法传家,也工诗文。柳公绰,属文典正,不尚浮靡。元和二年曾与武元衡、裴度等唱和,有《中秋夜听歌联句》,后进献《太医箴》,宪宗极为赏识。柳公权书法体势劲媚,为世所重,与颜真卿并称"颜、柳",又博涉经史,通音律,工诗文,《旧唐书》本传云:"文宗夏日与学士联句。帝曰:'人皆苦炎热,我爱夏日长。'公权续曰:'薰风自南来,殿阁生微凉。'时丁、袁五学士皆属

继,帝独讽公权寸两句,曰:'辞清意足,不可多得。'"公绰子柳仲
郢,熟精礼法,曾著《柳氏自备》,以训诫弟子,又精佛典,多有抄录,
但已佚。仲郢子柳珪,历任直弘文馆等职,也有文名。

下邽白氏家族。白居易,字乐天,祖籍太原,贞元十六年,登进
士第,元和元年,除左拾遗,后出为杭州、苏州等地刺史。太和三年
以太子宾客分司东都,晚年闲居洛阳,皈依佛教,自号"香山居士"、
"醉吟先生"。白氏早期提倡新乐府运动,诗歌针砭时弊,反映民
谟,影响深远。另闲适、感伤类作品,叙事生动,直写性情,《长恨
歌》、《琵琶行》为其代表。白氏著述现存《白氏长庆集》、《白孔六
贴》,其中《刘白唱和集》、《元白继合集》、《三州唱和集》均已散佚。
白居易弟白行简,善辞赋、小说,"文笔有兄风,辞赋尤称精密,文士
皆师法之"(《旧唐书》卷一百六十六),所著《李娃传》,为唐传奇典
范,元代石君宝《李亚仙花酒曲江池》及明代薛近衮《绣襦记》的部
分情节多取之《李娃传》。又敦煌遗书中存其《天地阴阳交欢大乐
赋》一篇。《新唐书・艺文志》著录《白行简集》二十卷。白居易从
弟白敏中,为牛党要人,工诗尚赋,白居易《和敏中洛下即事》将其
比之于谢惠连,著述多散佚。

同州乔氏家族。乔氏家族以文词著称于世,《旧唐书・乔知之
传》云:"知之与弟侃、备,并以文词知名。知之尤称俊才,所作篇
咏,时人多讽诵之。"知之与陈子昂情谊笃实,多酬唱之作。其《绿
珠篇》传唱一时,贺裳《载酒园诗话》认为其起甚急遽,叙甚切真,语
甚决绝,"盖胸中悲愤填膺,无暇为温柔之音矣"。《赢骏篇》格律遒
劲,语句古粹,"论者病初唐七古拘挛缠束,气意多不舒展,如左司
此篇,灏悍雄纷,倒困而出,如决川放溜犹恨口窄腕迟,而不能尽其
思也"(周珽《唐诗选脉会通评林》)。知之弟乔侃,武后时预修《三
教珠英》,善文辞,与沈佺期交厚,乔侃弟乔备也预修《三教珠英》,
与张说友善,乔氏兄弟皆著有文集,但均散佚。

都畿道

河南府

河南房氏家族。房琯开元十年，应清廉守节政术可堪县令科试，后官至礼部、刑部尚书，琯善诗文，贾至《授房琯文部尚书通平章事》称其"清识雅量，工文茂学"，与王维、杜甫等友善，多诗文往来。房琯父房融，也有诗名。融兄房元阳，则天时曾任司礼寺博士，预修《三教珠英》。房琯子房孺复，早能属文，贞元四年，与韦应物、顾况等唱和。

河南杨氏家族。杨茂卿，元和三年进士，工诗文，颇得杨巨源、刘禹锡的赏识，《过华山》诗传诵一时，有文集三十卷，已佚。茂卿子杨牢，通《左传》，熟精诸子百家，有诗名，大中中，曾与于兴宗等唱和。杨牢弟杨宇，幼好学，善文，为来择、李汉等推崇，诗文散佚，《全唐诗外编》录其诗一首。

于頔家族。于頔，贞元七年任湖州刺史，与皎然等唱和，于氏爱奖掖士人，如符载、韩愈均受其资助，论诗推崇谢灵运。于頔子于季友，大和年间为明州刺史，与白居易等唱和，于頔侄于兴宗，也尚诗文，官河南少尹时，与刘禹锡、方干、李济儒等唱和，任绵州刺史时，又和朝廷中的杨年、薛蒙等唱和。

洛阳张说家族。张说，字道济，天授元年，应制科举，预修《三教珠英》，曾三秉国政，掌文学之任凡三十余年，善于文诰碑志，时人称其与苏颋为"燕许大手笔"。自贬岳阳后，诗益发凄婉，人谓之得江山之助（《唐才子传》卷一）。张说子张均，善诗能文，曾与赵冬曦等唱和。均弟张垍，有文辞，与杜甫友善，杜甫《赠翰林张四学士垍》赞其文翰云："紫诰仍兼绾，黄麻似六经。"《岳阳晚景》一诗，诗法精严，意致哀恻，《唐诗选脉会通评林》引周敬语曰："章法整，不病板；对法工，不嫌排。句调优柔明秀，不刻不肤，居然燕公家传。"有《张均集》二十卷，已佚。均子张濛，贞元年间与德宗及群臣唱和。诗文已散佚。

巩县杜氏家族。杜审言，工书翰，善五言诗，与李峤、崔融、苏味道并称"文章四友"。杜氏五言诗为律诗之正宗，今存《杜审言诗集》三卷，杜审言孙杜甫，为诗之集大成者，元稹《唐故工部员外郎杜君墓系铭并序》云："至于子美，盖所谓上薄风骚，下该沈、宋，言夺苏、李，气吞曹、刘，掩颜、谢之孤高，杂徐、庾之流丽，尽得古今之体势，而兼人人之所独专矣。"

河南韩氏家族。韩会，与崔造、张正则、卢东美等友善，号称"四夔"，韩会善文，与梁肃一起倡导古文，宋王铚《韩会传》存《文衡》一篇。会弟韩愈，由嫂郑氏鞠养，自幼熟读经史，受独孤及、梁肃等提携。韩愈为中唐著名文人，在古文、诗歌方面，对后世的影响巨大。苏洵《上欧阳内翰书》称其文"长江大河，浑浩流转，鱼鼋蛟龙，万怪惶惑"。苏轼谓其"文起八代之衰"（《韩文公庙碑》），诗歌奇崛险怪，司空图《题柳柳州集后序》云："韩吏部歌诗累百首，其驱驾气势，若掀雷抉电，奔腾于天地之间，物状奇变，不得不鼓舞而徇其呼吸也。"但诗风也有清新自然的一面。如《早春呈水部张十八》、《竹溪》等。韩愈著述有《顺宗实录》、《注论语》、《论语笔解》等，均佚。门人李汉编《韩愈集》四十卷，今有《昌黎先生集》四十卷并《外集》行世。韩愈侄韩湘，长庆三年登进士第，也有诗名。

独孤氏家族。独孤及，善文，早与李华、贾至等交游，梁肃、权德舆、朱巨川等皆是其门生。独孤及提倡古文运动，文风古雅，梁肃《常州刺史独孤及集后序》云："洎公为之，于是操道德为根本，总礼乐为冠带。以《易》之精义，《诗》之雅兴，《春秋》之褒贬，属之于辞，故其文宽而俭，直而婉，辩而不华，博厚而高明。论人无虚美，比事为实录。天下凛然，复睹两汉之遗风。"著有《毗陵集》二十卷，今存。子独孤郁，早传家业，能诗善文，论文力主自然，《辩文》云："夫天之文位乎上，地之文位乎下，人之文位乎中，不可得而增损者，自然之文也。……夫自然者，不得不然之谓也。不得不然，又何体之慎耶？"

　　李氏家族。李涉,自号清溪子,与弟渤同隐庐山,涉工诗文,名重一时,《唐才子传》卷五云:"涉工为诗,词意卓荦,不群世俗。长篇叙事,如行云流水,无可牵制,才名一时倾动。"有《李涉集》一卷,其弟渤隐庐山后,移居嵩山,也工诗文,著有《六贤图赞》、《御戎新录》等,已佚,今存《真系传》一卷。

　　陕县上官家族。上官仪,早岁留心佛典,精《三论》。贞观初举进士,召授弘文馆学士,上官仪为唐初著名宫廷诗人,《旧唐书》本传云:"本以词彩自达,工于五言诗,好以绮错婉媚为本。仪既贵显,故当时多有效其体者,时人谓为'上官体'。"曾撰《笔札华梁》,提出"六对"、"八对"之说,对律诗的定型作出重大的贡献。有《上官仪集》三十卷,已佚。上官婉儿,祖仪、父庭芝被诛后,随母遣配内廷,善文章,曾多次与宫廷文人游宴唱和,词作绮丽。张说《唐昭容上官氏文集序》云:"明淑挺生,才华绝代,敏识聪听,探微镜理。开卷海纳,宛若前闻;摇笔云飞,咸同宿构。"有《上官昭容集》二十卷,已佚。

　　硖石姚氏家族。姚崇,玄宗名相,与宋璟并称"姚宋",工于诗文,《秋夜望月》、《夜渡》等诗为世人称赏,有《姚崇集》十卷,已佚。曾孙姚系,与李翰曾往来唱和,诗文俱佚。姚崇又一曾孙姚伦,有诗名,高仲武《中兴间气集》评曰:"姚子诗虽未弘深,去凡已远,属辞比事,不失文流。如'乱声千叶下,寒影一巢孤',篇什之秀也。"崇侄曾孙姚合,与贾岛齐名,时人称为"文宗",诗风自成一法,号"武功体",《唐才子传》卷六云:"(姚)合易作,皆平淡之气,兴趣俱到,格调少殊,所谓方拙之奥,至巧存焉,盖多历下邑,官况萧条,山县荒凉,风景凋弊之间,最工模写也。"曾选王维、祖咏、钱起等人诗歌,编为《极玄集》。有《姚合诗集》十卷,《诗例》一卷,现有《姚少监集》十卷行世。姚崇后裔姚岩杰,自号"象溪子",博览经史,工诗文,不乐仕进,诗文为顾云赏识,顾云《池阳醉歌赠匡庐处士姚岩杰》云:"展开一卷读一首,四顾特地无涯垠。又开一轴读一帙,酒病豂若风驱云。文锋斡破造化窟，心刃掘出兴亡根。经疾史恙万片恨，墨炙笔针如有神。呵叱潘陆鄙琐屑，提挈扬孟归孔门。时时说及开元理，家风飒飒吹人耳。"诗文多已散佚。

荥阳李氏家族。李揆开元二十九年进士第，工书善文，笔力遒劲，《紫丝盛露囊赋》为玄宗赏识，后曾与封渐、仲容、叔霁等联句唱和。族子李益，诗名卓著，从军诗作，悲壮宛然，清奇爽飒，"往往鞍马间为文，横槊赋诗，故多抑扬激厉悲离之作，高适、岑参之流也"（《唐才子传》卷四）。有《李益集》二卷行世。益子李当，存《题朝阳洞》诗一首。当子李拯，咸通十二年进士，有诗名，授嗣襄王伪署时，曾吟"唯有终南山色在，晴明依旧满长安"诗句，以寄故国之思。揆从曾孙李蔚及其子李渥皆登进士第，有诗名。

荥阳韦氏家族。韦承庆，以诗文著称，词藻华丽，盛称一时，《凌朝浮江旅思》、《南中咏雁诗》为评家叹赏，另《国秀集》录诗一首，有《韦承庆集》六十卷，已佚。弟韦嗣立也工诗文，神龙二年修文馆学士，多次参加宫廷游宴，嗣立子韦济，少善文辞，与杜甫、高适等有诗文往来，曾作《先德诗》颂扬祖德，杜甫《奉寄河南韦尹丈人》中称其"词场继国风"，著述多散佚。

河南道

虢州弘农杨氏家族。杨凭、杨凝、杨凌，兄弟皆善文辞，工书翰，时号"三杨"。柳宗元《唐故兵部郎中杨君墓碣》论其文云："东薄海、岱，南极衡、巫，文学者皆知诵其词，而以为模准。"杨凭与穆质、许孟容、李郧友善，时称"杨、穆、许、李"，有诗一卷。杨凝有文集二十卷，已佚。杨凌著有《杨评事文集》，柳宗元《大理评事杨君文集后序》云："若杨君者，少以篇什著声于时，其炳耀尤异之词，讽诵于文人，盈满于江湖，达于京师。晚节遍悟文体，尤邃叙述。学富识远，才涌未已，其雄杰老成之风，与时增加。"凌子杨敬之亦工诗文，与李贺、项斯多往来，《华山赋》传诵一时，为权德舆、韩愈等爱赏。姚合《寄杨祭酒》云："日日新诗出，城中写不禁。清高疑对竹，闲雅胜闻琴。门户饶秋景，儿童解冷吟。云山今作主，还借外人寻。"张为《诗人主客图》列其为清奇雅正入室者。敬之之女杨德邻，少富诗名，《酉阳杂俎》续集卷六《寺塔记》载其长安奉慈寺题诗一事，年值十三。

弘农杨氏家族。杨虞卿，牛党要员，善文。白居易《与杨虞卿书》称其"志磊磊而词谔谔"、"志益大而言益远"，颇得白居易、刘禹锡等人赏识。弟杨汉公有史才，与苏景胤、王彦威等撰《穆宗实录》，虞卿曾孙杨玢也有诗名，《全唐诗》录其诗三首。

灵昌崔氏家族。崔日用，擢进士第，修文馆学士，工诗，著有《姓苑略》一卷。从兄崔日知，明经及第，亦有诗名。日用子崔宗之，与李白、杜甫等友善，杜甫《饮中八仙歌》称其云："宗之潇洒美少年，举觞白眼望青天，皎如玉树临风前。"诗作多已散佚。日用从孙崔元翰，建中二年状元，师从独孤及学古文，《旧唐书》列传八十七云："元翰苦心文章，时年七十馀，好学不倦。既介独耿直，故少交游，唯秉一操，伏膺翰墨。其对策及奏记、碑志，师法班固、蔡伯喈，而致思精密。"有《崔元翰集》三十卷，已佚。

徐州刘氏家族。刘知幾，父藏器，宏学硕儒。知幾少传家学，与兄知柔以词学著称，景龙年间为修文馆学士，知幾长于史学，著《史通》二十卷，另外还参预《姓族录》的撰写。知幾子刘秩能史学传家，撰《政典》三十五卷，又富有文名，李华《祭记左丞文》云"文倾迁、固"，梁肃《给事中刘公墓志铭》云："以述作之盛，德行之美，追踪孔门。"知幾其他诸子如贶、𫗧、汇、迅、迥等，皆知名于时。

齐州崔氏家族。崔融，高宗凤仪三年举词殚文律科，任崇文馆学士，与李峤、杜审言、苏味道并称"文章四友"。《新唐书》本传云："融为文华婉，当时未有辈者。朝廷大笔，多手敕委之，其《洛出宝图颂》尤工。撰《武后哀册》最高丽，绝笔而死，时谓思苦神竭云。"子崔禹锡、崔翘，有诗名，著作多佚。翘子崔或，大历三年，与杜甫、李之芳联唱，传闻一时，彧曾孙崔岐、崔安潜皆登进士第，有文名。

河东道

河东敬氏家族。敬括，少以文词著称，开元二年，作《花萼楼赋》登进士第。括博览经史，为河汾大儒，《全唐文》存赋四篇，文二篇。括曾孙敬湘也有文名。

猗氏张氏家族。张嘉贞，应五经举，能诗善文。子张延赏也工诗，嘉贞孙张弘靖，少以家风为杜鸿渐、杜佑赏识，并精书法，家聚书画。子张文规，著《法书要录》，从弟彦修，亦有诗名，《全唐诗》补编录其诗《游四顶山》一首。

宝鼎薛氏家族。薛氏为文化世家，薛道衡，隋末著名诗人，诗风遒劲清婉。子薛收，师王通，与王绩友善，后兼文学馆学士，有文集十卷，已佚。收子薛元超，好属文，与上官仪交厚，曾参与宫廷唱和，杨炯《王勃集序》中誉其为"朝右文宗"，孟利贞、崔融、杨炯皆出其门。著有《薛元超集》三十卷，已佚。子薛曜，预修《三教珠英》，与王勃多诗文往来。有文集二十卷，已佚。元超从子薛稷，景龙间为昭文馆学士，工书善画，尤精画鹤，也以诗文著称，《大唐新语》引张说语道："李峤、崔融、薛稷、宋之问之文，如良金美玉，无施不可。"著有《薛稷集》三十卷，佚。元超孙薛奇童也有诗名，《国秀集》录其诗三首，曜侄孙薛晏也有文名。

薛氏家族。薛据，开元十九年进士，曾与杜甫、高适等人登慈恩寺赋诗唱和，诗风遒劲雄健，高适《淇上赠薛三据兼寄郭少府微》云："隐轸经济具，纵横建安作。"殷璠《河岳英灵集》评其云："据为人骨鲠，有气魄，其文亦尔，自伤不早达，故著《古兴》诗……怨愤颇深。"子薛蒙，大中时与于兴宗等唱和，薛据从孙女薛蕴也有诗名。

蒲州吕氏家族。吕渭，天宝中进士，工诗文，曾参与大历年间浙东联唱与湖州联唱，精音乐，著《广陵止息谱》一卷，已佚。子吕温，从陆质学《春秋》，从梁肃学文章，与柳宗元、刘禹锡、李景俭等

友善,吕氏文风赡逸劲健,刘禹锡《唐故衡州刺史吕君集纪》称其文
"始学左氏书,故其文微为富艳",有《吕温集》十卷,今存。温弟吕
恭,有节气,喜兵家纵横之术;恭弟吕让,元和十年进士,尚诗文。
让子吕岩,字洞宾,传说中八仙之一。

　　绛州龙门王氏家族。王通,隋末大儒,隐居百牛溪,著书讲学,
门人众多,除《文中子》外,尚有《汾亭之操》一文。通弟王绩,唐初
著名诗人,《唐才子传》云:"性简傲,好饮酒,能尽五斗,自著《五斗
先生传》。弹琴、为诗、著文,高情胜气,独步当时。撰《酒经》一卷、
《酒谱》一卷。李淳风见之曰:'君酒家南、董也。'"吕才编其诗文为
《王绩集》五卷,已佚,今存《东皋子集》三卷,王通子富畴,博通经
史,工诗文,杨炯《王勃集序》称其云:"绝六艺以成能,兼百行而为
德。"王通孙王勃,"初唐四杰"之一,诗风流丽高华,张逊业《校正王
勃集序》云:"王子安富丽径捷,称罕一时。赋与七言古诗,可谓独
步;然律及诸作,未脱六朝沿染,而沉思工致,亦未易及也。"有《王
子安》十六卷存世。勃兄勮、勔,皆擅文辞,杜易简称之谓"王氏
三株树"。

　　闻喜裴氏家族。裴度,宪宗朝名相,与韩愈、白居易等友善,并
多有唱和。《苕溪渔隐丛话前集》卷十八云:"晋公文字世不传,晚
年与刘、白放浪绿野桥,多为唱和,间见人文集,语多质直浑厚,计
应似其为人。如'灰心缘忍事,霜鬓为论兵'之句,可谓深婉。"论诗
力主自然,反对崛奇骈偶。《新唐书·艺文志》著录《书仪》二卷,另
《汝洛集》已佚。度子裴诚,与温庭筠友善,好作乐曲,范摅《云溪友
议》卷下云:"能为淫艳之歌,有异清洁之士也。"今存《南歌子》、《杨
柳枝》等五首诗。

　　绛州王氏家族。王景,有诗名,其子之成与侄之贲、之涣,皆工
诗尚文,名重一时。王之涣,著名边塞诗人,《唐才子传》卷三云:
"中折节工文,十年名誉日振,耻困场屋,遂交谒名公。为诗情致雅
畅,得齐、梁之风。每有作,乐工辄取以被声律。"管世铭《读雪山房

唐诗序例》更云：“摩诘、少伯、太白三家鼎足而立。美不胜收。”王景孙王纬，有诗名，曾与袁参等唱和。

太原府祁县温氏家族。温庭筠，晚唐著名诗人、词作家，诗文与李商隐、段成式齐名，时号“三十六体”。《唐才子传》卷八云：“侧词艳曲，与李商隐齐名，时号‘温、李’。才情绮丽，尤工律赋。”工词，被尊为花间鼻祖，有《握兰集》、《金筌集》、《诗集》、《汉南真稿》等，均佚。今存《温飞卿集》七卷，别集一卷。温庭筠弟温庭浩，善词藻。曾与段成式、韦蟾等唱和，有《汉上题襟集》，佚。庭筠子温宪，早有文名，咸通时，与许棠、张乔、郑谷等号称“咸通十哲”。

潞州涉县孙氏家族，孙逖，年十五，崔日用令赋《土火炉赋》，援笔成篇，词理典赡，颇受赏识，文风精练宏丽。颜真卿《尚书刑部侍郎赠尚书右仆射孙逖文公集序》云：“其序事也，则《伯乐川记》及诸碑志，皆卓立千古，传于域中。其为诗也，必有逸韵佳对，冠绝当时，布在人口。其词言也，则宰相张九龄欲搞摛疵瑕，沈吟久之，不能易一字。”有《孙逖集》二十卷，已佚。四世孙纬，咸通八年登宏词科，有诗名。又四世孙孙棨，中和四年撰《北里志》，逖侄曾孙孙偓也有文名。

河北道

魏州冠氏路氏家族。路单，穆宗时进士，有诗名。侄路岩，能诗文，《全唐文》录其文一篇，《全唐诗》有残句一首。岩侄路德延，少有诗名，光化元年登进士第，曾作《琵琶赋》，名重京城，后因《小儿诗》被朱友谦沉杀于黄河。《太平广记》卷一百七十五云：“德延乃作《孩儿诗》五十韵以刺友谦。友谦闻而大怒，有以掇祸。乃因醉沉之黄河。诗实佳作也。尔后虽继有和者，皆去德延远矣。”

昌乐张氏家族。张文琮，有文名，永徽元年进《太宗文皇帝颂》，另有《张文琮集》二十卷，已佚。从父弟张文收，善音律，制《景云》、《河清》乐，名曰“燕乐”，又撰《新乐书》一十二卷，佚。文琮子张锡,有诗名,《全唐诗》存诗二首。

贵乡罗氏家族。罗让,贞元十七年进士,少有诗名,《新唐书·艺文志》收录文集三十卷。子罗弘信,行伍出身,《分门纂类唐歌诗》录其诗二首。弘信子绍威,好儒术,与罗隐齐名,《旧唐书》本传云:"威性明敏,达于吏道。伏膺儒术,招纳文人,聚书至万卷。每花朝月夕,与宾佐赋咏,甚有情致。"著有《偷江东集》五卷,已佚。

博州崔氏家族。崔元略,弱冠举进士,工诗文。其子崔铉,大和中进士第,曾任翰林承旨,诗多散佚。

洹水杜氏家族。杜正伦,与兄正玄、正藏隋末皆秀才及第。正伦曾任秦府文学馆学士,善属文,《新唐书》卷一百六载董思恭言:"与杜公评文,今日觉吾文顿进。"著有《春坊要录》四卷、《杜正伦集》十卷,已佚。今存《百行章》一卷。正伦五世孙杜兼,建中元年进士,有诗名,兼从弟杜羔,贞元五年进士,以孝闻,善诗文,曾与诗僧广宣联句,有《兰陵僻居联句》、《红楼下联句》等。

内黄沈氏家族。沈佺期,初唐著名诗人,长于律诗,与宋之问并称"沈、宋"。沈氏诗风绮丽,词风婉媚,被贬南窜之后,词旨风格渐高,《古意呈补阙乔知之》曾被评为"唐人七律第一"。佺期子沈东美,与杜甫、苑咸友善,有诗文往来,但多佚。

贝州清河宋氏家族,宋氏姐妹,父宋庭芬,家传儒学,有词藻。《旧唐书·后妃传》云:"生五女,皆聪惠,庭芬始教以经艺,既而课为诗赋,年未及笄,皆能属文。长曰若莘,次曰若昭、若伦、若宪、若荀。若莘、若昭文尤淡丽,性复贞素闲雅,不尚纷华之饰。尝白父母,誓不从人,愿以艺学扬名显亲。若莘教诲四妹,有如严师。著《女论语》十篇,其言模仿《论语》,以韦逞母宣文君宋氏代仲尼,以曹大家等代颜、闵,其间问答,悉以妇道所尚。若昭注解,皆有理致。"贞元时,宋氏姊妹与德宗君臣多唱和相属,但诗文多佚。

深州陆泽张氏家族。张鷟,高宗上元进士,善判策书文,员半千称其为"青钱学士",著有《朝野金载》三卷、《龙筋凤髓判》四卷及

《游仙窟》一篇。鸶孙张荐，精于史学，为颜真卿赏识，后曾充史馆修撰史书。著有《宰辅传略》、《五服图记》、《江左寓居录》及《灵怪集》二卷、《张荐集》二十卷，均佚。荐子张又新，元和九年状元及第，工诗文，七绝尤甚，与李贺、李汉、赵椳多诗文往来，《赠广陵妓》传诵一时，张氏嗜茶，曾作《煎茶水记》，品天下之水。又新弟张希复，进士第，曾与段成式等唱和。

安平李氏家族。李百药，七岁属文，长于五言，《大唐新语》卷八云："才行相继，海内名流莫不宗仰。藻思沉蔚，尤工五言。太宗常制《帝京篇》，命其和作，叹其精妙，手诏曰：'卿何身之老而才之壮？何齿之宿而意之新？'及悬车告老，怡然自得，穿地筑山，以诗酒自适，尽平生之意。"有《李百药集》三十卷，已佚。父李德林，精史学，百药承其父志。撰《北齐书》，百药五世孙李蓍、李序，都具有文名，但诗文多佚。

安平崔氏家族。崔峒，"大历十才子"之一，诗风疏淡，高仲武《中兴间气集》评曰："崔拾遗文彩炳然，意思文雅。如'清磬度山翠，闲云来竹房'，又'流水声中视公事，寒山影里见人家'，斯亦披沙拣金，往往见宝。"有《崔峒集》一卷，从孙崔季卿，有诗名，《全唐诗》录其诗一首。

赵州高邑李氏家族。李鹏，少博览经史，通《尚书》、《左氏春秋》，作《周书》、《编汇》等，为令狐德棻所赏识，工诗文。弟李从远，也有诗名，从远子李岩，善草、隶，工诗，《全唐诗补编》录其诗一首。

赞皇李氏家族。李端，"大历十才子"之一。贺裳《载酒园诗话》云："初读李端集，苦于平熟，遇其时一作态，即新警可喜。……《瘦马行》颇有少陵之遗。《杂歌》长编，宛似太白，中曰：'酒沽千日人不醉，琴弄一弦心已悲。'最为警策。"有《李端集》三卷。从父李嘉祐，与钱起、郎士元、刘长卿等友善，颇具诗名，《中兴间气集》云："袁州自振藻天朝，大收芳誉，中兴高流，与钱、郎别为一体，往往涉于齐梁，绮靡婉丽，盖吴均、何逊之敌也。"李端子李虞仲，元和年间进士第,长于制诰,《新唐书·艺文志》收录《李虞仲制集》四卷,已佚,端从弟李胄,也有诗名。

赞皇李氏家族。李栖筠,肃宗朝重臣,善文,权德舆《唐御史大夫赠司徒赞皇文献公李栖筠文集序》云:"故公之文,简实而粹精,朗拔而章明。《书志》三篇,感慨自叙,英华特达,君子之道,有初有终。至若嘉园、绮弛张出处于秦、汉之间。著《四先生》碑,美萧、文、终、丙丞相之伦,或退或让。作《五君》咏,病有司诗赋取士非化成之道。著《贡举》议,其他下属在教条,则辞语温润。言公事上奏,则切劘端正,触类而长。皆文约旨明,昭昭然足以激衰薄而申矩度。"文多散佚。子李吉甫,少好属文,著述颇多,有《一行易》、《六代略》、《元和郡县图志》及《李吉甫集》二十卷,多佚。吉甫子李德裕,精《汉书》、《左传》,工诗文。与刘禹锡、李商隐、杜牧等友善,今存《会昌一品集》二十卷及《次柳氏旧闻》十七条。

渤海蓨县高氏家族。高士廉,重文史,曾与魏徵等撰《文思博要》,并作序,又撰《大唐氏族志》。孙高瑾,咸亨元年进士,与其侄高绍皆好诗文,曾于晦日与陈子昂等著名诗人游宴唱和,现存《晦日宴高氏林亭》二十余首。高士廉孙高峤、六世孙高元裕及元裕子高璩也有诗名。

定州安喜崔氏家族。崔湜、崔液、崔涤兄弟具有诗名,《新唐书》卷九十九载:"(湜)与弟液、澄、从兄泡并以文翰居要官。每宴私,自比东晋王、谢。……尝暮出端门,缓辔讽诗。张说见之,叹曰:'文与位固可致,其年不可及也。'"崔湜,《全唐诗》存诗三十八首。崔液工诗文,词甚典丽,《上元夜》六首传诵一时,有《崔液集》十卷,已佚。崔涤诗多佚。

义丰齐氏家族。齐浣,工诗善文,著述多佚。浣子齐珣,与刘长卿、皎然等唱和,浣孙齐抗,也善文辞,权德舆《唐故中书侍郎同中书门下平章事太子宾客齐成公神道碑铭》云:"凡所论著,皆研几析理,宏雅夷远。"抗子齐推,有诗名,好长生之术,著有《灵飞散传信录》一文。

彭城赵氏家族。赵东曦，好属文，工诗能赋，曾与张说、尹懋唱和。《新唐书·艺文志》收录《王政》三卷、《赵东曦集》，已佚。其父赵不器、兄夏日及弟和璧、安贞、居贞、颐贞、汇贞，皆擢进士第，亦有诗名。

莫州鄚县张氏家族。张栖贞，有诗名，《全唐诗》录诗一首。栖贞曾孙张仲素，工乐府，《唐才子传》云："（仲素）善诗，多警句，尤精乐府，往往和在宫商，古人有未能虑及者。"《春闺思》、《塞下曲五首》及《燕子楼三首》传诵一时，白居易曾与之附和。元和中，与令狐楚、王涯唱和，编为《三舍人集》，又有《词圃》十卷，《赋枢》三卷，已佚。仲素孙张浚，曾隐居金凤山，学纵横之术，有诗名，今存诗二首。浚子张格，也工诗。

山南东道

襄州襄阳张氏家族。张柬之，少好学，精三《礼》，工乐府，《全唐诗》录其诗五首。弟敬之，曾作《城上乌》，今存诗一首。柬之孙张轸，能文，丁凤《唐故河南府参军张君墓志并序》云："变风雅之篇什，禀江山之清润。"有文集三卷，已佚。

襄阳皮氏家族。皮日休，自号"鹿门子"、"醉吟先生"、"间气布衣"等。与陆龟蒙友善，号称"皮陆"。乐府诗作多针砭时弊，"乐府，盖古圣王采天下之诗，欲以知国之利病，民之休戚者也。……诗之美也，闻之足以观乎功；诗之刺也，闻之足以戒乎政"（《正乐府十篇并序》），小品文《鹿门隐书》也为世人称道。有《胥台集》、《皮日休集》、《皮氏鹿门家钞》等，均佚，今存《文薮》十卷及《松陵唱和集》。子皮光业，善诗文，辞文宏赡，著有《皮氏见闻录》、《妖怪录》、《启颜录》、《三馀外志》等，均佚。

荆州江陵岑氏家族。岑文本，自幼博览经史，善属文，曾上《籍田颂》、《三元颂》，为太宗赏识，曾预修《大唐氏族志》、《文思博要》，著有《岑文本集》六十卷,已佚。孙岑羲,参修《氏族录》、《则天皇后实录》、《太极格》等,有诗名,文本曾孙岑参,著名诗人,曾与杜甫、高适等人唱和,诗风超拔孤秀,杜确《岑嘉州诗集序》云:"属辞尚清,用意尚切,其有所得,多入佳境,迥拔孤秀,出于常情。每一篇绝笔,则人人传写。虽闾里士庶、戎夷蛮貊,莫不讽诵吟习焉。时议拟公于吴均、何逊,亦可谓精当矣。"今存《岑嘉州集》七卷。

荆州段氏家族。段文昌,元和十一年充翰林学士,善文,并撰《平淮西碑》。刘禹锡《刘宾客嘉话录》认为其"效班固《燕然碑》样。别是一家之美"。著有《段文昌集》三十卷,已佚。子段成式,诗文与温庭筠、李商隐号称"三十六体",诗歌成就虽不及温、李,但"其奇丽似长吉,实非长吉;其沈厚似昌黎,实非昌黎;其纤密似武功,实非武功。当为唐诗别派,后人亦鲜效之者"(袁嘉谷《卧雪诗话》卷三)。曾与温庭筠、韦蟾等唱和,后编为《汉上题襟集》,传段公路、段安节亦为文昌之孙(参见方南生《段成式年谱》),段公路曾撰《北户录》三卷,段安节善音乐,著有《乐府杂录》一卷。

淮南道

扬州江都来氏家族。来恒,有诗名,曾参与高宗时的宫廷唱和。弟来济,善诗文,曾预修《晋书》,《新唐书·艺文志》收录文集三十卷,已佚。

扬州王氏家族。王播,少与弟起、炎具有文名,播《题木兰院》为人传诵一时。王起,博通经史,工诗文,与白居易、刘禹锡等联句,著述颇富,有文集一百二十卷,《五纬图》十卷及《文场秀句》、《大中新行诗格》等,均佚。王炎子王铎、王镣,皆富词学。王起子王龟,不事科第,于中条山起草堂,多与方外人士往来,也工诗,与姚合、赵嘏唱和,《全唐诗》存"珠箔卷繁星,金樽泻月明"一联。

光州王氏家族。闽王王审知,有文辞。侄王延彬,工诗,与僧人禅客唱和,颇得禅趣,又与韩偓、崔道融等往来。延彬侄继勋,幼好学，能诗。审知孙继鹏，《全唐诗》录七言诗一首。

江南东道

润州丹阳权德舆家族。权德舆，郡望天水，家居丹阳，元和五年拜礼部侍郎同中书门下平章事，曾三掌贡举，颇有政绩。权氏性直亮宽恕，尤嗜诗书，《唐才子传》卷五云："能赋诗，工古调乐府，极多情致。积思经术，无不贯综。手不释卷。虽动止无外饰，其蕴藉风流，自然可慕。贞元、元和间为荐绅羽仪。"张荐《答权载之书》也云："词致清深，华彩巨丽，言必合雅，情皆中节。"《旧唐书》及《新唐书》皆有传。权德舆十四叔权器，有文名，德舆《祭户部员外叔父文》云："禅惠通性，文章发身。清谈一室，车骑如云。"曾参与颜真卿、僧皎然的湖州联唱，《全唐诗》卷七百八十八存其诗三首。权器父权澈，童子时，为舅氏崔湜所赏识，据独孤及《唐故朝议大夫高平郡别驾权公神道碑铭》记载，有文集二十卷，李华曾为之序，今佚。另《全唐诗》卷七百七十七收录其诗一首，孙望《全唐诗补遗》卷五有澈《琵琶泓石壁诗刻》诗一首。权德舆侄权审，《诗话总龟》卷十五引《贡父诗话》："权审常侍著诗千首，常《题山院》曰：'万叶风声利，一山秋气寒。晓霜浮碧瓦，落日度朱栏。'"其他诗歌多已散佚。

润州曲阿蔡希逸家族。蔡希周、蔡希寂、蔡希综及蔡希逸四人家传儒素，尤尚书法。希综著《法书论》一卷，其云："第四兄缑氏主簿希逸，第七兄洛阳尉希寂，并深工草、隶，颇为当代所称也。"此外，蔡氏家族也以文著称于世。宋陈应行《吟窗杂录》卷二十六《历代吟谱》引殷璠《丹阳集》评曰"隐丘（希逸字）诗体调高，高险往往惊奇，虽乏绵密，殊多骨气"；"希周词彩明媚，殊得风规"；"希寂词句清迥，情理绵密"。

润州曲阿皇甫冉家族。皇甫冉、皇甫曾兄弟齐名。世人誉之晋张载、张协。高仲武《中兴间气集》评曰："昔孟阳之与景阳，诗德远惭厥弟，协居上品，载处下流，今侍御之与补阙，文辞亦尔，体制清洁,华不胜文。"徐献忠《唐诗品》也云:"景阳华净,遂掩哲昆;平原英赡,竟难家弟。是以世乏联苞之凤,情欣并蒂之华,物犹如此,况复人士耶? 皇甫兄弟仕道既同,才名亦配,渤海高生,犹持不足之叹,岂怜才之本意乎? 侍御律调澄泓,声文华洁,俯视当世,殆已飘然本末矣,虽紫霞碧落,未堪凌驾,亦何可少。"《新唐书·艺文志》收录《皇甫冉诗集》三卷、《皇甫曾集一卷》。

润州延陵包融家族。包融,与贺知章、张旭、张若虚并称"吴中四士",与孟浩然、殷遥交厚。工诗文,梁肃《秘书监包府君集序》云:"实以文藻盛名,扬于开元中。"《唐才子传》卷二云:"二子何、佶,纵声雅道,齐名当时,号'三包'。"包何,天宝七载登进士第。包佶,天宝六年登进士第。二包以诗名,《唐音癸签》评:"二包艺苑连枝,何七字馀有片藻,佶五排概多完什。"包何曾师事孟浩然,受格法,与李嘉祐相友善。"诗传者可数,盖流离世故,率多素辞。大播芳名,亦当时望族也",《全唐诗》收录诗一卷。包佶,权德舆《祭故秘书包监文》称其诗"又领秘丘,六艺章明,偃息文囿,优游汉庭。雅韵拔俗,清机入冥。立言大旨,为经为纪。行中文质,不华不俚"。《全唐诗》录其诗一卷,多为郊庙乐章与送别赠答之作。

润州延陵储光羲家族。储光羲,开元十四年进士及第。与王维、孟浩然交厚。诗歌格调高远,兴寄超绝,殷璠《河岳英灵集》评:"储公诗格高调逸,趣远情深,削尽常言,挟风雅之迹,得浩然之气。"储诗高处似陶渊明,平处似王摩诘,"摩诘才高于储,拟陶则储较王为近。但储诗亦惟此种佳,有廉颇用赵人之意。王兼长,储独诣也"(贺裳《载酒园诗话又编》)。《新唐书·艺文志》收录储诗七十卷,《全唐诗》编诗四卷。光羲曾孙储嗣宗,大中十三年登进士第。与顾非熊友善。《唐才子传》卷八云:"苦思梦索,所谓逐句留心,每字著意,悠然皆尘外之想。览其所作,及见其人。"《全唐诗》录诗一卷。

常州义兴蒋涣家族。蒋涣,进士及第,官至检校刑部尚书,封

汝南县开国公。善诗，《全唐诗》卷二百五十八存诗五首。涣兄蒋
洌，开元中进士及第，官至吏部侍郎，《国秀集》录诗二首，《全唐诗》
存诗七首。钟惺《唐诗归》评其《古意》诗曰："读之凄婉动人。"蒋涣
父蒋挺，《全唐诗》录诗一首，《全唐文》录文一篇。

常州无锡李绅家族。李绅，元和元年登进士第，长庆元年与李
德裕、元稹擢翰林学士，号为"三俊"，会昌二年，拜中书侍郎同中书
门下平章事。李绅工诗，元和中作《新题乐府》二十首，元稹、白居
易皆有续作。开成中，自编《追昔游诗》三卷，《唐音癸签》评："大是
宦梦难醒，然其揽笔写兴，曲备一生穷泰之感，亦令披卷者代为怃
然。"《四库全书总目》卷一百五十云："今观此集，音节啴缓，似不能
与同时诸人角争强弱。然春容恬雅，无雕琢细碎之习，其格究在晚
唐诸人刻画纤巧之上也。"《全唐诗》录诗四卷，《全唐文》载文十二
篇。李绅族子李虞，曾党附李逢吉，号"八关十六子"，《全唐诗》录
诗一首。

常州萧钧家族。兰陵萧氏，素为世家大族。萧钧，唐初名臣，
永徽二年，迁谏议大夫兼弘文馆学士。著《韵旨》、《韵音》，皆佚。
萧钧孙萧崇，官至兵部尚书，开元十七年封徐国公，后追拜太子太
师。《新唐书·艺文志》收录其《开元礼义镜》一百卷、《开元礼》一
百五十卷。萧崇子萧华、萧华孙萧做及萧遘，皆为显宦，其中萧遘
擅书法，《宣和画谱》称："观其《景公》、《幽公》二帖，笔迹有廊庙之
气而足规矩，学者未易到也。"

苏州吴县陆馀庆家族。陆馀庆，陆元方从父，陈右卫将军陆珣
孙，方雅博学，举制策甲科，后迁大理卿，终太子詹事。与赵贞固、
卢藏用、陈子昂、杜审言、宋之问、毕构、郭袭微、司马承祯、释怀一，
时号"方外十友"。馀庆孙陆海，善诗文，《大唐新语》卷八《文章》
载："陆馀庆孙海，长于五言诗，甚为诗人所重。性峻不附权要，出
牧潮州，但以诗酒自适，不以远谪介意。《题奉国寺》诗曰：'新秋夜
何爽，露下风转凄。一声竹林里，千灯花塔西。'《题龙门寺》诗曰：

'窗灯林霭里,闻磬水声中。更筹半有会,炉烟满夕风。'人推其警策。"陆海弟陆长源,《旧唐书》本传中称:"性轻佻,言论容易,恃才傲物,所在人畏而恶之。"与孟郊多有交往,唱和甚密。

苏州吴县陆龟蒙家族。陆龟蒙,字鲁望,别号天随子、江湖散人、甫里先生。曾任湖州、苏州刺史幕僚,后隐居松江甫里。陆氏《甫里先生传》自云:"少攻歌诗,欲与造物者争柄。遇事辄变化,不一其体裁。始则凌轹波涛,穿穴险固,囚锁怪异,破碎阵敌,卒造平淡而后已。"著有《笠泽丛书》三卷,有与皮日休唱和诗《松陵唱和集》十卷,现存。《诗编》十卷及《赋》六卷,散佚。宋人辑有《甫里先生集》二十卷,《全唐诗》录诗十四卷。陆龟蒙六世祖陆象先,景云二年冬,同中书门下平章事。象先四世孙陆羿,官汝阳参军,《全唐诗逸》录诗一首,有残句三联。

苏州吴县陆希声家族。希声四世祖陆元方,为陆龟蒙七世祖,元方"诸子皆美才,而象先、景倩、景融尤知名"(《新唐书》本传)。四世孙希声,字鸿磬,自号君阳遁叟。乾宁二年拜户部侍郎、同中书门下平章事。希声博学,工诗文,《阳羡杂咏十九首》称誉一时。又精书法,《唐诗纪事》卷四十八云:"古之善书鲜有得笔法者。希声得之,凡五字:撅、押、钩、格、抵。用笔双钩,则点画遒劲而尽妙矣,谓之拨镫法。"希声父陆翱,南唐刘崇远《金华子杂编》卷上:"陆翱,字楚臣,进士擢第,诗不甚高,而才调宛丽,有子弟之标格。"咏物诗中鹦鹉、早莺、柳絮、燕子等诗什,当时甚播于人口。翱祖陆涓,大历十一年与颜真卿、皎然湖州联唱,《全唐诗》录诗一首。

吴县归登家族。归登,字冲之,大历七年举孝廉高第。贞元初复登贤良科,后迁工部尚书。工书法,擅长真、行、草、篆、隶。有文学,权德舆《起居舍人举人自代状》云:"前件官词学精实,晦而不耀,操尚纯素,贞而有恒。"《全唐诗》存诗一首。归登曾孙归氏子,《全唐诗》录其诙谐诗《答日休皮字诗》。登四世孙归出讷,也喜作嘲谑之诗,《鉴诫录》录有嘲谑诗五首。

　　吴县沈传师家族。沈传师，字子言，德宗贞元末举进士，受杜佑、权德舆器重，宝历元年入拜尚书右丞、吏部侍郎。工行、草，皆有楷法。朱长文《续书断》把沈氏书法和欧阳询、虞世南、褚遂良、柳公权等并列为妙品。善诗文，与白居易、沈亚之及李德裕多有唱和，《全唐诗》录诗五首。传师父沈既济，精于史学，长于传奇，著《枕中记》、《任氏传》、《全唐文》存文六篇。传师子沈询，会昌元年登进士第。有文辞，《全唐文》录文二十二篇。传师孙沈颜，天复初举进士第，为校书郎。后曾为吴国兵部郎中、知制诰翰林学士工琴棋，善文辞，才思敏捷，有"下水船"之称。反对浮靡之风，尝著书百篇，仿元结聱叟之说以寓己意，故名其书为《聱书》。自序云："孟轲以后千馀年，经百千儒者咸未闻焉，无厌其极，付在鄙子。"所著甚多，有《陵阳集》五卷、《聱书》十卷、《解聱》十五卷，已散佚。《全唐诗》录存诗二首，《全唐文》录存文十一篇。

　　嘉兴丘为家族。丘为，天宝二年进士及第，累官至太子右庶子。善为诗，与王维、刘长卿友善，时相唱和。其诗大抵为五言，工于炼字，格调清幽淡逸，多写田园风物。如"春风何时至？已绿湖上山"（《题农父庐舍》），王安石《泊船瓜洲》之"春风又绿江南岸"盖脱胎于此。原有集，已佚，《全唐诗》存诗十三首。丘为弟丘丹，大历年间与鲍防、严维浙东联唱。贞元初，隐临平山，与韦应物、吕渭交厚，《全唐诗》存诗十一首。

　　海盐顾况家族。顾况，字号华阳山人，至德二年登进士第。与李泌、柳浑友善，后归隐茅山。工诗文，皇甫湜《唐故著作佐郎顾况集序》："君出其中间，翕轻清以为性，结冷汰以为质，煦鲜荣以为词，偏于逸歌长句，骏发踔厉，往往若穿天心、出月胁，意外惊人语，非寻常所能及，最为快也。李白、杜甫已死，非君将谁与哉？"著《顾况集》二十卷，已佚。有《顾华阳集》三卷行世，《全唐诗》录诗四卷。顾况子顾非熊，会昌五年登进士第。工诗善文，与贾岛、朱庆馀、马戴交游唱和。李怀民《重订中晚唐诗主客图》云："飞熊诗体不备，不及乃父广博。然其五言近体，易朴茂为清永，似胜逋翁，或自更有宗承，不尽家学也。"《全唐诗》录诗一卷。

苏州杨发家族。杨发，大和四年登进士第。善诗文，与弟嘏、收、严及子乘有名于世。《唐诗纪事》卷四十七："杨维直四子，发、嘏、收、严。发以春为义，其子以枳以乘为名。嘏以夏为义，其子以照为名。收以秋为义，其子以钜、镰、鉴为名。严以冬为义，其子以注、涉、洞为名。皆以文学登第，时号'修行杨家'，与靖恭诸杨比于华盛。"《全唐诗》存杨发诗十三首，杨收诗四首，杨乘诗五首。杨收侄孙杨凝式，工颠草，富文藻。《旧五代史》卷一百二十八载："凝式长于歌诗，善于笔札，洛川寺观蓝墙粉壁之上，题纪殆遍，时人以其纵诞，有'风子'之号焉。"《全唐诗》录诗四首及三联残句。

湖州钱起家族。钱起，天宝十年登进士第。乾元中任蓝田尉，与王维唱和，工诗，与郎士元齐名，时称"钱、郎"，又与卢纶、吉中孚等合称"大历十才子"。《中兴间气集》称："员外诗，体格新奇，理致清赡。越从登第，挺冠词林。文宗右丞，许以高格。右丞没后，员外为雄。芟宋、齐之浮游，削梁、陈之靡嫚，迥然独立，莫之与群。"有《钱考功集》十卷行世。《全唐诗》录诗四卷。钱起子钱徽，工诗善文，与白居易、刘禹锡等唱和。徽子可复，官至凤翔节度副使，死于甘露之变。可复侄钱珝，善文辞，乾符六年登进士第。曾作《江行无题一百首》，皆谪居抚州。吟咏之作，清新可诵，兴会甚佳。又自编《舟中录》二十卷，已佚。《全唐诗》录诗一卷。

杭州褚亮家族。褚亮，秦王府十八学士之一，《旧唐书》本传称："亮幼聪敏，好学，善属文。博览无所不至，经目必记于心。喜游名贤，尤善谈论。年十八，诣陈仆射徐陵，陵与商榷文章，深异之。陈后主闻而召见，使赋诗，江总及诸辞人在坐，莫不推善。"《全唐诗》录诗一卷。亮子褚遂良，精熟文史，书法遒劲，《摩崖帖》、《兰亭集序》等流芳百世。曾预修《尚书正义》、《文思博要》，著有《褚遂良集》二十卷，已佚。《全唐文》录文一卷，《全唐诗》录诗一首。遂良从孙褚琇，《全唐诗》录诗一首。

临安钱镠家族。钱镠，吴越国王，工书善文，著《武肃王集》，今存。《全唐诗》录诗二首及六残句。镠子钱元璙、钱元珫亦有诗作留世。元璙有《锦楼集》十卷，已佚。元璙子钱弘僎、钱弘佐、钱弘俅、钱弘偡、钱俶、钱信，皆工诗文，如钱弘俅《越中吟》二十卷及钱俶《政本集》十卷，已佚，钱信《吴越备史》十五卷尚存。弘佐子钱昱，博学好文，多聚书，善覆棋，工琴画，喜吟咏。著有《贰卿文稿》二十卷，《太平兴国录》一卷，《竹谱》三卷，均佚。弘俅子钱惟治，幼好读书，善草隶，尤好二王书。据王士禛《秦蜀驿程记》二记载，惟治曾作连环诗九十首，著名的有《春日登大悲阁》等。

睦州清溪皇甫湜家族。皇甫湜，元和元年进士及第，曾与白居易交游，又与李翱同为韩愈弟子。论文尚奇，《答李生第一书》云："意新则异于常，异于常则怪矣；词高则出众，出众则奇矣。"皇甫湜不善诗歌，但司空图《题柳柳州集后序》云："皇甫祠部文集外所作，亦为遒劲，非无意于深密，盖或未遑耳。"有《皇甫持正集》六卷行世。《全唐诗》录诗三首。皇甫湜子皇甫松，号檀栾子，工诗词，《花间集》录词十二首，王国维辑《檀栾子词》一卷，《全唐诗》存诗十三首。

睦州桐庐章八元家族。章八元，少时喜作诗，曾于邮亭题诗数行，严维见后甚感惊奇，收为弟子。数年间，诗赋精绝，人称"章才子"。大历六年登进士第，著《章八元诗》一卷，已佚，《全唐诗》存诗六首。章孝标，或云章八元子，元和十四年登进士第，工诗，与李绅、白居易、元稹及杨巨源等唱和，《诗人主客图》中列孝标为瑰奇美丽主之及门。《全唐诗》录诗一卷。章碣，或云章孝标子，咸通末，以篇什著名，与罗隐、方干友善。《唐才子传》卷九评云："碣有异才，尝草创诗律，于八句中，足字平侧，各从本韵，如'东南路尽吴江畔，正是穷愁薄暮天。鸥鹭不嫌斜雨岸，波涛欺得逆风船。偶逢岛寺停帆看，深羡渔翁下钓眠。今古若论英达算，鸱夷高兴固无边。'自称变体。当时趋风者亦纷纷而起也。今有诗一卷,传于世。"《全唐诗》存诗一卷。

越州会稽罗珦家族。罗珦,贞元十二年迁庐州刺史,兴建学宫,为政简易。元和三年任太子宾客。《全唐诗》录诗一首。罗珦子罗让,贞元十七年登进士第,少以文知名,工诗。《新唐书·艺文志》收录文集三十卷,已佚。《全唐诗》存诗二首,《全唐文》存赋三篇,对策一篇。

歙州休宁查文徽家族。查文徽,字光慎,五代南唐大臣。历仕枢密副使、抚州观察使、工部尚书。幼好学,能自刻苦,手写经史书百卷。《全唐诗》录诗一首。文徽子查元方,南唐后主时任水部员外郎。吉王李从谦辟其为掌书记,曾随李从谦使宋。使还,通判建州。宋开宝八年南唐亡后,归宋,擢殿中侍御史、知泉州,卒于官。《全唐诗补编》录诗一首。

歙州吴少微家族。吴少微,《旧唐书》卷一百九十云:"少微亦举进士,累至晋阳尉。中兴初,调于吏部,侍郎韦嗣立称荐,拜右台监察御史。卧病,闻嘉谟死,哭而赋诗,寻亦卒。有文集五卷。"以文词著称,与富嘉谟、魏郡谷倚合称"北京三杰",唐初文士撰碑颂,皆以徐、庾为宗,气调渐劣。吴少微与富嘉谟皆以经典为本,时人钦慕之,文体一变,称为"富吴体"。《全唐诗》存诗六首,《全唐文》存文六篇。少微子吴巩,开元中,登才高未达沈迹下僚科。《全唐诗》录诗一首。

婺州金华张志和家族。张志和,字子同,初名龟龄,自号"烟波钓徒",又号"玄真子"。乾元年间明经擢第。工诗善画,与颜真卿、陆羽友善。其词《渔歌子》流播人口,陈振孙《直斋书录解题》卷十五云:"尝得其一时倡和诸贤之词各五章及南卓、柳宗元所赋,通为若干章……集为一编,以备吴兴故事。"《全唐诗》录诗词九首。张志和兄张松龄,与志和归隐越州,有文名。《全唐诗》录诗一首。

东阳滕珦家族。滕珦,元和七年任太学博士,大和三年以右庶子致仕，归老婺州。《新唐书·艺文志》著录《滕珦集》，已佚。《全唐诗》存其诗一首，《唐文拾遗》存其文一篇。滕珦子滕迈，元和十年登进士第。工诗，据《云溪友议》卷下记载，其《杨柳枝词》为刘采春女周德华传唱。被誉为"不言杨柳二字，最为妙也"。

东阳朱著家族。朱著，乾宁元年温州刺史，《全唐诗补编》录诗一首。残句二联。弟朱褒，与杜荀鹤交厚，杜诗《寄温州朱尚书并呈军倅崔太博》称其诗"篇章高体谢宣城"。《全唐诗》录诗一首。

福州闽县欧阳衮家族。欧阳衮，唐宝历元年进士及第，官至监察御史。与项斯齐名诗坛，《新唐书·艺文志》收录《欧阳衮集》二卷，已佚。《全唐诗》存诗九首。衮子欧阳玭，咸通十年登进士第，《全唐诗》存诗五首。

泉州晋江欧阳詹家族。欧阳詹，贞元八年，与韩愈、李观及王涯等登进士第，时称"龙虎榜"。善古文，李贻孙《故四门助教欧阳詹文集序》云："君之文新无所袭，才未尝困。精于理，故言多周详；切于情，故叙事重复。宜其司当代文柄以变风雅。"诗歌述情有古拙之趣，如《玩月》等。《全唐诗》录诗一卷，《全唐文》录文四卷。詹孙欧阳澥，数举不第，沉沦下僚。《全唐诗》录诗一首。

泉州莆田林披家族。林披，天宝十一年明经擢第。授临汀别驾时，汀俗尚鬼，作《无鬼论》以晓谕民众。林披有九子，皆官至州刺史，世号"九牧林家"。《全唐诗》录诗一首。林披子林蕴，熟通经文，刚正不阿，名重一时。与张籍、姚合等交厚，存《林邵州遗集》一卷。林蕴兄林藻，少负奇志，乃与欧阳詹刻意文学。李俊甫《莆阳比事》卷一云"欧阳独步、藻蕴横行"，贞元七年，登进士第，著《珠还合浦赋》，黄裳极为赏识。另善行书，有《深慰帖》，《宣和书谱》评云："作行书，其婉约丰妍处，得智永笔法为多。"

莆田黄滔家族。黄滔，乾宁二年登进士第。工诗善文，尤长律赋，吴任臣《十国春秋》称："《马嵬》、《馆娃》、《景阳》、《水殿》诸赋，雄新隽永，称一时绝调。"何乔远《闽书》也云："中州名士避地于闽者,若李绚、韩偓、王涤、崔道融、王标、夏侯淑、王拯、杨承休、杨赞图、王偓、归传懿辈,悉主于滔。有《泉山秀句集》及《文集》行世。洪迈序滔文:'赡蔚典则,策扶教化。诗清淳丰润,若与人对语,郁郁有贞元、长庆风。'"丁仪《诗学渊源》评其诗:"诗类韦庄,源出齐梁。惟七言高华,气力自胜,无卑靡之习。"宋人辑《莆田黄御史集》十卷行世。《全唐诗》录诗三卷。黄滔从弟黄蟾,乾宁中任崇文馆校书郎,《全唐诗补编》录诗一首。

仙游郑良士家族。郑良士,景福二年献诗五百首,受昭宗李烨赏识,授国子监四门博士,历补阙,累迁康、恩二州刺史,天复元年弃官归隐故里白岩,与徐寅等唱和。《新唐书·艺文志》收录《白岩集》十卷,《中垒集》五卷,均佚,《全唐诗》录诗三首。子郑元弼,曾官至礼部尚书,《全唐诗补编·续拾》录诗二首。

江南西道

宣州溧水刘太真家族。刘太真,少师事萧颖士,天宝十三年登进士第,"公十有五而志于学,弱冠以行义修洁,词藻瑰异,名声藉甚于诸公间"(裴度《刘府君神道碑铭》)。大历中,为淮南节度使陈少游掌书记。后累迁刑部侍郎。《新唐书·艺文志》收录《刘太真集》三十卷。已佚,《全唐文》存文六篇,《全唐诗》录诗三首。太真兄刘太冲,也师事萧颖士,天宝十二年进士及第。颜真卿《送刘太冲序》云:"冲与太真,嗣家声于后,有日矣!昔予作郡平原,拒胡羯而请与从事;掌铨吏部,第甲乙而超升等夷。尔来蹉跎,犹屑卑位,虽才不偶命,而德其无邻。"《全唐诗》存诗一首。

宣州刘长卿家族。刘长卿,天宝中登进士第,广德中官至监察御史,与元结、张继、李嘉祐及朱放等交厚。长卿擅五言,尤工五律,自许"五言长城",高仲武《中兴间气集》评曰:"诗体虽不新奇,甚能炼饰。大抵十首以上,语意稍同,于落句尤甚,思锐才窄也。"又刘熙载《艺概·诗概》言:"刘文房诗,以研炼字句见长,而清赡闲雅，蹈乎大方。其篇章亦尽有法度。"《全唐诗》录诗五卷，《全唐文》存文十二篇。长卿祖父刘处约，《全唐诗补编》存诗一首。

池州青阳殷文圭家族。殷文圭，曾隐读于九华山，后因朱全忠表荐进士及第。善诗文，《唐才子传》卷十称："文圭稍入风度，间见奇崛。"著有《登龙集》、《冥搜集》、《笔耕词》及《从军稿》等已佚，《全唐诗》存诗一卷。文圭子殷崇义，曾预修《江南录》及《太平御览》等。

虔州虔化廖匡图家族。廖匡图，五代十国时楚国天策府学士，与徐仲雅、齐己、虚中、沈彬、僧尚颜等交厚。以文藻知名。善诗文，《唐才子传》卷十曰："文学博赡，为时辈所服。"齐己《寄廖匡图兄弟》云："风骚作者为商榷，道去碧云争几程。"《宋史·艺文志》收录《廖匡图诗集》二卷，已佚。《全唐诗》存诗四首及残句一联。匡图弟廖凝、匡齐及廖融，皆有文名。廖凝十岁赋诗《咏棋》，传诵一时，与李建勋为诗友，江左学诗之人，争向凝求教。《宋史·艺文志》收录《廖凝诗集》七卷，已佚。匡齐，少有志，状貌魁伟，喜奇节，后率兵与苗兵鏖战，阵亡，谥封百胜侯，《全唐诗补编·续拾》存诗一首。廖融，隐于衡山，工诗，据《诗话总龟》引《雅言杂载》的记载，融与任鹄、王正已、凌蟾及王元相善，多有唱和，《梦仙谣》、《退宫妓》为人所称赏。《宋史·艺文志》录诗集四卷，已佚。

袁州郑谷家族。郑谷，僖宗光启三年登进士第，与许棠、温宪、张乔等交厚，号"咸通十哲"。曾隐读于宜春仰山书堂，少工诗，曾言"自骑竹之年则有赋咏"。欧阳修《六一诗话》云："郑谷诗名盛于唐末，号《云台编》，而世俗但称其官，为'郑都官诗'。其诗极有意思，亦多佳句，但其格不甚高。以其易晓，人家多以教小儿，余为儿时犹诵之，今其集不行于世矣。"胡震亨《唐音癸签》卷八评云："郑都官诗非不尖鲜，无奈骨体太孱，以其近人，宋初家户习之。"有《云台编》，今存，《全唐诗》录诗四卷。郑谷父郑史，开成元年登进士第。《全唐诗》存诗三首。郑谷兄郑启，《全唐诗》存诗三首。

永州张颐家族。张颐，曾任昭宗谏议大夫，工书法，《全唐诗》存诗残句一联。颐子张文宝，官至吏部侍郎，性雅淡稽古。文宝从子张仲达，博学有文，《全唐诗》存《鹭鸶诗》一首。《诗人玉屑》卷十一引《荆湖近事》云："张仲达咏鹭鸶诗云：'沧海最深处，鲈鱼衔得归。'张文宝曰：'佳则佳矣，争奈鹭鸶嘴脚太长也。'"

连州孟宾于家族。孟宾于，自号"群玉峰叟"，幼擅诗名，五代后晋天福九年登进士第。《江南野史》卷八云："天祐末，工部侍郎李若虚廉察于湘、沅，宾于以诗数百篇，自命为《金鳌集》献之，大为称誉。因采择集中有可举者十数联，记之于书，使宾于驰诣洛阳，献诸朝廷，皆为数之，其誉蔼然。"王禹偁《孟宾于诗集序》称其诗"雅澹之体，警策之句"，《金鳌集》已佚，《全唐诗》存诗八首及残句十四联。宾于子孟归唐，庐山国学肄业，《全唐诗补编·补逸》存诗二句。

剑南道

梓州盐亭严震家族。严震，字遐闻，官至山南西道节度使，有政绩。《全唐诗》存诗一首，震子严公弼，贞元五年登进士第，袭爵郧国公，施政清廉，善诗文。公弼弟严公贶，也工诗，权德舆《严公墓志铭》言："嗣子公弼，以文学克家，仕至国子监主簿，以似续疏土，封会稽县男。幼子公贶，亦以修词为州党所荐，祗服义方，绰绰有裕，哀敬诚信之礼备焉。"《全唐诗》录其诗歌一首。

梓州李义府家族。李义府，贞观八年对策擢第。官至中书令、吏部尚书，龙朔三年曾迁右相。但为政稔恶忌贤，世人谓之"李猫"、"笑中有刀"。善诗文，《旧唐书》本传称"与太子司议郎来济俱以文翰见知，时称'来李'"。《旧唐书·经籍志》收录文集三十九卷，已佚。《全唐诗》存诗八首。义府子李湛，官至左领军卫大将军，《全唐诗逸》录诗四句。

岭南道

韶州曲江张九龄家族。张九龄，长安二年擢进士第，开元二十一年迁中书侍郎同平章事。张九龄才思敏捷，文章高雅，诗意超逸，其诗《感遇》、《望月怀远》等千古传颂。早年词采清丽，情致深婉，为张说所激赏，被贬后风格转趋朴素遒劲。有《曲江集》行世，《全唐诗》录三卷。九龄族孙张仲方，贞元中进士擢第。官至银青光禄大夫、上柱国等，有政绩，但受李党摈斥，坎坷而殁，有文集三十卷，已佚，《全唐诗》存诗二首，残句一联。

桂州裴说家族。裴说，唐哀帝天祐三年丙寅科状元及第，官至礼部员外郎，工诗，与曹松、贯休、王贞白友善。胡震亨《唐音癸签》卷八："裴说诗以苦吟难得为工，时出意外句耸人。观《寄边衣》等歌，亦绵宛中情，不嫌格下。"《全唐诗》录其诗一卷。裴说弟裴谐，天祐三年登进士第，《全唐诗》存诗一首及残句二联。

参 考 文 献

B

《北齐书》,〔唐〕李百药撰,中华书局,1972 年版。

《北史》,〔唐〕李延寿撰,中华书局,1974 年版。

《博物志校正》,〔晋〕张华撰,范宁校正,中华书局,1980 年版,

《白居易集校笺》,〔唐〕白居易撰,朱金城校笺,上海古籍出版社,1988 年版。

《白孔六帖》,〔唐〕白居易,〔宋〕孔传撰,台湾商务印书馆《文渊阁四库全书》本。

《北梦琐言》,〔宋〕孙光宪撰,上海古籍出版社,1981 年版。

C

《楚辞补注》,〔战国〕屈原等撰,宋洪兴祖注,中华书局,1983 年版。

《春秋左传正义》,〔晋〕杜预注,〔唐〕孔颖达疏,十三经注疏本,中华书局,1957 年版。

《春秋集传纂列》,〔唐〕啖助、赵匡、陆质撰,《丛书集成初编》,中华书局,1985 年版。

《春秋微旨》,〔唐〕陆质撰,《丛书集成初编》,中华书局,1985年版。

《春秋集传辨疑》,〔唐〕陆质撰,《丛书集成初编》,中华书局,1985年版。

《长江集新校》,〔唐〕贾岛撰,李嘉言校,上海古籍出版社,1983年版。

《初学记》,〔唐〕徐坚编,中华书局,1962年版。

《朝野佥载》,〔唐〕张鹭撰,中华书局,1979年版。

《沧浪诗话》,〔宋〕严羽撰,人民文学出版社,1983年版。

《册府元龟》,〔宋〕王钦若等编,中华书局,1960年版。

《池北偶谈》,〔清〕王士禛撰,中华书局,1982年版。

《程千帆选集》,程千帆著,辽宁古籍出版社,1996年版。

《初盛唐诗歌的文化阐释》,杜晓勤著,东方出版社,1997年版。

D

《大唐新语》,〔唐〕刘肃撰,中华书局,1984年版。

《东观奏记》,〔唐〕裴庭裕撰,中华书局,1994年版。

《登科记考补正》,孟二冬补正,北京燕山出版社,2003年版。

《杜诗镜铨》,〔唐〕杜甫撰,〔清〕杨伦笺注,上海古籍出版社,1962年版。

《杜少陵集详注》,〔唐〕杜甫著,〔清〕仇兆鳌注,文学古籍刊行社,1955年版。

《读杜心解》,〔唐〕杜甫著,〔清〕清浦起龙著,中华书局,1961年版。

《登科记考》,〔清〕徐松撰,中华书局,1984年版。

《杜诗赵次公先后解辑校》,〔唐〕杜甫著,〔宋〕赵次公注,林继中辑校,上海古籍出版社,1994年版。

《丁卯集笺证》,罗时进著,江西人民出版社,1998年版。

《敦煌变文》,王重民编,人民文学出版社,1957年版。

《敦煌古籍叙录》,王重民著,中华书局,1979年版。

《敦煌歌辞总编》,任半塘编,上海古籍出版社,1987年版。

《敦煌诗集残卷辑考》,徐俊纂辑,中华书局,2000年版。

《敦煌蒙书研究》,郑阿财、朱凤玉著,甘肃教育出版社,2002年版。

《大历诗风》,蒋寅著,上海古籍出版社,1992年版。

《道教与中国文化》,葛兆光著,上海人民出版社,1987年版。

《道教与唐代文学》,孙昌武著,人民文学出版社,2001年版。

《地域文化与唐代诗歌》,戴伟华著,中华书局,2006年版。

F

《法苑珠林校注》,〔唐〕释道世撰,周叔迦、苏晋仁校注,中华书局,2003年版。

《樊川文集》,〔唐〕杜牧撰,陈允吉点校,上海古籍出版社,1978年版。

《封氏闻见记校注》,〔唐〕封演撰,赵贞信校注,中华书局,1958年版。

《佛学与隋唐社会》,张国刚著,河北人民出版社,2002年版。

《佛教与中国文学》,孙昌武著,上海人民出版社,1988年版。

G

《古今岁时杂咏》,〔宋〕蒲积中编,辽宁教育出版社,1998年版。

《广弘明集》,《四部丛刊初编》,上海书店,1989年版。

《国学概论》,钱穆著,商务印书馆,1997年版。

《观堂集林》(外二种),王国维著,河北教育出版社,2001年版。

H

《汉书》,〔汉〕班固撰,中华书局,1962年版。

《后汉书》,〔南朝宋〕范晔撰,中华书局,1965年版。

《河岳英灵集》,〔唐〕殷璠编,《唐人选唐诗》(十种)本,上海古籍出版社,1978年版。

《后村诗话》,〔宋〕刘克庄撰,中华书局,1983年版。

《韩愈年谱》,〔宋〕吕大防撰,中华书局,1991年版。

《韩昌黎诗系年集释》,钱仲联集释,上海古籍出版社,1984年版。

《韩昌黎文集校注》,马其昶校注,马茂元整理,上海古籍出版社,1986年版。

《韩愈志》,钱基博著,中国书店,1988年版。

《韩愈评传》,刘国盈著,北京师范学院出版社,1991年版。

《汉唐文学的嬗变》,葛晓音著,北京大学出版社,1990年版。

《汉唐佛寺文化史》,张弓著,中国社会科学出版社,1997年版。

J

《荆楚岁时记》,〔南朝梁〕宗懔撰,谭麟译注,湖北人民出版社,1985年版。

《晋书》,〔唐〕房玄龄编,中华书局,1974年版。

《旧唐书》，〔后晋〕刘昫编，中华书局，1975 年版。

《鉴戒录》，〔后蜀〕何光远撰，中华书局，1985 年版。

《旧五代史》，〔宋〕薛居正等撰，中华书局，1976 年版。

《经学通论》，皮锡瑞著，中华书局，1954 年版。

《金明馆丛稿初编》，陈寅恪著，上海古籍出版社，1980 年版。

《剑桥中国隋唐史》，崔瑞德著，中国社会科学出版社，1990 年版。

《江南文化与唐代文学研究》，景遐东著，人民文学出版社，2005 年版。

K

《困学纪闻》，〔宋〕王应麟撰，商务印书馆，1935 年版。

L

《论语译注》，杨伯峻注，中华书局，1980 年版。

《梁书》，〔唐〕姚思廉撰，中华书局，1973 年版。

《李文公集》，〔唐〕李翱撰，《四部丛刊初编》，商务印书馆，1989 年版。

《刘禹锡集》，〔唐〕刘禹锡撰，山西古籍出版社，2004 年版。

《柳河东集》，〔唐〕柳宗元撰，中华书局，1958 年版。

《李贺诗歌集注》，〔唐〕李贺撰，〔清〕王琦等注，上海古籍出版社，1978 年版。

《李绅诗注》，〔唐〕李绅撰，王旋伯注，上海古籍出版社，1985 年版。

《刘宾客文集》〔唐〕刘禹锡撰，商务印书馆，民国二十六年版。

《历代诗话》，〔清〕何文焕辑，中华书局，1981 年版。

《历代诗话续编》,丁福保辑,中华书局,1983 年版
《历代名画记》,[唐]张彦远撰,人民美术出版社,1963 年版。
《庐山史话》,周銮书著,江西人民出版社,1981 年版。
《刘禹锡传论》,吴汝煜著,陕西人民出版社,1988 年版。
《柳宗元传论》,孙昌武著,人民文学出版社,1982 年版。
《两汉教育制度史资料》,程舜英编,北京师范大学出版社,1988 年版。
《历代教育笔记资料》,尹德新主编,北京,中国劳动出版社,1990 年版。
《历代文话》,王水照编,复旦大学出版社,2007 年版。

M

《毛诗正义》,[汉]郑玄笺,[唐]孔颖达疏,十三经注疏本,中华书局,1957 年版。
《孟子正义》,[清]焦循撰,中华书局,1987 年版。
《孟东野诗集》,[唐]孟郊撰,华忱之校订,人民文学出版社,1959 年版。
《孟浩然集校注》,[唐]孟浩然撰,徐鹏校注,人民文学出版社,1989 年版。
《明皇杂录》,[唐]郑处诲撰,田延柱点校,中华书局,1994 年版。
《梦溪笔谈》,[宋]沈括撰,上海古籍出版社,1978 年版。
《明代唐诗学》,孙青春著,上海古籍出版社,2006 年版。

N

《南齐书》,[南朝梁]萧子显撰,中华书局,1972 年版。

《南史》，［唐］李延寿撰，中华书局，1975 年版。

《南部新书》，［五代］钱易撰，中华书局，1958 年版。

P

《皮子文薮》，［唐］皮日休撰，萧涤非整理，中华书局上海编辑所，1959 年版。

《莆田黄御史集》，［唐］黄滔撰，中华书局，1985 年版。

Q

《全上古三代秦汉三国六朝文》，严可均编，中华书局，1958 年版。

《曲江集》，［唐］张九龄撰，刘斯翰校注，广东人民出版社，1986 年版。

《权德舆文集》，［唐］权德舆撰，《四部丛刊初编》本，上海书店，1989 年版。

《全唐文》，［清］董诰编，中华书局，1983 年版。

《全唐诗》，［清］彭定球编，中华书局。1960 年版。

《清诗话》，［清］王夫之等撰，上海古籍出版社，1999 年版。

《七修类稿》，［明］郎瑛撰，上海书店出版社，2001 年版。

《清诗话续编》，郭绍虞编选，上海古籍出版社，1983 年版。

《全唐诗补编》，陈尚君辑校，中华书局，1992 年版。

《全唐小说》，王汝涛编校，山东文艺出版社，1993 年版。

《全唐五代诗格汇考》，张伯伟著，江苏古籍出版社，2002 年版。

《清诗话考》，蒋寅著，中华书局，2007 年版。

《清代文学论稿》，蒋寅著，凤凰出版社，2009 年版。

R

《戎昱诗注》，[唐] 戎昱撰，臧维熙注，上海古籍出版社，1982年版。

《入唐求法巡行礼记》，[唐] 释圆仁撰，（日）小野胜年校注，白化文、许德楠修订校注，花山文艺出版社，1992年版。

《容斋随笔》，[宋] 洪迈撰，上海古籍出版社，1978年版。

《日知录》，[清] 顾炎武撰，上海古籍出版社，1984年版。

S

《史记》，[西汉] 司马迁撰，中华书局，1959年版。

《三国志》，[西晋] 陈寿撰，中华书局，1982年版。

《宋书》，[南朝梁] 沈约撰，中华书局，1974年版。

《世说新语》，[南朝宋] 刘义庆撰，徐震堮校笺，中华书局，1984年版。

《隋书》，[唐] 唐魏徵撰，中华书局，1973年版。

《隋唐嘉话》，[唐] 刘餗撰，程毅中点校，中华书局，1979年版。

《邵氏闻见后录》，[宋] 邵博撰，中华书局，1983年版。

《岁时广记》，[宋] 陈元靓撰，中华书局，1985年版。

《宋本方舆胜览》，[宋] 祝穆编，祝洙补订，上海古籍出版社，1991年版。

《宋高僧传》，[宋] 赞宁撰，中华书局，1987年版。

《四书集注》，[宋] 朱熹集注，岳麓书社，1983年版。

《诗薮》，[明] 胡应麟撰，上海古籍出版社，1979年版。

《诗源辩体》，[明] 许学夷撰，人民文学出版社，1998年版。

《十三经注疏》，[清] 阮元校刻，中华书局，1980年版。

《十七史商榷》，［清］王鸣盛撰，商务印书馆，1959 年版。

《四库全书总目》，［清］永瑢等撰，中华书局，1983 年版。

《隋唐制度渊源略论稿》，陈寅恪著，河北教育出版社，2002 年版。

《隋唐五代文学思想史》，罗宗强著，中华书局，1999 年版。

《隋唐文选学研究》，汪习波著，上海古籍出版社，2005 年版。

《隋唐五代史》，吕思勉著，上海古籍出版社，2005 年版。

《隋唐五代史》，王仲荦著，上海人民出版社，1990 年版。

《隋唐五代教育论著选》，孙培青著，人民教育出版社，1993 年版。

《书院与中国文化》，丁钢、刘琪著，上海教育出版社，1990 年版。

《书院与科举关系研究》，李兵著，华中师范大学出版社，2005 年版。

《诗国高潮与盛唐文化》，葛晓音著，北京大学出版社，1998 年版。

《史统、道统、文统——论唐宋时期文学观念的转变》，罗立刚著，东方出版中心，2005 年版。

T

《唐六典》，［唐］李林甫撰，中华书局，1988 年版。

《通典》，［唐］杜佑撰，中华书局，1984 年版。

《唐国史补》，［唐］李肇撰，上海古籍出版社，1979 年版。

《唐甫里先生文集》，［唐］陆龟蒙撰，《四部丛刊初编》，上海书店出版社，1989 年版。

《唐语林校证》，［唐］王谠撰，周勋初校证，中华书局，1987 年版。

《唐摭言》，［后周］王定保撰，上海古籍出版社，1978 年版。

《唐大诏令集》，[宋] 宋敏求撰，学林出版社，1992 年版。

《唐会要》，[宋] 王溥撰，中华书局，1955 年版。

《太平广记》，[宋] 李昉等编，中华书局，1986 年版。

《太平寰宇记》，[宋] 乐史撰，台湾文海出版社，1980 年版。

《唐诗纪事》，[宋] 计有功撰，中华书局，1965 年版。

《苕溪渔隐丛话》，[宋] 胡仔撰，人民文学出版社，1962 年版。

《唐诗品汇》，[明] 高棅撰，上海古籍出版社，1982 年版。

《唐音癸签》，[明] 胡震亨撰，上海古籍出版社，1981 年版。

《唐才子传校笺》，[元] 辛文房撰，傅璇琮主编，中华书局，1995 年版。

《唐人小说》，汪辟疆著，中华书局，1958 年版。

《唐人行第录》，岑仲勉著，中华书局，1962 年版。

《唐史研究丛稿》，严耕望著，香港，新亚研究所编，1969 年版。

《唐代政治史述论稿》，陈寅恪著，上海古籍出版社，1997 年版。

《唐代古文运动论稿》，刘国盈著，陕西人民出版社，1984 年版。

《唐代古文运动通论》，孙昌武著，百花文艺出版社，1984 年版。

《唐史学会论文集》，中国唐史学会编，陕西人民出版社，1986 年版。

《唐代科举与文学》，傅璇琮著，陕西人民出版社，1986 年版。

《唐史论丛》，史念海主编，陕西人民出版社，1987 年版。

《唐诗学引论》，陈伯海著，知识出版社，1988 年版。

《唐代教育制度研究》，吴宗国著，辽宁大学出版社，1992 年版。

《唐代墓志汇编》，周绍良撰，上海古籍出版社，1992 年版。

《唐代墓志汇编续集》，周绍良撰，上海古籍出版社，2001

年版。

《唐帝国的精神文明——民俗与文学》,程蔷、董乃斌著,中国社会科学出版社,1996 年版。

《唐诗汇评》,陈泊海主编,浙江教育出版社,1995 年版。

《唐人轶事汇编》,周勋初著,上海古籍出版社,1995 年版。

《唐代文学丛考》,陈尚君著,中国社会科学出版社,1997 年版。

《唐代小说嬗变研究》,程国赋著,广东人民出版社,1997 年版。

《唐五代小说的文化阐释》,程国赋著,人民文学出版社,2002 年版。

《唐代教育体制研究》,宋大川著,山西教育出版社,1998 年版。

《唐代士族个案研究——以吴郡、清河、范阳、敦煌张氏为中心》,郭锋著,厦门大学出版社,1999 年版。

《唐五代笔记小说大观》,上海古籍出版社,2000 年版。

《唐诗演进论》,罗时进著,江苏古籍出版社,2001 年版。

《唐代铨选与文学》,王勋成著,中华书局,2001 年版。

《唐代集会总集与诗人群研究》,贾晋华著,北京大学出版社,2001 年版。

《唐代试策考述》,陈飞著,中华书局,2002 年版。

《唐代文化》,李斌城主编,中国社会科学出版社。2002 年版。

《唐学与唐诗——中晚唐诗风的一种文化考察》,查屏球著,商务印书馆,2000 年版。

《唐代三大地域文学士族研究》,李浩著,中华书局,2002 年版。

《唐代关中士族与文学》,李浩著,中国社会科学出版社。2003 年版。

《唐代幕府制度研究》,石云涛著,中国社会科学出版社,2003年版。

《唐代玄宗肃宗之际的中枢政局》,任士英著,社会科学文献出版社,2003年版。

《唐五代逐臣与贬谪文学研究》,尚永亮主撰,武汉大学出版社,2007年版。

《唐代中央文馆制度与文学研究》,吴夏平著,齐鲁书社,2007年版。

《唐代文馆制度及其与政治文学之关系》,李德辉著,上海古籍出版社,2006年版。

《唐代使府与文学研究》(修订本),戴伟华著,广西师范大学出版社,2007年版。

《唐代文士与中国思想的转型》,陈弱水著,广西师范大学出版社,2009年版。

《唐代的文学传播研究》,柯卓英著,中国社会科学出版社,2009年版。

W

《文心雕龙注》,〔南朝梁〕刘勰撰,范文澜注,人民文学出版社,1958年版。

《魏书》,〔北齐〕魏收撰,中华书局,1974年版。

《文中子》,〔隋〕王通撰,《四部丛刊》本,上海书店,1984年版。

《王无功文集》,〔唐〕王绩撰,上海古籍出版社,1987年版。

《王子安集》,〔唐〕王勃撰,上海古籍出版社,1993年版。

《文献通考》,〔宋〕马端临撰,中华书局,1986年版。

《文苑英华》,〔宋〕李昉等编,中华书局,1966年影印本。

《王右丞集笺注》,〔清〕赵殿成笺注,上海古籍出版社,1984

年版。

《文镜秘府论校注》,(日）弘法大师原撰,王利器校注,中国社会科学出版社,1983 年版。

《王通论》,尹协理,魏明著,中国社会科学出版社,1984 年版。

《魏晋南北朝教育制度史资料》,程舜英编,北京师范大学出版社,1988 年版。

《文选学》,骆鸿凯著,中华书局,1989 年版。

《王梵志诗校注》,项楚著,上海古籍出版社,1991 年版。

《文选学论集》,赵福海主编,时代文艺出版社,1992 年版。

《文化建构文学史纲》(中唐—北宋),林继中著,海峡文艺出版社,1993 年版。

《文化区域的分异与整合》,张晓虹著,上海书店出版社,2004 年版。

X

《续高僧传》,[唐] 释道宣撰,《续修四库全书》本,上海古籍出版社,1995 年版。

《新唐书》,[宋] 欧阳修、宋祁撰,中华书局,1975 年版。

《湘山野录》,[宋] 释文莹撰,中华书局,1991 年版。

《湘雅摭残》,张翰仪撰,曾卓、丁葆赤标点,岳麓书社,1988 年版。

《仙·鬼·妖·人——志怪传奇新论》,俞汝捷著,中国工人出版社,1992 年版。

Y

《颜氏家训集解》,[北齐] 颜之推撰,王利器集解,上海古籍出版社,1980 年版。

《元和郡县图志》,〔唐〕李吉甫撰,中华书局,1980 年版。

《因话录》,〔唐〕赵璘撰,上海古籍出版社,1979 年版。

《酉阳杂俎》,〔唐〕段成式撰,中华书局,1981 年版。

《幽闲鼓吹》,〔唐〕张固撰,上海古籍出版社,1991 年版。

《艺文类聚》,〔唐〕欧阳询编,上海古籍出版社,1982 年版。

《元稹集》,〔唐〕元稹撰,中华书局,1982 年版。

《颜鲁公文集》,〔唐〕颜真卿撰,《四部丛刊初编》,上海书店,1989 年版。

《玉海》,〔宋〕王应麟,《四库全书》本,上海古籍出版社,1987 年版。

《玉溪生诗集笺注》,〔清〕冯浩笺注,上海古籍出版社,1979 年版。

《越缦堂读书记》,〔清〕李慈铭著,辽宁教育出版社,2001 年版。

《元稹集编年笺注》(诗歌卷),杨军笺注,三秦出版社,2002 年版。

《元白诗笺证稿》,陈寅恪著,上海古籍出版社,1978 年版。

Z

《周易正义》,〔魏〕王弼等注,〔唐〕孔颖达疏,十三经注疏本,中华书局,1957 年版。

《周易古经今注》,高亨撰,中华书局,1984 年版。

《周易集解》,〔唐〕李鼎祚撰,中国书店,1984 年版。

《周书》,〔唐〕令狐德棻等撰,中华书局,1971 年版。

《贞观政要》,〔唐〕吴兢撰,上海古籍出版社,1978 年版。

《资治通鉴》,〔宋〕司马光编纂,岳麓书社,1990 年版。

《直斋书录解题》，[宋] 陈振孙撰，上海古籍出版社，1987年版。

《朱子语类》，[宋] 朱熹撰，黎靖德编，中华书局，1986 年版。

《中国文学批评史》，罗根泽著，古典文学出版社，1957 年版。

《中国古代教育史》，毛礼锐、瞿菊农、邵鹤亭撰，人民教育出版社，1983 年版。

《中国善本书提要》，王重民撰，上海古籍出版社，1983 年版。

《中国古代教育史料系年》，熊承涤撰，人民教育出版社，1985年版。

《中国历代诗话选》，王大鹏撰，岳麓书社，1985 年版。

《中国教育通史》，毛礼锐、沈灌群撰，山东教育出版社，1986年版。

《中国文化史》，柳诒徵著，中国大百科全书出版社，1988年版。

《中国古代私学发展诸问题研究》，吴霓著，中国社会科学出版社，1996 年版。

《中国教育制度通史》，李国钧、王炳照主编，山东教育出版社，2000 年版。

《中国古代小说与宗教》，孙逊著，复旦大学出版社，2000年版。

《中国思想史》，葛兆光著，复旦大学出版社，2000 年版。

《中国藏书通史》，傅璇琮、谢灼华主编，宁波出版社，2001年版。

《中国古代小说的原型与母题》，吴光正著，社会科学文献出版社，2002 年版。

《中国中古社会史论》，毛汉光著，上海书店出版社，2002年版。

《中国私家藏书史》，范凤书著，大象出版社，2001 年版。

　　《中国经学史》,吴雁南、秦学顾、李禹阶主编,福建人民出版社,2001 年版。

　　《中国人口史》,葛剑雄主编,复旦大学出版社,2002 年版。

　　《中华家训经典》,翟博撰,海南出版社,2002 年版。

　　《中古世家大族清河崔氏研究》,夏炎著,天津古籍出版社,2004 年版。

　　《中国书院史》,邓洪波著,东方出版社,2004 年版。

　　《中唐诗歌嬗变的民俗观照》,刘航著,学院出版社,2004 年版。

后　记

　　这部书稿是在我的博士论文基础上修改而成的。岁月不居，时序如流，毕业近四年了，学问荒疏，毫无寸进，相反，惰性却增添了不少，实在有愧于心。

　　2000年，我告别家乡，一个偏僻而又明净的山隅小镇，负笈东下，求学于姑苏古城，师从罗时进先生攻读唐宋文学。先生治学严谨，学问精深，其宽厚谦逊的长者风范更是垂范吾辈。硕士学习期间，先生从文献、考据、义理等方面指点我步入学习与研究的殿堂。如果说以往的求知犹如懵懂的少年偶尔拾到鲜艳的贝壳，那么在苏州大学三年举烛添墨的笔耕生活，让我逐渐明白了书山学海的崇高与深邃。承蒙先生垂顾，硕士毕业后，我再次附骥罗门。三年苦读，先生不嫌我愚钝，启发良多，唯恨自己根基浅薄，为学虽勤而不专，有负先生厚望。

　　读博入学阶段，曾为选题烦恼。作为显学，唐代文学研究的广度与深度足以令我这驽钝小子临渊不敢踱步。一个偶然的机缘是翻检唐研究基金会丛书特刊的《二十世纪唐研究》这本书时，发现宋大川先生撰写唐代的私学教育内容特别新颖，对当时的我来讲，这是以前读书过程中很少关注的知识领域。而且，私学类型多样，内容丰富，与文学的关系也应比较密切，后即以《唐代私学与文学的研究》作为博士论文选题与导师商谈，没想到当时就得到肯定，罗师的鼓励足以增强我的信心，甚至略带亢奋地进入论文的准备阶段。当然，从选题时的史料收集、章节安排到文稿修订时的反复推敲斟酌，无不凝聚着罗师的心血。只是自己才疏学浅，识见鄙陋，另外，有些资料繁芜零散，难以收集整理，论述之时，纰漏甚至错误定然存在，尚祈方家不吝赐教。

倘若拙著尚有少许可观之处，除了罗师的提携，还得感谢论文答辩与评审专家的批评指正。我的博士学位论文答辩委员会主席为复旦大学首席教授王水照先生，参与答辩的专家还有上海大学董乃斌教授、苏州大学马卫中教授、赵杏根教授、范志新教授以及苏州科技学院的杨军教授，诸先生耳提面命，肯定论文的同时提出了许多宝贵的修改意见。另外，函评专家安徽师范大学余恕诚教授、浙江大学陆坚教授以及苏州大学王继如教授，在百忙之中也审阅了我的学位论文，在此一并致谢。

2007 年，我来到素有"百年学府"之称的安庆师范学院文学院工作。院系领导与同事在生活与工作上对我多方关照。在此特致谢忱！

童岳敏

2011 年 12 月 25 日于宜城